Aufklärung und Exzess

Luxus und Moderne

Die Ambivalenz des Überflüssigen in Kulturkonzeptionen der Literatur und Ästhetik seit dem 18. Jahrhundert

Herausgegeben von
Christine Weder und Hans-Georg von Arburg

Band 2

Aufklärung und Exzess

Epistemologie und Ästhetik des Übermäßigen
im 18. Jahrhundert

Herausgegeben von
Bernadette Grubner und Peter Wittemann

DE GRUYTER

Gedruckt mit Unterstützung der Fritz Thyssen Stiftung.

ISBN 978-3-11-153745-0
e-ISBN (PDF) 978-3-11-070614-7
e-ISBN (EPUB) 978-3-11-070619-2

Library of Congress Control Number: 2021945876

Bibliografische Information der Deutschen Nationalbibliothek
Die Deutsche Nationalbibliothek verzeichnet diese Publikation in der Deutschen
Nationalbibliografie; detaillierte bibliografische Daten sind im Internet über http://dnb.dnb.de
abrufbar.

© 2024 Walter de Gruyter GmbH, Berlin/Boston
Dieser Band ist text- und seitenidentisch mit der 2022 erschienenen gebundenen Ausgabe.
Coverabbildung: Jan Asselijn: The Breach of the Saint Anthony's Dike near Amsterdam (1651),
Rijksmuseum Amsterdam.

www.degruyter.com

Inhalt

Bernadette Grubner und Peter Wittemann
Einleitung —— 1

I Maß halten! Diätetik und Anthropologie

Carsten Zelle
Exzess und Mäßigung in Goethes *Der Mann von funfzig Jahren* – zum Zusammenhang von Literatur und Lebensordnung —— 15

Raphael J. Müller
„Wie? sind die Hunde mehr / als Menschen dein Ergetzen?" Unmäßige Hundeliebe in galanter Poesie und moralischen Wochenschriften —— 39

Peter Wittemann
Vom Saufen. Alkohol in aufklärerischer Anthropologie und Publizistik um 1750 —— 59

II Formung und Neuordnung: Die Produktivität des Exzesses

Niklaus Largier
Die Ambivalenz der Sinne: Asketische Einbildung, poetische Form und Schwärmerei —— 83

Alice Stašková
Aufklärung und Exzess in de Sades *La Philosophie dans le boudoir* —— 101

Martin Bäumel
Soziabilität, Maß und Überschreitung: Anakreontische Paradigmen bei Gleim und Karsch —— 119

III Denken des Zu viel: Philosophische Perspektiven

Johanna Schumm
Ausschweifender Witz. Vor- und Nachgeschichten einer anderen Vernunft (von Gracián und Descartes über Bouhours und de la Houssaye zu Thomasius, Gottsched und Baumgarten) —— 143

Sebastian Schönbeck
Anmaßung und Maßlosigkeit der aufklärerischen Naturgeschichte (Haller und Buffon) —— 163

Ruth Signer
Die Relationalität des Luxus bei Jean-Jacques Rousseau —— 181

Bernadette Grubner
Über alle Begriffe. Genießen im Pantheismusstreit —— 197

IV **Übermaß schreiben: Poetik und Poetologie**

Sebastian Meixner
Die Ambivalenz des Überflusses: Anmerkungen zu Gottscheds Poetik —— 217

Roman Kuhn
La poésie, chose très nécessaire. **Voltaire und die Debatte über das rechte Maß (in) der Dichtung** —— 245

Claudia Olk
‚Beyond too much' – Shakespeare'sche Exzesse auf deutschen Bühnen des achtzehnten Jahrhunderts —— 267

Kurzbiographien —— 285

Register —— 289

Bernadette Grubner und Peter Wittemann
Einleitung

I Dammbruch mit Zuschauern

Jan Asselijns Gemälde *Bruch des St. Anthonisdeichs nahe Amsterdam* (1651), von dem ein Ausschnitt auf dem Umschlag dieses Bandes zu sehen ist, setzt eine Katastrophe ins Bild: Eine Sturmflut hat den Deich durchbrochen. Sie zerstört damit in nur einem Augenblick eine jahrhundertealte künstliche Grenze, deren prekärer Status durch das Ereignis ins Bewusstsein gelangt – und schafft ein Schauobjekt, wie die erregten Menschen auf dem Damm verdeutlichen. Diese, klein und in Untersicht abgebildet, veranschaulichen als ‚Zuschauer erster Ordnung' eine für die Ästhetik der Moderne charakteristische gemischte Empfindung aus Furcht und Faszination. Die Wassermassen, die sich im Bildvordergrund links und rechts vor die Reste des Deiches schieben, greifen zudem über die ikonographisch gängige Rahmung hinaus. Sie scheinen aus dem Bild herauszutreten und auf die realen Betrachter:innen ‚zweiter Ordnung' zuzufließen. Diese werden so einerseits in das ambivalente Geschehen verwickelt; andererseits öffnet sich im Abstand zwischen Bild und Betrachter:in aber auch ein Reflexionsraum, der zur Befragung der dargestellten Beziehung zwischen kultureller Grenze und der Naturgewalt, die sie sprengt, einlädt.

Die Zerstörung einer kulturell erarbeiteten Ordnung durch gewaltige Wassermassen wurde epochenübergreifend immer wieder bildlich inszeniert. Asselijns Gemälde zum Beispiel entstand einige Jahrzehnte vor dem Beginn der in unserem Band betrachteten Zeitspanne. Auch am Ende des achtzehnten Jahrhunderts findet diese Vorstellung Eingang in theoretische und literarische Reflexionen: So stehen die holländischen Deichsysteme bei Schiller exemplarisch für die Einhegung natürlicher Kraft durch die „Geduld" menschlicher Kultivierungsbemühungen.[1] Und bei Goethe markieren Fluten Überwältigungen verschiedener Art – von der Überschwemmung des lieblichen Tals im *Werther* (Brief vom 12. Dezember) bis zu derjenigen, die die Rückkehr des diätetisch unausgeglichenen Flavio in *Der Mann von fünfzig Jahren* begleitet. Entscheidend bei diesen Darstellungsformen ist, dass die Katastrophe ihre Bedeutung erst in Relation zu Grenzziehungen und Einhegungen erhält, die sie zerstört oder destabilisiert.

---

[1] Friedrich Schiller: Über das Erhabene (1801). In: Ders.: *Werke und Briefe in zwölf Bänden*. Hg. Otto Dann et al. Bd. 8: Theoretische Schriften. Hg. Rolf-Peter Janz. Frankfurt/M. 1992, S. 822–840, hier S. 833.

Indem die Natur etablierte Ordnungen und Limitierungen bedroht, wird sie als Überwältigung erfahren, als Über-Maß. In dieser spezifischen Konfiguration finden sich Naturgewalten in ein größeres Metaphern- und Bedeutungsfeld einbezogen: das des Exzesses.

Der Begriff ‚Exzess' selbst war im achtzehnten Jahrhundert vor allem moralisch besetzt: „Excess heist [sic] Frevel, Muthwillen, Uebermuth," lautet die Definition im Zedler.[2] Der Begriff dürfte im Deutschen erst spät gebräuchlich geworden sein. So fügt etwa Albrecht von Haller seiner Reflexion über die „Ausschweifungen des menschlichen Verstandes" und dessen „Uebermaeßigkeit" die eingeklammerte Bemerkung hinzu, „die glückliche Sprache unsers gemäßigten Vaterlandes" habe „keine rechten Wörter für *excés* [sic] und *caprice*".[3] ‚Excess' ist also zunächst, zumindest in etymologischer Hinsicht, ein Import aus dem Französischen.

Ein Blick in einschlägige französischsprachige Quellen wie den *Dictionnaire de Trévoux* und die *Encyclopédie* legt nahe, dass der wertenden Dimension von ‚Exzess' eine der lateinischen Wurzel entsprechende quantitativ-relationale Bedeutung zugrunde liegt.[4] Die Qualifizierung als ‚excès' geht vom Vergleich zweier Mengen aus – bzw. einer Menge mit einer impliziten Soll-Menge, der gegenüber sie ein Über-Maß, ein ‚Zu viel' darstellt.[5] Erst aus der arithmetischen schreibt sich die moralische Semantik her, die sich sowohl auf die Prädisposition des Einzelnen wie auch auf seine Taten beziehen kann: ‚(Charakter-)Eigenschaften und Handlungen' („les qualités & les actions"), wie es im *Encyclopédie*-Artikel dezidiert

---

[2] Art. „Excess". In: Johann Heinrich Zedler: *Grosses vollständiges Universal-Lexicon aller Wissenschafften und Künste*, Bd. 8. Halle und Leipzig 1732, Sp. 2322. Noch 130 Jahre später werden im Deutschen Wörterbuch die Synonyme „immodestia, licentia, scelus, frevel, ausschweifung" genannt. Jacob und Wilhelm Grimm: *Deutsches Wörterbuch*, Bd. 3. Leipzig 1862, Sp. 1207.
[3] Albrecht von Haller: Vorrede. In: Georges Louis Leclerc de Buffon: *Allgemeine Historie der Natur. Nach allen ihren besonderen Theilen abgehandelt; nebst einer Beschreibung der Naturalienkammer Sr. Majestät des Königes von Frankreich*. 12 Bde. Übers. v. A. v. H. Bd. 1. Hamburg und Leipzig 1750, S. IX–XXII, hier S. XI. Den Hinweis verdanken wir Sebastian Schönbeck.
[4] Art. „Excès". In: *Dictionnaire universel François et Latine*, Bd. 2. Paris 1721, Sp. 1598f.; Edmé-François Mallet: Art. „Excès". In: *Encyclopédie, ou Dictionnaire raisonné des sciences, des arts et des métiers*. Hg. Denis Diderot und Jean-Baptiste le Rond d'Alembert. Bd. 6. Paris 1756, S. 219.
[5] Ein voraufklärerischer Beleg, dass damit auch poetischer Schwulst gemeint sein kann, findet sich etwa bei Nicolas Boileau: L'Art Poëtique. In: Ders., *Œuvres diverses Du Sieur D*** avec le Traité du Sublime ou du Merveilleux dans le Discours traduit du Grec de Longin*. Paris 1674, S. 103–142, hier S. 105 (V. 43).

heißt, werden einem impliziten oder präsupponierten Maß („mesure") verglichen und im Verhältnis zu diesem als ‚excès' ausgewiesen.⁶

In der Begriffsverwendung von ‚Exzess' wurde also eine quantitative Verhältnisbestimmung auf das Feld der Moral übertragen, und zwar sowohl im Hinblick auf Charakterdispositionen als auch auf Handlungen. Im zitierten Eintrag aus dem Zedler findet man diese drei Aspekte wieder. Hier werden ein ‚Zu viel' (Uebermuth) sowie eine daraus resultierende Geisteshaltung (Muthwillen) und Handlung (Frevel) angeführt, um die Bedeutungsfacetten des ‚Exzesses' zu umreißen.⁷ Auch im Englischen sind die drei Komponenten Übermaß, Charakterdisposition und Handlungscharakteristik präsent; so werden in Johnsons *Dictionary* der Aspekt des ‚Zu viel' („more than enough, superfluity"), die Gemütsverfassung („intemperance", „violence of passion") und die Aktion selbst („act of exceeding", „transgression of due limits") als Dimensionen der Bedeutung angegeben.⁸

Ein relationaler Exzessbegriff – im Sinne von Überschreitung eines Maßes oder einer Grenze – steht auch im Zentrum der im vorliegenden Band untersuchten Diskursphänomene. In der Regel erfüllt der Exzess dabei in Bezug auf die durch ihn überschrittene Grenze eine bestimmte Funktion: Diese kann befragt, verflüssigt, verfestigt oder verschoben werden. Die Auseinandersetzung mit dem Exzessiven schließt daher auch eine Thematisierung seiner Folgen ein – in Form einer angestrebten Restitution des Status quo oder der Etablierung einer neuen Art von Ordnung. Es handelt sich hier um eine konstellative ‚Logik', die wir mit Jutta Müller-Tamm als „Denkfigur" verstehen, als „organisierende Hintergrund-

---

6 Der Gegenbegriff ist also nicht das Maß, sondern der ‚Mangel' („défaut"). – Im *Dictionnaire de l'Académie* wurde die ‚arithmetische', also rechnerisch-vergleichende Bedeutung erst in der sechsten Auflage (1835) hinzugefügt, während sich die Gestaltung des Artikels in den beiden neuesten Auflagen (1935, 1986–) an die Struktur des *Encyclopédie*-Artikels von Mallet annähert.
7 Mit Exzess als „Handlungsmodell" befasst sich auch Peter-André Alt: Versuch über den Exzess. In: *Merkur* 62 (2008), S. 112–122, Zitat S. 112. Alt untersucht in seinem Essay u. a. de Sades *Philosophie dans le boudoir;* die in diesem Werk vorgenommene Inszenierung exzessiver Verhaltensweisen als naturgemäß und autonom von den Irrwegen der Gesellschaft kranke daran, dass die Erfahrung des Exzesses an die Überschreitung von Grenzen gebunden und also auf soziale Ordnungen (etwa Prinzipien der Moral oder Theologie) bezogen bleibe; ebd., S. 112–115.
8 Samuel Johnson: *A Dictionary of the English Language*, Bd. 1. London 1754 (unpaginiert, S. 743). – Das OED fügt dem noch die im achtzehnten Jahrhundert möglichen, aber spezielleren Bedeutungen „[d]eparture from custom, reason" sowie „extravagant violation of law" hinzu (Art. „excess", in: OED Online, https://www.oed.com/view/Entry/65754?rskey=eEGJ29&result=1 [zugangsbeschränkt; 24. Februar 2021]).

metapher" mit „Vermittlungs-, Transport- und Modellierungsfunktion in der Durchquerung unterschiedlicher Disziplinen und Wissensbereiche".[9]

Was ist nun die besondere Signatur, die die Auseinandersetzung mit dem Exzessiven im achtzehnten Jahrhundert hat? Zwei Faktoren sind hier hervorzuheben: Zum einen die Erwartungshaltung in Bezug auf eine sich verändernde Lebenswelt, eine Optimierung des (Zusammen-)Lebens im Europa des späten siebzehnten und des achtzehnten Jahrhunderts, die auf der Wahrnehmung einer Beschleunigung im Bereich der empirischen und technischen Durchdringung der Welt und deren Übertragung auf die Kultivierung des gesellschaftlichen Bereichs beruhte.[10] Phänomene, die auf eine solche im neunzehnten Jahrhundert dann ubiquitär beobachtete Beschleunigung vorausweisen, sind etwa die Bildung von Metropolen wie London nach der Agrarrevolution, ein verändertes Konsumverhalten (bspw. kürzere Zyklen, in denen neue Moden auftreten), der ‚information overload' oder Bücherfluten, die nicht zuletzt durch technische Neuerungen im Druckwesen ermöglicht wurden. Phänomene des Übermaßes und der Überschreitung werden vor dem Hintergrund dieser Verdichtungen und Beschleunigungen deutlicher, stärker und krisenhafter erfahren und finden ihren textuellen Niederschlag in unterschiedlichen Bereichen.

Zum anderen sind soziale Strukturierungen (etwa durch die Ständegesellschaft) ebenso wie epistemische Ordnungskategorien (Beispiel: Ausdifferenzierung der universitären Fakultäten und Disziplinen[11]) oder individuelle Verhaltensregeln (Beispiel: Konsumverhalten[12]) seit der Neuzeit keine providenziellen Gegebenheit mehr, sondern werden auf Vernunftprinzipien gegründet und sind

---

9 Jutta Müller-Tamm: Die Denkfigur als wissensgeschichtliche Kategorie. In: *Wissensordnungen. Zu einer historischen Epistemologie der Literatur*. Hg. Nicola Gess und Sandra Janßen. Berlin und Boston 2017, S. 100–120, Zitate S. 107 und 118.
10 So schreibt Reinhart Koselleck, im achtzehnten Jahrhundert werde „die Kategorie der Beschleunigung von der zunehmenden Beherrschung der Natur ausgeweitet [...] auf die Gesellschaft, auf die Entfaltung der Moral, auf die Geschichte insgesamt." Reinhart Koselleck: Gibt es eine Beschleunigung der Geschichte? In: Ders.: *Zeitschichten. Studien zur Historik*. Frankfurt/M. 2000, S. 150–176, Zitat S. 172. Vgl. auch Hartmut Rosa: *Beschleunigung. Die Veränderung der Zeitstrukturen in der Moderne*. Frankfurt/M. 2005.
11 Zur Herausdifferenzierung der Dichtung aus dem Kontext der Gelehrsamkeit – aus paradigmatischen wie soziologischen Gründen – vgl. Gunter E. Grimm: *Literatur und Gelehrtentum in Deutschland. Untersuchungen zum Wandel ihres Verhältnisses vom Humanismus bis zur Frühaufklärung*. Tübingen 1983.
12 Zum Zusammenhang von Konsumverhalten, Buchkultur und Ästhetik vgl. Matt Erlin: *Necessary Luxuries. Books, Literature, and the Culture of Consumption in Germany, 1770–1815*. Ithaca 2014.

damit Gegenstand kontroverser Aushandlung.¹³ Exzess und Übermaß fungieren in solchen Aushandlungsprozessen also nicht (mehr) in erster Linie als Überschreitungen, die geltende Normen oder Grenzen prinzipiell bestätigen, sondern sind an deren Destabilisierung und Neubestimmung beteiligt.

Beide Faktoren deuten – ganz in Analogie zum Deichbruch in Asselijns Darstellung – auf eine zunehmende Verunsicherung von die Lebenswelt bestimmenden kulturellen Kategorien; eine Verunsicherung, die nach neuen Grenzen oder auch einer neuen Art von Grenzen, nach einer Überprüfung der überkommenen Lebens- und Gesellschaftsentwürfe verlangte. Auseinandersetzungen mit dem Übermäßigen spielen für die Aushandlungen von Maß, Ordnung und Struktur eine wichtige Rolle. Das bedeutet umgekehrt, dass die Untersuchung von Exzess und Übermaß aufschlussreich ist, um die Spezifik der Aufklärungsdiskurse¹⁴ zu verstehen, und, mehr noch, dass sie es erlaubt, Querverbindungen und Interdependenzen zwischen verschiedenen Wissensbereichen und Denkräumen erkennbar zu machen.

II Ambivalenz der Grenze: Facetten des Exzesses im achtzehnten Jahrhundert

Betrachtet man die Darstellung des Exzesses bei Asselijn, so lassen sich vier Gesichtspunkte herausarbeiten, die auch eine Gruppierung der in diesem Band untersuchten Phänomene erlauben: die Betroffenheit des Einzelnen von (äußeren oder inneren) Erscheinungsformen des Übermaßes; die Funktion der Kunst, in der dies thematisch wird; und die durch den Reflexionsraum geschaffene Distanz zu beiden Aspekten, die sich im Nachdenken zum einen über den Exzess als Phä-

---

13 Vgl. dazu Hans Ulrich Gumbrecht: Art. „Maß". In: *Ästhetische Grundbegriffe*. Hg. Karlheinz Barck et al. Bd. 3. Stuttgart und Weimar 2001, S. 846–866. Nach La Fontaine etwa ist das richtige Maß („la mesure certaine") keine Gegebenheit, sondern eine Frage der Lebenserfahrung, die den Einzelnen übersteigt („Il m'en faut tout au moins un siècle bien compté"; *Les Amours de Psiche et de Cupidon*, Paris 1669, S. 438). Vgl. dazu auch Dorothee Kimmich: *Epikureische Aufklärungen. Philosophische und poetische Konzepte der Selbstsorge*. Darmstadt 1993, S. 109.
14 ‚Aufklärung' ist bekanntlich auch dann, wenn man den Begriff nicht als unabschließbaren, ahistorischen Prozess, sondern als ‚Epochenbezeichnung' verwendet, im späten siebzehnten und im achtzehnten Jahrhundert nur eine Möglichkeit des Verhältnisses zur Welt unter vielen – und auch keineswegs eine eindeutige Rubrik. Aktuelle Positionen zum Begriff und zu ‚Einheit' oder ‚Vielheit' der Aufklärung in der Einleitung der Herausgeber in: *Kampf um die Aufklärung? Institutionelle Konkurrenzen und intellektuelle Vielfalt im Halle des 18. Jahrhunderts*. Hg. Renko Geffarth, Markus Meumann und Holger Zaunstöck. Halle 2018, S. 11–24.

nomen, zum anderen über Kunst selbst als Element des ‚Zu viel' äußert. Konkret untersucht werden in den Beiträgen dieses Bandes also die öffentliche Aushandlung der richtigen Lebensführung (1), die seit der Frühen Neuzeit dominant mit dem Stichwort der ‚Mäßigung' verbunden ist – und zwar sowohl im Anschluss an antike Konzepte als auch in Reaktion auf die skizzierten Tendenzen der Moderne. Dabei lässt sich feststellen, dass der Kunst keine lediglich korrektive, sondern den Exzess produktiv (um-)formende Funktion zukommt (2). Der Lebensführung, ihrer Steuerung sowie der Rolle der Literatur in diesem Zusammenhang korrespondiert das Nachdenken über die Bedeutung der Grenzüberschreitung in verschiedensten Bereichen (3) sowie deren Konsequenzen für Poetik und Ästhetik (4).

II.1 Maß halten! Diätetik und Anthropologie

Das achtzehnte Jahrhundert gilt zurecht als Jahrhundert der *Mäßigung* – ganz im Sinne von Voltaires im *Discours sur la modération* (1737) formulierten Maxime „Tout vouloir est d'un fou, l'excès est son partage: / La modération est le trésor du sage". „Man meide all dasienige, was zuviel ist", rät der ‚vernünftige Arzt' Friedrich Hoffmann zu Beginn des Jahrhunderts, ebenso wie sein britischer Kollege Peter Shaw, der mit Blick auf das Weintrinken grundsätzlich für „moderation" plädiert.[15] Und auch in der sinnenfreudigen Anakreontik ist wahrhaft lustvolles Genießen ans Maßhalten geknüpft: Gleim plädiert für ein „Rasen mit Vernunft", Gotter preist die „Mäßigkeit" als „des Vergnügens Amme" und empfiehlt: „Haushaltet mit der Lebenskerze!"[16]

Gekennzeichnet ist diese Privilegierung des Maßes im späten siebzehnten und im achtzehnten Jahrhundert zwar einerseits durch einen Anschluss an frühere Auseinandersetzungen mit dem rechten Maß und dem ‚Zu viel'; sie haben andererseits aber auch eine epochenspezifische Signatur.[17] Im Kontext sozialer,

---

15 Voltaire: *Discours en vers sur l'homme*, in: *Œuvres* Bd. 6. Amsterdam 1745, Zitat S. 93; Friedrich Hoffmann: *Gründliche Anweisung wie ein Mensch vor dem frühzeitigen Tod und allerhand Arten Krankheiten durch ordentliche Lebens=Art sich verwahren könne*. Halle 1715, S. 101; Peter Shaw: *The Juice of the Grape, Or, Wine Preferable to Water*. London 1724, bspw. S. 16f.
16 Johann Wilhelm Ludwig Gleim: Die Säufer und die Trinker. In: *Gedichte*. Hg. Jürgen Stenzel. Stuttgart 1969, S. 41; Friedrich Wilhelm Gotter: Der Genuß. In: *Gedichte*. Bd. 1. Gotha 1787, S. 320–324, hier S. 324.
17 Im *Historischen Wörterbuch der Philosophie* heißt es, die ethische Dimension des Maßes werde „in der Neuzeit durch den Autonomieanspruch des Subjekts zersetzt. An die Stelle der Beziehung des M[aßes] auf den Kosmos oder den christlichen Gott tritt der sich selbst zum M[aß] werdende Mensch"; als ethischer Begriff sei ‚Maß' in der Neuzeit nur noch „Erinnerung an die Griechen".

medialer und epistemologischer Verschiebungen ist das aufklärerische Nachdenken über Mäßigung von einem Normenwechsel geprägt, der die Affektnatur des Menschen, seine Bestimmung zur Gesellschaftsbildung und darauf abgestimmte Diätetiken umfasst und das Ideal der (Selbst-)Regulierung in ein Programm individueller Kultivierung einbringt.[18] Deutlich werden diese Aspekte in gesamteuropäischen Debatten wie etwa über den Luxus (Mandeville, Rousseau, Voltaire)[19] oder den „Enthusiasmus" (Shaftesbury, Diderot, Wieland), in denen die Sinnhaftigkeit vormals konstitutiver Normen des Verhaltens und der Sozialordnung radikal infrage gestellt wurde.

(Individuelle) Mäßigung ist im deutschen Sprachraum nicht zuletzt eine Angelegenheit der Diätetik, in der sich antike Ansätze der Gesundheitsvorsorge und Therapie mit Reaktionen auf moderne lebensweltliche Erscheinungen verknüpfen. So schließt die Lehre von der guten Lebensführung im achtzehnten Jahrhundert an das aristotelische Mesotes-Konzept an und verknüpft es mit dem aufklärerischen Prinzip der Selbstverantwortung. Wie Carsten ZELLE in seinem Beitrag zu diesem Band zeigt, kommt der Kultur – explizit bei Hufeland – in diesem Zusammenhang die Aufgabe zu, den Menschen zum ‚ganzen' zu formen; ein Gedanke, der in Goethes diätetischem Bildungsmodell aufgegriffen wird. Die Verzahnung der Mäßigungsdiskurse mit der zeitgenössischen Diskussion um die anthropologische Differenz, die Zugehörigkeit des Menschen zum Tierreich als Spezifikum der Aufklärung untersucht Raphael J. MÜLLER in seinem Beitrag anhand der Auseinandersetzung um das Phänomen übermäßiger Liebe zu „Luxushunden".

Henning Ottmann: Art. „Maß". In: *Historisches Wörterbuch der Philosophie*. Hg. Joachim Ritter et al. Bd. 5. Darmstadt 1980, Sp. 807–825, hier Sp. 813. – Zu einer Kritik der Annahme desselben Verfassers, auch die Mesotes-Lehre verliere in der Neuzeit an Bedeutung, vgl. den Beitrag von Carsten Zelle in diesem Band sowie seinen Aufsatz zur Ablösung des Neostoizismus durch das Mesotes-Modell in der deutschen Anakreontik: Anakreontik und Anthropologie – Zu Johann Arnold Eberts „Das Vergnügen". In: *Anakreontische Aufklärung*. Hg. Manfred Beetz und Hans-Joachim Kertscher. Tübingen 2005, S. 93–106.
18 Vgl. Barbara Thums: Moralische Selbstbearbeitung und Hermeneutik des Lebensstils. Zur Diätetik in Anthropologie und Literatur um 1800. In: *Die Grenzen des Menschen. Anthropologie und Literatur um 1800*. Hg. Maximilian Bergengruen, Roland Borgards und Johannes Friedrich Lehmann. Würzburg 2001, S. 97–111.
19 Zum Luxus vgl. außerdem: Christopher J. Berry: *The Idea of Luxury. A Conceptual and Historical Investigation*. Cambridge 1994; Joseph Vogl: Art. „Luxus". In: *Ästhetische Grundbegriffe* 3 2001, S. 694–708 sowie Christine Weder und Maximilian Bergengruen: Moderner Luxus. Einleitung. In: *Luxus. Die Ambivalenz des Überflüssigen in der Moderne*. Hg. Dies. Göttingen 2011, S. 7–31.

Elementar für den anthropologischen Diskurs der Aufklärungszeit ist die Durchsetzung der Empirie als eines der bestimmenden Paradigmen der Wissenschaft. Diese wurde auf verschiedenen Ebenen, die das Verhältnis von Maß und Exzess betreffen, relevant – wenn beispielsweise in den Diskussionen um die richtige Ernährung in England erfahrungsbasierte Selbstregulierungsmaßnahmen des „weight-watching age" an die Stelle des Gegensatzes von hedonistischer Praxis und neoplatonischen Askeseidealen treten,[20] dann ersetzen empirische Befunde die Beweiskraft topischer Lebensweisheiten. Aber auch in der Betrachtung nicht des Einzelnen, sondern der Bevölkerung als ganzer setzen sich Statistiken als Grundlage empirischer Argumentation durch – so etwa in der ‚Polizeiwissenschaft'. Die Konsequenzen dieser Entwicklungen für die Debatte um eine der verbreitetsten Praktiken, die mit Exzess verbunden sind, nämlich den Alkoholkonsum, untersucht Peter WITTEMANN in seinem Beitrag.

II.2 Formung und Neuordnung: Die Produktivität des Exzesses

Wie diese Überlegungen andeuten, resultiert die Konfrontation mit neuen Formen des Exzesses nicht allein in reaktionären Bestrebungen einer Restitution vergangener Zustände. Auseinandersetzungen mit dem Übermäßigen, Überschießenden sind vielmehr als Angebote *neuer Ordnungen oder Möglichkeiten*, mit dem ‚Zu viel' umzugehen, zu lesen. In diesem zweiten Abschnitt wird untersucht, wie die Logik des Exzesses eine Veränderung epistemologischer, politischer und sozialer Konstellationen befördert.

Der Bezug der Diätetik auf antike Traditionen verdeutlichte bereits, dass es hier nicht um lineare Modelle historischen Fortschritts geht. Niklaus LARGIER demonstriert in seinem Beitrag zu pornographischer Literatur, der Lyrik Johann Wilhelm Ludwig Gleims und Texten Novalis', wie überkommene Askesepraktiken zu Anknüpfungspunkten werden, um epistemologische Verschiebungen und Neuordnungen anzustoßen oder zu informieren. Als Verfahren der Formung der Sinne[21] werden sie im achtzehnten Jahrhundert aufgegriffen mit dem Ziel, neue Erfahrungspotenziale freizusetzen.

Eine andere Dynamik liegt im Werk des Marquis de Sade vor, in dem der Exzess nicht nur produktiv, sondern programmatisch wird und sich als fortgesetzte Zerstörung und Verschiebung etablierter Grenzen beschreiben lässt. Dabei

---

20 Roy Porter: *Flesh in the Age of Reason.* New York 2004, Zitat S. 238.
21 Zur „Rehabilitation der Sinnlichkeit" vgl. Panajotis Kondylis: *Die Aufklärung im Rahmen des neuzeitlichen Rationalismus.* Stuttgart 1981.

treiben die stets aufs Neue gesteigerten Grausamkeiten auch die Textproduktion voran. Wie sich diese Bewegung in die moralphilosophischen und politischen Überlegungen zum Verhältnis von Sitten und Gesetz einschreibt, untersucht Alice STAŠKOVÁ anhand der *Philosophie dans le boudoir*.

Eine Funktionalisierung der literarischen Formung des Exzesses, die nicht auf politische Ideen, sondern auf den sozialen Status des schreibenden Subjekts zielt, findet sich bei der ‚Ausnahmedichterin' Anna Louisa Karsch. Hier werden die formalen Mittel anakreontischer Lyrik in Dienst genommen und übersteigert, um die Autorin aus der sozialen Außenseiterposition zu befreien und ihr einen Platz in der Gesellschaft zu ‚erschreiben'. Martin BÄUMEL zeichnet diese Bewegung, die Kunst und Leben umfasst, in seinem Beitrag nach.

II.3 Denken des Zu viel: Philosophische Perspektiven

Mit der Reflexion des Unmäßigen in Epistemologie, Anthropologie und Theologie beschäftigen sich die Beiträge zur *philosophischen Betrachtung des Exzesses* in der Aufklärung. Auch im Denken über die Position des Menschen in der Schöpfung oder in der Gesellschaft ist die Konstellation aus Maß und Grenze, Überschreitung und neuer Ordnung präsent – und sie zeigt sich auch im Diskurs darüber, wie gedacht werden sollte. Johanna SCHUMM untersucht in ihrem Beitrag die von Baltasar Gracián entwickelte Theorie des Geistes, die sie „andere Vernunft" nennt – in Abgrenzung zur an Maß, Reduktion und strenger Regelbildung orientierten cartesianischen Methode. Die Hingabe ans Überbordende bezieht ihre intellektuelle Produktivität aus der Schaffung des Neuen durch ingeniöses Zusammenfügen des Disparaten, durch Präsentation der beziehungsreichen Fülle, Techniken, die das Witzdenken des siebzehnten Jahrhunderts kennzeichnen und ihren exemplarischen Ausdruck in der *Agudeza y arte de ingenio* (1642/1648) finden.

Auch im Kontext der ‚anthropologischen Wende',[22] die sich im achtzehnten Jahrhundert vollzieht, fungieren Descartes' Grenzziehungen langfristig als

---

22 Pars pro toto für die reiche Forschungsliteratur seien genannt: Hans-Jürgen Schings: *Melancholie und Aufklärung. Melancholiker und ihre Kritiker in Erfahrungsseelenkunde und Literatur des 18. Jahrhunderts*. Stuttgart 1977; der Sammelband *Zwischen Empirisierung und Konstruktionsleistung. Anthropologie im 18. Jahrhundert*. Hg. Jörn Garber und Heinz Thoma. Tübingen 2004; Carsten Zelle: Erfahrung, Ästhetik und mittleres Maß: Die Stellung von Unzer, Krüger und E. A. Nicolai in der anthropologischen Wende um 1750 (mit einem Exkurs über ein Lehrgedichtfragment Moses Mendelssohns). In: *Reiz Imagination Aufmerksamkeit. Erregung und Steuerung von Einbildungskraft im klassischen Zeitalter (1680–1830)*. Hg. Jörn Steigerwald und Daniela Watzke. Würzburg 2003, S. 203–224; Anne Pollok: *Facetten des Menschen. Zur Anthropologie Moses Mendelssohns*. Hamburg 2010.

argumentative Folien. Eine wesentliche Rolle spielten sie in der philosophischen Gretchenfrage der Zugehörigkeit des Menschen zum Tierreich. Sebastian SCHÖNBECK untersucht in seinem Beitrag, wie diese Differenz in Naturgeschichten des achtzehnten Jahrhunderts befragt und bestätigt wird, und verbindet dies mit der dem Übermaß verwandten Haltung der Maßlosigkeit.

Dass in Bezug auf Sitten und soziale Verkehrsformen das Mäßigungsverdikt selbst der Maßlosigkeit bezichtigt werden kann, zeigt die bissige Kulturkritik Rousseaus, die die Zügelung des natürlichen Gefühlsausdrucks als Mittel zur Selbstüberhebung zu entlarven sucht. Ruth SIGNER setzt dies in ihrem Beitrag mit Rousseaus Luxuskritik in Verbindung, die den Finger in die Wunde der ‚sozialen Frage' legt und in den Raum stellt, dass Luxus überhaupt nur genossen werden kann, wenn es andere gibt, die ihn entbehren.

In allen bisher vorgestellten Zusammenhängen taucht der Exzess in erster Linie in der Bedeutung des Übermäßigen, des ‚Zu viel' auf. Ex-cedere im Sinne von über-schreiten lässt sich aber auch topologisch (oder logisch) begreifen, als ein Hinausgehen über eine Grenze. So kann man sich etwa die anthropologische Grenze als kategoriale vorstellen, deren Überschreitung eher qualitativ denn quantitativ aufgefasst werden muss. Eine solche Grenze – und ihre mögliche oder unmögliche Überschreitung – bildet einen maßgeblichen Streitpunkt im Spinoza- oder Pantheismusstreit, nämlich die Grenze menschlicher Erkenntnismöglichkeiten in Bezug auf Gott. Welche argumentativen Volten die Verhandlung dieser Grenze hervorbringt, zeigt Bernadette GRUBNER in ihrem Beitrag entlang des Begriffs ‚Genießen' im Textkorpus des Spinozastreits.

II.4 Übermaß schreiben: Poetik und Poetologie

Trotz der diskursiven Profilierung des Maßes ist auch der Exzess selbst ein häufig anzutreffender Gegenstand literarischer Darstellung und poetologischer Reflexion, ein ästhetisches Faszinosum. Dabei kann beobachtet werden, dass es auch hier nicht in erster Linie um die Einhegung des Übermaßes geht, sondern um die Darstellung einer gestörten Ordnung und die Herstellung einer neuen durch eine Formung des ‚Zu viel'.[23] Es gibt hier vielfältige Berührungspunkte mit der Ästhetik

---

23 So formuliert Victoria Niehle (mit Blick auf Goethe): „Die Fülle als integrativer Bestandteil des unentwegt produzierenden Lebens wird bei Goethe einer naturphilosophisch-biopolitischen Poetik überantwortet, die keine unkontrollierbare Masse zulässt, sondern selbstregulative Gesetzmäßigkeiten aufsucht. Diese ökonomische Effizienz der Poiesis grenzt sich von einer vormodernen rationalen Zweckmäßigkeit ab, indem sie die schöpferischen Kräfte und Potenziale der Fülle bündelt, statt

des Erhabenen, ohne dass das Exzessive als Gegenstand ästhetischer Reflexion aber darin aufginge. Wie Sebastian MEIXNER zeigt, geht auch Gottscheds *Critische Dichtkunst* auf verschiedenen Ebenen vom Übermäßigen aus: So wird etwa ein Überschuss an Affekten als Voraussetzung der Dichtung angeführt, deren Regulativ dann wiederum der Geschmack ist.

Dass poetische Formung in einem intrikaten Verhältnis zum Überfluss steht, ist ein Gedanke, der etwa in den poetologischen Positionsnahmen Voltaires aufzufinden ist. Wie Roman KUHN analysiert, liegt hier eine Verschränkung mit dessen Apologetik des Luxus vor: Die poetischen Regeln als errungener Maßstab erlauben es erst, den gelungenen – verfeinerten, exquisiten – Luxus wertzuschätzen. Insofern die gebundene Sprache ein Mehr gegenüber der ungebändigten Fülle erzeugt, erscheint die Prosadichtung, zumal in der Dramatik, als Rückfall hinter einen bereits erreichten Reichtum – und die über-mäßige Sprache Shakespeares wie ein unpolierter Diamant.

Überhaupt ist Shakespeare eine maßgebliche Referenz, wenn es um das Exzessive der Poesie geht. Dessen ausufernde, regelüberschreitende Formensprache wird im Kontext des achtzehnten Jahrhunderts als facettenreicher Exzess gedeutet, der enthusiastisch rezipiert wird und Abstoßungs- und Reibungspunkte in der Auseinandersetzung um die Regelpoetik bereitstellt. Claudia OLK setzt vor diesem Hintergrund die deutsche Rezeption in Beziehung mit der Verhandlung des Exzessiven in Shakespeares Werk selbst, insbesondere der Logik des strukturellen Exzesses in *King Lear*.

Zusammenfassend kann festgestellt werden, dass Übermaß und Exzess als Phänomen und Verhaltensform im achtzehnten Jahrhundert in vielfältigen diskursiven, disziplinären und thematischen Zusammenhängen verhandelt und vor dem Hintergrund veränderter epistemischer Prinzipien in ihrem Verhältnis zum ‚Maß' neu bestimmt werden. Dabei figuriert ‚Übermaß' als Phänomen und ‚Exzess' als ‚Zu viel', als charakterliche Disposition oder als Verhaltensweise in der Sprache der Aufklärer nicht nur als etwas, das im Prozess der Kultivierung des Menschen nivelliert,[24] eingehegt oder neu verhandelt werden muss; es werden auch ihre Potenziale in der Formung einer neuen Ordnung diskutiert, wobei sich

---

ihre Energien als destruktiv und gefährlich zu begreifen und zu unterbinden." (*Die Poetik der Fülle. Bewältigungsstrategien ästhetischer Überschüsse 1750–1810*. Göttingen 2018, S. 240.)

24 Skepsis gegenüber dem Wert der *modération*, die nicht weit von der *médiocrité* entfernt ist, gibt es schon vor der Aufklärung – etwa bei La Rochefoucauld; vgl. Gumbrecht, ‚Maß' 2001, S. 853. In seiner berühmten Formulierung *Le superflu, chose très nécessaire* behauptet Voltaire die paradoxe Notwendigkeit des Überflüssigen (vgl. dazu den Aufsatz von Roman Kuhn in diesem Band); und nicht selten ist mit der literarischen Kritik des Übermaßes selbst eine performative Feier desselben verbunden.

gerade die Kunst als formendes Medium anbietet und inszeniert. Im Lichte der vielfältigen Weisen, wie der Exzess aufgegriffen, bezähmt, eingesetzt und umgeformt wird, markiert er nicht allein die Prekarität, sondern auch die Ambivalenz jeder Grenze. Einhegungen erzeugen das von ihnen Bewältigte stets mit. Umgekehrt wirkt das solcherart Geformte auf die Regel zurück. Ein Blick auf die Auseinandersetzungen mit dem Exzess im achtzehnten Jahrhundert kann dafür das Bewusstsein schärfen und für die Betrachtung des Spannungsverhältnisses von Radikalität und Maß, von exzessiver und kultivierter Natur bereichernd sein. Damit ist nicht allein das Zentrum der Frage, was Aufklärung ist, berührt; sofern es sich um eine Konstellation handelt, die sich historisch fortschreibt, kann ihre Untersuchung auch Erhellendes für spätere Jahrhunderte zutage fördern.

III Dank

Dieser Band ist aus einer gleichnamigen Tagung hervorgegangen, die vom 16.– 18. Januar 2020 an der Freien Universität Berlin stattfand. Unser Dank gilt den Teilnehmer:innen ebenso wie den zahlreichen Besucher:innen im Seminarzentrum, die durch anregende und kritische Diskussion zum Gelingen der Veranstaltung beigetragen haben. Wir blicken heute mit einer gewissen Wehmut darauf zurück, da es für uns wie für viele für längere Zeit die letzte Veranstaltung gewesen ist, auf der ein reger wissenschaftlicher Austausch in leiblicher Präsenz möglich war. Darüber hinaus danken wir der Fritz Thyssen Stiftung und der Ernst-Reuter-Gesellschaft für die Finanzierung sowie der Thyssen Stiftung zudem für ihre Förderung der Druckkosten für diesen Band. Wir danken ferner Marcus Böhm und Eva Locher vom Verlag Walter de Gruyter, Christine Weder und Hans-Georg von Arburg für die Aufnahme des Bandes in die vom Schweizer Nationalfonds geförderte Reihe „Luxus und Moderne" und Jutta Müller-Tamm für ihre stete Bereitschaft, uns bei der Realisierung von Tagung und Sammelband zu unterstützen. Schließlich bedanken wir uns bei Bastian Schlüter für seinen Beitrag zur Konzeption der Veranstaltung, Madleen Podewski, Caroline Welsh und Simon Zeisberg für die Moderation und Anja Persson und Luca Lil Wirth für ihre unschätzbare Hilfe bei der Tagungsorganisation.

Berlin und Genf, im Juni 2021
Bernadette Grubner und Peter Wittemann

I Maß halten! Diätetik und Anthropologie

Carsten Zelle
Exzess und Mäßigung in Goethes *Der Mann von funfzig Jahren* – zum Zusammenhang von Literatur und Lebensordnung

Nirgendwo für die Dichtungslehre und entschieden darüber hinaus ist die Dialektik von ‚Exzess und Mäßigung' wirkungsvoller thematisiert worden als zu Beginn des 6. Kapitels der *Poetik*, wo Aristoteles den Zweck der Tragödiengattung darin beobachtet, durch Erregung von *éleos* und *phóbos* eine *kátharsis* derartiger Erregungszustände zu bewirken. Was diese ‚dunkle' Stelle des Philosophen bedeuten mag, darüber ist viel diskutiert worden. Manfred Fuhrmann erläutert die *kátharsis*-Formel, die die Affektpolitik bis in die Gegenwart auf das Nachhaltigste bestimmt hat, lakonisch mit dem Satz: „Jammer und Schaudern bewirken also, dass der Zuschauer von Erregungszuständen wie Jammer und Schaudern gereinigt, d. h. von ihrem Übermaß befreit wird."[1] Impliziert wird hier, dass die Affekte nicht als solche schlecht oder schädlich sind, sondern nur ihr Über- oder Untermaß, so dass die medial gesteuerte Affektpolitik darauf abzielen muss, Erregungszustände im Sinn einer Lehre von der richtigen Mitte zu regulieren bzw. zu kanalisieren, d. h. sie auf das rechte Maß einzupegeln. Die *kátharsis*-Formel wird

---

1 Aristoteles: *Poetik*. Griechisch/Deutsch. Übers., Hg. Manfred Fuhrmann. Stuttgart 1982, S. 109, Anm. 3 zu Kap. 6. Vgl. Carsten Zelle: Art. „Katharsis". In: *Reallexikon der deutschen Literaturwissenschaft*. Neubearbeitung, Bd. II. Hg. Harald Fricke u. a. Berlin, New York 2000, S. 249–252. Zur neueren Fortsetzung dieser ‚ewigen' Diskussion vgl. die Einleitung (bes. S. 124 f.) und die beiden Exkurse zur Katharsis (S. 333 ff. und S. 476 ff.) im Kommentar der Akademie-Ausgabe (Aristoteles: Poetik. In: Werke in deutscher Übersetzung. Begründet v. Ernst Grumach, fortgeführt v. Hellmuth Flashar, hg. Christof Rapp. Bd. 5. Übers. u. erl. v. Arbogast Schmitt. 2., durchges. u. erg. Aufl. Berlin 2011) sowie Julia Abel: Katharsis? Über die Wirkung der attischen Tragödie, die tragische Lust und die Poetik des Aristoteles. In: *Anthropologie der Literatur. Poetogene Strukturen und ästhetische-soziale Handlungsfelder*. Hg. Rüdiger Zymner, Manfred Engel. Paderborn 2004, S. 255–281 (worin die Katharsis mit Hilfe des psychophysischen Behavioral Inhibition System-Modells der älteren Medienwirkungsforschung reformuliert wird); Christof Rapp: Aristoteles über Wirkung und Wesen der Tragödie (Kap. 6). In: *Aristoteles Poetik*. Hg. Otfried Höffe. Berlin 2009, S. 87–104 (worin gegenüber der Genitivus objectivus-Lesart, die den Gegensatz zwischen Platonischer und Aristotelischer Affektbewertung akzentuiert, Argumente für eine – nicht somatisch-medizinisch aufgefasste – separative Lesart der *kátharsis*-Formel gesammelt werden, die die Unterschiede zwischen Lehrer und Schüler zwar nicht völlig einebnet, aber abzumildern sucht); Otfried Höffe: Tragischer Fehler, Menschlichkeit, tragische Lust (Kap. 13–14), ebd., S. 141–158, bes. S. 152 ff. (worin eine Begründung gegeben wird, *éleos* und *phóbos* wieder – wie bei Lessing – mit ‚Mitleid' und ‚Furcht' zu übersetzen).

https://doi.org/10.1515/9783110706147-003

also eingefügt in den weitergefassten Rahmen der Aristotelischen, keineswegs nur auf die Ethik beschränkten Mesotes-Lehre. Dadurch werden im Blick auf die unterschiedlichen persuasiven Mittel der Rede der Figur des ‚Diskurspolizisten' (*sensu* Foucault) die Entscheidungen des – wie ich es nennen möchte – Affektpolitikers vorgelagert.

Gegenüber der Auffassung des *Historischen Wörterbuchs der Philosophie*, die Mesotes-, Metriopathie- bzw. Mittellagen-Lehre verliere im achtzehnten Jahrhundert an Bedeutung, hätte daher schon der Blick auf die Katharsis-Deutung Lessings, dass die Tragödie „von beiden Extremis des Mitleids zu reinigen vermögend ist"[2], stutzig machen müssen. Die Auffassung, in der Neuzeit gehe „das Wissen um die Grundzüge der Lehre von der M.[esotes] weitgehend verloren",[3] gilt allenfalls für den engen, auf die Ethik begrenzten Bereich in der Schulphilosophie, insofern für Kant der Unterschied zwischen Tugend und Laster kein gradueller, sondern nur ein qualitativer sein konnte.[4] Die Ablehnung der Mittelstraßen-Maxime führte Kant daher im Blick auf die affektpolitische Herrschaft über sich selbst zur stoischen Apathie-Lehre zurück, die in der Aufklärungsäs-

---

2 Gotthold Ephraim Lessing: Hamburgische Dramaturgie (1767/68). In: Ders. *Werke*. Hg. Herbert G. Göpfert. Bd. 4: *Dramaturgische Schriften*. Bearb. Karl Eibl. München 1973, S. 229–707, 78. Stück, S. 363.
3 Henning Ottmann: Art. „Mesotes". In: *Historisches Wörterbuch der Philosophie*. Hg. Joachim Ritter. Bd. 5. Basel 1980, Sp. 1158–1161, hier Sp. 1161.
4 Vgl. Immanuel Kant: Die Metaphysik der Sitten. Thl. II: Tugendlehre (1797). In: Ders.: *Werkausgabe*. Hg. Wilhelm Weischedel. Bd. 8. Frankfurt/M. 1977, S. 535 (= A 43f.): „[...] mit anderen Worten, der belobte Grundsatz (des Aristoteles), die Tugend in dem *Mittleren* zwischen zwei Lastern zu setzen, ist falsch." Für die philosophische Rezeption der Mesotes-Lehre, namentlich für deren Verdünnung zu einer ‚Ethik der Mediokrität' gibt Ottmann, Mesotes, nur das auf die Ethik fixierte Kap. ‚Das Moralprinzip der rechten Mitte oder des Maßes' von Eduard von Hartmann: *Phänomenologie des sittlichen Bewußtseins* (1872, ²1886). Dritte Auflage mit den Zusätzen letzter Hand neu hg.v. Alma von Hartmann. Berlin 1924, S. 115–118, an. Als Vertreter einer „Apotheose der Mittelmäßigkeit" macht von Hartmann vor allem pedantische und zopfige Philister aus, die ihren ganzen Haß gegen die „Träger der fortschreitenden Verjüngung" richteten: „Denn dieses Prinzip [der Mittelmäßigkeit] denunziert gerade das als verwerfliche *Ausschreitung*, worauf allein die Möglichkeit des praktischen *Fortschritts* beruht, als Abweichung vom gesunden Mittelmaß." (S. 118) Vgl. auch Hans Ulrich Gumbrecht: Art. „Maß". In: Ästhetische Grundbegriffe. Hg. Karlheinz Barck u. a. Bd. 3. Stuttgart und Weimar 2001, S. 846–866, der La Rochefoucauld als frühen Kritiker der ‚Moderation', der sie entgegen der Verhaltenslehre Castigliones gewissermaßen ideologiekritisch als ‚Mediokrität' auszuweisen versucht, anführt. In einer Epoche, in der es – frei nach Walter Benjamin – darauf ankommt, in den ‚Lokomotiven des Fortschritts' die Notbremse zu ziehen, erscheint die von Gumbrecht diagnostizierte ‚Irreversibilität' einer solchen Position, die durch „die fortschreitende kulturgeschichtliche Entfaltung der Struktur von Subjektivität" bedingt sei (S. 853), selbst Symptom jener Krise zu sein, die nach diätetischer Therapie verlangt.

thetik und -diätetik, d. h. seit der sogenannten anthropologischen Wende in der Frühaufklärung zurückgedrängt, ja geradezu als unnatürlich und unphilosophisch zurückgewiesen worden war.

> Ich habe gesagt, man solle die Affecten im Zaume halten, dieses heist gar nicht, sie unterdrücken. Die stoischen Weltweisen haben das Wesen der Tugend darinne gesetzt, und sie haben sich ohnfehlbar betrogen. Dieses ist eine Philosophie, die wieder [!] die Natur ist, und also eine Philosophie, die gar keine Philosophie zu nennen ist.[5]

Für das weite, eklektische Feld der Lebensphilosophie gilt der Bedeutungsverlust der Mesotes-Lehre dagegen nicht. Im Gegenteil – in Poetik, Ästhetik, Anthropologie und Lebensordnung, d. h. in Bereichen, die in der *kátharsis*-Formel eng miteinander verzahnt sind, wird im Blick auf die Selbstformung des ‚ganzen Menschen' insgesamt auf Ausgleich der Extreme, d. h. auf das ‚richtige' Maß eines ausgewogenen Mittelzustandes gezielt, der als ‚Gleichgewicht' oder ‚Harmonie' begriffen und mit Vorstellungen von Gesundheit, Glück, Freude, Ruhe und Heiterkeit verbunden wird.

Der Beitrag erinnert in einem ersten Teil zunächst an den in der Forschung lange unterschätzten Diskurs der Diät, also der Lebensordnung. Meine Gewährsmänner sind Friedrich Hoffmann, zu dem ich mich kurz fasse,[6] und Christoph Wilhelm Hufeland. Die Diätetik begann im Zuge der „neohippokratischen Wende"[7] seit Anfang des achtzehnten Jahrhunderts den mentalen Habitus

---

[5] Johann Gottlob Krüger: *Diät oder Lebensordnung*. Halle 1751, 7. Kap., Von den Gemüthsbewegungen, § 134, Ob die Affecten zu unterdrücken, S. 419. Eine 2. Aufl. erschien 1763. Für die Popularität von Krügers *Diät* spricht, dass die Ende des achtzehnten Jahrhunderts anonym publizierten *Lehrsätze der Diät oder Lebensordnung eines der größten Aerzte* (Nürnberg und Altdorf 1794) von damaligen Bibliothekaren offenbar Krüger zugeordnet wurden.
[6] Zur frühaufklärerischen Diät bei Hoffmann und Krüger vgl. u. a. mein gemeinsam mit Anne Hegemann verfasstes Nachwort in: ‚*Pietistische Genußkultur'. Texte von Johann Gottlob Krüger aus den Jahren 1746 und 1751*. Hg. Anne Hegemann, Carsten Zelle. Halle 2008, S. 107–127, bes. S. 107–116.
[7] Vgl. Philipp Sarasin: *Reizbare Maschinen. Eine Geschichte des Körpers 1765–1914*. Frankfurt/M. 2001, bes. S. 33–51, der die entscheidende Rolle der *sex res non naturales* bei der Konstituierung des Hygienediskurses im achtzehnten Jahrhundert im Zusammenhang des „Neohippokratismus" bzw. der „neohippokratischen Wende" (S. 39) thematisiert und dabei auch Friedrich Hoffmann (S. 46 f.) heraushebt, sich aber im Übrigen auf spätere, vor allem französische Quellen konzentriert. Die diätetische „Lebenstechnik" mit ihren Operationen von Selbstbeobachtung und Selbstsorge greift nicht erst „um 1800" (Barbara Thums: Moralische Selbstbearbeitung und Hermeneutik des Lebensstils. Zur Diätetik in Anthropologie und Literatur um 1800. In: *Die Grenzen des Menschen. Anthropologie und Ästhetik um 1800*. Hg. Maximilian Bergengruen, Roland Borgards, Johannes Friedrich Lehmann. Würzburg 2001, S. 97–111, hier S. 103), sondern bedeutend früher.

sich aufklärender Subjekte zu formen und sollte in der Folgezeit entscheidende Prägekraft für den Zusammenhang von Literatur und Lebensordnung entfalten. Wie die Diät zum Medium literarischer Gestaltung wird, soll in einem zweiten Teil an Beispielen Goethes, insbesondere an seiner Novelle *Der Mann von funfzig Jahren* (1818, 1821, 1829) verfolgt werden.

I Lebensordnung – von Hoffmann zu Hufeland

Zunächst muss ein naheliegendes Missverständnis ausgeräumt werden, insofern die Bezeichnung ‚Diät' (von gr. δίαιτα díaita) seit dem neunzehnten Jahrhundert eine Begriffsschrumpfung erfahren hat[8] und heute leicht mit bloßer ‚Brigitte-Diät', d. h. einer Anleitung zum Salatessen, verwechselt wird. Im Kontext der alten Medizin bezeichnet die ‚Diät' eine umfassende Lebensordnung, die im ‚Haus der Medizin' zwischen den Bereichen des Gesunden und Kranken[9] ein neutrales Übergangsfeld der *sex res non naturales* bildet, die einen weiten Umkreis präventivmedizinisch relevanter Felder umfassen, und zwar 1) Aer (Licht und Luft), 2) Cibus et potus (Essen und Trinken), 3) Motus et quies (Bewegung und Ruhe), 4) Somnus et vigilia (Schlafen und Wachen), 5) Excreta et secreta (Stoffwechsel) und 6) Affectus animi (Gemütsbewegungen).[10]

---

8 Vgl. Dietrich von Engelhardt: Von der Stilistik des ganzen Lebens zum Haferschleim. Das 19. Jahrhundert als Wendepunkt in der Geschichte der Diät. In: *Speisen, Schlemmen, Fasten. Eine Kulturgeschichte des Essens*. Hg. Uwe Schultz. Frankfurt/M. 1993, S. 285–298; ders.: Art. „Diätetik". In: *Enzyklopädie Medizingeschichte*. 2 Bde. Hg. Werner E. Gerabek u.a. Berlin, New York 2007, Bd. I, S. 299–303, hier: S. 302. Eine umfangreiche Bibliographie diätetischer Werke von Hippokrates bis 1831 bietet Theodor Schreger: Art. „Diätetik". In: *Allgemeine Encyclopädie der Wissenschaften und Künste*. Hg. Johann Samuel Ersch und Johann Gottfried Gruber. Section 1, Bd. 24. Leipzig 1833, S. 431–434, hier: S. 433 f.
9 Das Gesunde umfasst sieben *res naturales* (Elemente, Temperamente, Körperteile, Säfte, Geist, Fähigkeiten, Handlungen), das Kranke drei *res contra naturam* (Krankheiten, Ursachen, Symptome).
10 Zum Gegenstandsbereich der Diät als Bereich zwischen dem Gesunden und Kranken, für dessen Sorge der Einzelne selbst besonders verantwortlich ist, siehe Udo Benzenhöfer: Zum Leben und zum Werk von Johann Georg Zimmermann (1728–1795) unter besonderer Berücksichtigung des Manuskripts „Von der Diät für die Seele". In: Johann Georg Zimmermann: *Von der Diät für die Seele*. Hg. Udo Benzenhöfer und Gisela vom Bruch. Hannover 1995, S. 1–35, hier: S. 28 f. Vgl. auch die einschlägigen Werke und Aufsätze von Heinrich Schipperges, z. B. *Geschichte der Medizin in Schlaglichtern*. Hg. Heinrich Schipperges. Mannheim, Wien und Zürich 1990, S. 87, oder ders.: Verwurzelung und Entfaltung des präventiven Denkens und Handelns. In: *Krankheitsverhütung und Früherkennung. Handbuch der Prävention*. Hg. Peter Allhoff, Günter Flatten und Ulrich Laaser. Berlin und Heidelberg 1993, S. 3–15, hier: S. 6.

Im Blick auf diese Aspekte entfaltet die Gesundheitsliteratur seit Beginn der Aufklärung eine neue Dynamik. Sie setzt auf das Prinzip der Selbstverantwortung und bringt dabei eine neue Literaturgattung hervor, deren Inhalt Diätetik, deren Form eine jedermann zugängliche Verständlichkeit und „deren Ziel Erziehung und die Vereinigung von Rationalität und Moralität in der praktischen Lebensführung ist."[11] Insbesondere der ‚Großen Diät' (9 Bde., 1715–1728)[12] des Hallenser Arztes und Medizintheoretikers Friedrich Hoffmann (1660–1742) kommt in diesem Zusammenhang eine den weiteren Diskurs leitende Rolle zu. Die Diät setzt nicht nur auf das Konzept der Vorsorge, sondern vor allem auf einen mündigen Menschen, der auch in Gesundheitsdingen sein Schicksal selbst in die Hand nimmt. Neben die Vorsorge tritt das Konzept der Selbstsorge, wodurch die Diät zu einer Theorie des „für sich selbst verantwortlichen Subjekt[s]"[13] wird, die in der Formel, dass „ein jeglicher/ dem sein Leben und Gesundheit lieb ist/ selbst sein eigener Artzt seyn"[14] müsse, zusammengefasst ist. Aufklärerischer Selbstdenker- und diätetischer Selbstsorgediskurs sind miteinander verbunden. Hoffmanns Grundsätze werden durch Johann Gottlob Krügers (1715–1759) *Diät oder Lebensordnung* (1751, ²1763) in die Spätaufklärung tradiert und sollten vermittelt durch Christoph Wilhelm Hufelands (1762–1836) *Makrobiotik* (1797) noch die diätetischen Vorstellungen weit über die Jahrhundertwende hinaus prägen.

Organisiert wird die Anordnung des diätetischen Wissens auch hier durch die *sex res non naturales*. Besonders Umweltfaktoren und psychophysische Aspekte werden für die Gesundheit geltend gemacht. Bei den Halleschen Ärzten stehen unter allen Diätregeln diejenigen, die die Gemütsbewegungen bzw. Affekte betreffen, an erster Stelle. Wie Körper und Seele miteinander verknüpft sind, bleibt umstritten; darüber, dass sie es sind und dass diese Verknüpfung im Affekt evident ist, besteht unter Medizinern Einigkeit. Dabei darf die die Affekte betreffende Hauptregel Hoffmanns, „Sey allezeit fröhlich und ruhiges Gemüthes"[15], nicht als Aufforderung zur Apathie missverstanden, sondern sie muss als Rat zur affektiven Mäßigung aufgefasst werden: „man meide alles dasienige/ was zuviel ist".[16]

---

11 Fritz Hartmann. *Wandel und Bestand der Heilkunde I. Materialien zur Geschichte der Medizin für Studenten*. München, Wien und Baltimore 1977, S. 193.
12 Friedrich Hoffmann: *Gründliche Anweisung, wie ein Mensch Vor dem frühzeitigen Tod und allerhand Arten Kranckheiten Durch ordentliche Lebens-Art sich verwahren könne*. 9 Thle. Halle 1715–1728.
13 Sarasin, *Reizbare Maschinen*, S. 50.
14 Hoffmann, *Gründliche Anweisung*, Bd. I (1715), Vorrede, unpag., fol. b3ᵛ.
15 Ebd., Kap. II. Die Ganze Diät, § 7, S. 112.
16 Ebd., § 4, S. 101.

Alle bei Hoffmann genannten Mittel der die „Lebens=Kräfte"[17] stärkenden Affektaufheiterung stehen auf dem Index der pietistischen Dogmatik, d. h. werden zu den darin verbotenen Mitteldingen (Adiaphora) gezählt. Auch das Prinzip der „Aristotelischen Mäßigung", das in der weltlichen Lebensordnung der Affekte im weiteren Verlauf des achtzehnten Jahrhunderts eine so entscheidende Rolle spielen sollte, wird darin ausdrücklich verworfen.[18] Mit der Diät tritt eine weltliche Lebensordnung, namentlich in Betracht der ethischen Bewertung der Leidenschaften, in Konkurrenz mit der christlichen, sei es der orthodoxen, sei es der pietistischen Seelsorge im protestantischen Raum.[19] Von neostoischer Affektausrottung, die, wie erwähnt, als unnatürlich und unphilosophisch einem Verdikt verfällt, bzw. neutestamentarisch begründeter Kreuzigung des ‚Fleisches' (Gal 5, 17) wird vielmehr auf Aristotelische Mittellagenlehre (Mesotes) umgeschaltet. Der Affekt wird geformt, nicht vertilgt. Die Entgegensetzung von Affektregulierung und Affektunterdrückung, d. h. der Wechsel vom Apathie- zum Metriopathie-Paradigma entspricht dabei der auf die sensitiven Vermögen (‚facultates inferiores') bezogenen Unterscheidung zwischen *tyrannis* und *imperium* in der Ästhetik.[20] Das

---

17 Ebd., § 7, S. 112. Ob Hoffmann damit auf eine dem Körper eigene „force active réelle" bzw. im Blick auf die Reproduktionsfähigkeit auf „un pouvoir sui generis" (François Duchesneau: Organisme et mécanisme: de Hoffmann à la controverse entre Leibniz et Stahl". In: *Natur und Subjekt. Nachtragband. IX. Internationaler Leibniz-Kongress*. Hg. Herbert Breger, Jürgen Herbst, Sven Erdner. Hannover 2012, S. 20–38, hier: S. 23 bzw. 25) zielt oder ob vielmehr hinter seinem Kraft-Begriff das ältere Äther-Konzept (Karl E. Rothschuh: Studien zu Friedrich Hoffmann. In: *Sudhoffs Archiv* 60, 1976, H. 2, S. 163–193 und H. 3, S. 235–270) steckt, ist in der Forschung undeutlich. Vgl. Carsten Zelle: „Ein Mann von 56. Jahren". Ein ‚Casus' aus Friedrich Hoffmanns *Medicina Consultatoria*. In: *Von Hoffmanns Erzählungen zu Freuds Novellen. Eine Anthologie der Fachprosagattung ‚Fallerzählung'*. Hg. Carsten Zelle. Hannover 2015, S. 29–56.
18 Joachim Lange: *Der richtigen Mittel=Straße* [...] *Vierter und letzter Theil*. Halle 1714, *Des Vierten Theils Andere Section Von dem Mannigfaltigen Abwege*, S. 192 ff., hier bes. S. 196 f.: „Alle Gattungen des bißher *recensi*rten ungöttlichen Wesens fliessen aus dem *Pelagiani*schen und *scholasti*schen *principio*, dass die Lust in dem Menschen durch den Fall nicht verderbet worden/ sondern gut geblieben/ und also *indifferent* sey/ aber erst sündlich werde durch den *Excess*, in der Aristotelischen Mäßigung aber gut und unsündlich sey. [...] Diese Irrlehre vom vorgegebenen *Indifferentismo* ist [...] ganz unvernünftig/ oder streitet auch wieder [!] die gesunde Vernunfft und wider das Recht der Natur."
19 Vgl. hierzu Carsten Zelle: „Klopstocks Reitkur – Zur Konkurrenz christlicher Lebensordnung und weltlicher Diät um 1750". In: *Aufklärung und Religion – Neue Perspektiven*. Hg. Michael Hofmann, Carsten Zelle. Hannover 2010, S. 65–84.
20 Alexander Gottlieb Baumgarten: *Ästhetik* (1750). Lateinisch/deutsch. Übers., Hg. Dagmar Mirbach. Bd. 1. Hamburg 2007, § 12, S. 16/17. Vgl. die Ausführungen zur ästhetischen bzw. kulturellen Formung des ‚Fleisches' in meinem Aufsatz Ästhetische Anthropoiesis – Leibniz' Erkenntnisstufen und der Ursprung der Ästhetik. In: *Leibniz und die Aufklärungskultur*. Hg. Alexander Košenina, Wenchao Li. Hannover 2013, S. 93–116, bes. S. 105 ff.

normative, zweistellige Plus/Minus-Konzept der Apathie bzw. des gekreuzigten ‚Fleisches' wird durch ein regulatives, dreistelliges Minus/Plus/Minus-Modell abgelöst.[21] Es wird bis in die Syntax hinein die diätetischen und ästhetischen Diskurse, die den Zusammenhang von Literatur und Lebensordnung thematisieren, durchziehen.

Tab. 1: Apathie / Metriopathie

Apathie	Metriopathie
+ / -	- / + / -
Plus/Minus	Minus/Plus/Minus
Normativ: Vertilgung der Leidenschaften	Regulativ: Ausgleich der Leidenschaften
‚tyrannis'	‚imperium'
unnatürlich/unphilosophisch	natürlich/philosophisch
‚Entweder-Oder'	‚Sowohl-Als auch'

Das Konzept der Diät geht im weiteren Verlauf des achtzehnten und neunzehnten Jahrhunderts nicht verloren, es wird vielmehr um 1800 von Hufeland kulturanthropologisch verallgemeinert und zivilisationskritisch eingesetzt. Er grenzt sich in seiner *Macrobiotik*, d.h. der „Kunst das Leben zu verlängern", zwar eingangs explizit von der „medicinischen Diätetik" ab, weil deren Zweck Gesundheit sei, seine Macrobiotik hingegen auf Verlängerung des Lebens ziele. Implizit folgen seine diesbezüglichen, vom Lebenskraftkonzept durchdrungenen Vorschläge freilich auch der Topik der *sex res non naturales*, wenn u. a. Licht, Wärme, Luft, Ruhe und Schlaf als Stärkungs- und Restaurationsmittel der Lebensenergien

---

21 Erwin Panowsky (*Hercules am Scheidewege und andere antike Bildstoffe in der neueren Kunst*. Berlin 1930) hat herausgearbeitet, dass die alternative Entscheidungskonstellation des Scheidewegstoffs im Lauf des achtzehnten Jahrhunderts zugunsten eines positiv gewerteten ‚Mittelzustands' umgewertet wird, d.h. sich „das ‚Entweder-Oder' in ein ‚Sowohl-Als auch' verwandelt" (S. 83). Kronzeuge für diese Umwertung ist der frühe Goethe mit einer Herkules in den Mund gelegten Replik aus der Farce *Götter, Helden und Wieland* (1774): „Laster, das ist wieder ein schönes Wort. Dadurch wird eben alles so halb bei euch, dass ihr euch Tugend und Laster als zwei Extrema vorstellt, zwischen denen ihr schwankt. Anstatt euern Mittelzustand als den positiven anzusehn und den besten, wie's eure Bauern und Knechte und Mägde noch tun." (Werke. Hamburger Ausgabe in 14 Bänden. Hg. Erich Trunz. 13., durchges. Aufl. Bd. 4: *Dramatische Dichtungen II*. Textkrit. durchges. u. komm. von Wolfgang Kayser. München 1994, S. 203–215, hier: S. 214). Das „zerreißende Entweder-Oder der tragischen Entscheidung" sei für Goethe nicht das Gebot menschlicher Existenz gewesen, fasste Karl Viëtor seinerzeit Goethes Anschauung vom Menschen (in: *Geist und Form. Aufsätze zur deutschen Literaturgeschichte*. Bern 1952, S.72–143, hier: S. 141) zusammen.

empfohlen werden[22] – zumal Lebensverlängerung und Gesundheitsvorsorge, worauf schon der Titel von Hoffmanns *Gründlicher Anweisung* wies, einander nicht ausschließen.

Hufelands zentraler Begriff der ‚Lebenskraft' ist speziell mit dem schottischen Arzt John Brown (1735–1788) und den nach ihm benannten ‚Brownianismus' in Verbindung gebracht worden,[23] demzufolge Krankheiten Folgeerscheinungen zu starker (‚sthenischer') oder zu schwacher (‚asthenischer') Erregungszustände seien und die ‚psychische' Kur demzufolge auf Reizentziehung oder Reizzuführung zielen müsse. Tatsächlich war der Begriff der ‚Lebenskraft' jedoch um 1800 ubiquitär und in biologischen und biophilosophischen Kontexten bereits „fest verankert",[24] versteckte sich doch auch hinter dem neurophysiologischen Krankheitskonzept des ‚Brownianismus' nichts weiter als das diätetische Denkmuster der Mesoteslehre, der zufolge Gesundheit in der Mittellage zwischen den Extremen zu finden sei, d. h. sowohl im Blick auf therapeutische, prophylaktische oder gesundheitserhaltende bzw. lebensverlängernde Maßnahmen stets ein Pegelstand in der Mitte zwischen den Ausschlägen sthenischer und asthenischer Erregung angestrebt werden müsse. Im damaligen Parteienstreit um Brown vertrat Hufeland daher – signifikanterweise – einen „Mittelweg", weil die Sachen, die Brown gelehrt habe, „soweit sie vernünftig sind, nicht neu" gewesen seien.[25] Mochte der humoralpathologische Diskurs in der Goethezeit auch veraltet sein,[26] die neueren Therapie- und Vorsorgekonzepte hat er gleichwohl schematisiert.

---

22 Christoph Wilhelm Hufeland: *Die Kunst das menschliche Leben zu verlängern*. Wien und Prag 1797. Faksimile-Ausgabe des Originals von 1797. Hamburg: Walter Lichters o. J., I. Theil, Vorrede, S. IV und 2. Vorlesung: Untersuchung der Lebenskraft und der Lebensdauer überhaupt, S. 28–57. Warum dieser Reprint sich als Faksimile des Originals, das 1797 in der akademischen Buchhandlung in Jena erschien, ausgibt, wo ihm doch ein Wiener Raubdruck zugrunde liegt, bleibt schleierhaft. Zum Lebenskraftkonzept im allgemeinen siehe Georg Toepfer: Art. „Vitalismus". In: Ders.: *Historisches Wörterbuch der Biologie. Geschichte und Theorie der biologischen Grundbegriffe*. 3 Bde. Stuttgart und Weimar 2011, hier: Bd. 3, S. 692–710, bes. S. 699–705 („Lebenskraft"), worin Hufeland jedoch fehlt. Zu Hufelands *Makrobiotik* vgl. Ortrun Riha: Diät für die Seele. Das Erfolgsrezept von Hufelands Makrobiotik. In: *NTM Zeitschrift für Geschichte der Wissenschaften, Technik und Medizin* 9 (2001), S. 80–89.

23 Vgl. Riha, Diät für die Seele, S. 81.

24 Toepfer, Vitalismus, S. 702. Vgl. Christoph Wilhelm Hufeland: Mein Begriff von der Lebenskraft. In: *Journal der practischen Arzneykunde* 6 (1798), 1. St., S. 785–796, worin die Lebenskraft mit der Schwerkraft bzw. der Denkkraft in Analogie gesetzte wird. Das Leben verhalte sich zur Lebenskraft wie die Schwere zur Schwerkraft bzw. das Denken zur Denkkraft.

25 Christoph Wilhelm Hufeland: *Bemerkungen über die Brownsche Praxis*. Erster Theil. Tübingen: Cotta 1799 [mehr nicht erschienen], S. 4 und 18.

26 Wenn Albrecht Koschorke (*Körperströme und Schriftverkehr. Mediologie des 18. Jahrhunderts* [1999]. 2., durchges. Aufl. München 2003, S. 112) in einer von der Neugermanistik gerne aufge-

Was immer mit ‚Lebenskraft' im Einzelnen auch gemeint ist, fest steht für Hufeland, dass sie „unter die allgemeinsten, unbegreiflichsten und gewaltigsten Kräfte der Natur" gehöre, das „größte Erhaltungsmittel des Körpers" sei und durch Fäulnis, Verwitterung und Frost geschwächt, durch Licht, Wärme und Luft dagegen gestärkt werde.[27] Wolle man sein Leben verlängern, müsse man daher alles tun, was die Lebenskraft stärkt, und alles vermeiden, was sie schwächt. In allem gelte es, den „Mittelton", die *aurea mediocritas*, d. h. den goldenen Mittelweg einzuhalten. Er sei für die Verlängerung des Lebens, wie die Erfahrung zeige, „am convenabelsten": „In einer gewissen Mittelmäßigkeit des Standes, des Clima, der Gesundheit, des Temperaments, der Leibesconstitution, der Geschäfte, der Geisteskraft, der Diät u.s.w. liegt das größte Geheimnis, um alt zu werden." Umgekehrt gilt: „Alle Extreme, so wohl das zu viel als das zu wenig, so wohl das zu hoch als das zu tief hindern die Verlängerung des Lebens."[28] In allem gilt es, Unmäßigkeit, Extreme und exaltierte Zustände zu vermeiden.[29] Dagegen sind es die angenehmen, in mäßigem Grade genossenen Sinnenreize, die die Lebenskraft restaurieren – vor allem die Freuden an Musik, Malerei und anderen bildenden Künste sowie an der Dichtkunst. Besonders hervorgehoben werden die die Lebensoperationen regulierenden und ermunternden Reize der Musik, von denen Hufeland wünscht, dass man ihren „zweckmässigen, den Umständen angemeßnen Gebrauch [...] mehr studierte und in Ausübung brächte."[30] In seelendiätetischer Hinsicht ist „Heiterkeit" (hilaritas) Grundlage allen Glücks.[31] Bei Goethe – soviel vorweg – wird Hilarie Klavier spielen.

Entscheidend gegenüber Hufelands lebensverlängernden Ratschlägen im Einzelnen scheint mir jedoch seine Verallgemeinerung einer auf Mäßigung kal-

---

griffenen Formel „Vom Umbau des Menschen. Vom humoralen Gefäßleib zum nervösen Organismus" spricht, übersieht er m. E. die komplizierte, von Ungleichzeitigkeiten und diskurssektoralem Gefälle geprägte Gemengelage der physiologischen Diskussionen, deren therapeutische bzw. diätetische Konsequenzen und den Prozess, in dem alte Denkmuster neue Beobachtungen schematisieren.

27 Hufeland, *Die Kunst das menschliche Leben zu verlängern* (1797), I. Theil, 2. Vorlesung: Untersuchung der Lebenskraft und der Lebensdauer überhaupt, bes. S. 32, 36 und 40.
28 Ebd., I. Theil, 6. Vorlesung: Resultate aus den Erfahrungen. Bestimmung des menschlichen Lebensziels, S. 130 f. Die Formel vom ‚goldenen Mittelweg' geht auf Hor. c. 2, 10 zurück. Eine zeitgenössische Übersetzung in Horaz: *Oden*. Übers. Karl Wilhelm Ramler. Berlin 1818, S. 77 f., „An den Licinius Muräna"; ders.: Art. „Diätetik". In: *Enzyklopädie Medizingeschichte*. 2 Bde. Hg. Werner E. Gerabek u.a. Berlin, New York 2007, Bd. I, S. 299–303, hier: S. 302.
29 Vgl. Hufeland, *Die Kunst das menschliche Leben zu verlängern* 1797, II. Theil, I. Abschnitt, 6. Unmässigkeit in Essen und Trinken [...], S. 31 und II. Abschnitt, 13. Ruhe der Seele [...], S. 183.
30 Ebd., II. Abschnitt, 15. Angenehme und mässig genossene Sinnes- und Gefühlsreize, S. 191.
31 Ebd., II. Abschnitt, 13. Ruhe der Seele [...], S. 182.

kulierenden Ökonomie individueller Lebenskräfte zu einem Kulturmodell zu sein, mit der er am Schluss des Werks mit Hilfe der Mesoteslehre die „Textur" des kulturellen Körpers modelliert. Das dreistellige Minus/Plus/Minus-Modell der weltlichen Diät, das ich oben akzentuiert habe (siehe Tab. 1), wird kulturtheoretisch verallgemeinert. Es gelte, die Extreme von „*Hypercultur* (die den Menschen zu sehr verfeinert und verzärtelt)" und „*Uncultur* (wenn die Anlagen des Menschen nicht oder zu wenig entwickelt werden)" zu vermeiden. Stattdessen gelte es im Rahmen einer „wahren Cultur" zu einer „harmonische[n] Ausbildung aller Kräfte", und zwar der geistigen und der körperlichen, zu gelangen.[32] Die epigenetisch modern, wohl eher aber aristotelisch-antik im Sinn der Entelechie[33] gedachte „Vervollkommnungsfähigkeit" des Menschen, der organisch darauf angelegt sei, „nichts zu seyn, und alles zu werden", führt bei Hufeland konsequenterweise zum antirousseauistischen Modell einer kulturellen Menschwerdung:

> Ein roher unkultivierter Mensch ist noch gar kein Mensch, er ist nur ein Menschenthier, welches zwar die Anlage hat, Mensch zu werden, aber, solange diese Anlage durch Cultur nicht entwickelt ist, weder im Physischen noch Moralischen sich über die Classe der ihm gleich stehenden Thiere erhebt.[34]

Für Hufeland steht fest, dass Kultur Medium der Menschwerdung ist: „Nur durch Cultur wird der Mensch vollkommen."[35] Dieses Denkmuster verbindet ihn mit der geschichtsphilosophischen Ästhetik Schillers[36] oder dem diätetischen Bildungsmodell Goethes.

Im Blick auf die mit der Kulturalisierung verbundenen Kosten der ‚Entfremdung' bleibt Hufeland freilich Rousseauist. In seiner späteren Skizze einer *Geschichte der Gesundheit des Menschengeschlechts, nebst einer physischen Karak-*

---

32 Ebd., II. Abschnitt, 19. Cultur der geistigen und körperlichen Kräfte, hier: S. 234–235.
33 Vgl. Georg Toepfer: Art. „Entwicklung". In: Ders., *Historisches Wörterbuch der Biologie* 2011, Bd. 1, S. 391–437, hier: S. 407 f. Die Anbindung von Hufelands Lebenskraft-Konzept an den aristotelischen Entelechie-Begriff betont Anthony Mahler: Die Kunst, die Lebensgeschichte zu verlängern. Zur narrativen Einheit der Diät in Hufelands *Makrobiotik*. In: *Die Erzählung der Aufklärung*. Beiträge der DGEJ-Jahrestagung 2015 in Halle a.d. Saale. Hg. Frauke Berndt und Daniel Fulda. Hamburg 2018, S. 563–572.
34 Hufeland, *Die Kunst das menschliche Leben zu verlängern* 1797, II. Theil, II. Abschnitt, 19. Cultur der geistigen und körperlichen Kräfte, hier: S. 234.
35 Ebd.
36 Dass Kultur Medium der Menschwerdung ist, vertrat u.a. auch Schiller. Vgl. dazu meinen Artikel zu Friedrich Schiller. In: *Handbuch Kulturphilosophie*. Hg. Ralf Konersmann. Stuttgart und Weimar 2012, S. 85–90.

teristik des jetzigen Zeitalters im Vergleich zu der Vorwelt spaltet er gewissermaßen den Kulturbegriff und stellt einer halben, falschen Kultur, die zerstört, die wahre Kultur, die stärkt und erhält, gegenüber. Angelegt ist der Text in der Diskurstradition des Antike/Moderne-Vergleichs, d. h. er bietet eine auf das Pathologische hin ausgerichtete Replik auf die Querelle des Anciens et des Modernes. Das gegenwärtige Zeitalter zeichne sich zwar durch mehr Geistigkeit aus als zuvor, jedoch auch durch weniger Kraft. Es leide an Überreizung, Unnatur und Verdorbenheit der Säfte und habe ganz neue Krankheiten hervorgebracht, insbesondere langwierige Nervenkrankheiten, Krämpfe, Hypochondrie und mit Narrheit, Aberwitz und Schwermut auch neue, merkwürdige Formen des Wahnsinns. Die Unterscheidung zwischen einer nervenphysiologischen und humoralpathologischen Nosologie scheint in diesem Zusammenhang eher unwichtig zu sein. Selbst der Charakter des Suizids habe sich vollständig geändert. War er bei den Alten ein aktiver Zustand, heroischer Akt edelster Freiheit, sei er jetzt passiver Zustand, Zeichen von Schwäche, Feigheit und einer durch Debauchen verursachten, äußersten Erschöpfung, dem die Ärzte mit der Bezeichnung der „Selbstvernichtungswuth", d. h. der *Melancholia suicida*, einen eigenen Namen hätten geben müssen.[37]

„Woher", fragt Hufeland, „soll nun Rettung – physische Regeneration der Menschheit – kommen?"[38] Rettung versprechen ihm nicht, wie es ironisch heißt, physische Heilmittel, kalte Bäder, Abhärtung oder magnetische Zauberkuren, sondern als Heilmittel erscheint ihm einzig der „*Geist*", der zu Einfalt und Sitte zurückführt, d. h. eine neue Lebensquelle erschließt, durch die Leben, Reinheit, Frische und Kraft gerade in der physischen Natur neu geboren werden. Hufeland folgt hier dem seelendiätetischen Modell des *influxus animi* der vernünftigen bzw. philosophischen Ärzte, das besagt, dass bei dem *commercium animi et corporis* geistige bzw. seelische Einflüsse, diätetisch gesprochen die *affectus animi*, vorherrschend sind. Für Hufeland mündet die therapeutische „Kraft des Geistes", von der er sich angesichts der signifikanten Pathologie seiner Jetztzeit eine „Regeneration der Menschheit" erwartet, in eine geschichtsphilosophische Perspektive: „*Der Halbgeborene muss ganz geboren werden.*"[39] Das bedeutet, dass der

---

37 Christoph Wilhelm Hufeland: Geschichte der Gesundheit des Menschengeschlechts, nebst einer physischen Karakteristik des jetzigen Zeitalters im Vergleich zu der Vorwelt. Eine Skizze [...] (Vorgelesen d. 3. Aug. 1810 in der Königl. Akademie der Wissenschaften zu Berlin). In: *Journal der practischen Arzneykunde und Wundarzneykunst* 34 (1812), 1. Stück, S. 1–35, meine Paraphrase folgt dem Kap. „III. Jetziges Zeitalter", S. 18–35, bes. S. 18–32.
38 Ebd., S. 33.
39 Ebd., S. 34 f.

durch die Natur nur zur Hälfte geborene Mensch durch die Kultur zum ‚ganzen Menschen' geformt werden muss.

II Literatur und Lebensordnung – Goethe

Den diagnostischen und therapeutischen Einsichten der Diätetik Hufelands können jene der Dichtung Goethes an die Seite gestellt werden. Den „Tragödien der Modernität" und den „Pathologien der modernen Subjektivität" wird darin, wie Hans-Jürgen Schings in seinen Goethe-Studien herausgearbeitet hat, eine Lebenskunst der Mäßigung, Dämpfung und Begrenzung entgegenzustellen getrachtet. Es sind vor allem „zwei extreme, aber signifikante Erscheinungsformen der Subjektivität", nämlich Hypochondrie und Willkür, die Glück und Gesundheit vernichten.[40] Umgekehrt sind es ästhetisch oder literarisch gestaltete seelendiätetische Kuren, die zu Glück und Gesundheit zurückführen. Ich möchte für die These, die den Aufsätzen von Schings zur „Pathogenese des modernen Subjekts"[41] folgt, nur drei Szenen mehr oder weniger skizzenhaft geltend machen.

In den *Unterhaltungen deutscher Ausgewanderten* (1795), Goethes erzählerischem Komplementärunternehmen zu Schillers Theorie der ästhetischen Erziehung zum Schönen, entwickelt die Baronesse gegenüber der Heftigkeit des Streits über das weitere Schicksal der Mainzer Jakobiner, der die Gemüter aus der Fassung bringt, die Gemeinschaft zu entzweien droht und in dem Karl sich dazu hinreißen lässt, dem Geheimenrat die Guillotine an den Hals zu wünschen, das narrative Programm „gesellige[r] Bildung" durch „gesellige Schonung".[42] Hierin sind Duldsamkeit und Höflichkeit gegen andere mit Selbstbeherrschung und Entsagung verbunden.

---

[40] Hans-Jürgen Schings: „Gedenke zu leben". Goethes Lebenskunst. In: *Wilhelm Meister und seine Nachfahren. Vorträge des 4. Kasseler Goethe-Seminars* (1997). Hg. Helmut Fuhrmann. Kassel 2000, S. 33–52, bes. S. 39, 50 und pass.

[41] Diese Formel findet sich zuerst im Anschluss an sein großes Melancholie-Buch (*Melancholie und Aufklärung: Melancholiker und ihre Kritiker in Erfahrungsseelenkunde und Literatur des 18. Jahrhundert*. Stuttgart 1977) in Schings' Aufsatz: Agathon – Anton Reiser – Wilhelm Meister. Zur Pathogenese des modernen Subjekts im Bildungsroman. In: *Goethe im Kontext. Kunst und Humanität, Naturwissenschaft und Politik von der Aufklärung bis zur Restauration. Ein Symposium*. Hg. Wolfgang Wittkowski. Tübingen 1984, S. 42–68 und S. 82–88 (Diskussion). Schings' einschlägige Aufsätze sind gesammelt in dem Band *Zustimmung zur Welt. Goethe-Studien*. Würzburg 2011.

[42] Johann Wolfgang von Goethe: Unterhaltungen deutscher Ausgewanderten (1795). In: Ders.: *Werke*. Hamburger Ausgabe. 14., überarb. Aufl. Bd. 6: *Romane und Novellen I*. Textkrit. durchges. v. Erich Trunz, komm. v. E. T. u. Benno von Wiese. München 1998, S. 125–241, hier: S. 137 f.

Die „narrative Diätetik", wie Cornelia Zumbusch das Programm treffend genannt hat,[43] wird in dem Novellenkranz der *Unterhaltungen* zwar nicht bis zum Ende durchgehalten, das ihm zugrundeliegende Mesotes-Konzept jedoch im abschließenden „Märchen" im Symbol der „prächtige[n] Brücke", die den großen Fluss, der zu Beginn des Märchens „von einem starken Regen geschwollen und übergetreten war", überspannt, zur literarisch gestalteten Darstellung gebracht.[44] Immer wieder sind es Szenen der ‚Überschwemmung', die überbrückt oder eingedämmt und kanalisiert werden muss, in der die Diätetik der Literatur in Erscheinung tritt.

Gegenüber Zumbuschs Ineinssetzung einer „Ästhetik des Maßes und der Mäßigung" mit dem medizinischen Konzept „emotionaler Immunisierung" und ihrer These, dass gerade „Immunisierungsphantasien […] ins Zentrum der klassischen Poetik" führten, bin ich jedoch skeptisch. Ihre Überblendung von Diät und Immunität verwischt den Unterschied zwischen dreistelligem Metriopathie- und zweistelligem Apathie-Modell und ebnet die Pointe einer ‚doppelten Ästhetik', die die Metaphernfelder von Schönheit und Erhabenheit zu unterscheiden gelehrt hat, ein. Die Schönheitslehre wird vom Maß, die Erhabenheitsästhetik hingegen vom Extrem beherrscht. Nicht zufällig stellt Zumbusch ihre solche Unterscheidungen nivellierende Immunisierungsthese, deren steuernde Inokulationsmetapher Schillers Schrift *Über das Erhabene* (1801) entnommen ist, daher in eine Fluchtlinie zu den von Helmut Lethen seinerzeit aufgearbeiteten neustoisch-neusachlichen Verhaltenslehren der Kälte.[45]

In den *Wahlverwandtschaften* (1809) ist das literarisch gewendete Metriopathie-Modell ebenfalls zu greifen, gegenüber den mit chemischer Notwendigkeit reagierenden Umbesetzungen der Paarbeziehungen bleibt es jedoch machtlos, was der tragisch endende Text ironisch ausstellt. Gerade der sprichwörtliche „Mittler", der mit seiner an Hufeland[46] erinnernden Predigt über das Sechste Gebot Ottilie buchstäblich zu Tode predigt, erscheint hier als komische Figur. Während Charlotte als Person gestaltet ist, die gewohnt ist, „sich ihrer selbst bewußt zu sein", „sich selbst zu gebieten weiß" und zu entsagen versteht, also Selbsterkenntnis und Selbstsorge verbindet, ist Eduard durch und durch unbeherrscht. Er kennt „kein Maß", ist „ohne Grenzen", sein Bewußtsein treibt ihn „ins

---

43 Cornelia Zumbusch: *Die Immunität der Klassik.* Frankfurt/M. 2012, S. 303.
44 Goethe, Unterhaltungen deutscher Ausgewanderten (1795), S. 238 und 209.
45 Zumbusch, *Immunität* 2012, S. 232, 110 ff. und 361.
46 Hufeland (*Die Kunst das menschliche Leben zu verlängern* 1797, I. Theil, 6. Vorlesung: Resultate aus den Erfahrungen. Bestimmung des menschlichen Lebensziels, S. 131) riet, und zwar unmittelbar im Anschluss an die oben zitierte ‚Mittelton'-Stelle, dass zur Verwendung der Zeugungskraft „Ordnung und Mäßigkeit" gehöre, „also der Ehestand, das einzige Mittel [sei], diese zu erhalten."

Unendliche", kurz: Er verursacht nicht nur eine, sondern sein ganzes Wesen *ist* eine einzige Überschwemmungskatastrophe – „alles, was in seiner Natur gebändigt war, bricht los, sein ganzes Wesen strömt gegen Ottilien".[47]

Gelingt in der Tragödie der *Wahlverwandtschaften* die Einhegung der Leidenschaften nicht, bestimmt das diätetische Prinzip des Hufelandschen ‚Mitteltons' in der späten, in die *Wanderjahre* eingelegten Erzählung *Der Mann von funfzig Jahren* (1818, 1821 und 1829) mehrfach den Handlungsverlauf und führt am Ende gleichsam zu einem glücklichen Komödienschluss.[48] Das will ich etwas ausführlicher erläutern.

Das Personentableau besteht aus dem Major und seiner Schwester, der Baronin, und deren Kindern, dem Sohn des Majors, Flavio, und der Tochter der Baronin, Hilarie. Die Novelle verbindet das ökonomische Motiv adlig-innerfamiliärer Erbschaftssicherung durch arrangierte Verheiratung der Geschwisterkinder Hilarie und Flavio mit dem Motiv der ungleichen Paarbeziehung, das komisch und tragisch, im Sinn des verliebten Alten (Pantalone) und der verschmähten alternden Frau (Phädra) in kontrafaktischer Weise durchdekliniert wird. Goethe verdichtet die Motive raffiniert, indem er sowohl die motivgegebenen Ausgangspositionen umkehrt als auch die Paarbeziehungen verwandtschaftlich einerseits denkbar inzestuös, andererseits zum Vater/Sohn-Konflikt zuspitzt und das familiäre Vater/Sohn-Mutter/Tochter-Quartett um eine fünfte, anziehende außerfamiliäre Person, die schöne Witwe, ergänzt. Nur die Baronin bleibt aus den Verschiebungen der erotischen Attraktionen ausgespart – ihre Figur wird sich im Weiteren des Romans im Unterschied zu den Paarungen gänzlich verlieren.

---

[47] Johann Wolfgang von Goethe: Die Wahlverwandtschaften. Ein Roman (1809). In: Ders.: *Werke*. Hamburger Ausgabe Bd. 6, S. 242–490, hier: II 18, S. 482f. (Mittler), I 12, S. 326 (Charlotte), I 13, S. 328 und I 15, S. 338 (Eduard). Vgl. hierzu Irmgard Egger: „[...] ihre große Mäßigkeit": Diätetik und Askese in Goethes Roman *Die Wahlverwandtschaften*. In: *Goethe-Jahrbuch*. 114 (1997), S. 253–263, sowie dies.: *Diätetik und Askese. Zur Dialektik der Aufklärung in Goethes Romanen*. München 2001.
[48] Johann Wolfgang von Goethe: Wilhelm Meisters Wanderjahre oder Die Entsagenden (1829). In: Ders.: *Werke*. Hamburger Ausgabe. 13., überarb. Aufl. Bd. 8: *Romane und Novellen III*. Textkrit. durchges. u. komm. v. Erich Trunz. München 1998, darin: „Der Mann von funfzig Jahren" (= II. Buch, 3.–5. Kap.), S. 167–224. Zu dieser Novelle vgl. Gesa Dane: *„Die heilsame Toilette". Kosmetik und Bildung in Goethes ‚Der Mann von funfzig Jahren'*. Göttingen 1994; Albrecht Koschorke: Die Textur der Neigungen. Verwandtschaft und Attraktion in Goethes ‚Der Mann von funfzig Jahren'. In: *DVjs* 73 (1999), S. 592–610; Barbara Thums: Diätetische Toilettenkunst und organische (Selbst-)Bildung. Goethes ‚Der Mann von funfzig Jahren'. In: *Sexualität – Recht – Leben. Die Entstehung eines Dispositivs um 1800*. Hg. Maximilan Bergengruen, Johannes Friedrich Lehmann und Hubert Thüring. Würzburg 2005, S. 295–316.

Der *plot* kommt dadurch in Gang, dass die Flavio zugedachte Hilarie sich in ihren älteren Onkel, den Major, verliebt und sich ihm „auf ewig"[49] verspricht, der junge Flavio die schöne Witwe begehrt und zur Heirat drängt, die ihn jedoch zugunsten seines Vaters, dem Major, abweist. Als sich die erotischen Verwirrungen zugunsten eines altersgerechten Aptums dadurch zu entwirren scheinen, dass sich Flavio und Hilarie sozusagen der ursprünglichen väterlichen Vorsehung gemäß sukzessive näherkommen und endlich „die Verbindung der jungen Leute ungesäumt stattfinden" könnte, verweigert sich Hilarie, indem sie „das Unschickliche, ja Verbrecherische einer solchen Verbindung hervorhob."[50]

Ob die geradezu als ‚verbrecherisch' empfundene Verbindung mit Flavio sich auf die ältere Inzestgesetzgebung bezieht,[51] wegen der in der moralischen Erzählung Marmontels *Annete und Lubin, eine wahre Geschichte* mehr als 50 Jahre zuvor das Geschwisterkinderpaar im katholischen Frankreich noch einen päpstlichen Dispens bei Benedikt XIV. einholen musste,[52] sei dahingestellt. Die im Napoleonischen *Code Civile* (1807) tatsächlich verbotene Ehe zwischen Onkel und Nichte, die jedoch schon im *Allgemeinen Landrecht* in Preußen (ALR) als Ehehindernis keine Rolle mehr spielte,[53] war Hilarie zuvor jedoch keineswegs frag-

---

49 Goethe, Wanderjahre (1829), II 3, S. 180. Über die Bindekraft eines Eides unter „*dieser Menschenart*" sei an die Einschätzung Wurms in Schillers *Kabale und Liebe* (III 1) erinnert.
50 Goethe, Wanderjahre (1829), II 5, S. 220. Als etwas „Unnatürliches" hatte eingangs auch der Major die Verbindung bezeichnet (ebd., II 3, S. 169), sich aber durch seine Schwester, die Baronin, umstimmen lassen.
51 Diesen Aspekt macht Koschorke, Die Textur der Neigungen, im Anschluss an Michael Titzmann (Literarische Strukturen und kulturelles Wissen: Das Beispiel inzestuöser Situationen in der Erzählliteratur der Goethezeit und ihrer Funktion im Denksystem der Epoche. In: *Erzählte Kriminalität. Zur Typologie und Funktion von narrativen Darstellungen in Strafrechtspflege, Publizistik und Literatur zwischen 1770 und 1920*. Hg. Jörg Schönert. Tübingen 1991, S. 229–281), der Goethes Novelle freilich unerwähnt lässt, stark.
52 Jean François Marmontel: Annete und Lubin, eine wahre Geschichte [frz. 1761]. In: Ders.: *Moralische Erzählungen*. 2. Aufl. 2 Tle. Karlsruhe 1763/68, hier: Tl. 2, S. 127–143. In der auf dieser Erzählung beruhenden komischen Oper von Favart/Blaise, die Goethe bekannt war (Aus meinem Leben. Dichtung und Wahrheit (1811–1833). In: Ders.: Werke. Hamburger Ausgabe. 12., durchges. Aufl. Bd. 9: *Autobiographische Schriften I*. Textkrit. durchges. v. Lieselotte Blumenthal, komm. v. Erich Trunz. München 1998, I. Theil, 3. Buch, S. 91), und deren Adaptation durch Weisse/Hiller (*Die Liebe auf dem Lande*, 1778) war die Geschwisterkinderproblematik getilgt. Damit erübrigte sich auch der päpstliche Dispens und es bedurfte nur noch der ‚Absegnung' der unehelichen Schwangerschaft Annettes durch den Grundherrn, um die Verwicklungen zu lösen und der ‚Natur' zu ihrem ‚Recht' zu verhelfen.
53 Die verwandtschaftsbezogenen Ehehindernisregeln des juristischen Reformzeitraums um 1800 sind durch ein signifikantes konfessionelles Gefälle gekennzeichnet. Vgl. *Kodex Napoleon*. Übers. F.[ranz von] Lassaulx. Koblenz 1807, I. Buch, 5. Titel, Von der Ehe, Nr. 163 („Die Ehe ist zwischen Onkel und Nichte, Tante und Neffe gleichfalls verboten."). Aus wichtigen Gründen

würdig gewesen. Für die diätetische Dimension der Novelle spielen solche juristischen Fragen ohnehin keine Rolle, zumal Hilaries Gründe für ihre Weigerung „tief im Herzen",[54] also moralisch verwurzelt sind und nicht von außen gesetzlich herangetragen werden.

Der Knoten der verwirrten und vermischten Gefühle[55] wird in der eingelegten Novelle so wenig gelöst wie die Erbschaftsangelegenheiten, deren Regelungsversuch die Affektturbulenzen ausgelöst hatten. Schon zuvor war der Vortrag der Novelle im Blick auf die Vergegenwärtigung und diskursive Bewältigung der Gemütszustände von einer darstellenden auf eine erzählende und betrachtende Weise, d. h. von Mimesis (Darstellung) auf Diegesis (Bericht) umgestellt worden.[56] Diese Novelle ist von allen Erzählungen, die in die *Wanderjahre* eingewebt sind, die einzige, deren Faden im rahmenden Roman fortgeführt und an dessen Schluss zu einem Ende gebracht wird.

---

konnte jedoch von diesem Ehehindernis befreit werden, ebd. § 164. *Allgemeines Landrecht für die Preußischen Staaten* [1794]. Neue Ausgabe. Bd. III. Berlin 1804, II. Thl., 1. Titel, Von der Ehe, 1. Abschnitt, § 3 ff., S. 4. § 7 hielt ausdrücklich fest, dass die Ehe außer den zuvor genannten Graden der Verwandtschaft erlaubt sei. Die Ehe(n) zwischen Onkel und Nichte (und Geschwisterkindern) war(en) zuvor nicht genannt worden. § 8 band jedoch die Ehe eines Sohnes mit einer älteren Tante an eine staatliche Erlaubnis, die aber bei beiderseitigem Vorteil erteilt werden sollte (§ 9). Das französische Recht blieb dagegen auch nach 1815 in den Preußischen Rheinprovinzen in Kraft. Auch das *Allgemeine bürgerliche Gesetzbuch für die gesammten Deutschen Erbländer der Österreichischen Monarchie*. Thl. I. Wien 1811, I. Thl., 2. Hauptstück, Von dem Eherechte, § 65, S. 22 f., verbot die Ehe von Geschwisterkindern sowie die Ehe mit den Geschwistern der Eltern, „nähmlich mit dem Oheim und der Muhme väterlicher und mütterlicher Seite". Die Ehegesetzgebung in Sachsen-Weimar-Eisenach am Ende der Goethezeit ist denkbar unübersichtlich. Alexandra Willkommen (*Alternative Lebensformen. Unehelichkeit und Ehescheidung am Beispiel von Goethes Weimar*. Wien, Köln, Weimar 2019) erwähnt in ihrer Dissertation zwar Inzest als Ehehindernis, unterlässt aber dessen Qualifizierung und ist im Übrigen an wilden Ehen, Scheidungsregularien u. ä. interessiert. Ein Weimarer Ehegesetzentwurf von 1826, der womöglich als juristischer Kontext für Goethes Novelle herangezogen werden könnte, war umstritten und wurde nicht verabschiedet (ebd. S. 297–300, bes. S. 300). Das benachbarte Herzogtum Gotha folgte 1834 der Vorgabe des *ALR* (Gesetzessammlung für das Herzogthum Gotha. 2. Thl. Nr. 102, vom 15. Aug. 1834, Ehegesetz, 1. Abschnitt, § 2, S. 606).

54 Goethe, Wanderjahre (1829), II 5, S. 220. Hilaries Annäherung an Flavio im 5. Buch, die ihrem im 3. Buch gegebenen Versprechen („auf ewig") zuwiderläuft, wird geradezu als eine Art Treuebruch inszeniert.

55 Von Hilaries Weigerung fühlt sich der Major einerseits „geschmeichelt", andererseits erfüllt sie ihn mit „schmerzliche[r] Zufriedenheit". Er „empfand sich zwiespältig" – entschiede sich Hilarie für Flavio, wäre er „verletzt", entschiede sie sich für ihn, sei er überzeugt, „dass er ihre Hand ausschlagen müsse." Ebd., S. 221.

56 Ebd., S. 215.

Das Übermaß thematisiert die Novelle nicht nur, indem sie dem jungen Flavio neben der Neigung für die Lyrik auch einen ungestümen Charakter zumisst, der bei der Brautwerbung alles verdirbt. „Ich küßte sie [die schöne Witwe] mit Ungestüm; sie drängte mich weg."[57] Mit dem anschließenden Plan, die verpatzte Annäherung zu kompensieren und nun förmlich den Vater, d. h. den heimlichen Rivalen, als Brautwerber zu senden, endete 1818 die Journalfassung der Novelle,[58] die 1821 unverändert in die erste Fassung der *Wanderjahre* eingefügt wurde. Erst 1829 wurde der Text fortgeführt. Darin kommt das Übermaß wiederum symbolisch in einer Überschwemmung, die die Dämme brechen lässt und alles in einen See verwandelt, aus dem einzelne Gebäude nur noch inselartig hervorschauen, ins Bild. Führte die ungestüme Brautwerbung zur Abweisung, die, wie wir noch sehen, Flavio seelisch das Gleichgewicht raubt, führt die Überschwemmung dagegen zu einer Art Theodizee, in der sich das *malum* großer Wassermassen zum *bonum* allgemeiner, Verbindungen stiftender Hilfsbereitschaft verwandelt. Nach den anhaltenden Regenfällen, die zur Überschwemmung geführt hatten, schlägt das Wetter um und der Frost lässt den See zur Eisfläche erstarren, die den Schauplatz dafür bietet, dass Flavio und Hilarie beim Schlittschuhfahren sich an den Händen fassen und in festlich behaglicher, allersüßester „Eislust" zueinanderfinden[59] – einander gleich jedoch wieder verlieren, weil der väterliche Nebenbuhler auf der Eisfläche erscheint.

Im entstehungsgeschichtlich älteren Teil der Novelle steht, diätetisch gesehen, der Versuch des Majors, sich mittels einer „heilsame[n] Toilette" zu verjüngen,[60] weil sich Hilarie, seine Nichte, in ihn verliebt hat, im Mittelpunkt. Die „Hauptpunkte", die des Majors „kosmetischer Kammerdiener" und „Schönheits-Erhaltungs-Lehrer" empfiehlt, nämlich „Maß in allem" und „Mäßigung aber- und abermals in allem, was den Menschen aus dem Gleichgewicht zu bringen pflegt", zu halten,[61] erscheinen freilich ironisch gebrochen und verlieren im weiteren Verlauf der Erzählung auch an Bedeutung. Der spätere, makrobiotisch inspirierte Rat des „kosmetischen Freundes", dass es ab einem gewissen Alter das sicherste

---

57 Goethe, Wanderjahre (1829), II 3, S. 187. Die durch Selbsterkenntnis gereifte schöne Witwe wird später eingestehen, dass Flavio durch einen „Frevel" ermutigt seine Zwecke „heftig bis ins Ungehörige" verfolgt habe (ebd., S. 217).
58 In: *Taschenbuch für Damen auf das Jahr 1818*. Tübingen [1818], S. 1–34.
59 Goethe, Wanderjahre (1829), II 5, S, 213.
60 Goethe, Wanderjahre (1829), II 3, S. 174. Hierauf legen Dane, *Die heilsame Toilette*, und Thums, Diätetische Toilettenkunst, das Hauptgewicht.
61 Goethe, Wanderjahre (1829), II 4, S. 199.

Verjüngungsmittel sei, „sich des schönen Geschlechts zu enthalten",[62] läuft geradezu dem Ziel der kosmetischen Kur, sich der Verbindung mit Hilarie wegen altersmäßig anzuähneln, stracks entgegen. Spätestens als der unentrinnbare Zahn der Zeit am Major nagt und ihm ein „Vorderzahn" ausfällt,[63] ist das Urteil über die Toilettenkunst gesprochen.

Die diätetische Maxime „Der verständige Mann braucht sich nur zu mäßigen, so ist er auch glücklich"[64] führt gleichwohl gegen Schluss der *Wanderjahre* zu einer geglückten, jedenfalls dem Aptum des Alters entsprechenden Paarbildung, wodurch die in den *Wahlverwandtschaften* ironisch ausgestellten Aporien, die bei dem Versuch entstehen, die mit chemischer Notwendigkeit ablaufenden Reaktionen bei der kreuzweisen Umbesetzung einer Paarbeziehung auf kulturelle Weise einzuhegen, im *Mann von funfzig Jahren* doch noch in der Art eines Komödienschlusses aufgelöst werden.[65]

Hieran hat vor allem der gute Verlauf einer „holden Kur"[66], mit der in der fortgeführten Fassung der Novelle von 1829 die Peripetie der Handlung gestaltet wird, einen entscheidenden Anteil, insofern hierin die heilsame, kathartische Wirkung der Dichtung literarisch zur Darstellung kommt und metapoetisch reflektiert wird. Völlig aufgelöst und psychisch gefährdet klopft Flavio, der von der schönen Witwe zugunsten seines Vaters, des Majors, den Laufpass erhalten hatte, des Nachts an die Pforte des Hauses, in dem die Baronin und ihre Tochter Hilarie gerade mit geistreichem Lesen, anmutigem Pianospiel, lieblichem Gesang und bildender Unterhaltung „ein Musterbild des bisherigen Lebens" abgeben.[67] Der Übergang von vierten zum fünften Kapitel des zweiten Romanbuchs gestaltet den Einbruch extremer Elementarmächte in den „behaglichsten Zustand[e]", insofern Flavio in verworrener, schauderhafter Gestalt mit dem Ruf „,Mein Vater! [...] er vernichtet mich.'" hereinstürzt.[68] Es ist Mutter und Tochter beim Anblick des nahen, jungen Verwandten, als hätten sie „Orest gesehen, von Furien verfolgt".[69]

---

62 Goethe, Wanderjahre (1829), II 5, S. 217. Vgl. Hufeland, *Die Kunst das menschliche Leben zu verlängern* 1797, II. Theil, II. Abschnitt, 18. Das Alter und seine gehörige Behandlung, hier: S. 231 f.: „Man vermeide alle starken Ausleerungen, z. B. [...] den Beyschlaf u.s.w.".
63 Goethe, Wanderjahre (1829), II 5, S. 218.
64 Goethe, Wanderjahre (1829), II 4, S. 200.
65 Vgl. Goethe, Wanderjahre, III 14, S. 437 f. „Niemand will sterben, jedermann Heiraten, und darin liegt der halb scherz-, halb ernsthafte Unterschied zwischen Trauer- und Lustspiel aristotelischer Ästhetik." Goethe: Nachlese zu Aristoteles' Poetik (1827). In: Ders.: *Werke*. Hamburger Ausgabe. 12., durchges. Aufl. Bd. 12: *Schriften zur Kunst*. Textkrit. durchges. v. Erich Trunz u. Hans Joachim Schrimpf, komm. v. Herbert von Einem u. H. J. S. München 1998, S. 342–345, hier: S. 343.
66 Goethe, Wanderjahre (1829), II 5, S. 207.
67 Goethe, Wanderjahre (1829), II 4, S. 202 f.
68 Goethe, Wanderjahre (1829), II 4 und II 5, S. 203.

Die Wiederherstellung Flavios, d. h. die Hebung und Linderung der auf seinem Geist lastenden Leidenschaft geschieht in einer Kombination aus Biblio- und Musiktherapie, bei der von Flavio zur Beruhigung und Entlastung niedergeschriebene Verse von Hilarie aufgenommen und auf dem Flügel mit Melodie begleitet und dichterisch ergänzt werden. Der Erzähler kommentiert die Passage, in der biblio- und musiktherapeutische Elemente,[70] mythische Überhöhung durch Aufrufung des furienverfolgten Orest, intertextuelle Anspielung auf die eigene Orest-Gestaltung in der *Iphigenie* und ironische Antizipation der weiteren Handlung raffiniert verdichtet sind, in einer eingeschalteten, metapoetischen Reflexion: „Hier nun konnte die edle Dichtkunst abermals ihrer heilenden Kräfte erweisen. Innig verschmolzen mit Musik, heilt sie alle Seelenleiden aus dem Grunde, indem sie solche gewaltig anregt, hervorruft und in auflösenden Schmerzen verflüchtigt."[71] Es handelt sich hier um eine narrative Parallelstelle zu Goethes 1827 publizierten *Nachlese zu Aristoteles' Poetik*, in der die Katharsis über die Tragödie hinaus für die Werke der Literatur überhaupt als „Ausgleichung" der Leidenschaften begriffen und mit der „Gleichgewicht" herstellenden Wirkung der Musik, die Aristoteles in der *Politik* herausgestellt hatte, in Verbindung gebracht wird.[72] Zuvor hatte Flavio durch sein Talent für die „lyrische Dichtart" und „leidenschaftliche Gedichte"[73] alles verdorben. Indem das gleiche Talent im Sinn des homöopathischen Katharsis-Modells gewendet wird, eröffnet sich Flavio die Chance, durch den therapeutischen Einsatz der „enthusiastisch aufgeregte[n]"

---

69 Goethe, Wanderjahre (1829), II 5, S. 203. Zur Heilung des Orest vgl. Markus Winkler: Die Heilung des Orest. Ethnozentrismus und Humanität in Goethes Iphigenie auf Tauris. In: *Heilkunst und schöne Künste. Wechselwirkungen von Medizin, Literatur und bildender Kunst im 18. Jahrhundert*. Hg. Heidi Eisenhut, Anett Lütteken, Carsten Zelle. Göttingen 2011, 238–254.

70 Zur Aktualität der Musiktherapie in der Aufklärung siehe das von Arne Stolberg herausgegebene Themenheft der *Musiktheorie. Zeitschrift für Musikwissenschaft* 31 (2016), H. 3 (= Tonkunst und ‚Artzneygelahrheit' im 18. Jahrhundert).

71 Goethe, Wanderjahre (1829), II 5, S. 206. Mochte die Humoralpathologie gegenüber der Nervenphysiologie um 1800 auch veraltet sein, als literarisches Gestaltungsmedium bleibt sie gleichwohl unentbehrlich – bevor die Novelle Flavio durch eine ‚holde', an der Aristotelischen Katharsislehre und der zeitgenössischen Diätetik ausgerichteten Kur gesunden lässt, war er „zur Ader gelassen" und „zur Ruhe gebracht" worden (ebd., 204).

72 Goethe: Nachlese zu Aristoteles' Poetik (1827), S. 343 f.

73 Goethe, Wanderjahre (1829), II 4, S. 190 f. Der Major dagegen bevorzugte das Lehrgedicht. Die Lyrik Flavios und die beschreibende Lehrdichtung des Majors werden von einer der jüngeren Damen in der Gesellschaft der jungen, schönen Witwe in folgender Weise vergleichend abgewogen und gewertet: „was soll uns da das aufgeregte Wesen, das uns unwillkürlich anreizt, ohne etwas zu geben, das uns beunruhigt, um uns denn doch zuletzt uns wieder selbst zu überlassen; unendlich viel angenehmer ist mir, da ich doch einmal der Dichtung nicht gerne entbehren mag, die mich in heitere Gegenden versetzt [...]" (ebd., S. 190).

Dichtart⁷⁴ die „auf seinem Geiste lastende Leidenschaft zu heben und zu lindern"⁷⁵, d. h. sie zu reinigen und sich von ihr zu befreien.

Wenn Hilarie in ihrem Wechselgedicht gegenüber Flavio überdies die Mahnung ausspricht, sofern er sich „[...] zu rasch gesundem Schritte [Ermanne]", werde ihm „in treuer Guten Mitte" des „Lebens heitre Quelle" „sprieße[n]"⁷⁶, verdichtet sie nicht nur zentrale Vorstellungen der Diät und der Aufklärung, da Heiterkeit jene Ruhe bezeichnet, die zwischen den Extremen in der ‚Mitte' steht, und im Imperativ des ‚Ermanne Dich' der Wahlspruch der Aufklärung versteckt ist – jenes Horazische *Sapere aude*, das Schiller, Kant variierend, in den *Ästhetischen Briefen* wahlweise als „Erkühne" bzw. „Ermanne Dich, weise zu sein" übersetzt hatte.⁷⁷ Zugleich verwebt Hilarie die Gesundung Flavios mit ihrem eigenen Schicksal, insofern sie unter Anspielung auf ihren sprechenden, das Ziel aller diätetischen Anstrengungen enthüllenden Namen⁷⁸ sich selbst zur „Quelle" seiner Heilung macht. Das hier im Medium einer ‚holden Kur' inszenierte erotische *matchmaking* antizipiert, worauf die in der Erzählung angelegten Verhältnisse – freilich erst spät im weiteren Verlauf der Romanhandlung – hinauslaufen werden.

Der Zusammenklang von Flavios Lyrik mit Hilaries begleitender Melodie, die Aufeinanderfolge von Strophe und Gegenstrophe, in denen Extreme und deren

---

74 So bekanntlich die Definition der Lyrik in Goethes Gattungslehre der *Noten und Abhandlungen zu besserem Verständnis des West-östlichen Divans* 1819 (in: *Werke*. Hamburger Ausgabe. 15., durchges. Aufl. Bd. 2: *Gedichte und Epen II*. Textkrit. durchges. u. komm. v. Erich Trunz. München 1998, S. 126 – 267, „Naturformen der Dichtung", S. 187– 189, hier: S. 187).

75 Goethe, Wanderjahre (1829), II 5, S. 206.

76 Goethe, Wanderjahre (1829), II 5, S. 206: „Bist noch so tief in Schmerz und Qual verloren, / So bleibst du doch zum Jugendglück geboren, / Ermanne dich zu rasch gesundem Schritte, / Komm in der Freundschaft Himmelsglanz und Helle, / Empfinde dich in treuer Guten Mitte, / Da spieße dir des Lebens heitre Mitte."

77 Friedrich Schiller: *Über die ästhetische Erziehung des Menschen*. Hg. Wolfhart Henckmann. München 1967, S. 100 (Achter Brief) und S. 29 (An den Prinzen von Augustenburg, 11. November 1793). ‚Heiterkeit' und ‚Aufklärung' sind überdies meteorologische Metaphern. Im Blick auf die von mir vorgeschlagene Zusammenführung von Selbstdenken und Selbstsorge im Prozess der Aufklärung sollte die Aussage Harald Weinrichs (*Kleine Literaturgeschichte der Heiterkeit* [1990]. Erw. u. überarb. Neuausg. München 2001, S. 10), Heiterkeit sei zwar „ein Aufklärungswort, jedoch kein Schlüsselwort der Aufklärung", überdacht werden.

78 ‚Hilarie', die Heitere, abgeleitet von lat. ‚hilaritas' (Heiterkeit), von der es in der Affektenlehre der *Ethik* Spinozas heißt: „Hilaritas excessum habere nequit, sed semper bona est, et contrà Melancholia semper mala." („Die Heiterkeit kann kein Uebermass haben, sondern ist immer gut, Unmuth dagegen ist immer schlecht.") Spinoza: *Opera. Werke*. Lateinisch und deutsch. Hg. Konrad Blumenstock. Darmstadt 1967, Bd. II: Ethica, pars IV, propositio 42, S. 444/445. Der Hinweis auf Spinoza bei Schings, „Gedenke zu leben", S. 41.

Ausgleich vergegenständlicht sind, bilden erst die erste, noch körperlose Berührung der beiden, die wenige Seiten später schon vom Erzähler als „unser junges Paar"[79] apostrophiert werden. Das dichterische Hin und Her der zu diesem Zeitpunkt noch räumlich Getrennten vermittelt der Arzt – er, der „alles weitere Annähern"[80] zunächst verboten hatte, um Flavio Ruhe zu verschaffen und von den zwei Frauen Beunruhigung fernzuhalten, wird durch seine Botengänge zu einer Art Postillon d'Amour, der ein Wiedersehen „nicht länger als nötig zu verspäten gedachte."[81] Die weitere, nun körperliche Annäherung steht ebenfalls im Zeichen von Dichtung und Kunst. Wurden zunächst gedichtete „Blättchen"[82] hin und her geschickt, wird in einem zweiten, vom Erzähler erneut im Blick auf den „Einfluß der Dichtkunst" kommentierten Schritt, ein „Bändchen" mit „Wechselgedichte[n]" auf solche Weise „wechselweise gelesen", dass „nach und nach Person an Person, Hand an Hand immer näher rückte und die Gelenke sich ganz natürlich zuletzt im verborgenen berührten."[83] Auch für den dritten, dem Erzähler „immer bedenklicher"[84] erscheinenden Schritt auf dem „Liebesweg[en]" des jungen Paars tut sich die schöne Kunst als „erwünschte Vermittlerin" hervor.[85] Die nun zu Eis erstarrte Wasserfläche stiftet gleichermaßen ökonomische wie erotische Verbindungen, insofern die überschwemmten Ortschaften mit Warenschlitten versorgt und Hilarie und Flavio, der jetzt ganz gesundet ist, mit Schlittschuhen ausgerüstet sich im Paarlaufen üben können. Der Begriff der ‚Kunst' ist hier teils ganz technisch, d. h. als *ars* im Hinblick auf die Erfindung des Schlittschuhlaufs, die Herstellung von speziellen Schritt- bzw. Stahlschuhen und die gehörige Übung, damit übers Eis laufen zu können, teils aber auch ästhetisch zu verstehen, wenn man den Eislauf als Tanz auf dem „Wasserkothurn" zu den schönen Künsten zu zählen bereit ist. Dass das Eislaufen stärker die Gesundheit befördere und Freuden bereite als die ebenfalls Bewegung verschaffenden Diätmittel Reiten und Reihentanz, wusste schon Klopstock.[86] Vor „allen andern körperlichen Bewegungen" nämlich, weiß auch der Erzähler unserer Novelle kompetent zu berichten, hat der Eislauf den Vorteil, „dass die Anstrengung nicht erhitzt und die Dauer nicht er-

---

79 Goethe, Wanderjahre (1829), II 5, S. 213, vgl. ebd., S. 212 und 216.
80 Ebd., S. 205.
81 Goethe, Wanderjahre (1829), II 5, S. 207.
82 Ebd., S. 206.
83 Ebd., S. 206 und 208 f.
84 Ebd., S. 211; vgl. zu den inzestuösen Bedenken im Blick auf „Verwandtschaft und Neigung" (ebd.) Koschorke, Die Textur der Neigungen, pass.
85 Goethe, Wanderjahre (1829), II 5, S. 211.
86 Siehe Friedrich Gottlieb Klopstock: Der Eislauf (entst. 1764; ED 1771). In: Ders.: *Oden*. Hg. Franz Muncker, Jaro Pavel. Bd. I. Stuttgart 1889, 172–174. Hier auch die Bezeichnung des Schlittschuhs als „Wasserkothurn".

müdet", sodass „jedes Verwenden der Kraft neue Kräfte" erzeugt und sich am Ende eine „selig bewegte Ruhe" einstellt.[87] Zugleich führt die diätetisch vorteilhafte Bewegung dazu, dass sich das Paar erotisch noch näher als zuvor kommt, sich bei den Händen fasst, die Arme über den Schultern verschränkt und die „zierlichen Finger unbewußt in beiderseitigen Locken spielten."[88]

Mit dem Gedichtstrophenwechsel von Flavio und Hilarie war der glückliche Schluss zwar antizipiert, aber die hierfür nötige Modellierung der Leidenschaften erst begonnen worden. Der Paarlauf auf dem Eis hatte gezeigt, dass Hilaries „Neigung im Umwenden begriffen"[89] war, der ausgefallene Zahn hatte dem Major das Altern akzeptieren gelehrt und ein abgeschlossener Vergleich hatte die ökonomischen Verhältnisse geklärt, so dass die Verbindung der jungen Leute ungesäumt hätte stattfinden können – da schiebt der Text mit Hilaries hartnäckiger Weigerung ein retardierendes Moment ein, das den aptumgemäßen Schluss über das Ende der Novelle hinauszögert und durch erneute Modellierung der Leidenschaften das Hindernis erst aus dem Wege geräumt werden muss.

Damit eine „aussöhnende Abrundung"[90] der Handlung herbeigeführt werden kann, wird das alte Katharsis-Modell gewissermaßen um die moderne ästhetische Erziehung ergänzt, insofern die sittliche, aber rigide Haltung Hilaries erst noch erweicht werden und die schöne, aber frevelhafte Witwe zuvor noch sittlich ver-

---

87 Goethe, Wanderjahre (1829), II 5, S. 213. Die Textstelle verdichtet Klopstock-Rezeption und autobiographische Selbsterfahrung mit novellistischem Erzählen. Vgl. die Parallelstelle in Goethe, Aus meinem Leben. Dichtung und Wahrheit (1811–1833), III 12, S. 521–523, in der das therapeutische Hilfsmittel „poetische[r] Beichte", die Rezeption von Klopstocks Eislaufoden und das selbstpraktizierte Schlittschuhfahren zu einer diätetischen Kur verbunden sind, die von „Verletzungen und Krankheiten" (ebd., 522) heilt. Die dritte Strophe von Klopstocks *Der Eislauf* zitiert Goethe nach der *Oden*-Ausgabe (Hamburg 1771, S. 198–201, hier: 198), worin die motus-anregenden Aktivitäten von „Roß" und „Ball" (die *Werke*-Ausgabe, Bd. 1: *Oden. Erster Band*. Leipzig 1798, S 207, ersetzt „Ball" der Alliteration wegen durch „Reihn", d. h. den Reigen bzw. Reihentanz) gegenüber dem schwungvollen „Tanz" mit dem „schlüpfenden Stahl" des „Wasserkothurn[s]" den Kürzeren ziehen (Klopstock, Der Eislauf [1771], S. 173). „Denn", wie es bei Goethe nun heißt, „wie andere Anstrengungen den Leib ermüden, so verleiht ihm diese eine immer neue Schwungkraft." (Goethe, Aus meinem Leben. Dichtung und Wahrheit [1811–1833], 523). Zu Reiten, Ball-Spielen und Tanzen hatten schon Hoffmann, *Gründliche Anweisung*, Bd. V (1719), VI. Vom Nutzen der Bewegung und Leibes=Übungen, §§ 8 ff., S. 308 ff., und Krüger, *Diät*, 6. Kap., Von der Bewegung und Ruhe, § 130, Arten der Bewegung, S. 409–414, geraten. Gegenüber dem Reiten favorisiert Krüger alle Arten des Gehens, vor allem aber das Tanzen, das die „allergesundeste" aller Leibesbewegung sei, weil „Leib und Seele [...] zugleich daran Theil" nehmen (ebd., 413). Den Eistanz als motus-anregendes Diätetikum kannten freilich beide noch nicht.
88 Goethe, Wanderjahre (1829), II 5, S. 213.
89 Ebd., S. 215.
90 Goethe, Nachlese zu Aristoteles' Poetik (1827), S. 343.

feinert werden muss. Ihre erotische Annäherung an den Major war zwar schon mit dem symbolischen Koitus des Jagdgedichts mit der prächtigen, handgearbeiteten Brieftasche (im Gegensatz zu Flavios leidenschaftlichen Liebesgedichten, die zuvor verschmäht worden waren) vollzogen worden,[91] jedoch fehlte noch eine Tugendprobe, die der Major zwischenzeitlich mit der Einsicht in die Unumkehrbarkeit des Alterns und den Entschluss, Hilaries Hand auszuschlagen, bereits bestanden hatte, um ihm die schöne Witwe sittlich ebenbürtig zu machen.

Makarie findet sich zur „Vermittlung".[92] Erweichen lassen muss sich Hilarie, von der die Flavio heilende Heiterkeit doch ausgehen sollte, von ihrer „entschiedenen Weigerung".[93] Sittlich gereinigt werden muss die schöne Witwe, die die Baronin eingangs als „geborne[n] Kokette" von „lüsterne[r] Eitelkeit" gegenüber Makarie bezeichnet hatte.[94] Der Text spielt an den Frauen die Optionen ästhetischer Erziehung zum Schönen durch, die seinerzeit Schiller, dem sich Goethe im Spätestwerk bei der Betrachtung von dessen Schädel wieder annäherte, in seinen ästhetischen Briefen konzeptionell und Goethe in den *Unterhaltungen deutscher Ausgewanderten* literarisch gestaltend durchgespielt hatten.[95]

Die beiden Frauen, Hilarie und die schöne Witwe, die schon am Schluss der eingelegten Novelle durch den Vorhalt Makaries „sittlich-magischen Spiegel[s]"[96] zur Selbsterkenntnis[97] geführt und dadurch in ein achtungswürdiges, „sittlich schönes, teilnehmendes und teilgebendes Wesen" verwandelt wurde,[98] werden an den Lago Maggiore zur weiteren, heilend und sittlich wirkenden „ästhetische[n] Ausbildung"[99] geschickt. Sie lässt Hilaries verwundetes Herz genesen und in ihrer

---

91 Vgl. Goethe, Wanderjahre (1829), II 4, S. 197 und 191.
92 Goethe, Wanderjahre (1829), II 5, S. 223.
93 Ebd., S. 224.
94 Goethe, Wanderjahre (1829), II 4, S. 194.
95 Vgl. meinen Artikel zu Schillers ‚ästhetischen Briefen' in: *Schiller-Handbuch*. Hg. Matthias Luserke-Jaqui. Stuttgart und Weimar 2005, S. 409–445.
96 Goethe, Wanderjahre (1829), II 5, S. 223.
97 Für Ernst Freiherr von Feuchtersleben (*Zur Diätetik der Seele* [1838]. 4., verm. Aufl. Wien 1846, S. 60) ist „Selbsterkenntnis", d. h. das nosce te ipsum der empirischen Psychologie der Aufklärung, das „wichtigste Resultat aller Bildung". Vgl. Ders.: *Lehrbuch der ärztlich Seelenkunde. Als Skizze zu Vorträgen*. Wien 1845, S. 373: „Die erste Aufgabe der Seelendiät ist, sich objektiv zu werden (Selbsterkenntnis)."
98 Goethe, Wanderjahre (1829), II 5, 224. Das sittliche Gefühl der Achtung, das die schöne Witwe aufgrund ihrer durch Selbsterkenntnis zuteil gewordenen Sittlichkeit erregt, macht sie für den Major „[...] einer ewigen treuen Anhänglichkeit [wert]" (ebd.).
99 Goethe, Wanderjahre (1829), II 7, S. 238.

Seele das „erste frohe Gefühl" entstehen, wodurch sie mit „einer neuen Jugend überrascht" wird.[100]

Damit sind alle vier Personen darauf vorbereitet, dass im Schlusstableau des Romans sich die Paare ihrem Alter gemäß vereinigt finden: Hilarie mit Flavio, zum Hauptmann befördert und zum reichen Gutsbesitzer avanciert, und der Major mit der unwiderstehlich schönen Witwe, „die nun seine Gemahlin geworden" ist.[101]

---

100 Ebd., S. 233 („Hilariens Herz war sehr verwundet [...]") und S. 238. Schillers Konzept ‚ästhetischer Erziehung' und Goethes literarische Gestaltung ‚ästhetischer Ausbildung' ergänzen einander, insofern die Weichheit durch Erhabenheit angespannt (Flavios ‚Ermannung' im Zuge der ‚holden Kur'), die Härte durch Schönheit geschmolzen (Hilaries ‚Heilung' im Zuge ‚ästhetischer Ausbildung') wird.

101 Goethe, Wanderjahre (1829), III 14, S. 437f. – Der vorliegende Aufsatz setzt literaturanthropologische Überlegungen über den Zusammenhang von Literatur und Lebensordnung fort, zu dem ich angeregt durch einen impulsgebenden Beitrag von Wolfram Mauser (Anakreon als Therapie? Zur medizinisch-diätetischen Begründung der Rokokodichtung. In: *Lessing Yearbook* 20, 1988, S. 87–120; überarbeiteter und aktualisierter Wiederabdr. in ders.: *Konzepte aufgeklärter Lebensführung. Literarische Kultur im frühmodernen Deutschland*. Würzburg 2000, S. 301–329) mehrfach publiziert habe, zuletzt in dem Aufsatz ‚Ganzheitswissen' in der Diätetik um 1750, 1800 und 1850. In: *Body Politics. Zeitschrift für Körpergeschichte* (02/2021), (= „Ganzheit-Wissen". Hg. Sophie Witt; im Erscheinen). Ihm liegt ein Zürcher Vortrag vom September 2019 zugrunde, der sich mit den Ausführungen auf der Berliner Exzess-Tagung vom Januar 2020 in Teilen, auch wörtlich, insbesondere im Hufeland-Teil, überschneidet. Die Überlegungen zu Goethes *Mann von funfzig Jahren* sind demgegenüber entscheidend erweitert. Christiane Frey (New York) und Caroline Welsh (Berlin) danke ich für eine lebhafte und hilfreiche Diskussion im Anschluss an den Berliner Vortrag.

Raphael J. Müller
„Wie? sind die Hunde mehr / als Menschen dein Ergetzen?" Unmäßige Hundeliebe in galanter Poesie und moralischen Wochenschriften

I Kultur- und diskurshistorische Grundlagen

> Hund, Lat. Canis, Frantzös. Chien, Ital. Cane, Griech. Κύων, Span. Can, ist ein zahmes Fleisch-fressendes Thier, welches zur Lust und zum Nutzen auf mancherley Weise dienet. Recht wundersam ist zu ersehen, wie unter allen Thieren, welche von dem grossen GOtt erschaffen worden, die Hunde eintzig und allein bei denen Menschen wohnen, und sich zu deren Dienste willig gebrauchen lassen, wo von und wegen ihrer besondern Treue, Wachsamkeit, Gehorsam und Liebe zu denen Menschen unzählige Exempel angeführet werden können.[1]

Der Artikel zum ‚Hund' in Johann Heinrich Zedlers *Grossem vollständigen Universal-Lexicon Aller Wissenschafften und Künste* hebt nicht wie vergleichbare Artikel mit der phänotypischen Bestimmung dieses Tiers an, sondern beschreibt zuallererst dessen Verhältnis zum Menschen. Für den Verfasser ist, so lässt sich aus dem Aufbau des Artikels schließen, das symbiotische Zusammenleben von Hund und Mensch bedeutsamer als die Artdifferenz. Die Anatomie des Hundes und damit ein zentrales Merkmal zur Unterscheidung zwischen Hund und Mensch bleibt vorerst ausgeklammert. Stattdessen wird dem Hund eine Reihe tugendhafter Charaktereigenschaften zugeschrieben, die ihn menschenähnlich erscheinen lassen.

Die Anfangspassage des Zedler-Artikels ist symptomatisch für das Verhältnis des Menschen zum Hund in der ersten Hälfte des achtzehnten Jahrhunderts, und dies sowohl in kultur- als auch in diskurshistorischer Hinsicht. Einerseits etablierte sich, wie die kulturhistorische Forschung gezeigt hat, die bis heute anhaltende „Heimtiermode"[2] und insbesondere die private Hundehaltung bereits

---

[1] Art. „Hund". In: Johann Heinrich Zedler: *Grosses vollständiges Universal-Lexicon Aller Wissenschafften und Künste*, Bd. 13. Leipzig und Halle 1739, Sp. 1178–1194, hier Sp. 1178.
[2] Aline Steinbrecher: „In der Geschichte ist viel zu wenig von Tieren die Rede" (Elias Canetti) – Die Geschichtswissenschaft und ihre Auseinandersetzung mit den Tieren. In: *Gefährten – Konkurrenten – Verwandte. Die Mensch-Tier-Beziehung im wissenschaftlichen Diskurs.* Hg. Carola Otterstedt und Michael Rosenberger. Göttingen 2009, S. 264–286, hier S. 266. Vgl. auch Dies.: Die

um 1700 in breiteren bürgerlichen Schichten. Im Zuge der Verbürgerlichung dieser vormals dem Adel vorbehaltenen Praxis vollzog sich schon im achtzehnten Jahrhundert die „Ausdifferenzierung der Tierhaltung in Nutz- und Haustiere"[3]. Diese kulturgeschichtliche Entwicklung hallt im Zedler-Artikel wider, wenn es heißt, dass der Hund „zur Lust und zum Nutzen auf mancherley Weise dienet". Andererseits erteilt der Autor des Artikels eine dezidierte Absage an die cartesianische Vorstellung des Tieres als einer Maschine, die nach mechanischen Prinzipien funktioniert und weder über Geist noch Verstand verfügt, vom Menschen also prinzipiell verschieden ist. Stattdessen werden durch die Zuschreibung der tugendhaften Charaktereigenschaften „Treue, Wachsamkeit, Gehorsam und Liebe" menschenähnliche Züge des Hundes betont. An anderer Stelle wird weiter ausgeführt, der Hund sei „auch begierig, neidisch, tückisch, und vergißet nicht leichtlich, wenn ihm jemand etwas zu Leide gethan"[4]. Insbesondere die Zuschreibung von Erinnerungsfähigkeit ist nur dann möglich, wenn dem Hund eine wie auch immer geartete *res cogitans* zugestanden wird. Damit lässt sich der Zedler-Artikel im zeitgenössischen Tierseelenstreit[5] und dem damit zusammenhängenden philosophischen Diskurs um die anthropologische Differenz[6] im Lager der *Assimilationisten*[7] verorten. Diese gehen gestützt auf empirische Beobachtungen davon aus, dass sich der Mensch nur graduell vom Tier unterscheidet, mithin selbst ein Tier ist, und „diagnostizieren eine Kontinuität bezüglich der geistigen Fähigkeiten zwischen dem Menschen und den höheren Tieren."[8] Demgegenüber steht die am dezidiertesten von René Descartes vertretene Position der *Differentialisten*, wonach Tiere im Gegensatz zum Menschen über keinerlei ra-

---

gezähmte Natur in der Wohnstube. Zur Kulturpraktik der Hundehaltung in frühneuzeitlichen Städten. In: *„Die Natur ist überall bey uns". Mensch und Natur in der Frühen Neuzeit*. Hg. Sophie Ruppel und Aline Steinbrecher. Zürich 2009, S. 125–141. Umfassend behandelt Aline Steinbrecher das Verhältnis zwischen Mensch und Hund im achtzehnten Jahrhundert in ihrer noch nicht veröffentlichten Habilitationsschrift: *„Auf den Hund gekommen". Zur Sozial- und Kulturgeschichte der Mensch-Hund-Beziehung im 18. Jahrhundert*. Zürich 2016.
3 Aline Steinbrecher: Zur Kulturgeschichte der Hundehaltung in der Vormoderne: Eine (Re)Lektüre von Tollwut-Traktaten. In: *Schweizer Archiv für Tierheilkunde* 151/1 (2010), S. 31–36, hier S. 32.
4 Zedler, Art. „Hund" 1739, Sp. 1190.
5 Vgl. Günter Frank: Seele oder Maschine? Der Streit um die Tierseele in der deutschen Aufklärung. In: *Die Seele der Tiere*. Hg. Friedrich Niewöhner und Jean-Loup Seban. Wiesbaden 2001, S. 249–266.
6 Vgl. Markus Wild: *Die anthropologische Differenz*. Berlin und New York 2006.
7 Begriffsprägung ‚Assimilationismus' und ‚Differentialismus' durch Markus Wild (im Anschluss an Robert Brandom), vgl. ebd. S. 2.
8 Hans-Johann Glock: Geist der Tiere. In: *Tiere. Kulturwissenschaftliches Handbuch*. Hg. Roland Borgards. Stuttgart 2016, S. 60–78, hier S. 60.

tionales Vermögen verfügen. Tiere gleichen laut Descartes Maschinen, da ihr Verhalten durch die Disposition der Organe vollständig determiniert und nicht wie beim Menschen vernunftgesteuert sei.[9] Descartes' rationalistische Bestimmung der anthropologischen Differenz ist im achtzehnten Jahrhundert jedoch Gegenstand heftiger Kritik. So empört sich etwa Voltaire: „Quelle pitié, quelle pauvreté, d'avoir dit que les bêtes sont des machines, privées de connaissance et de sentiment, qui font toujours leurs opérations de la même manière, qui n'apprennent rien, ne perfectionnent rien, etc.!" [Wie erbärmlich, wie armselig war es zu sagen, dass die Tiere Maschinen ohne Bewusstsein und Empfindung sind, die immer auf dieselbe Weise handeln, nichts erlernen, nichts vollkommener machen etc.].[10] Sein Urteil begründet Voltaire mit empirischen Beobachtungen, aus denen er schließt, dass Tiere sehr wohl über rationales Vermögen verfügen. Differentialismus und Assimilationismus als gegensätzliche Strategien zur Bestimmung der anthropologischen Differenz lassen sich demnach als spezifische Ausprägung der Methodenkonkurrenz zwischen Rationalismus und Empirismus begreifen.[11]

Es ist also zweierlei festzuhalten: Erstens ist spätestens seit Beginn des achtzehnten Jahrhunderts die Haltung von Hunden als Heimtiere auch in bürgerlichen Milieus verbreitete Praxis. Zweitens werden gleichzeitig Tiere und damit insbesondere auch Hunde vermehrt assimilationistisch als menschenähnliche, d. h. mit einem spezifischen seelischen Vermögen ausgestattete Geschöpfe begriffen.[12] Damit gewinnt automatisch die Frage an Brisanz, wie der Mensch mit Tieren im Allgemeinen und Hunden im Speziellen umgehen soll. Aus assimilationistischer Perspektive bewegen sich Tiere irgendwo auf der Skala zwischen Lebewesen, „die sicher keinen Geist haben, beispielsweise Gänseblümchen", und „Lebewesen, die sicher über einen ausgereiften Geist verfügen, nämlich Menschen".[13] Egal wo man nun den Hund auf dieser Skala verortet, fest steht aus

---

9 Vgl. René Descartes: *Discours de la Méthode. Bericht über die Methode* (1637). Französisch/Deutsch. Übersetzt u. hrsg. von Holger Ostwald. Stuttgart 2001, S. 106 f.
10 Voltaire: Dictionnaire philosophique, Art. „Bêtes" (1764). In: Ders.: *Les œuvres complètes de Voltaire*. Hg. Christiane Mervaud. Bd. 35. Oxford 1994, S. 411 f. [meine Übersetzung, R.M.].
11 Nicht zufällig entwickelt der Empirist David Hume in Anschluss an John Locke und George Berkeley im *Treatise of Human Nature* (1739/1740) die ausdifferenzierteste assimilationistische Tiertheorie der Zeit (vgl. Wild, *Anthropologische Differenz* 2006, S. 211–288).
12 Die Debatte über Geist und Seelenvermögen der Tiere erlebt, wie oben geschildert, ihren Höhepunkt Mitte des achtzehnten Jahrhunderts. Ab dem späten achtzehnten Jahrhundert dominieren schließlich assimilationistische Sichtweisen auf das Tier. Zu den wissensgeschichtlichen Konsequenzen dieses Paradigmenwechsels im neunzehnten Jahrhundert vgl. Frederike Middelhoff: *Literarische Autozoographien. Figurationen des autobiographischen Tieres im langen 19. Jahrhundert*. Berlin 2020, S. 59–226.
13 Wild, *Anthropologische Differenz* 2006, S. 9.

assimilationistischer Sicht, dass er weder ein Gänseblümchen noch ein Mensch ist. Die verhaltensethische Konsequenz daraus lautet, dass es sich sowohl verbietet, mit dem Hund wie mit einem Gänseblümchen umzugehen, als auch den Hund wie einen Menschen zu behandeln. Kurz, es gilt im Umgang mit Hunden (und generell mit Tieren) Maß zu halten. Als Form der Unterschreitung dieses Maßes wird im achtzehnten Jahrhundert die Tierquälerei klassifiziert, während als Formen der Überschreitung seit dem ausgehenden siebzehnten Jahrhundert exorbitante Ausgaben für und die übermäßige emotionale Bindung an ein Tier kritisiert werden. Besonders problematisch ist für die diskursmächtigen männlichen Zeitgenossen die weibliche Zuneigung zu Schoßhunden und der damit einhergehende Körperkontakt, da dieser in der männlichen Phantasie stets Gefahr läuft, in Beischlaf auszuarten. Frauen sehen sich damit dem Verdacht der „Sodomiterey", also des „unnatürlichen Gebrauch[s] der Zeugungs-Glieder" in „geile[r] Absicht"[14], ausgesetzt. Schließlich neigten Frauen, so das vorherrschende Weiblichkeitsbild der Zeit, von Natur aus zur „Geilheit".[15] Dabei inhäriert der ‚Geilheit' selbst ein spezifisches Moment der Maßlosigkeit, ist sie doch „ein Laster, welches die Maaß im Gebrauch der fleischlichen Beywohnung überschreitet und der Zucht und Keuschheit zuwieder [sic] ist."[16]

Die hier skizzierte Debatte über den maßvollen Umgang mit Hunden im späten siebzehnten und im achtzehnten Jahrhundert wird im Folgenden an zwei unterschiedlichen Textgruppen genauer untersucht und auf ihr literarisches Potential hin befragt. Sowohl in galanten Gedichten als auch in moralischen Wochenschriften ist die Haltung von Hunden ein wiederkehrendes Sujet. Während in der historisch vorgängigen galanten Poesie (Schoß-)Hunde in der Regel noch der höfischen Lebenswelt zugeordnet sind, zielen Autoren moralischer Wochenschriften darauf ab, die private Hundehaltung mit bürgerlichen Wertvorstellungen in Einklang zu bringen. (1) Bereits in der galanten Poesie des ausgehenden siebzehnten und frühen achtzehnten Jahrhunderts sind Hunde, die von Männern oder Frauen „als ein bloßes Ergötzen"[17] gehalten werden, ein beliebter Gegenstand von satirischen Gedichten. Häufig wird dabei gerade die Zuneigung von Frauen zu ihren Schoßhunden aufs Korn genommen. Der Begriff ‚Schoßhund' bezeichnet dabei keine bestimmte Hunderasse, sondern zielt auf die Funktion und den sozialen Ort dieses Hundes: „Schos-Hündlein", so heißt es etwa in Franz

---

14 Art. „Sodomie". In: Johann Heinrich Zedler: *Grosses vollständiges Universal-Lexicon*, Bd. 38 (1743), Sp. 328–335, hier Sp. 328.
15 Vgl. Art. „Geilheit, (weibliche)". In: Ebd., Bd. 10 (1735), Sp. 637–644.
16 Ebd., Sp. 637.
17 Franciscus Philippus Florinus [Franz Philipp Florin]: *Oeconomus prudens et legalis. Oder Allgemeiner Klug- und Rechts-verständiger Haus-Vatter.* Nürnberg 1705, S. 1038.

Philipp Florins Hausbuch *Oeconomus prudens et legalis*, sind Hunde, die „klein/ subtil [und] zart" sind und „bloß zur Lust des Frauen-Zimmers und der Kinder/ die mit ihnen spielen/ und also die Zeit vertreiben"[18] taugen. Der Schoßhund lässt sich daher mit einem Begriff des neunzehnten Jahrhunderts als ‚Luxushund'[19] beschreiben, und zwar in doppelter Hinsicht: Einerseits wird er einzig „zur Lust" gehalten, ist also keinem wirtschaftlichen Nutzenkalkül unterworfen wie etwa der Wach-, Schäfer- oder Jagdhund.[20] Andererseits wird er in der künstlerischen Darstellung häufig mit einschlägigen Luxus-Topoi wie der sexuellen und der kulinarischen Ausschweifung assoziiert. Der Schoßhund ist also nicht nur als soziales Phänomen, sondern aufgrund seiner Assoziation mit sexueller Ausschweifung auch diskurshistorisch in der weiblichen Sphäre zu verorten. (2) Im achtzehnten Jahrhundert wird die Frage, wie ein maßvoller Umgang mit Hunden auszusehen habe, explizit in moralischen Wochenschriften diskutiert. Während in der galanten Poesie ausschließlich Formen der übermäßigen Liebe zu Hunden thematisiert werden, kommt hier mit der Tierquälerei auch eine Form des Umgangs mit Hunden zur Sprache, die das richtige Maß unterschreitet. Das Maßhalten im Umgang mit Hunden wird in der moralischen Publizistik also gleichsam *ex negativo* von den Rändern her bestimmt, indem sowohl das übermäßige Zuviel als auch das tierquälerische Zuwenig angeprangert wird. Die Vorstellung eines erstrebenswerten Mittelmaßes zwischen Zuviel und Zuwenig verbindet dabei die Debatte über die maßvolle Hundeliebe mit dem diätetischen Diskurs. Mehr noch: Die Interpretation der aufklärerischen Diätetik als „Hermeneutik der Lebensfüh-

---

18 Ebd.
19 Explizit mit Luxus assoziiert wird der Schoßhund im *Journal des Luxus und der Moden*, vgl. den Artikel „Die Moden der Schoosthiere". In: *Journal des Luxus und der Moden* 4 (1789), S. 277– 302. Der hier verwendete Begriff ‚Luxushund' zur Bezeichnung von Hunden, die einzig aus Gründen der Liebhaberei gehalten werden (und zwar sowohl von Frauen als auch von Männern), etabliert sich allerdings erst gegen Ende des neunzehnten Jahrhunderts. Vgl. etwa Jean Bungartz: *Der Luxushund. Anleitung zur Kenntnis, Aufzucht und Abrichtung aller nicht zur Jagd benutzten Hunde.* Berlin 1888.
20 Sozialhistorisch war die Unterscheidung von nützlichen und unnützen Hunden im achtzehnten Jahrhundert vor allem in regulatorischer Hinsicht von Bedeutung. Städtische Obrigkeiten waren darauf bedacht, die Zahl der in der Stadt lebenden Hunde möglichst gering zu halten. Dies in erster Linie aufgrund der Gefährlichkeit von größeren Hunden, weniger aus hygienischen Gründen. Die Haltung von ‚unnützen' Hunden wurde dabei strenger reglementiert als die Haltung von Nutzhunden; vgl. Steinbrecher, *Gezähmte Natur* 2009, S. 126 und Dies.: Fährtensuche. Hunde in der frühneuzeitlichen Stadt. In: *traverse* 15/3 (2008), S. 45–58, bes. S. 53 f. Zum Schoßhund als Luxusgut im England des achtzehnten Jahrhunderts vgl. Jodi L. Wyett: The Lap of Luxury. Lapdogs, Literature, and Social Meaning in the „Long" Eighteenth Century. In: *Literature Interpretation Theory* 10 (2000), S. 275–301, bes. S. 277 f.

rung und Lebenskunst des bürgerlichen Selbst"[21] lässt sich *cum grano salis* auf die Debatte über den maßvollen Umgang mit Hunden übertragen. Wenn Verfasser moralischer Wochenschriften – *dem* Medium des aufklärerischen bürgerlichen Selbstverständnisses – exzessive Praktiken im Umgang mit Hunden kritisieren, so ist dies Ausdruck der diskursiven Verbürgerlichung der vormals nur im Adel verbreiteten Praxis der Haltung von Hunden als Heimtiere und insbesondere der Schoßhundehaltung. Das propagierte Ideal des gemäßigten Umgangs mit Hunden ist schließlich Ausdruck der bürgerlichen Tugend der Mäßigkeit[22] und fungiert als implizites Gegenmodell zu den exzessiven Praktiken des Adels.

Diese sozialhistorische bzw. -kritische Dimension der Debatte über den maßvollen Umgang mit Hunden, die geschlechtsspezifischen Implikationen der Hundehaltung sowie der Diskurs um die anthropologische Differenz bilden die drei Hauptgesichtspunkte, unter denen im Folgenden exemplarische Lektüren von galanten Gedichten sowie von Stücken aus moralischen Wochenschriften unternommen werden.

II Unmäßige Hundeliebe in der galanten Poesie

In Christian Hoffmann von Hoffmannswaldaus Sonett *Als Flavia in seiner gegenwart ihrem hündgen liebkosete* (postum 1709) beklagt sich das lyrische Ich über die völlig unangemessene Behandlung, die seine Angebetete Flavia ihrem Hündchen zuteilkommen lässt:

> Es hatte Flavia ihr hündgen auf dem schos,
> Sie stopffet' ihm das maul mit lauter mandelkernen,
> Es fiel manch süsser blick aus ihren holden sternen,
>   Den dieses lumpenthier, doch ohn verdienst, genos.
> Sie stellet ihm den schnee der reinen brüste blos,
> Und wollte nicht den mund von seinem kuß entfernen,
> Ich muste den verdruß dabey verbeissen lernen,
>   So starck mir auch die gall in mund und hertze flos.
> Indessen konnt' ich mich der wörter nicht erwehren:
> „Wie glücklich würde sich doch meine zeit verzehren,
>   Wär' ich, ach Flavia! dein so geliebter hund!
> Doch weil der himmel mich zum menschen auserkohren,

---

21 Barbara Thums: Moralische Selbstbearbeitung und Hermeneutik des Lebensstils. Zur Diätetik in Anthropologie und Literatur um 1800. In: *Die Grenzen des Menschen. Anthropologie und Ästhetik um 1800.* Hg. Maximilian Bergengruen, Roland Borgards und Johannes Friedrich Lehmann. Würzburg 2001, S. 97–111, hier S. 103.
22 Vgl. ebd., S. 99.

> So bin ich durch den grimm der Flavia verlohren,
> Denn meine flamme lescht nur ihr geküster mund."[23]

Auf Flavias Schoß sitzend und damit in unmittelbarer Nähe zu den weiblichen Genitalien positioniert, ist das Hündchen schon im ersten Vers „admitted to a suspicious level of intimacy with [its] mistress[]"[24]. Freilich ist diese Erotisierung grundsätzlich generisch, handelt es sich beim Schoßhund doch *per definitionem* um einen Hund, der sich aufgrund seiner Größe dazu eignet, auf den Schoß genommen zu werden. Dabei waren es in der sozialen Praxis des siebzehnten und achtzehnten Jahrhunderts vor allem Frauen, die solche Hunde hielten. Der weitere Bericht des lyrischen Ichs lässt allerdings keinen Zweifel daran, dass Flavias Hingabe an ihr Tier tatsächlich erotischer Natur ist: Sie bedenkt das Hündchen mit liebestrunkenen Blicken, präsentiert ihm ihre nackten Brüste, und wenn das lyrische Ich rapportiert, dass Flavia „nicht den mund von seinem kuß entfernen" wollte, so scheint es gar, dass die Initiative für die intimen Zärtlichkeiten nicht allein von Flavia ausgeht.

Es liegt auf der Hand, Flavias „hündgen" als Substitutionsmetapher[25] für einen menschlichen Liebhaber zu lesen. Das lyrische Ich erscheint dann als ein unglücklich Verliebter, der sich darüber beklagt, dass seine Angebetete einem anderen den Vorzug gibt und den Konkurrenten als Hündchen bzw. Hund tituliert. Wenn das lyrische Ich im ersten Terzett klagt: „Wär' ich, ach Flavia! dein so geliebter hund!", dann wird in dieser Lesart nicht nur aus formalen Gründen aus dem „hündgen" ein „hund". Der Verzicht auf die Diminutivform ist dann nämlich weniger metrischen oder reimschematischen Zwängen geschuldet, sondern markiert eine semantisch-metaphorische Bedeutungsverschiebung. Schließlich lässt sich der Ausdruck ‚Hund' – im Gegensatz zum ‚Hündchen' – auch als

---

23 Christian Hoffmann von Hoffmannswaldau: Als Flavia in seiner gegenwart ihrem hündgen liebkosete. In: *Benjamin Neukirchs Anthologie Herrn von Hoffmannswaldau und andrer Deutschen auserlesener und bißher ungedruckter Gedichte, Sechster Theil. Nach dem Druck vom Jahre 1709 mit einer kritischen Einleitung und Lesarten.* Hg. Erika A. Metzger und Michael M. Metzger. Tübingen 1988, S. 19 f.
24 Wyett, *Lap of Luxury* 2000, S. 282.
25 Vgl. Max Black: Die Metapher (1954). In: *Theorie der Metapher.* Hg. Anselm Haverkamp. Darmstadt ²1996, S. 55–79, hier S. 61. Zur Substitutionsmetapher im Kontext der *Cultural and Literary Animal Studies* vgl. Aline Steinbrecher und Roland Borgards: Doggen, Bologneser, Bullenbeisser. Hunde in historischen Quellen um 1800 und in ‚Danton's Tod' von Georg Büchner. In: *Tierisch! Das Tier und die Wissenschaft. Ein Streifzug durch die Disziplinen.* Hg. Meret Fehlmann, Margot Michel und Rebecca Niederhauser. Zürich 2016, S. 151–171, hier S. 155.

Schimpfwort für einen Menschen verstehen.[26] Die Beschimpfung des Konkurrenten als Hund, mithin als potentiell unvernünftiges Tier, gewinnt noch an Schärfe, wenn sich das lyrische Ich im darauffolgenden Vers explizit als Menschen bezeichnet („der himmel [hat] mich zum menschen auserkohren") und sich so mit differentialistischer Rhetorik vom dem Tierreich zugeordneten Rivalen abgrenzt. Freilich wird diese Selbsteinschätzung zugleich rhetorisch konterkariert – und darin liegt in dieser Lesart die ironische Pointe des Gedichts: In seiner von Eifersucht zeugenden Rede zeigt sich das lyrische Ich nämlich alles andere als von seiner vernünftigen und menschlich-gezähmten Seite. Im Gegenteil: Mit dem Bekenntnis, dass es „den verdruß [...] *verbeissen* lernen" musste, nimmt das lyrische Ich selbst hundeähnliche Züge an. So wie sich Flavias Hündchen als menschlicher Liebhaber dechiffrieren lässt, so erscheint umgekehrt das lyrische Ich selbst als Hund.

Hoffmannswaldaus Sonett ist allerdings mehr als nur ein metaphorisches Spiel mit dem Hund. Eine Lesart wie die eben vorgeführte, die den Hund lediglich als einen uneigentlichen Ausdruck begreift, löscht gewissermaßen den eigentlichen Hund aus dem Text[27] und unterschlägt damit die kulturdokumentarische Dimension des Gedichts. Geht man hingegen nicht davon aus, dass der Sprecher im Gedicht einen Konkurrenten als Hund bezeichnet, sondern dass es in der geschilderten Szene tatsächlich um einen Schoßhund geht, dann ist der Text einer kultur- und diskurshistorischen Deutung zugänglich. Die dargestellte Szene widerspiegelt nämlich durchaus reale Verhaltensweisen. So pflegten Frauen nicht nur in Gedichten, sondern auch im realen Leben intime körperliche Nähe zu ihren Schoßhunden und nahmen diese zuweilen gar mit ins Bett.[28] Auch das Füttern von Hunden mit Süßigkeiten dürfte verbreitete canidiätetische Praxis gewesen sein[29] und ist ein häufiges Motiv in der galanten Lyrik. Im zitierten Gedicht von Hoffmannswaldau stopft Flavia den Mund ihres Hündchens mit Mandeln voll, die

---

26 Zum ‚Hund' als Schimpfwort in der Frühen Neuzeit vgl. Art. „Hund". In: *Deutsches Wörterbuch von Jacob und Wilhelm Grimm*. Bd. 4.2. Bearbeitet von Moriz Heyne. Leipzig 1877, Sp. 1911–1919, hier Sp. 1918.
27 Vgl. Steinbrecher/Borgards, *Doggen, Bologneser, Bullenbeisser* 2016, S. 155.
28 Vgl. Steinbrecher, *Kulturgeschichte der Hundehaltung in der Vormoderne* 2010, S. 34; Keith Thomas: *Man and the Natural World. Changing Attitudes in England 1500–1800*. London 1983, S. 108. Darauf nimmt auch das Gedicht *Grabschrifft eines Hundes, so von einem frauenzimmer im bette erdrückt worden* eines anonymen Dichters Bezug: „Ich ward im schlaff erdrückt, als meine jungfer mich / Aus sonderbarer gunst zu bette mit genommen, / So starb ich unverhofft: Mein leser, hüte dich, / Du möchtest auch, wie ich, einmahl ums leben kommen." (Anonymus: Grabschrifft eines Hundes, so von einem frauenzimmer im bette erdrückt worden. In: *Benjamin Neukirchs Anthologie, Siebender Theil* 1991 [1727], S. 121).
29 Vgl. Steinbrecher, *Auf den Hund gekommen* 2016, S. 157.

angesichts der Galle im Munde des lyrischen Ichs besonders süß zu schmecken scheinen. In einem Gedicht Gottlieb Stolles werden nebst Mandeln auch „honigsuppen" sowie „marcipan, milch und rosinen"[30] als Hundenahrung erwähnt, und auf der *Grabschrifft eines kleinen Hundes* (1713) von Christian Friedrich Hunold erinnert sich das verstorbene Hündchen mit Wonne an „Maronen, Caffe [und] Milch"[31], woran es sich zu Lebzeiten zu laben pflegte. Mandeln, Rosinen, Maronen, Kaffee und das aus Mandeln oder Pistazien gefertigte Marzipan waren allesamt Genussmittel, deren Rohstoffe aus dem Mittelmeerraum oder, im Falle des Kaffes, aus Übersee importiert wurden und entsprechend teuer und exklusiv waren, und auch Milch und Honig waren in der Frühen Neuzeit keine billigen Lebensmittel. Wer seinen Schoßhund auf diese Weise verköstigen konnte, musste es sich also auch leisten können, und dazu waren noch um die Wende zum achtzehnten Jahrhundert nicht nur, aber vor allem Aristokratinnen fähig. Darauf, dass die beschriebenen Verhaltensweisen auf adelige Sitten verweisen, ist noch zurückzukommen.

In Hoffmannswaldaus Sonett werden diese realen Verhaltensweisen – das Zulassen körperlicher Nähe zum Schoßhund und das Verfüttern von Delikatessen – satirisch zugespitzt. Die Beziehung von Flavia zu ihrem Schoßhund wird übertrieben erotisiert und die Fütterung als Vollstopfen inszeniert. Damit wird die Szene gleichzeitig moraltheologisch aufgeladen, da die übermäßige Fütterung die Assoziation mit kulinarischer Schwelgerei evoziert und Flavias sodomitische Hingezogenheit zu ihrem Hündchen auf eine ausprägte „geile Absicht" schließen lässt. Hier kommt nun ein alter Luxustopos ins Spiel. „Schwelgerey" und „Uebermäßigkeit im Essen und Trincken" sowie vor allem sexuelle Ausschweifung und „Geilheit"[32] sind Spielarten der *luxuria*, die nach christlicher Moraltheologie zu den sieben Hauptsünden zählt. Freilich zeichnet sich die galante Lyrik gerade dadurch aus, dass sie die Wollust – so der deutsche Begriff für *luxuria* – nicht verdammt, sondern im Gegenteil hedonistische Sinneslust und sexuellen Genuss literarisch zelebriert. Auch in Hoffmannswaldaus Gedicht bemäkelt das lyrische Ich, das sich ja selbst als ausgesprochen wollüstig erweist, keineswegs Flavias sexuelle Begierde an sich, sondern nur den Gegenstand, auf den sie sich richtet. Versteht man diesen Gegenstand, den Hund, nicht als Meta-

---

30 Gottlieb Stolle: Leander an Sylvien, als er ihr das versprochene hündgen schicken solte. In: *Benjamin Neukirchs Anthologie, Sechster Theil* 1988 [1709], S. 366–368, hier S. 367.
31 Christian Friedrich Hunold: Grabschrifft eines kleinen Hundes. In: Ders.: *Menantes Academische Neben=Stunden allerhand neuer Gedichte/ Nebst Einer Anleitung zur vernünftigen Poesie*. Halle und Leipzig 1713, S. 113.
32 Art. „Luxuria". In: Johann Heinrich Zedler: *Grosses vollständiges Universal-Lexicon* Bd. 18 (1738), Sp. 1404.

pher, sondern wörtlich als wirkliches Tier und fasst man die sexuelle Aufladung der Szenerie als satirische Überzeichnung von realen Praktiken der nicht-sexuellen Zuneigung von Frauen zu Schoßhunden auf, dann lässt sich die Klage des lyrischen Ichs auch anders interpretieren. Das Skandalon besteht dann nämlich nicht wie in der oben skizzierten metaphorischen Lesart darin, dass ihn Flavia zugunsten eines anderen Mannes als Liebhaber verschmäht, sondern dass sie sich statt einem Menschen einem Tier zuwendet. Wohlgemerkt: Aus der sodomitischen Konnotation der Beziehung Flavias zu ihrem Schoßhund ist nicht zu schließen, dass im siebzehnten Jahrhundert die erotische Interaktion zwischen Frauen und Schoßhunden ein verbreitetes reales Phänomen gewesen wäre.[33] Vielmehr handelt es sich um ein Produkt satirischer Übertreibung, das nicht-sexuelle Formen der emotionalen Hingabe an Schoßhunde scherzhaft verspottet. Dazu passt, dass sich Flavias Hündchen nicht nur als Liebhaber, sondern auch als Kindersatz lesen lässt: Wenn Flavia nämlich das Hündchen auf dem Schoß hält und ihm „den schnee der reinen brüste blos[stellet]", lässt sich dies ikonographisch auch mit Darstellungen der *Maria lactans* assoziieren.[34]

Der Schoßhund als Ersatz sowohl des männlichen Sexualpartners als auch des Kindes wird bei Hoffmannswaldau zwar scherzhaft verspottet, erscheint darüber hinaus jedoch nicht als ernsthaftes moralisches Problem. Die Verschränkung von Schoßhundeversessenheit und erotischem Begehren ist hier in erster Linie der Logik der manieristischen *concetto*-Technik geschuldet, die darauf abzielt, zwei disparate Sinnbereiche auf verblüffende und witzige Art und Weise zu kombinieren.[35] Zwar macht sich der Text durchaus lustig über die weibliche Schoßhundefixiertheit. In der Hauptsache ist Hoffmannswaldaus Gedicht allerdings als ein literarischer Scherz aufzufassen, der für Sinnlichkeit und Freizügigkeit plädiert und sich damit gegen die rigide Sexualmoral der Zeit richtet. Ganz

---

33 Jedenfalls ist die Quellenlage hierfür dürftig. Fürs achtzehnte Jahrhundert kann Aline Steinbrecher festhalten, „dass im deutschsprachigen Kontext die von Frauen tatsächlich oder angeblich ausgeübte [sic] Sexualpraktiken mit Hunden nicht als Straftaten galten, und demnach – im Gegensatz zu den Sexualpraktiken von Männern mit Hündinnen und Hunden – keine gerichtlichen Quellen hierzu existieren" (Steinbrecher, *Auf den Hund gekommen* 2016, S. 246). Daraus schließt sie, dass das in Literatur und bildender Kunst, aber auch im gelehrten Diskurs häufig wiederkehrende Motiv des Hundes als Sexualpartner von Frauen als diskursive Zuschreibung und Ausdruck der misogynen Stoßrichtung dieser Diskurse zu deuten sei.
34 Diese beiden Konstellationen – der Schoßhund als Sexualpartner von jungen Frauen und der Schoßhund als Säugling – wird im Übrigen Jean-Honoré Fragonard in der zweiten Hälfte des achtzehnten Jahrhunderts für seine erotische Malerei fruchtbar machen, vgl. etwa die Gemälde *Jeune fille et son chien* und *La jeune fille aux petits chiens* (beide um 1770).
35 Vgl. Dietrich Briesemeister: Art. „Concetto". In: *Historisches Wörterbuch der Rhetorik*. Bd. 2: Bie–Eul. Hg. Gert Ueding. Tübingen 1994, Sp. 311–314, hier Sp. 311.

anders wird diese Konstellation – der Schoßhund als Mann- und Kindersatz – später in den moralischen Wochenschriften beurteilt (vgl. Abschnitt III). Einem bürgerlichen Wochenschriftsautor müsste Hoffmannswaldaus Flavia schließlich als Verkörperung dessen erscheinen, was Ute Frevert als die vom Bürgertum im achtzehnten Jahrhundert „als unsittlich und unaufrichtig empfundene[] Weiblichkeit der Adelskultur"[36] beschrieben hat. Die adelige Dame, so der Vorwurf von bürgerlicher Seite, stillt und erzieht ihre Kinder nicht selbst und pflegt ein ausschweifendes außereheliches Sexualleben. Sie vernachlässigt Kinder und Ehemann und verhält sich damit konträr zum bürgerlichen Weiblichkeitsideal. Vor diesem ideologischen Hintergrund erscheint Flavias Hündchen als animalisierte Vernachlässigung von Ehemann und Kind. Dieser adelskritische Impetus liegt Hoffmannswaldaus Gedicht freilich fern, auch wenn die dargestellte Szene auf höfische Sitten anspielt. Gleichwohl manifestiert sich bereits bei Hoffmannswaldau jenes Motiv, das in den moralischen Wochenschriften zum zentralen Argument gegen die weibliche Hundeliebe avancieren sollte: der Hund als Störfaktor im emotionalen Haushalt von Frauen.

In der galanten Lyrik wird nicht nur die weibliche Zuneigung zu Hunden scherzhaft verarbeitet. Auch Männer, die übermäßig an ihren Hunden hängen, werden zur Zielscheibe scherzhaften Spottes, wenn auch aus anderen Gründen. Während die weibliche Liebe zu Schoßhunden, wie am Beispiel des Hoffmannswaldauschen Sonetts gezeigt, mit kulinarischer und sexueller Schwelgerei assoziiert und damit dem alten Luxuria-Topos zugeordnet wird, richtet sich Christian Friedrich Hunolds Gedicht *Auf die unmäßige Hunde Liebe*, das in seiner Sammlung *Academische Neben=Stunden* (1713) enthalten ist, mit einem ökonomischen Argument gegen die Haltung von Hunden an ein männliches Du:

> Wie? sind die Hunde mehr/ als Menschen dein Ergetzen?
> Sind sie in der Vernunft dir etwan gleich zu schätzen?
> Erbauen sie dein Hertz und unterrichten dich?
> Verdienen sie ihr Brod? O Armer/ sie verzehren
> Dich und dein Capital. Doch wilst du sie ernehren.
> Dieweil nun/ wie man sagt/ sich gleich und gleich gesellt/
> Was wunders/ daß dein Hertz so viel von Hunden halt [sic]:
> Du bist dem Leben nach nicht in der Menschen Orden/
> Und biß auf die Gestalt bereits zum Thier geworden.[37]

---

36 Ute Frevert: *Frauen-Geschichte. Zwischen Bürgerlicher Verbesserung und Neuer Weiblichkeit.* Frankfurt/M. 1986, S. 33.
37 Christian Friedrich Hunold: Auf die unmäßige Hunde Liebe. In: Ders.: *Menantes Academische Neben=Stunden* 1713, S. 114.

Aus der Exclamatio „O Armer" folgt, dass sich das Gedicht an einen Mann richtet, der sich Hunde einzig zum „Ergetzen" hält. Gegen diese Praxis werden zwei Argumente ins Feld geführt. Erstens erscheint der Hund wie bei Hoffmannswaldau als Konkurrent des Menschen, hier allerdings nicht innerhalb der Mann-Frau- bzw. Mutter-Kind-Beziehung, sondern im Kontext des für die bürgerliche Aufklärung zentralen Soziabilitätsideals. Das Argument ist dabei letztlich zeitökonomischer Art: Der Umgang mit Hunden wird als vertrödelte Zeit gebrandmarkt, die besser zugunsten des vernünftigen, vergnüglichen, erbaulichen und lehrreichen Gesprächs mit Menschen genutzt werden sollte. Der zweite Einwand gegen die unmäßige Hundeliebe ist schließlich genuin ökonomischer Art. Hunde, so heißt es, „[v]erdienen [...] ihr Brod" nicht selbst, sondern „verzehren" stattdessen „[d]ich und dein Capital".[38] Mit demselben Argument wird Adam Smith später im achtzehnten Jahrhundert die Haltung von Hunden zum Vergnügen zu den Luxusausgaben zählen, da solche Hunde ihren Besitzern nicht nur keinen Mehrwert einbringen und damit deren Kapital vergrößern, sondern nicht einmal für ihre Subsistenz aufkommen.[39]

Während eine Generation zuvor bei Hoffmannswaldau bürgerliche Ideologeme bestenfalls ansatzweise auszumachen sind und für die Problematisierung der Hundehaltung wie gezeigt keine Rolle spielen, sind aufklärerische Ideale in Hunolds Argumentation von zentraler Bedeutung. Die unmäßige Hundeliebe wird hier vor dem Hintergrund jenes sich zu Beginn des achtzehnten Jahrhunderts herausbildenden bürgerlichen Wertesystems problematisiert, dessen Kern nicht zuletzt in der Verständigung auf rationales, gewinnorientiertes und gesellschaftlich nützliches Handeln besteht. Das hundeliebende lyrische Du verstößt gegen diese aufklärerischen Maximen und ist daher „dem Leben nach nicht in der Menschen Orden / und biß auf die Gestalt bereits zum Thier geworden". Die Diffamierung des Du als unvernünftiges Tier funktioniert hier wie schon bei Hoffmannswaldau auf der Basis einer differentialistischen Konzeption der an-

---

[38] Die Figur des Kapital und Menschen verzehrenden Luxus findet sich bei Hunold häufiger. Im Gedicht *Auf eines gewissen Frauenzimmers überflüßigen Schmuck* ist es der weibliche Schmuck, der mit diesem Argument kritisiert wird: „Kein Mädgen ist befreyt von Schmertzen an dem Stein// Denn Kopf/ Halß/ Ohr und Brust muß Stein und Fleischern seyn. / Cleopatra verschlung die Perle dort in sich: / Hier aber fressen sie dein Capital und dich." Christian Friedrich Hunold. Auf eines gewissen Frauenzimmers überflüßigen Schmuck. In: Ders., *Menantes Academische Neben=Stunden* 1713, S. 100.

[39] Vgl. Adam Smith: *An Inquiry into the Nature and Causes of the Wealth of Nations*. 2 Bde. Hg. Roy Hutcheson Campbell und Andrew S. Skinner. Oxford 1976, Bd. 1, S. 346. Zu Smiths Luxuskonzept vgl. Christine Weder und Maximilian Bergengruen: Moderner Luxus. Einleitung. In: *Luxus. Die Ambivalenz des Überflüssigen in der Moderne*. Hg. Christine Weder und Maximilian Bergengruen. Göttingen 2011, S. 7–31, hier S. 14.

thropologischen Differenz, gemäß der dem Tier im Unterschied zum Menschen jegliche Vernunftbegabung abgeht. Dem tierisch-unvernünftigen Du steht der „[h]och-vernünftige[] Leser"⁴⁰ gegenüber, den Hunold mit den *Academischen Neben=Stunden* explizit adressiert. Es ginge allerdings zu weit, Hunolds *Auf die unmäßige Hunde Liebe* als ernsthafte Warnung vor der Luxushundehaltung zu verstehen und damit dem Gedicht eine pädagogisch-moralische Stoßrichtung zu unterstellen, wie sie dann später den ähnlich argumentierenden moralischen Wochenschriften eigen ist. Dagegen spricht schon allein die Tatsache, dass Hunold das Gedicht in die Sektion „Schertz- und Satyrische Überschrifften und Gedichte" eingeordnet hat. Ähnlich wie schon Hoffmannswaldau demonstriert Hunold mit dem Kurzschluss von Hundehaltungspraxis und bürgerlichen Wertvorstellungen zuvörderst seinen rhetorischen Scharfsinn. Die soziale Praxis der unmäßigen Hundeliebe wird dabei ebenso dem Spott preisgegeben wie die übertriebene Ausrichtung der Lebensführung am sich zu dieser Zeit formierenden bürgerlichen Wertekanon – ganz im Gegensatz zu den moralischen Wochenschriften, wie im Folgenden zu zeigen ist. Unter bürgerlichen Vorzeichen machen diese ernst mit dem, was in den *concetti* der galanten Lyrik als Scherz angelegt ist: mit der durch emotionale Unausgeglichenheit begründeten Überschreitung des (erotisch, ökonomisch) maßvollen Verhaltens, vorgeführt am Beispiel der Haushunde.

III Zwischen Tierquälerei und „närrische[r] Liebe" – Hundeliebe in moralischen Wochenschriften

Im 121. Stück der von Joseph Addison und Richard Steele verantworteten moralischen Wochenschrift *The Tatler* vom 17. Januar 1710 berichtet ein Dienstmädchen dem fiktiven Redakteur Sir Isaac Bickerstaff völlig aufgelöst, dass der Schoßhund ihrer Herrin schwer erkrankt sei.⁴¹ Der Hund mit dem sprechenden Namen Cupid habe sich erkältet und leide an Heiserkeit und Keuchhusten, man befürchte seinen baldigen Tod. Ihre Herrin sei todtraurig und bitte Herrn Bickerstaff um Rat.

---

40 Christian Friedrich Hunold: Vorrede. In: Ders., *Menantes Academische Neben=Stunden* 1713, Bl. A 2ʳ. Zum impliziten Leser, der bei Hunold als vernünftig im aufklärerischen Sinn zu denken ist, vgl. Isabelle Stauffer: *Verführung zur Galanterie. Benehmen, Körperlichkeit und Gefühlsinszenierungen im literarischen Kulturtransfer 1664–1772*. Wiesbaden 2018, S. 146.
41 Joseph Addison und Richard Steele: *The Tatler* (1709–1711). 3 Bde. Hg. Donald F. Bond. Oxford 1987, Bd. 2, S. 215–220.

Obwohl Bickerstaff, seines Zeichens Arzt und selbst Hundehalter, die Erkrankung des Hundes für völlig harmlos hält, kommt er der Bitte nach und gibt Anweisung, wie der Hund zu heilen sei. Für weitaus gravierender als die Erkrankung des Hundes erachtet Bickerstaff jedoch die übertriebene Sorge um das Tier, die er für „extravagant and ridiculous"[42] hält und – dies die Pointe des Stücks – durch das Mittel der Ironie zu kurieren versucht. Die Sorge um den Hund charakterisiert Bickerstaff als typisch weiblich, seien doch Frauen „by Nature very much formed for Affection and Dalliance"[43]. Das schöne Geschlecht neige daher dazu, „the proper Objects of Love, as Husbands, or Children" zugunsten von „Lap-dogs, Parrots, or other Animals"[44] zu vernachlässigen. Bickerstaff greift damit die schon bei Hoffmannswaldau anzutreffende Konstellation auf, wonach Schoßhunde im emotionalen Haushalt von Frauen unberechtigterweise den Platz von Männern und Kindern einzunehmen drohen. Die übermäßige weibliche Zuneigung zu Schoßhunden wird dabei im *Tatler* explizit als Gefahr für die bürgerliche Familie dargestellt. Bickerstaff lehnt die Hundehaltung allerdings nicht grundsätzlich ab, schließlich hält er ja selbst einen Hund. Überhaupt gibt er sich überzeugt, dass „voluntary Friendships between Animals of different Species, seem to arise from Instinct".[45] Er mahnt jedoch, dass die Zuneigung zu Hunden ein bestimmtes Maß nicht überschreiten dürfe. Dies betreffe nicht nur Frauen, auch Männer seien keineswegs vor übertriebener Tierliebe gefeit. Eine besonders starke emotionale Bindung an und exorbitante Ausgaben für ein Tier seien jedoch nur in Ausnahmefällen zu rechtfertigen, namentlich wenn sie sich als Ausdruck eines „Excess of Gratitude"[46] erwiesen. Als Beispiel verweist Bickerstaff auf einen türkischen Herrscher, der von seinem Pferd vor dem Tod bewahrt wurde und zum Dank das Tier mit goldenen Hufeisen, einem marmornen Stall samt parkartigem Auslauf und einem ganzen Serail von Stuten bedachte. In der Regel, so impliziert Bickerstaff, ist eine derartige finanzielle Verausgabung aus Tierliebe allerdings nicht zu rechtfertigen und als reine Geldverschwendung zu klassifizieren – ein Argument, das ähnlich auch bei Hunold angeführt wird. Die geschlechtsspezifische Problematisierung der übermäßigen Zuneigung zu Hunden bzw. zu Tieren korreliert im *Tatler* mit der bürgerlichen Geschlechterdifferenz, wonach die Frau „für personenbezogene Dienstleistungen in der Familie", der Mann jedoch für „sachbezogene, produktive Tätigkeiten in Wirtschaft, Politik, Kultur und Wis-

---

42 Ebd., S. 218.
43 Ebd.
44 Ebd., S. 219.
45 Ebd.
46 Ebd.

senschaft"⁴⁷ prädestiniert ist. Für beide Zuständigkeitsbereiche stellt die übermäßige Hundeliebe ein Problem dar. Während Frauen Gefahr laufen, ob ihrer Anhänglichkeit an Hunde ihre familiären Pflichten zu vernachlässigen, drohen Männer finanzielle und zeitliche Ressourcen an Hunde zu verschwenden, die besser wirtschaftlich und gesellschaftlich nützlichen Bestimmungen zugeführt würden.

Demzufolge wird im 121. Stück des *Tatler* wohl die übermäßige Hundeliebe, nicht aber der Umgang mit Hunden *per se* kritisiert. Bickerstaff ist schließlich der Ansicht, dass Tiere, zu denen er assimilationistisch auch den Menschen zählt, instinktiv dazu neigen, interspeziäre „voluntary Friendships" zu pflegen. Damit weist er implizit auch das „freundschaftliche" Zusammenleben von Mensch und Hund als natürlich und daher grundsätzlich unproblematisch aus. Diese Haltung ist freilich Ausdruck der im achtzehnten Jahrhundert in Abgrenzung zur cartesianischen Doktrin mit Verve verfochtenen assimilationistischen Vorstellung des Tieres als menschenähnliches Geschöpf mit ihren ethischen Konsequenzen. Ähnlich wie Addison und Steele bzw. deren Alter Ego Bickerstaff erklärt etwa auch Johann Bernhard Basedow in seiner *Practischen Philosophie für alle Stände* (1777), dass zu den „[m]enschliche[n] Grundtriebe[n] (affectiones naturales & universales)" auch „[d]ie Sympathie, oder der Trieb zur Theilnehmung am Schicksale der Menschen, *und dem ähnlichen Schicksale der Thiere*"⁴⁸ gehört, wobei für Basedow der angeborene Trieb der „Sympathie mit den Thieren"⁴⁹ einem göttlichen Gebot gleichkommt. Basedow begreift Tiere assimilationistisch als gefühlsbegabte, beseelte Wesen, denn nur so könnten sie zu Trägern von συμπάθεια, also Mitgefühl, avancieren. Dies bedeutet im Umkehrschluss, dass die Abwesenheit von Mitgefühl mit Tieren als Sünde zu qualifizieren ist: „Jedoch, da die Thiere auch empfindliche Geschöpfe sind, die Gott größtentheils auch ihrer selbst willen erschaffen hat; so darf der Mensch ihnen ohne Ursache, aus bloßem Muthwillen, keine Beschwerlichkeit und Schmerzen machen."⁵⁰ Während die übermäßige Tierliebe im *Tatler* aus bürgerlich-ideologischen Gründen verurteilt wird, führt Basedow also gegen das andere Extrem im Umgang mit Tieren, nämlich die Gefühllosigkeit, ein moraltheologisches Argument ins Feld.

Genau in diesem Spannungsfeld zwischen emotionalem Zuviel und Gefühllosigkeit wird auch im 207. Stück der moralischen Wochenschrift *Der Gesellige*, die

---

47 Frevert, *Frauen-Geschichte* 1986, S. 21f.
48 Johann Bernhard Basedow: *Practische Philosophie für alle Stände, Ein weltbürgerlich Buch ohne Anstoß für irgend eine Nation, Regierungsform und Kirche. Erster Theil. Zweyte verbesserte Auflage.* Dessau 1777, S. 65f. [meine Hervorhebung, R.M.].
49 Ebd., S. 99.
50 Ebd., S. 268.

von 1748 bis 1750 von Samuel Gotthold Lange und Georg Friedrich Meier in Halle herausgegeben wurde, das Maßhalten im Umgang mit Hunden erörtert.[51] Die Diskussion steht dabei im Kontext des für die moralischen Wochenschriften und insbesondere für den *Geselligen* programmatischen bürgerlichen Ideals des „geselligen Menschen", der

> sich in seiner innern und äussern Einrichtung nicht als einen einzelnen Menschen, sondern im beständigen Zusammenhange mit seinen Nebenmenschen betrachtet, und sich daher in seinen Handlungen so zu verhalten bestrebet, daß er zu dem allgemeinen Wohl so viel möglich beytrage, um des allgemeinen Wohls insbesondere theilhaftig zu werden.[52]

Der Clou besteht nun darin, dass der Gesellige – so der Name der fiktiven Herausgeber- und Erzählerfigur – überzeugt ist, dass auch Tiere „eine Gattung von Gesellschaft"[53] halten und damit wie die Menschen als soziable Wesen zu begreifen sind. Dieses Urteil untermauert er mit empirischen Beobachtungen. So ist etwa das 70. Stück „Leben und Thaten der Gänse" gewidmet, wobei die Beschreibung der ‚Sozietät' der Gänse fabelhafte Züge trägt und damit als vorbildhaft für die menschliche Gesellschaft präsentiert wird.[54] Ähnliches gilt auch für die Hunde. Ihnen wird eine ganz besondere Form der Geselligkeit zugeschrieben:

> Die Hunde scheinen eigentlich zur Gesellschaft des Menschen, vor allen andern Thieren, eingerichtet zu seyn, denn sie halten sich zu demselben so stark, daß sie gleichsam ihre ganze Nation verachten. Man sollte denken, sie kenneten die Vorzüge der menschlichen Natur vor der ihrigen, sie wären ehemals Menschen gewesen, oder hätten die Anwartschaft, es künftig zu werden, und daß die Erinnerung des vorigen, oder die Hofnung des künftigen Standes ihnen einen Abscheu vor ihr eigen Geschlecht, und eine besondere Liebe gegen den Menschen zuwege gebracht hätte.[55]

Im Gegensatz zu Angehörigen der „sehr kluge[n] Völkerschaft" des „Gänsegeschlecht[s]"[56], deren Trieb zur Geselligkeit auf die Artgenossen beschränkt ist, scheinen Hunde im geselligen Umgang die eigenen Artgenossen zugunsten des Menschen zu vernachlässigen. Der Hund wird gleichsam in die menschliche Gesellschaft eingemeindet, wobei die anthropologische Differenz mit der Zuschrei-

---

51 Samuel Gotthold Lange und Georg Friedrich Meier (Hg.): *Der Gesellige. Eine Moralische Wochenschrift* (1748–1750). 3 Bde. Hg. Wolfgang Martens. Hildesheim, Zürich und New York 1987, Bd. 3, 5. Teil, 207. Stück, S. 185–192.
52 Ebd., Bd. 1, 1. Teil, 1. Stück, S. 2.
53 Ebd.
54 Ebd., 2. Teil, 70. Stück, S. 565–576.
55 Ebd., Bd. 3, 5. Teil, 207. Stück, S. 186.
56 Ebd., Bd. 1, 2. Teil, 70. Stück, S. 575.

bung von Soziabilität und „Liebe gegen den Menschen" relativiert wird. Mehr noch: Durch die Spekulation über Seelenwanderungen zwischen Hund und Mensch wird die anthropologische Differenz im Modus des Konjunktivs beinahe vollständig nivelliert. Denn schließlich impliziert die Figur der interspeziären Metempsychose, wie sie hier aufscheint, dass keinerlei Unterschied zwischen Menschen- und Hundeseele besteht. Mensch und Hund differieren dann nur noch in der *res extensa*.

Aus der Konzeption des Hundes als „das gegen den Menschen geselligste Geschöpf unter allen Thieren"[57] und somit als integraler Bestandteil der menschlichen Gesellschaft folgt, dass die Forderung nach Mitgefühl mit Hunden im Speziellen und Tieren im Allgemeinen nicht zwingend einer moraltheologischen Begründung bedarf. Zwar verweist der Gesellige darauf, dass „das höchste göttliche Wesen selbst [...] sich in der heiligen Schrift zum öfteren nach seiner Liebe und Barmherzigkeit, auch Achtsamkeit gegen die Thiere [beschreibt]" und „[d]aher der Ausspruch, daß ein Gerechter sich auch über sein Vieh erbarme, um so viel wahrhaftiger ist".[58] Als primärer Referenzrahmen zur Beurteilung menschlichen Verhaltens fungiert im *Geselligen* allerdings gerade nicht die Bibel, sondern das gesamtgesellschaftliche Wohl, wozu eben auch die „gegen den Menschen gesellig[en]" Tiere beitragen. Genau darauf zielt der Gesellige ab, wenn er „den für einen grausamen und thierischen Unmenschen an[sieht], der dergleichen Creaturen hart begegnen kann", und fordert, dass „[i]n der Republik [...] die mit einer öffentlichen und schimpflichen Strafe belegt werden [solten], die ein tyrannisches Vergnügen an den Martern der armen Thiere empfinden".[59]

So emphatisch der Gesellige der Einbürgerung des Tieres in die menschliche Gesellschaft das Wort redet und so sehr er die „Liebe zu den Thieren" grundsätzlich billigt, so dezidiert wendet er sich gleichzeitig gegen die „närrische Liebe gegen die unvernünftigen Geschöpfe".[60] Aller tierischen Soziabilität und Gefühlsbegabung zum Trotz bleibt die anthropologische Differenz damit unangefochten; die letzte und zugleich wichtigste Bastion des menschlichen Exzeptionalismus, die Vernunftbegabung, hält dem assimilationistischen Ansturm stand. Das Tier ist für den Geselligen zwar ein legitimer Teil der menschlichen Gesellschaft, als Ersatz für den Menschen darf es jedoch insbesondere im Kontext der bürgerlichen Familie nicht herhalten. Wie im *Tatler* ertönt denn auch im *Geselligen* die Klage, dass manche Personen „ihre Hunde und Vögel mehr lieben als ihre

---

57 Ebd., Bd. 3, 5. Teil, 207. Stück, S. 186.
58 Ebd., S. 187.
59 Ebd.
60 Ebd., S. 189.

Eltern, Ehegatten, Kinder und Freunde, und die gleichsam den besten Theil von sich selbst vermissen, wenn ihr Schoshündgen abwesend ist".[61] Bei Leuten, die „in der stärksten und besten menschlichen Gesellschaft sich einsam zu seyn bedünken, ohne ihren treuen Mops", müsse, so glaubt der Gesellige, „eine Seelenwanderung" angenommen werden. Schließlich werde es „wenigstens wahrscheinlich, warum gewisse Menschen die Thiere so töricht lieben, wenn man einräumt, daß sie vor dem selbst dergleichen Thiere gewesen wären, oder künftig werden würden".[62] Die Kritik an der „närrische[n] Liebe gegen die unvernünftigen Geschöpfe" verhält sich genau spiegelbildlich zur Eloge auf die hundliche „Liebe gegen den Menschen": Während Hunde zugunsten des Menschen „ihre ganze Nation verachten", steht für den närrischen Hundeliebhaber das Tier über der „stärksten und besten menschlichen Gesellschaft". Zudem assoziiert der Gesellige beide Fälle mit der Seelenwanderung. In der Hundeseele erkennt er eine menschliche Seele, die sich nur vorübergehend in den Hundekörper verirrt hat, während er umgekehrt den närrischen Hundeliebhaber für eine versehentliche Reinkarnation einer tierischen Seele hält, die bei nächster Gelegenheit wieder in einem Tier wiedergeboren werden wird. Durch diesen doppelten Rückgriff auf die Vorstellung der interspeziären Seelenwanderung wird die anthropologische Differenz zugleich unterlaufen und affirmiert. Wird der Hund nämlich als Reinkarnation einer menschlichen Seele begriffen, dann ist der strikte Gegensatz zwischen vernünftigem Menschen und unvernünftigem Tier nicht länger haltbar, da Menschen- und Hundeseele in eins fallen. Hingegen funktioniert die Diffamierung des närrischen Hundeliebhabers nur dann, wenn sich die ihm unterstellte tierische Seele, die ja seinen unvernünftigen Charakter versinnbildlichen soll, von einer menschlichen, also vernünftigen Seele fundamental unterscheidet. Im ersten Fall wird die anthropologische Differenz assimilationistisch ausradiert, um im zweiten Fall differentialistisch wieder etabliert zu werden. Hier lässt sich also gewissermaßen auf einer Mikroebene der für das achtzehnte Jahrhundert typische Widerstreit zwischen assimilationistischen und differentialistischen Strategien zur Bestimmung der anthropologischen Differenz beobachten.

Die goldene Mitte zwischen Quälerei und übertriebener Zuneigung, also das Ideal des maßvollen Umgangs mit Hunden und anderen Haustieren, bleibt im 207. Stück des *Geselligen* bemerkenswert unterbelichtet. Dagegen wird ein erheblicher narrativer Aufwand betrieben, um unangemessene Umgangsformen anekdotisch auszumalen und darzulegen, weshalb diese verwerflich sind. So berichtet der Gesellige etwa ausführlich von einem Kind, das einer Katze ein Stück vom

---

61 Ebd.
62 Ebd.

Schwanz abschneidet, von einem Mann, der sich lieber mit seinem Papagei als mit seinen Freunden unterhält, oder von einer Frau, die zugunsten ihres Schoßhündchens Gesellschaft und Kind vernachlässigt:

> Mirina sitzt und siehet niemanden an, sie redet auch kein Wort; wenn aber ihr Hündgen ihr auf den Schoos springt, so unterredet sie sich mit demselben so beständig und so laut, daß die übrige Gesellschaft entweder schreyen oder stillschweigen muß. Sie hat eine kleine Tochter, welche durch Schuld ihrer Wärterin eine Schulter höher trägt als die andere, und dieses Unglück rührt von einem Fall her, den dieses gute Kind von den Armen der nachlässigen Wärterin that. Mirina machte nicht einmal ein sauer Gesicht, und dieses unvorsichtige Weib würde noch in ihren Diensten sein, wenn nicht der beliebte Joli ganz unversehens von demselben wäre getreten worden. Joli ward nicht lahm, allein die Wärterin muste den Augenblick aus dem Dienst. Es ist nicht genug, daß Mirina bloß mit dem Hunde redet, sondern sie hat auch ihre innigste Freude daran, daß der Hund bellet. Daher kann niemand in einer Viertelstunde sein eigen Wort hören, und diese Viertelstunden kommen sehr ofte.[63]

Mit dieser Anekdote wird die Gefahr der übermäßigen Hundeliebe für Gesellschaft und Familie exemplarisch vorgeführt, und zwar anhand eines in unterhaltsamem und heiterem Tonfall geschilderten Beispiels, womit das für die aufklärerische Literatur zentrale Prinzip des *prodesse et delectare* idealtypisch erfüllt wird. Dabei ist gerade das *delectare* für die auf stetigen kommerziellen Erfolg angewiesenen moralischen Wochenschriften von nicht zu unterschätzender Bedeutung. Es ist daher wenig erstaunlich, dass ausgerechnet das maßvolle Ideal im Umgang mit Hunden nicht auserzählt wird. Der anekdotisch-unterhaltende Wert des Unmäßigen, Außergewöhnlichen und Anstoßerregenden ist schließlich ungleich höher zu veranschlagen als der des Maßvollen, Normalen und Gesitteten.

IV Resümee

Für die moralischen Wochenschriften sind also sowohl Männer als auch Frauen, die emotional übermäßig an Hunden bzw. an Tieren hängen, geeignete Sujets, um *ex negativo* bürgerliche Wert- und Rollenvorstellungen zu exemplifizieren. Die früher typischerweise dem Adel vorbehaltene Praxis der Heimtierhaltung erweist sich dabei innerhalb der bürgerlichen Wertordnung als regulierungsbedürftig. Die galante Poesie bewegt sich mit ihrer grundsätzlich affirmativen Haltung gegenüber adeligen Verhaltensweisen noch außerhalb dieses ideologischen Referenzrahmens. Für die galanten Poeten ist die weibliche Schoßhundeliebe in erster Linie deswegen attraktiv, weil sie zum literarischen Spiel mit erotischen Doppel-

---

[63] Ebd., S. 189 f.

und Eindeutigkeiten prädestiniert ist. Dabei werden Formen der übermäßigen Hundeliebe in der galanten Lyrik zwar scherzhaft verspottet, nicht aber moralisch problematisiert wie später in den bürgerlichen Wochenschriften. Die beobachtete Migration des Schoßhundes aus der galanten Lyrik in die moralischen Wochenschriften, so ließe sich etwas salopp folgern, ist daher symptomatisch für die kulturgeschichtliche Tendenz zur Verbürgerlichung der (Schoß-)Hundehaltung zu Beginn des achtzehnten Jahrhunderts.

Die beiden Textgruppen unterscheiden sich jedoch nicht nur in ihrem sozialhistorischen Kontext, sondern auch in der Konzeption der anthropologischen Differenz. Die galante Poesie ist noch einer differentialistischen Konzeption verpflichtet, während die moralische Publizistik assimilationistisch argumentiert und damit dem aufklärerischen Zeitgeist entspricht. In den beiden analysierten Gedichten Hoffmannswaldaus und Hunolds besteht eine harte Trennlinie zwischen Mensch und Hund: Bei Hoffmannswaldau wird die unmäßige Eifersucht des lyrischen Ichs gebrandmarkt, indem das lyrische Ich als hundeähnlich gezeichnet wird. Bei Hunold wiederum ist das hundefixierte Du „biß auf die Gestalt bereits zum Thier geworden". Die Hundwerdung des lyrischen Ichs bei Hoffmannswaldau bzw. des Du bei Hunold bringt den unvernünftigen und deshalb tierischen Charakter des lyrischen Ichs bzw. des Dus zum Ausdruck. Dies zeugt von einer differentialistischen und am Kriterium der Vernunftbegabung orientierten Konzeption der anthropologischen Differenz. Ganz anders verhält es sich in den beiden Beispielen aus der moralischen Publizistik. Dort werden Mensch und Hund einander assimilationistisch angenähert. Im *Tatler* wird der Mensch explizit als „Animal" begriffen und „voluntary Friendships between Animals of different Species" als natürlich beurteilt, und für den Geselligen erscheint der Hund geradezu als der bessere Mensch. Die assimilationistische Aufwertung des Hundes im Speziellen und des Tiers im Allgemeinen erfordert es, für den Umgang mit Tieren nicht nur eine Grenze zu postulieren, die nicht überschritten, sondern auch eine, die nicht unterschritten werden darf. Die ‚untermäßige' Tierliebe, nämlich die Tierquälerei, stellt schließlich für den Assimilationisten ein ungleich größeres Problem dar als für den Differentialisten.

Peter Wittemann
Vom Saufen. Alkohol in aufklärerischer Anthropologie und Publizistik um 1750

I Anakreontische Individuen und Durchschnittskonsumenten

In seinem zuerst 1744 erschienenen Gedicht *An die heutigen Encratiten* richtet sich Friedrich von Hagedorn an eine Klientel, die nicht zu den klassischen Adressat:innen anakreontischer Lyrik gehört: In einer Fußnote erklärt er, die spätantiken „Encratiten" seien „mitleidenswürdige Ketzer" gewesen, „die allen Genuß des Weins und des Fleisches, alle Bequemlichkeiten des Lebens [...] für sündlich und verboten ausgaben und ein unerheitertes Daseyn zur vorzüglichen Pflicht machten".[1] Vom richtigen Maß der „spielende[n] Vernunft" (V. 50) seien sie genauso weit entfernt wie die „Wenden" oder der „Pöbel", die zu viel Alkohol konsumieren; die im Gedicht evozierte anakreontische Sozietät[2] ist durch diätetisch angemessene Praktiken des Genusses gekennzeichnet. So lautet die dritte Strophe (V. 17–24):

> Zu altdeutsch trinken, taumelnd küssen / Ist höchstens nur der Wenden Lust: / Wie Kluge zu genießen wissen / Verbleibt dem Pöbel unbewußt, / Dem Pöbel, der in Gift verkehret, / Was unserm Leben Stärkung bringt, / Und der die Becher wirklich leeret, / Wovon der Dichter doch nur singt.

Die hier dem ‚Pöbel' gegenübergestellten ‚Klugen' sind die Protagonisten anakreontischer Dichtung: Sie kennen ihr Maß – bezogen auf den Alkohol heißt das auch: Sie kennen sich selbst, denn die Alkoholtoleranz unterscheidet sich, wie in den zeitgenössischen Schriften immer wieder betont wird,[3] von Person zu Person.

---

[1] Friedrich von Hagedorn: An die heutigen Encratiten (1744), hier zitiert nach dem Wiederabdruck, auf den sich auch Unzer in seinem Aufsatz *Gedanken vom Saufen* beziehen dürfte (s.u.): *Poetische Werke dritter Theil: Oden und Lieder in fünf Büchern.* Hamburg 1757, S. 141–145, hier S. 142.
[2] Vgl. zu diesem Thema auch den Beitrag von Martin Bäumel in diesem Band.
[3] Für viele stellvertretend vgl. Philipp Samuel Horn: *Abhandlung von der Trunckenheit.* Stralsund, Greifswald und Leipzig 1747, S. 80–85 sowie Johann Gottlob Krüger: *Diät oder Lebensordnung.* Halle 1751, S. 24f., der die ‚idiosynkratische' Beschaffenheit menschlicher Körper sowie die Gewohnheit als Faktoren unterscheidet. Ein besonders einprägsames (aber späteres) literarisches

Wein, so Steffen Martus, ist in der Anakreontik „eine[] Sache genau desjenigen Menschen [...], den sich die Aufklärung konstruiert":⁴ des vernünftigen, selbstdenkenden (mitteleuropäischen, männlichen) Subjekts. Diesem aufgeklärten Ich, das durch den im letzten Vers genannten „Dichter" wie auch durch dessen Publikum verkörpert wird, stehen zwei Personengruppen gegenüber – die Enkratiten einerseits und andererseits die anonyme Masse, um die es im Folgenden gehen soll: der Pöbel, der hier lediglich zur Abgrenzung der anakreontischen Gemeinschaft in das Gedicht kommt und der nicht nur Genuss und Exzess, sondern – das ist die Pointe der letzten beiden zitierten Verse – auch den Autor und das lyrische Ich verwechselt.⁵ Nur wer Dichtung richtig versteht, kann auch Wein richtig genießen.

Alkohol ist in der Publizistik dieser Zeit aber nicht allein in der Anakreontik präsent. Neben dem genießenden Subjekt widmen sich Autoren um 1750 zunehmend auch aus medizinischem oder polizeilichem Interesse den anonymen Massen, von denen ein hoher Prozentsatz an den gesundheitlichen Folgen übermäßigen Alkoholkonsums litt – zu diesen gehörte übrigens auch der historische Dichter Hagedorn (im Gegensatz zum lyrischen Ich), der aufgrund seines ausschweifenden Lebensstils früh verstarb. Wo nicht das aufgeklärte, mäßig trinkende Individuum, sondern der Konsum der Vielen thematisch wird, werden die Texte nicht mehr von (antiken) Topoi, sondern von der Diskussion empirisch zu ermittelnder Daten bestimmt. Als statistische Größe waren diese Massen im deutschsprachigen Raum allerdings schwer bezifferbar. Johann Peter Süßmilch, Pionier der medizinischen Demographie, deutet dies in der ersten Auflage (1741) seiner Schrift *Die göttliche Ordnung in den Veränderungen des menschlichen Geschlechts* an, wenn er über den im Vergleich mit London hohen Anteil der in Berlin und Breßlau am Podagra (einer nicht zuletzt auf übermäßigen Alkoholgenuss zurückzuführenden Form der Gicht) Verstorbenen rätselt. In der zweiten, 1761

Zeugnis ist Goethes Schilderung des Sankt Rochus-Festes zu Bingen in der *Reise am Rhein, Main und Neckar.*

4 Steffen Martus: *Friedrich von Hagedorn – Konstellationen der Aufklärung.* Berlin und New York 1999, S. 508.

5 Eine in der anakreontischen Lyrik im Übrigen populäre Selbstverteidigung, die auf Martial zurückgeht (vgl. Karl S. Guthke: *Haller und die Literatur.* Göttingen 1962, S. 104). Vgl. auch etwa das 64. Stück der moralischen Wochenschrift *Der Gesellige,* 2. Bd. Halle 1748, hier S. 520 f.: „Ein wahrer anacreontischer Dichter ist der tugendhafteste und nüchternste Mann [...] der Wein ist ihm viel zu lieb, als daß er sich daran berauschen solte [...] Ein Dichter nennet bei nüchternem Muthe den poetischen Trieb einen Taumel; den bringet er zu dem Glase mit, und holet ihn nicht daher". Dazu auch: Wolfram Mauser: Anakreon als Therapie? Zur medizinisch-diätetischen Begründung der Rokokodichtung (1988). In: Ders.: *Konzepte aufgeklärter Literatur. Literarische Kultur im frühmodernen Deutschland.* Würzburg 2000, S. 301–329, hier S. 325.

erschienenen Auflage fügt er an dieser Stelle, im Kapitel „Ursachen von der größeren Sterblichkeit in Städten", einen kurzen Abschnitt über „Weine, Biere, Brandweine, in Engelland der Punch" ein.[6] Wie bei Hagedorn ist der Alkoholkonsum hier eine Folge von persönlichen Schwächen („Unordnung der Lüste", „Völlerey" und „verderbte Lebensart in Städten", S. 108); im Gegensatz zu Hagedorn ist aber nicht von Enkratiten und Aufgeklärten die Rede, es werden vielmehr Sterbefälle tabellarisch aufgeführt und eine Bevölkerung thematisiert, deren Alkoholkonsum statistisch errechnet werden könnte – wenn es denn die entsprechenden Daten gäbe. Der größte Teil des Paragraphen ist dann auch eine Fußnote, die aus William Maitlands *History of London* zitiert, die immerhin Quantitäten des dort verkauften, wenn auch nicht des getrunkenen Alkohols liefert.

Die Verweise auf London sind kein Zufall. Die größte europäische Metropole war während der ersten Hälfte des achtzehnten Jahrhunderts Schauplatz der *Gin Craze*, der ersten großen Drogenkrise der Moderne. Wenngleich es auch im deutschen Sprachraum zu dieser Zeit Hinweise darauf gibt, dass gerade das Branntweintrinken der (‚einfachen') Bevölkerung als problematisch aufgefasst wurde,[7] bleibt diese Bevölkerung in Publikationen, die den Alkohol betreffen, weit gesichtsloser als jene Londons.[8] Dort waren auch die empirischen Bemühungen um die Bezifferung der Krise wesentlich weiter fortgeschritten als irgendwo im deutschen Sprachraum. In der öffentlich geführten Debatte um die Regulation des Gin-Konsums, in der sich Sozialreformer einerseits und Lobbyisten der Gin-Distillerien andererseits gegenüberstanden, wurden neben wohlbekannten Trunkenheitstopoi und erzählerischen Elementen ebenso Argumente der Statistik, der empirischen Medizin und ökonomische Berechnungen ins Feld geführt.

---

6 Johann Peter Süßmilch: *Die göttliche Ordnung in den Veränderungen des menschlichen Geschlechts aus der Geburt, Tod, und Fortpflanzung desselben*. Berlin 1741, S. 294 und ders.: *Die göttliche Ordnung in den Veränderungen des menschlichen Geschlechts, aus der Geburt, dem Tode und der Fortpflanzung desselben*. 2 Bde., Berlin 1761/1762, Bd. 1, S. 107 f.
7 So etwa in einer Reihe medizinischer Dissertationen. Vgl. besonders beredt Jacobus Battus: *De spiritibus ardentibus per abusum morborum causis, ejusdunque therapia. Oder von dem Branttwein und denen sogenannten Liqueurs, auch deren Mißbrauch als Ursache vieler Kranckheiten des menschlichen Cörpers und wie demselben abzuhelffen*. Greifswald 1733, S. 18. Battus zitiert hier den preußischen Beamten G. A. Helwing, der die Trinkgewohnheiten der masurischen Bauern beklagt – diese könnten Vorbilder der ‚Wenden' aus Hagedorns Gedicht sein. Vgl. dazu aber auch unten die Verwendung des Wortes „Moscoviter" in der Zeitschrift *Der Gesellige*: Die topische Bezeichnung für die ‚Unzivilisierten' aus dem ‚Osten' wird hier dezidiert auf heimische Branntweintrinker angewendet.
8 Die bekannteste ‚Protagonistin' der *Gin Craze* ist eine gewisse Judith Defour (vgl. dazu unten), auf deren Geschichte Hogarth in der Darstellung der Zentralfigur der *Gin Lane* Bezug nimmt.

Vier Aspekte, die in den zitierten Texten beobachtet werden können, kennzeichnen den Alkoholdiskurs um 1750 und werden im Folgenden genauer untersucht: zum ersten die Spannung zwischen dem Fokus entweder auf das trinkende Subjekt (der ‚Dichter' bei Hagedorn) oder – neu dazukommend – die Masse (Land- und Stadtbevölkerung bei Süßmilch); zweitens die Gleichzeitigkeit von älterer, topischer[9] (Enkratiten bei Hagedorn) und neuerer, empirischer bzw. statistischer (Sterbetabellen bei Süßmilch) Argumentation; drittens die gängige Einordnung übermäßigen Alkoholkonsums als moralisches Problem[10] (bei Hagedorn und Süßmilch), zu der im Laufe des achtzehnten Jahrhunderts eine Betrachtungsweise als psychische Krankheit tritt;[11] und schließlich die in Bezug auf die bisher genannten Aspekte je verschiedenen rhetorischen Strategien der Texte. All diese Kennzeichen lassen sich eher als (teilweise bis heute feststellbare) Konkurrenz oder Gleichzeitigkeit denn als ‚Wandel' im Sinne einer Ablösung des ‚Alten' durch das ‚Neue' begreifen. Sie könnten – über den Ansatz dieses Beitrags hinausgehend – als die Vorboten eines biopolitischen Diskurses gesehen werden, der im deutschsprachigen Raum vor allem am Ende des achtzehnten Jahrhunderts an Bedeutung gewinnt.[12]

---

[9] Freilich ist die hier ‚topisch' genannte (das heißt: historische Topoi des Alkoholkonsums zitierende) Argumentationsweise nicht immer mit einer positiven Wertung verbunden. Vgl. etwa den Artikel „Rausch". In: *Grosses vollständiges Universallexicon aller Wissenschaften und Künste*. 64 Bde. Hg. Johann Heinrich Zedler. Leipzig und Halle 1731–1754, Bd. 30 (1741), Sp. 1143–1147.

[10] So schreibt exemplarisch Battus in seiner medizinischen (!) Dissertation *De spiritibus ardentibus* 1733, S. 46, dass der Fehler (exzessiver Alkoholkonsum) moralischer Natur und ihm daher auch am besten durch moralische Mittel beizukommen sei („Cum [...] morale sit vitium, moralibus omnino remediis facilius obtemperat").

[11] Roy Porter: *Flesh in the Age of Reason*. New York 2004, S. 400 f., führt Thomas Trotters *Essay, medical, philosophical, and chemical, on Drunkenness, and its Effects in the Human Body*. London 1804 (ein Kommentar zu Trotters 1788 auf Latein erschienener Dissertation) als Beleg an (vgl. bei Trotter etwa S. 3 und S. 8). Auch in *An Inquiry into the Effects of Ardent Spirits upon the Human Body and Mind* des US-Gründervaters Benjamin Rush, Baltimore 1784, findet sich bereits das Konzept der Abhängigkeit („addiction"; frühere Verwendungen des Begriffs – im OED datiert der erste Eintrag von 1716 – sehen ihn eher als moralische Verfehlung). Eine vergleichbare Rolle im deutschsprachigen Raum nimmt Christoph Wilhelm Hufeland ein (*Die Kunst, das menschliche Leben zu verlängern*. Jena 1796, später u. d. T. *Makrobiotik*; ferner *Über die Vergiftung durch Branntwein*. Berlin 1802. Vgl. Hasso Spode: *Alkohol und Zivilisation. Berauschung, Ernüchterung und Tischsitten in Deutschland bis zum Beginn des 20. Jahrhunderts*. Univ. Diss. Berlin 1991, S. 106 f.).

[12] Das Potenzial einer mit Foucault'schen Begriffen, zumal dem Konzept der Gouvernementalität, analysierten Geschichte des Alkohols in den USA des neunzehnten Jahrhunderts deutet Jürgen Martschukat an: „Feste Banden lose schnüren. ‚Gouvernementalität' als analytische Perspektive auf Geschichte." In: *Zeithistorische Forschungen / Studies in Contemporary History* 3.2 (2006), S. 277–283, online: https://zeithistorische-forschungen.de/2-2006/id=4593 (24. März

Für die Jahrhundertmitte allerdings ist die Wechselwirkung medizinischer, anthropologischer und literarischer Publizistik noch kaum untersucht.[13] Die literaturwissenschaftliche Produktivität eines solchen Blickwinkels soll im Folgenden anhand einiger repräsentativer Texte erprobt werden. Aus zwei Gründen wird dabei zunächst, dem Hinweis Süßmilchs folgend, ein Blick auf die englische *Gin Craze* geworfen. Zum ersten dürfte sie im deutschsprachigen Raum nicht unbekannt gewesen sein.[14] Für den abschließend besprochenen Johann August Unzer zumal kann eine Kenntnis der Themen, die die englische Publizistik bestimmten, vorausgesetzt werden, da er nicht nur international belesen war, sondern auch bei Hamburg wohnte, das enge Beziehungen mit London unterhielt. Zweitens partizipieren die englische und die deutschsprachige Alkoholdebatte an vergleichbaren historischen Tendenzen. Zwar war London erheblich größer, das soziale Elend dort ein drängenderes Problem und zumeist richteten sich die untersuchten Texte auch primär an ein anderes Publikum – nämlich das gesetzgebende Parlament. Aber auch hier lässt sich eine Konkurrenz topischer und empirischer Argumentation feststellen; und auch hier werden rhetorische Wege erprobt, das Phänomen des Trunks am bzw. an der Einzelnen *und* als soziales Phänomen darzustellen – und gleichzeitig beide, Einzelne und Masse, zu adres-

---

2021). Die Anfänge einer solchen Geschichte wären allerdings in England um die Mitte des achtzehnten Jahrhunderts zu suchen (vgl. dazu den folgenden Abschnitt zur *Gin Craze*). Für den Hinweis danke ich Simon Schoch. – Erste Ansätze in dieser Richtung finden sich bei Spode, *Alkohol und Zivilisation* 1991, der sich aber vor allem auf die ‚Frühe Neuzeit' und die Zeit ab ‚um 1800' konzentriert.

13 Diskurshistorisch informierte Studien aus dem Bereich der Literaturwissenschaft sind schwer zu finden. Vgl. zum Folgenden vor allem das auf die Rolle des Weins fokussierte Kapitel in Steffen Martus' Dissertation (*Hagedorn* 1999, S. 489–533). Aus (sozial-)geschichtlicher Sicht vgl. etwa Spode, *Alkohol und Zivilisation* 1991 (gekürzt wiederveröffentlicht als *Die Macht der Trunkenheit. Kultur- und Sozialgeschichte des Alkohols in Deutschland*. Opladen 1993) sowie Gunther Hirschfelder: *Alkoholkonsum am Beginn des Industriezeitalters (1700–1850)*. 2 Bde., Köln 2003/2004 (mit Fokus auf Manchester [Bd. 1] und Aachen [Bd. 2]). Literaturwissenschaftlich interessant wird die Thematik des Rausches v. a. offenbar dann, wenn damit ein gegenbürgerlicher Diskurs verbunden werden kann – den deutschsprachigen Raum betreffend wird dafür meist von der Romantik ausgegangen (vgl. etwa den aber auch als expositorisch konzipierten Band von Markus Bernauer und Mirko Gemmel: *Realitätsflucht und Erkenntnissucht. Alkohol und Literatur*. Berlin 2014). Matthias Löwe hat 2020 in Jena einen noch unpublizierten Habilitationsvortrag mit dem Titel „‚Vergeßt das Trinken nicht.' Alkoholkonsum im Drama des Sturm und Drang" gehalten.
14 Im Einzelnen wäre dies noch zu ermitteln – zumal für die Erforschung der Publizistik der Branntweinpest könnte dies von Bedeutung sein. Johann David Michaelis etwa bezeichnete 1768 die in England erprobten „Mittel", „den Exceß im Brandtwein zu mindern", als „schon ziemlich bekannt" (Mittel, eine Nation vom Brandtewein zu entwöhnen. In: August Ludwig von Schlözer: *Von Rußlands Bevölkerung überhaupt; Von Unschädlichkeit der Kindsblattern oder Pocken daselbst*. Göttingen 1768. S. 161–164, Zitate 161 und 163).

sieren. Vor dem Hintergrund paradigmatischer Texte der *Gin Craze*, namentlich Thomas Wilsons *Distilled Spirituous Liquors the Bane of the Nation* (1736) sowie einem Text Henry Fieldings und einem Druck William Hogarths, lassen sich die Spezifika der deutschsprachigen Diskussion klarer konturieren – und vice versa.

Im Zentrum des dritten Abschnitts stehen Publikationen aus dem Umfeld der ‚vernünftigen Ärzte',[15] die die Propagierung der medizinischen Anthropologie seit dem ersten Drittel des achtzehnten Jahrhunderts betreiben. Ihre populären Texte charakterisiert generell die Verbindung von anthropologischem Wissen mit daran orientierten Adressierungsstrategien – etwa einer „aufgeweckten Schreibart"[16] – und eine Ausrichtung am neuen Paradigma ‚Ästhetik' sowie allgemeine literarische Versiertheit, die sich in zitierenden Bezügen etwa zur Anakreontik, aber auch einer rhetorisch anspruchsvollen Gestaltung ihrer teils sehr breit rezipierten Publikationen äußert.[17] Alkohol ist in diesem Diskurs nicht nur Gegenstand der Medizin oder Anthropologie, der Ökonomie und der Soziometrie, sondern auch der künstlerischen Darstellung – was dazu führt, dass auch die Rolle der Künste in der Wahrnehmung des Alkohols reflektiert wird.

II „Abandoned Miscreants": *Gin Craze*

Die englische *Gin Craze*[18] lässt sich recht genau datieren: Sie beginnt mit dem Regierungsantritt Wilhelms von Oranien 1689 und der steuerlichen Bevorzugung

---

[15] Vgl. grundlegend den Band „*Vernünfftige Ärzte*". *Hallesche Psychomediziner und die Anfänge der Anthropologie in der deutschsprachigen Frühaufklärung.* Hg. Carsten Zelle. Tübingen 2001.
[16] Vgl. Carsten Zelle: Dichterzitat und ‚aufgeweckte Schreibart' in der anthropologischen Fachprosa ‚Vernünftiger Ärzte' um 1740/50. In: *Sentenz in der Literatur. Perspektiven auf das 18. Jahrhundert.* Hg. Alice Stašková und Simon Zeisberg. Göttingen 2014, S. 113–132, zum Zusammenhang der von Baumgarten konzipierten Ästhetik und der „aufgeweckten Schreibart" der Hallenser Ärzte, die auch andernorts (etwa seitens der Rezensionen Albrecht von Hallers in den *Göttingischen Anzeigen von gelehrten Sachen*) Anerkennung fand.
[17] Die Untersuchung der Bedeutung des „medizinisch-theoretischen Interesses" der Anthropologie für die Dichtung des Rokoko und der Anakreontik deutete Wolfram Mauser schon 1988 an: Anakreon als Therapie 2000 [1988], Zitat S. 303. So stellt Mauser u. a. fest, dass Albrecht von Haller den anthropologisch orientierten Ärzten in ihrer Rezensionstätigkeit als medizinische Autorität galt, in ihren populären publizistischen Unternehmungen aber nur seine Gedichte zitiert wurden.
[18] Die Literatur zur *Gin Craze* ist Legion. Vgl. zum Folgenden neben den bereits zitierten Werken v. a. James Nicholls: Introduction. In: *A Bable of Bottles. Drink, Drinkers, & Drinking Places in Literature.* Hg. J. N. und Susan J. Owen. Sheffield 2000, S. 9–20; Ders.: Gin Lane Revisited: Intoxication and Society in the Gin Epidemic. In: *Journal for Cultural Research* 7/2 (2003), S. 125–146; Ders.: *The Politics of Alcohol. A History of the Drink Question in England.* Manchester 2009; Patrick

der Destillerien, deren Rohstoffbedarf den englischen Landbesitzern stabilen Absatz auch schlechten Getreides versprach – was der Krone wiederum deren Unterstützung in der unsicheren Zeit nach der *Glorious Revolution* sichern sollte. Zwischen 1690 und 1700 verdoppelte sich der Verbrauch von Gin in England nahezu; knapp 32 Liter pro Erwachsenem und Jahr hat Roy Porter als *durchschnittlichen* Konsum für den Zeitraum um 1700 ausgerechnet.[19] Das Ende der Krise wird zumeist mit dem *Sale of Spirits Act* auf das Jahr 1751 datiert. Fünf Jahre später, 1756, beschreibt William Maitland, der von Johann Peter Süßmilch zitierte Historiograph, den Höhepunkt der *Craze* im Jahr 1736:

> At this Time the drinking of Spirituous Liquors was become so excessive among the inferior Sort of People in this City and Suburbs, that many thereof not only destroyed themselves thereby, but the Constitution and Health of others were so debilitated, as to endanger the Loss of a great Part of the Human Species; besides, [...] the Morals of the Populace were debauched to such a Degree, that many of the petty Shops, or Places where those destructive Liquors were sold, were Nurseries of Whores, Thieves, Sodomites, and the most abandoned Miscreants.[20]

Der Abschnitt versammelt einige wesentliche Charakteristika der Publikationen rund um das Phänomen *Gin Craze*. So wird das Problem klar als schichtenspezifisch aufgefasst: „the Populace", wie der Kaufmann und Historiker Maitland die zu reformierende Gruppe nennt, die in Gefahr gerät, „Whores, Thieves, Sodomites, and [...] Miscreants" zu werden, heißt in anderen Publikationen ‚lower', ‚inferior' oder ‚poorer' ‚kind', ‚sort' oder ‚class of people'[21] – wobei es an Belegen nicht fehlt, dass exzessiver Konsum von Alkohol und selbst von Gin von Einkommen und sozialem Stand unabhängig war.[22] Die klassistische Sicht mag darin begründet sein, dass die (alle betreffende) Sorge um „Constitution and Health"

Dillon: *The Much-lamented Death of Madam Geneva. The Eighteenth-Century Gin Craze*. London 2002; Jessica Warner: *Craze. Gin and Debauchery in an Age of Reason*. London 2003; zuletzt, mit Bezug auf die gegenwärtige Drogenkrise der USA, Anthony Lane: The Intoxicating History of Gin. In: *The New Yorker*, 9.12.2019. Online: https://www.newyorker.com/magazine/2019/12/09/the-intoxicating-history-of-gin (31. März 2021).
19 Porter, *English Society* 1982, S. 235.
20 William Maitland u.a.: *The History and Survey of London from its Foundation to the Present Time*. Bd. 1, London ²1756 (1739), S. 567. Vgl. auch Jessica Warner: Faith in Numbers. Quantifying Gin and Sin in Eighteenth-Century England. In: *Journal of British Studies* 50.1 (2011), S. 76–99, hier S. 94.
21 Solche Zitate finden sich u.a. bei Henry Fielding: *An Enquiry into the Causes of the Late Increase of Robbers* (1751) *and related Writings*. Hg. Malvin A. Zirker. Oxford 1988, S. 54, S. 77 u.v.a.m.
22 Vgl. Porter, *Flesh in the Age of Reason* 2004, S. 34 und Dillon, *Gin-Craze* 2002, S. 13.

eher Teilaspekt einer ökonomischen Betrachtungsweise („Loss of a great Part of the Human Species") war, die neben der Aufrechterhaltung der öffentlichen Ordnung das wesentliche Anliegen der reformerischen Bewegungen darstellte. Alkoholkonsum ist in der englischen Publizistik rund um die *Gin Craze* nur dann problematisch, wenn es um die unteren Schichten geht; dann ist er das Individuum betreffend ein moralisches Problem („debauched"),[23] die Bevölkerung betreffend sowohl ein Problem der Kontrolle von Verhaltensweisen als auch eine ökonomische Streitfrage.

Maitlands Werk, das sich auf die *bills of mortality* stützt, also auf seit dem späten sechzehnten Jahrhundert in einem Teil Londons erhobene Sterbestatistiken, steht damit in der Tradition politischer Arithmetik, die später durch (Bevölkerungs-)Statistik abgelöst wurde. Wie Jessica Warner in einem minutiösen Artikel zur Funktion von Zahlen in der Diskussion um die *Gin Craze* ausführt, zeichneten sich auch einige Sozialreformer durch die Verbindung ökonomischer, fiskalischer und demographischer Daten in ihrer Argumentation aus.[24] Zu dieser Allianz aus Beamten, Ärzten und vor allem Klerikern gehörte Thomas Wilson (1703–1784), Geistlicher und Sohn eines Bischofs. Seine auf gut sechzig Seiten versammelten *Considerations* betreffend *Distilled Liquors the Bane of the Nation* wurden 1736, in dem von Maitland adressierten Krisenjahr also, auf Kosten des Parlamentariers Sir Joseph Jekyll gedruckt und dem *House of Commons* vorgelegt.[25] Sie stellen ein gewissermaßen prototypisches Zeugnis dieser zugleich sozialempirischen und sozialreformerischen Bewegung dar. In drei Abschnitten werden ökonomische, medizinische und die öffentliche Ordnung betreffende Belange abgehandelt: Auf eine volkswirtschaftliche Kalkulation (S. 1–27), die er unter Konsultation eines „worthy Gentleman" und von „some Farmers" (Zitat aus dem *Preface*, S. vi) getroffen habe, folgen medizinische Ausführungen (S. 28–61) und schließlich Berichte und *Presentments* lokaler Ordnungsinstanzen, die zusammen 21 Seiten umfassen.

Ans Ende des ersten Abschnitts, der von den ökonomischen Aspekten handelt, setzt Wilson vignettenartig ein *tableau vivant,* das von generellen Tendenzen ausgehend in eine erfundene häusliche Szenerie hineinführt:

---

[23] Die reformerischen Bestrebungen, initial etwa von Sir John Gonson und Josiah Woodward, waren entsprechend auch auf eine moralische Besserung in den entstehenden Slums, namentlich St. Giles und Middlesex, ausgelegt.
[24] Warner, Faith in Numbers 2011, hier S. 87.
[25] Die im Anschluss erlassenen Gesetze blieben aber wirkungslos. Vgl. ausführlich Nicholas Rogers: Confronting the Crime Wave: the Debate over Social Reform and Regulation, 1749–1753. In: *Stilling the Grumbling Hive. The Response to Social and Economic Problems in England, 1689–1750.* Hg. Lee Davison u. a. New York 1992, S. 77–98.

In a little Time they [the Farmers and their Servants] will forget to brew, and *good Old English Beer and Ale* be out of Fashion in a Country Farmer's House, where instead of his Table filled with chearful Children around it, you will find a *Side-Board* adorn'd with a *Tea-Pot*, and *China-Dishes*, in the Center of which stands a *Punch-Bowl*; a weak *Child* or two troubled with *nervous Disorders* in one Corner, and the *good Man* and his *Wife* in their arm'd Chairs, afflicted with the *Dropsy*, or some other *Chronical Distemper*, complaining of the *Cheapness of Corn*, and the *Badness of the Times*. (S. 25; alle Kursivierungen hier und im Folgenden i.O.)

Die Passage folgt einer Logik der Substitution. Erstens stehen die modernen Einrichtungsgegenstände metonymisch für den moralischen Fehler, der den Entwicklungen zugrunde liegt, nämlich der Hang zum Luxus seitens auch der arbeitenden Bevölkerung[26] (in der Zeit der *Gin Craze* hatte der Tee sich gerade als modisches Getränk etabliert). Suggestiv werden dabei moralische Fehler (Luxus) und volkswirtschaftlicher Niedergang *(„Cheapness of Corn", „Badness of the Times")* nebeneinander gestellt, deren direkten Zusammenhang Wilson behauptet[27] – womit er der seit Mandeville diskutierten These, dass volkswirtschaftliche Prosperität eine *Folge* egoistischen Handelns sei, widerspricht.[28] Zweitens steht die gesamte Szene *pars pro toto* für den künftigen Zustand der britischen Landwirtschaft. Obwohl Wilson sich ja, wie er eingangs erwähnt, mit Landwirten getroffen hat, verzichtet er hier auf eine sozialempirische Schilderung zugunsten einer typisierenden Darstellung des *Country Farmers* schlechthin. Für den in Westminster ansässigen Kleriker wäre auch das konkretere, von der *Gin Craze* verursachte urbane Elend in greifbarer Nähe gewesen; Mandeville etwa hatte das betreffende Milieu rhetorisch wirksam dargestellt.[29] Wilson zielt aber auch mit seiner Evidenz erzeugenden Schilderung nicht auf konkrete Darstellung der In-

---

26 In einem anschließenden Zitat aus einer Predigt des Lordbischofs von Salisbury wird beklagt, dass ein gewisser Wohlstand nun auch die Ärmeren erreicht habe und diese sich auf einmal Versuchungen ausgesetzt sähen, vor denen sie in ihrer glücklichen Armut gefeit gewesen seien (S. 26 f.).
27 Dies wiederholt er auf der folgenden Seite noch einmal, aber nun mit Blick auf die politischen Folgen: Der „*Excess*" führe zu „all the *Vices*", die schließlich in die dargestellten Krankheiten mündeten. So sei es auch den Römern ergangen: „[W]hen they lost their first *Simplicity*, and sunk into *Effeminacy* and *Luxury*, They soon became a Prey to the most barbarous *Nations*" (S. 26).
28 Er nennt Mandevilles Ausspruch, „*That Private Vices are publick Benefits*", explizit das „most unpolitick, as well as wicked Saying in the World" (S. 27).
29 Bernard Mandeville: *The Fable of the Bees, or Private Vices, Publick Benefits*. London 1705–1732, zitiert nach: *Mandeville's Fable of the Bees*. 2 Bde. Hg. Frederick Benjamin Kaye. Oxford 1924, Bd. 1, S. 89–91.

dividuen,[30] sondern auf ökonomische Zusammenhänge: Die *Country Farmers* waren die Pächter des niedrigen Landadels *(Landed Gentry)*, also derjenigen, die das *House of Commons* dominierten und von denen die Gesetzgebung abhing. Letztere waren wirtschaftlich von der Zahlungsfähigkeit ihrer Pächter abhängig. Wilsons Hauptargument ist also nicht auf die Gesundheit der Bevölkerung oder den Erhalt der öffentlichen Ordnung ausgerichtet,[31] sondern das jeweilige volkswirtschaftliche Interesse an diesen Aspekten. Der Kern seiner Argumentation ist: Trinker konsumieren weniger.

Seine auf zwanzig Seiten breit ausgeführte Berechnung geht von der Annahme aus, dass durch Gin-Missbrauch Geschwächte weniger Fleisch, Brot, Milch und Käse essen könnten und also dem *Landed Interest* aus dem Verkauf von Korn an Destillerien effektiv Verlust erwachse. Das Ergebnis sind, wie Warner zusammenfasst, „numbers that are so precise that they must be right":[32] 380.208 Pfund Sterling jährlich gingen im Gebiet, das von den *bills of mortality* erfasst wird, durch den verminderten Verkauf von Fleisch verloren, 127.750 bei anderen Viktualien. Die Basis dieser Berechnungen ist aber mehr als fragwürdig: Kann er sich beim angenommenen Verzehr eines gesunden Menschen noch auf eine medizinische Autorität (George Cheyne) berufen, so ist die Annahme, ein Trinker sei „hardly" in der Lage „to eat a penny-worth of common Food that day" (S. 14; an anderer Stelle wird ein Drittel des Verzehrs angenommen) völlig aus der Luft gegriffen. Dies trifft auch auf die Zahl der Konsument:innen zu, die im Gebiet der *bills of mortality* auf 40.000, für die Stadt auf 200.000 festgesetzt wird. Die Präzision in der Durchführung der Berechnung überdeckt die Tatsache, dass verlässliche Daten fehlen.

---

30 Auch an anderer Stelle, als von der berühmtesten Fallgeschichte der *Gin Craze* die Rede ist – nämlich dem Kindsmord von Judith Defour, vgl. unten –, wird auf die Nennung des Namens verzichtet (S. 8).
31 Obwohl der Gin die Menschen in „a drunken *ungovernable* set of People", S. 8, verwandle – eine vielfach von den Magistraten wiederholte Klage. „[G]in drinking represented excess staggering into madness", schreibt Nicholls, Gin Lane Revisited 2003, S. 129. Aus den randständigen, aber überlieferten Publikationen seitens meist anonymer Vertreter der ‚Bevölkerung' selbst (etwa anonymen Flugblättern) und aus den Berichten der Ordnungsinstanzen geht hervor, dass spontane öffentliche Leichenzüge für ‚Madam Geneva', wie der Gin genannt wurde, bewusst als Protest gegen eine als unterdrückerisch wahrgenommene Obrigkeit inszeniert wurden. Vgl. dazu Berthold Hinz: *William Hogarth,* Beer Street and Gin Lane. *Lehrtafeln zur britischen Volkswohlfahrt.* Frankfurt/M. 1984, S. 42–46. Dieser Aspekt verweist darauf, dass der Exzess eine wichtige Rolle im Protest des ‚einfachen Volks' gegen vernunftgeleitete Ordnungsbemühungen spielte – was die Glorifizierung der Trinkerfigur im neunzehnten Jahrhundert präfiguriert.
32 Warner, Faith in Numbers 2011, S. 92.

Wie Warner herausarbeitet, verfügte die Gegenseite – also die Destillerien – allerdings über noch weniger Zahlen und konnte lediglich die Fehler seitens der sozialreformerischen Berechnungen aufzählen.[33] Das Entscheidende in diesem Kontext ist der weitgehende Verzicht auf moralische Argumente zugunsten einer ökonomischen Perspektive, die sich auf die Objektivität von – notfalls erfundenen – Daten berufen kann: Preisentwicklungen, Steuereinnahmen, Exportvolumina und Konsum der Bevölkerung werden miteinander zu einer empirisch wirkenden Argumentation verrechnet; wenn nicht mehr die:der einzelne Trinkende im Fokus steht, sondern die Masse, dann wird dem moralisch begründeten Übel ‚exzessiver Alkoholkonsum' nicht mit Sittenreformen, sondern mit wirtschaftspolitischen Maßnahmen begegnet. Der Ansatzpunkt, um die Regierbarkeit der Bevölkerung wiederherzustellen, ist also auch nicht die ‚Besserung' der:des Einzelnen, sondern die fiskalische Regelung des Zugangs zur Substanz der Versuchung: Wilson plädiert für eine viel höhere Besteuerung der Destillerien.

Für eine solche Steuererhöhung optiert auch der – neben William Hogarth – prominenteste Vertreter der Reformbewegung von 1751, Henry Fielding. In seiner Schrift *An Enquiry into the Causes of the Late Increase of Robbers*[34] widmet er ein ganzes Kapitel der Trunksucht als „Consequence of Luxury among the Vulgar" (S. 84–92). Das Hauptanliegen des damals (kurzzeitig) als Magistrat tätigen Fielding ist allerdings die Wiederherstellung der öffentlichen Ordnung. In dem Kapitel argumentiert er vor allem, dass der Gin den nützlichsten Teil der Bevölkerung untauglich mache oder dezimiere. Bemerkenswert an seinem Text sind vor allem die Auslassungen. So argumentiert er ökonomisch, verzichtet aber auf ökonomische Berechnungen; er bezeichnet Gin als ein tödliches Gift, nimmt aber keine Schilderung der medizinischen Effekte vor – hier verweist er vielmehr auf Wilsons 15 Jahre vorher erschienene Abhandlung; und Schilderung konkreter Evidenz fehlt völlig. Nur in einem einzigen Nebensatz deutet er Erfahrungen aus erster Hand an, wenn er von den Armen spricht, die den Gin halbliterweise trinken, „the dreadful Effects of which I have the Misfortune every Day to see, and to smell too" – kommt von dieser Andeutung konkreter Sinnlichkeit aber mit den Worten „But I have no need to insist on my own Credit […]" sofort wieder ab (S. 89). Stattdessen evoziert er positive Gegenbilder durch Anführung großer Militärs der britischen Vergangenheit, die metonymisch für bessere Zeiten stehen (S. 90), durch eine Allusion auf Christopher Marlowe und ein Thukydides-Zitat (S. 91). Wilsons ökonomisches Argument klingt bei Fielding nur am Ende an – in der

---

33 Ebd., S. 92f.
34 Fielding, *Enquiry* 1988 (1751), S. 61–173.

ironisch zugespitzten Form, dass, wenn man jetzt nicht gegen das Trinken vorgehe, es in zwanzig Jahren keine Trinker mehr gebe (S. 92).

Wenn Fielding – wie Wilson vor ihm – sein Augenmerk ebenfalls auf die Masse („the vulgar'), nicht die:den Einzelne:n richtet und die Trunksucht als moralischen Fehler betrachtet („luxury') und auch er die Legislative als Lösung des Problems sieht, so zeichnet sich sein Pamphlet durch dezidierten Empirieverzicht aus: Sein ironischer Tonfall, seine rhetorische Konzinnität sind Elemente einer Adressierungsstrategie, die wie Wilsons Kalkulationen auf die Vertreter der Oberschicht als gesetzgeberischer Instanz abzielt.[35] Dazu gehört auch sein Verzicht auf Originalität und Engagement bezüglich der Frage, wie soziale Reformen gestaltet und umgesetzt werden könnten;[36] beide sind – im Vergleich zu den erprobten Standpunkten, die er aus der Debatte übernimmt – keine guten Argumente vor den Mitgliedern des Parlaments.

Gewissermaßen das Gegenbild zu Fieldings konzilianter Herangehensweise stellt William Hogarths Diptychon *Beer Street* und *Gin Lane* dar, das zur graphischen Ikone der *Gin Craze* avancierte. Publiziert wurde es, wie Fieldings Schrift, Anfang 1751, unmittelbar bevor das Parlament den *Gin Act* beschloss.[37] Hogarth stellt ein positives Bild des Genusses von – wie Wilson geschrieben hatte – „good Old English Beer and Ale" gegen ein negatives des Ginkonsums; dort, in der *Beer Street*, feste Gebäude, wohlgenährte Handwerker und Marktfrauen, allgemeine Fröhlichkeit; hier, in der *Gin Lane*, zusammenbrechende Fassaden, Selbstmörder, Massengräber, ein florierender Pfandleiher und als beherrschende Figur die betrunkene Mutter, deren Kind in den Tod stürzt – eine Anspielung auf den berüchtigten Fall der Kindsmörderin Judith Defour, die ihr Kind getötet und seine Kleidung für Gin versetzt hatte. Die *Gin Lane*-Grafik ist vor allem durch eines

---

35 Vgl. Ronald Paulson: *The Life of Henry Fielding. A Critical Biography.* Oxford 2000, S. 273.
36 Malvin Zirker kreidet ihm dies in *Fielding's Social Pamphlets.* Berkeley 1966 an, inklusive einer Kritik des bis dahin (und noch lange danach) dominanten Fielding-Bildes. Nach Zirkers (über-)kritischer Kommentarleistung ist die geradezu enthusiastische Haltung Paulsons (Ronald Paulson: *The Life of Henry Fielding* 2000, z. B. S. 266) gegenüber dessen reformerischen ‚Leistungen' überraschend.
37 Paulson, *Hogarth Vol. III: Art and Politics, 1750–1764.* Cambridge 1993, S. 29, wiederholt den Gemeinplatz der älteren Forschung, dass der *Gin Act* der „happy effect of Fielding's and Hogarth's campaign" gewesen sei. Malvin Zirker (*Fielding's Social Pamphlets* 1966, S. 53) führt bereits überzeugende Gründe gegen die tatsächliche Bedeutung Fieldings an und weist darauf hin, dass sowohl er als auch die Gesetzgeber von bereits Konvention gewordenen Positionen beeinflusst waren. Peter Jan de Voogds geht in seiner Dissertation auf Differenzen zwischen Fielding und Hogarth ein, die dafür sprächen, dass nicht von einer gemeinsamen Kampagne ausgegangen werden könne (*Fielding and William Hogarth. The Correspondence of the Arts.* Amsterdam 1981, S. 49).

geprägt: Drastik. Wo Judith Defour bei Fielding und Wilson gar nicht oder nur in einem kurzen Satz vorkommt, beherrscht die zentrale Gruppe aus Mutter und zu Tode stürzendem Kind hier die Szene. Das Ziel ist klar: Erziehung.[38] „As the Subjects of these prints", so bewarb Hogarth das Werk, „are calculated to reform some reigning Vices peculiar to the lower Class of People, in hopes to render them of more extensive use, the Author has publish'd them in the cheapest manner possible", für einen Schilling nämlich.[39]

Der Unterschied zur anakreontischen Weinpoesie ist evident. Auch bei Wilson, Fielding und Hogarth gibt es Topoi des guten, gemäßigten Trunks, die hier aber nicht auf aufgeklärte Subjekte, sondern auf ‚altenglische Sitten' verweisen. Zudem sind sie in einen Kontext eingebunden, der Medien als Teilhaber an der Bewältigung eines sozialen Problems sieht. Nur bei Fielding nehmen die Topoi eine zentrale Funktion ein. Sie sollen zu einer Lösung ‚von oben' beitragen, indem sie die Oberschicht – und hier zumal die gesetzgebenden Parlamentarier – auf rhetorisch gefällige Weise ansprechen. Auch Wilson hatte 1736 auf Drastik und Direktheit verzichtet; bei ihm war das Phänomen ‚Masse' per *political arithmetic* in statistische Berechnungen umgesetzt worden, eine argumentationstechnisch zukunftsweisende Strategie, die allein daran krankte, dass ihm verlässliche Zahlen fehlten.[40] Auch seine Schrift zielt auf die soziale und wirtschaftliche Oberschicht und zumal die Vertreter der Legislative. William Hogarth dagegen setzte auf Reform ‚von unten': Die schrecklichen gesundheitlichen Folgen des Ginkonsums werden bei ihm durch zwar schulgerecht komponierte, aber schockierend das Elend schildernde Darstellung evident – und Alkohol als Massenproblem schlägt sich sowohl in der Ausgestaltung des Motivs wie auch in der Distribution des Doppeldrucks nieder. Freilich ist auch bei ihm nicht von psychisch bedingter Alkoholkrankheit die Rede, sondern von Lastern: Das moralische Bild soll die „reigning *Vices*" korrigieren.

---

38 Eine umfassende Analyse liefert Hinz, *Lehrtafeln zur britischen Volkswohlfahrt* 1984; dort auch Hinweise zu akademischen Anspielungen, etwa auf die Aurora Michelangelos (S. 57–59).
39 Zitiert bei Paulson, *Hogarth* 1993, S. 17.
40 Warner, Faith in Numbers 2011, S. 91.

III *Gedanken vom Saufen:* Diätetik in Deutschland

Im deutschsprachigen Raum entsteht eine der Reformbewegung um die *Gin Craze* vergleichbare Publizistik erst im neunzehnten Jahrhundert, als die ‚Branntweinpest' als Problem erkannt wurde. Im Verlauf des achtzehnten Jahrhunderts ist als generelle Tendenz eine Moderation des (öffentlichen) Alkoholkonsums seitens der Oberschicht festzustellen. Hasso Spode führt dies auf das sich langsam etablierende Bestreben zurück, die Funktionalität des eigenen Körpers für das Geschäftsleben zu erhalten. An die Stelle des öffentlichen Bier- oder Wein-Rausches trete im achtzehnten Jahrhundert einerseits der nüchterne Rausch des Kaffees, andererseits der schnelle, individualisierte Rausch des Schnaps- und Likör-Trinkens – dessen Dosierung nun mehr denn je Privatsache geworden sei: „Der Exzeß ist nun verpönt, die Dosierung der Droge Alkohol wird zu einer schwierigen Gratwanderung". (Hagedorns eingangs zitiertes Gedicht sowie seine Biographie legen von beiden Aspekten, der Bemühung um kulturelle Verfeinerung und den Schwierigkeiten bei der Einhegung des privaten Konsums, beredtes Zeugnis ab.) Daneben blieben, so Spode weiter, „die Exzesse des Pöbels" bestehen: „Erst vor dem klaren Hintergrund der Nüchternheit hebt die Trunkenheit sich scharf ab. Ihr Anblick ängstigt den Nüchternen. Er fürchtet sowohl die Unvernunft draußen, auf den Straßen und Plätzen, als auch die Unvernunft in sich selbst, die er so mühsam unter Kontrolle gebracht hat."[41]

Eine „kopernikanische Wende" im Alkoholdiskurs deute sich mit der Klassifizierung der Alkoholsucht nicht mehr als Sünde, sondern als Krankheit an, für die Spode im deutschen Sprachraum neben Lavater vor allem Hufelands *Makrobiotik*, die um die Wende zum neunzehnten Jahrhundert in verschiedenen Auflagen erschien, als frühestes Zeugnis anführt.[42] Hufeland setzt einen diätetischen Diskurs der ‚Wissenschaft vom ganzen Menschen' fort, die erst ab dem letzten Drittel des Jahrhunderts unter dem Namen ‚Anthropologie' popularisiert wurde.[43] Für die wenig untersuchte Vorgeschichte dieses Wandels spielen die

---

41 Spode, *Alkohol und Zivilisation* 1991, S. 92–106, Zitate S. 89 und 91.
42 Ebd., S. 106–109, Zitat S. 109.
43 Vorher war der Begriff für die physiologische Erforschung des Menschen reserviert. Mit Platners *Anthropologie für Ärzte und Weltweise* (1772) wurde er zur Bezeichnung für die um 1740 beginnende ‚Wissenschaft vom ganzen Menschen'. Vgl. dazu Carsten Zelle: Erfahrung, Ästhetik und mittleres Maß. Die Stellung von Unzer, Krüger und E. A. Nicolai in der anthropologischen Wende um 1750 (mit einem Exkurs über ein Lehrgedichtfragment Moses Mendelssohns). In: *Reiz – Imagination – Aufmerksamkeit. Erregung und Steuerung von Einbildungskraft im klassischen Zeit-*

,vernünftigen Ärzte' eine wichtige Rolle: eine publizistisch erfolgreiche Gruppierung von Medizinern vor allem aus dem zweiten Drittel des Jahrhunderts, die von Halle ausgehend die ,Wissenschaft vom ganzen Menschen' wirkmächtig popularisierten.

Diese Ärzte zeichneten sich durch die Ablehnung der cartesianischen Substanzentrennung, die Theorie einer wechselseitigen Beeinflussung von Seele und Körper und die Berufung auf das Prinzip der Empirie aus. Vor allem aber ist der disziplinenübergreifende Ansatz von Bedeutung, innerhalb dessen die *res cogitans* nicht mehr exklusiv als Gegenstand der Philosophie und die *res extensa*, strikt von ihr getrennt, als physiologischer Gegenstand betrachtet wird. Indem die Beobachtung, dass körperliche Zustände nicht unabhängig von seelischen bestehen und umgekehrt, zum erkenntnisleitenden Prinzip erhoben wird, kommt auch der – von Baumgarten ebenfalls in Halle begründeten – neuen Disziplin ,Ästhetik', der Philosophie der Sinnlichkeit, eine bedeutende Rolle zu. Nicht zufällig werden bei den ,philosophischen Ärzten' die ,unteren' Seelenkräfte fokussiert, und der Leitung der Einbildungskraft wird eine zentrale Funktion innerhalb der Therapeutik zugesprochen.[44]

Dieses Gebiet ist in den letzten Jahrzehnten breit erforscht worden, wobei eine Aufarbeitung der vielfältigen Publizistik der ,vernünftigen Ärzte' vor dem Hintergrund ihres Programms noch am Anfang steht.[45] Wolfram Mauser hat bereits 1988 auf die Bedeutung der Medizin und Diätetik der Jahrhundertmitte für das Verständnis der Rokoko- und anakreontischen Lyrik hingewiesen.[46] Hier soll nun umgekehrt nach der Poetik diskursiver Texte innerhalb der ,anakreontischen Aufklärung'[47] gefragt werden. Die enge Verbundenheit zwischen anakreontischer Lyrik und medizinischer Publizistik der Frühanthropologie illustriert etwa die Tatsache, dass in den Zeitschriften Johann August Unzers, des vielleicht öffentlichkeitswirksamsten Arztes seiner Zeit, in mindestens zwölf Aufsätzen zum

---

alter (1680–1830). Hg. Jörn Steigerwald und Daniela Watzke. Würzburg 2003, S. 203–224; ders., „Vernünftige Ärzte". Hallesche Psychomediziner und Ästhetiker in der anthropologischen Wende der Frühaufklärung. In: *Innovation und Transfer. Naturwissenschaften, Anthropologie und Literatur im 18. Jahrhundert*. Hg. Walter Schmitz und C. Z. Dresden 2004, S. 47–62.
44 Vgl. dazu etwa Zelle: Erfahrung, Ästhetik und mittleres Maß 2003, S. 210–216.
45 Während vor allem Krügers Werk einige Aufmerksamkeit erfahren hat, stehen Stahl, Hoffmann, Nicolai und Unzer seltener im Fokus. Die bedeutendste Publikation zu Unzer hat Matthias Reiber vorgelegt: *Anatomie eines Bestsellers. Johann August Unzers Wochenschrift Der Arzt (1759–1764)*. Göttingen 1999.
46 Anakreon als Therapie 2000 [1988], S. 301–329.
47 Vgl. *Anakreontische Aufklärung*. Hg. Manfred Beetz und Hans-Joachim Kertscher. Tübingen 2005. Zu den Ansätzen der Forschung darin M. B.: Anakreontik und Rokoko im Bezugsfeld der Aufklärung – Eine Forschungsbilanz, S. 1–17.

Thema Alkohol zwischen 1753 und 1764 zahlreiche Gedichte von Hagedorn zitiert wurden – darunter auch das eingangs erwähnte Gedicht *An die heutigen Encratiten*. Zuerst begegnet man ihm aber in einem 1751 in Halle erschienen Hauptwerk der Frühanthropologie, Johann Gottlob Krügers *Diät oder Lebensordnung*[48] – allerdings mit signifikanten Änderungen:

> Zu altdeutsch trinken, taumelnd küssen, / Ist höchstens nur der Wenden Lust. / Wie Kluge zu genießen wissen, / Das bleibt dem Pöbel unbewußt. / Dem Pöbel, der in Gift verkehrt, / Was unserm Leben Stärkung bringt: / Und der das Glas zu ofte leeret, / Das Hofmann uns beschreibt, und Hagedorn besingt. (S. 282)

Ein Vergleich mit der Originalversion ergibt vor allem zwei Änderungen in den letzten beiden Versen: Hagedorns „Dichter" ist hier „Hagedorn" selbst; ihm wird zudem Friedrich Hoffmann (1660–1742) zugesellt, Arzt und Weinkenner.[49] Die zweite Änderung, von „die Becher wirklich" zu „das Glas zu ofte" im vorletzten Vers, kupiert zwar Hagedorns Pointe – die Parallelisierung der Unfähigkeit, Dichter und lyrisches Ich zu unterscheiden mit der Unfähigkeit, Maß zu halten –, sie bringt aber dessen Kultivierungsforderung in Einklang mit der Mittelweg-Maxime Krügers: „Ich kan also den vernünftigen Gebrauch des Branteweins eben so wenig tadeln, als ich es billigen werde, wenn man sich darinne toll und voll säuft" (S. 296), heißt es programmatisch am Ende der Passage über den Alkohol.[50]

In ähnlicher Art und Weise äußern sich auch andere zeitgenössische Medien. Die ebenfalls in Halle angesiedelte Wochenschrift *Der Gesellige* von Samuel Gotthold Lange und Georg Friedrich Meier hatte sich der „Kunst zu trinken" bereits 1743 gewidmet. Hier werden genaue Anweisungen gegeben, bis zu welchem Grad Trunkenheit zulässig und der Geselligkeit förderlich sei („Die des Abends trinken, müssen im Stande seyn, bey finstrer Nacht ohne Laterne nach Hause

---

[48] Krüger, *Diät* 1751; für den Hinweis auf diesen Text danke ich Carsten Zelle. Die Passage zum Alkohol findet sich dort im Rahmen des Kapitels „Essen und Trinken" (S. 130–367). Bier, Wein und Branntwein werden allerdings, entsprechend ihrer Omnipräsenz im Alltag, an vielen anderen Stellen erwähnt (exemplarisch S. 42, 49, 68, 75). – Zur Bedeutung der Hagedorn-Rezeption in Hamburg, Zürich, Halle und Leipzig vgl. Christoph Perels: *Studien zur Aufnahme und Kritik der Rokokolyrik zwischen 1740 und 1760*. Göttingen 1974.
[49] Hoffmann ist einer der großen Vertreter der Frühanthropologie in Halle. Er hatte eine vergleichende Beschreibung internationaler Weine verfasst, die zum medizinischen Gemeinplatz avancierte. Krüger rückte vor dem hier zitierten Abschnitt zwanzig Seiten daraus in seine *Diät* ein.
[50] Bereits zu Beginn des Abschnitts hatte Krüger ein weinseliges Gedicht von Gleim mit einer die Abstinenz preisenden Passage aus Hallers *Alpen* konfrontiert (S. 247 f.), um anschließend selbst die ‚Mittelstraße' einzuschlagen. Zur Metriopathie vgl. auch den Beitrag von Carsten Zelle in diesem Band.

zu gehen, und im Gehen noch die Sterne zählen können"), und die „*Moscoviter*" genannten „Brandteweinsbrüder" – dezidiert keine Russen, sondern eben Schnapstrinker – seien aus dieser Gesellschaft auszuschließen. Denkfähigkeit, Witz und gemäßigter Trunk werden enggeführt und als Praktiken der Geselligkeit, die „von den Zinnen der Schlösser bis zu den Dorfhütten" betrieben wird, verteidigt.[51]

Die Leser:innenschaft solcher Texte dürfte freilich eher in Bürgerhäusern anzutreffen sein. Die sie ansprechende Literatur bedient das Bedürfnis der (Selbst-)Kultivierung des Subjekts – als medizinisches *(Diät oder Lebensordnung)* oder gesellschaftliches *(Der Gesellige)* Wesen aufgefasst. Vor dem Hintergrund der Publikationen um die englische *Gin Craze* wird deutlich, dass ein sozialreformerischer Impuls in der anthropologischen Publizistik allenfalls als sekundärer Effekt zur Sprache kam: Zentral war die Perspektive auf das Individuum, von seiner Kultivierung ausgehend sollte das gesellschaftliche Zusammenleben verfeinert werden.

Umso bemerkenswerter ist ein Text aus diesem Umkreis, der 1758 unter dem markanten Titel *Gedanken vom Saufen, und dessen Schädlichkeit*[52] in der moralischen Wochenschrift *Der physikalische und ökonomische Patriot* (1756–1758) erschien: Hier ist nicht die Rede von Mittelweg und gemäßigtem Trinken, es werden vielmehr die physischen Konsequenzen des Alkoholkonsums illustriert – und auch in stilistischer Hinsicht steht der Text der Exzessivität der von ihm angesprochenen Säufer in nichts nach.

Der Herausgeber und nahezu alleinige Beiträger der Zeitschrift, Johann August Unzer (1727–1799), hatte in Halle – u.a. bei Krüger – studiert und lebte seit 1750 im (damals dänischen) Altona bei Hamburg. Mit *Der Arzt. Eine medizinische Wochenschrift* (1759–1764) sollte ihm ein erheblicher publizistischer Erfolg beschieden sein, dem er es verdankte, zumindest von den Zeitgenossen gemeinsam mit Haller und Zimmermann zu den bedeutendsten deutschsprachigen Ärzten des Jahrhunderts gerechnet zu werden.[53]

---

51 Anonym: Von der Kunst zu trinken. In: *Der Gesellige*. Bd. 1, 2. Teil, 77. St., Halle 1743, S. 437–448, Zitate S. 445, 446 und 437. Zur *conviviality* vgl. auch Porter, *Flesh in the Age of Reason* 2004, S. 399.
52 Anonym [vermutlich Johann August Unzer]: Gedanken vom Saufen, und dessen Schädlichkeit, Beschluß der Gedancken vom Saufen, und dessen Schädlichkeit. In: *Der physikalische und ökonomische Patriot. Oder Bemerkungen und Nachrichten aus der Naturhistorie, der allgemeinen Haushaltungskunst und der Handlungswissenschaft* 3/1758, 38. und 39. Stück, S. 296–302 und 303–309.
53 Vgl. Reiber, *Anatomie eines Bestsellers* 1999, S. 14, der sich hier auf ein Zeugnis Goethes beruft. Vgl. auch ebd., S. 257.

Der Text besteht aus zwei Argumenten gegen den Alkoholkonsum, nämlich: Er mache den Menschen unfähig, andere Lüste zu empfinden, und: Er mache den Menschen krank und verkürze sein Leben. Vorangestellt ist eine konventionelle Verteidigung der (vernunftgemäßen) Lust, ferner finden sich Absätze zur Definition der Säufer:innen, zur prinzipiellen Wirkungsgleichheit aller alkoholischen Getränke (in Abgrenzung zu den meisten medizinischen Publikationen), zur Wirkung des Alkohols auf Gefäße und Nerven sowie ein Exkurs zur anakreontischen Lyrik. Was den Text aus der Masse vergleichbarer Publikationen hervorhebt, ist erstens seine Strenge, seine Skepsis bezüglich der noch bei Krüger propagierten ‚Mittelstraße' und zweitens seine rhetorische Drastik, die auch in der programmatischen „aufgeweckten" Prosa der Hallensischen Gelehrten[54] so nicht praktiziert wurde. Wie ich im Folgenden zeigen möchte, resultiert diese Änderung des Tonfalls daraus, dass hier nicht mehr die einzelne Trinkerin oder der einzelne Trinker, sondern die Masse der Säufer:innen in den Blick kommt. In der Definition der Säufer:innen heißt es:

> Ich kenne einen ansehnlichen Gelehrten, der ein starker Säufer ist; aber der seinen Freunden nichts mehr bekennet, als daß er wol ein Glas Wein möge. Ich kenne einen Prälaten, der mir gesagt hat, er pflege sich zuweilen eines guten Liqueurs zu bedienen. Ich kenne eine Dame, die zu sagen pflegt, sie nehme oft etwas für die Ueblichkeit. Ein gewisser vornehmer Kaufmann sagte mir einstmals, er wäre ein Liebhaber von einem Schlückgen; ein General, er trinke wol zuweilen ein wenig über den Durst. Ein einziger Schneider hat mir einst gestanden, er versündige sich zuweilen durch den Trunk; und ein Karrenschieber, er sey dem Soffe ergeben [...] mit dieser trefflichen Gesellschaft will ich itzt ein Wort reden. (S. 298)

Diese ostentativ-asyndetische Reihung,[55] die nur das Patriziat nicht erwähnt, zielt vor allem darauf ab, zu entdifferenzieren: Die höheren wie die niederen sozialen Ränge sind vor der Medizin gleich.[56] Ein ähnliches probabilistisches Modell der Leser:innenschaft deutet sich in der Formulierung an, der Verfasser habe die Trunksucht „auf eine solche Weise zu tadeln" versucht, „daß *viele* [...] davon

---

54 Vgl. dazu Zelle, Dichterzitat und „aufgeweckte Schreibart" 2014.
55 Eine solche Art der Aufzählung, die semantische Gliederungen zugunsten einer affektiven Häufung der Kola aufgibt und deren Pointe durch die Variation der Satzstruktur im letzten Glied, hier eine Ellipse, zustande kommt, wendet Unzer noch mehrfach an: etwa in der Nennung der Phänomene des gesundheitlichen Niedergangs (305 f.; die Pointe ist hier der Wechsel des Subjekts) und der Phänomene der Reue (S. 306; Einschub eines zweiten Subjekts). Es handelt sich dabei freilich nicht um das subtilste Stilmittel, das die Redekunst zur Verfügung stellt, zumal, wenn es mehrfach und augenfällig in einem Text (nicht etwa einer Rede) angewendet wird.
56 Dieselbe Strategie verfolgt auch der Abschnitt über die verschiedenen Getränke („Man könnte hier einige Unterscheidungen machen, die aber das Wesentliche der Wirkungen nicht verändern"; S. 304).

abgeschreckt werden können" (S. 298, Herv. PW). Bei aller Konkretheit und Plastik des Stils ist die Leser:innenschaft hier anonymisiert: Wenn ein Problem thematisiert wird, das alle betrifft, geht es nicht mehr darum, die *Einzelne* oder den *Einzelnen* als Teil einer Sozietät anzusprechen, zu der der Arzt selbst gehört, sondern möglichst *viele* aus einer Masse anzusprechen, welcher der Arzt gegenübersteht.

Aus dieser Perspektive schreibt sich auch die Lizenz zu Verstößen gegen das *decorum* her – etwa in der Wahl des Titelworts („Saufen"), aber auch in der Beschreibung der Folgen des regelmäßigen Alkoholkonsums. Einige Ausschnitte: „Was ist es also wol Wunder, wenn unser ganzer Leib hinfällig und elend wird, wenn seine Kräfte wie ein Dampf verrauchen, wenn sein Fleisch an den Gebeinen vertrocknet, und das Mark in den Röhren verwelkt" (S. 305); „Verdorrete Schenkel auf wassersüchtigen Beinen, dicke glänzende Bäuche, wie Trommeln gespannt, unter den Leitern der Rippen an der asthmatischen Brust, und ein hippokratisches Gesicht oben auf der Spitze einer lebendigen Leiche, aus der eine agonisirende Seele hervorblickt" (S. 306); „[…] der elende langsame Tod, den ich beschrieben habe, der ist es warlich! der ist das Ende des Säufers" (S. 309). – Dies ist eine Drastik, die keine Distanzierung vorsieht. Die Direktheit und gleichzeitige Wohlgeformtheit einer solchen Rhetorik ist allenfalls den darstellerischen Mitteln, die Hogarth für die *Gin Lane* verwendet hatte, zu vergleichen – mit dem Unterschied, dass Unzer keine Unterscheidung in Bezug auf die Schädlichkeit verschiedener Alkoholika vornimmt: Auch Bier macht krank.

Die Herleitung dieser Symptome, die Unzer so eindringlich illustriert, ist dabei streng empirisch – das Anschauungsmaterial stammt aus der Praxis des Arztes, und die physiologischen Ursachen der Krankheitsbilder werden in der Analyse der Wirkung des Alkohols auf Gefäße, Nerven und Blutkreislauf geschildert.[57] Bemerkenswert ist aber auch eine gewisse psychologische Empirie: Zwar ist Trunksucht ein moralisches „Laster" (S. 298), der Arzt hat aber auch „Mitleiden und Erbarmen" mit dem „Opfer" der „Wollüste", deren Macht er selbst kennt (S. 306; vgl. auch S. 309); und er beschreibt den Weg vom einmaligen Exzess im Alkohol zum zweiten Betrinken „nicht aus Vergnügen, sondern zur Cur" (S. 301) bis hin zur vollendeten Sucht. Es scheint hier der Blick auf die Masse der Trinker:innen zumindest in Ansätzen eine Sichtweise zu begünstigen, die die:den

---

[57] Hier ist der Text – auch im Vergleich mit anderen Schriften zur selben Thematik in Unzers Zeitschriften – auf der Höhe der Zeit, etwa Hallers berühmter Beschreibung des Blutkreislaufes in den *Elementa physiologiae corporis humani*. Vgl. als weitere Texte etwa Gedanken vom Rausche. In: *Der physikalische und ökonomische Patriot.* 2/1757, 1. Stück, S. 3–8 sowie Vortheile der Nüchternheit. In: *Der Arzt. Eine medizinische Wochenschrift, Erster Theil.* Hamburg ²1760 [1759], S. 209–220.

Einzelne:n nicht mehr als Täter:in sieht, sondern als Opfer, und die Grenze von moralischer Verfehlung und psychologischer Beschreibung verwischt; und die deshalb auch nicht, wie bisher, „Sittenlehre" als Ausweg sieht, sondern empirische „Beweise", die „jeden Säufer überzeugen" können (S. 299), vor Augen stellen möchte.

Diese Ansprache eines nicht als individuell, sondern zahlreich aufgefassten Publikums bestimmt auch den Abschnitt über die anakreontische Dichtung – immerhin erscheint die Zeitschrift in der Heimatstadt des (vier Jahre zuvor verstorbenen) Friedrich von Hagedorn. Neben Haller, Gleim und dem vierfach angeführten Horaz kommt auch die schon von Krüger zitierte Stelle aus dessen *An die heutigen Encratiten* zur Sprache:

> Zu altdeutsch trinken, taumelnd küssen, / Ist höchstens nur der Wenden Lust. / Wie Kluge zu genießen wissen, / Das bleibt dem Pöbel unbewußt; / Dem Pöbel, der in Gift verkehret, / Was andern Leuten Stärkung bringt: / Und der die Gläser wirklich leeret, / Wovon der Dichter doch nur singt. (S. 307)

Die beiden markanten Änderungen, die Krüger vorgenommen hatte, sind hier nicht anzutreffen. Dafür verändert Unzer den drittletzten Vers – „was *unserm Leben* Stärkung bringt" heißt hier „was *andern Leuten* Stärkung bringt". Bei Hagedorn (in seiner und in Krügers Version) gab es eine dreistellige ‚Personenkonstellation': die lustfeindlichen Enkratiten, die gemäßigte Sozietät der Trinker – zu der sich der Dichter zählt – sowie die saufenden ‚Wenden'. In Unzers Version ist die Konstellation zwar ebenfalls dreistellig, aber auf zwei Ebenen verteilt: Es gibt den Pöbel und die ‚andern Leute', die Klugen – und eine Sprechinstanz, die aber nicht Teil der beiden Parteien ist. Statt an einer Sozietät bereits zu partizipieren und diese durch seine Lyrik zu konstituieren, wird der Verfasser (dessen Identität mit dem ‚Dichter' zudem grammatisch verunklart wird) zur anonymen Instanz; er spricht von außerhalb über den Wirklichkeitsstatus der Dichtung – in struktureller Parallele zum Blick des schreibenden Arztes.

Indem er den Dichter ganz aus der Reihe der Trinker herausnimmt, verstärkt Unzer Hagedorns Pointe, dass der ‚Pöbel', der die Intention des Gedichts nicht kennt, auch das rechte Maß im Alkoholkonsum nicht bestimmen könne. Denn laut Unzer seien genau diejenigen „Leser [...], die ohnedem zum Trunke geneigt sind, und die gewöhnliche Dürftigkeit und Enthaltsamkeit der Dichter nicht kennen" (S. 307), für den Fehlschluss anfällig, die anakreontische Ode als diätetische Anweisung misszuverstehen.[58] Daher sei ein „freyer Dichter der schäd-

---

58 Denselben Fehler begingen, so Unzer, übrigens diejenigen, die deshalb anakreontische Lyrik

lichste Mensch für diesen gewiß! großen Theil seiner Leser" (S. 308). Die Formulierung „großen Theil" deutet wieder auf eine statistische Leser:innenschaft hin: Der Dichter schreibt nicht nur für eine bereits bestehende Gemeinschaft, an der er selbst Teil hat – er steht vielmehr einer ihm unbekannten Gruppe gegenüber, einer anonymen Masse, die ihn nicht kennt und auf deren Aufgeklärtheit und Fähigkeit, seine Dichtung richtig zu verstehen, er sich nicht verlassen kann. Es ist diese anthropologische Defizienz, von der die Mehrheit des Publikums betroffen ist, aus der sich Unzers rhetorische Praxis herleitet. Die *Gedanken vom Saufen* können aus dieser Perspektive geradezu als volksaufklärerisch-rhetorisches Präventivum gegen die Anakreontik gelesen werden.

Wenn Unzer also nicht mehr vom Einzelnen, sondern der Masse als Gegenstand seiner Abhandlung ausgeht, wenn er daher auf topisches Lob des Trunkes verzichtet und stattdessen empirisch die Folgen der Trunksucht beschreibt und seinen Text in der Konsequenz didaktisch-drastisch konzipiert, nähert er sich – ohne Bevölkerungsstatistiken à la Süßmilch anzuführen – einer Konzeption der Bevölkerung, die auf durchschnittlichen Individuen basiert und die sich in den Propositionen, aber mehr noch der Rhetorik seines Textes abgebildet findet. Ausgehend vom medizinischen, anthropologischen und ästhetischen Wissen der Hallenser Ärzte schreibt er nun nicht mehr nur für und über den ‚ganzen Menschen', sondern für und über die ganze Bevölkerung – und deren Gewohnheiten können allenfalls plastischer und eindringlicher Stil entgegenwirken. In dieser Hinsicht ist der Text wie gesagt am ehesten dem Darstellungsprinzip aus Hogarths *Gin Lane* zu vergleichen.

Dazu passt allerdings nicht völlig, dass er in einer Stadt, deren bekanntester Dichter der reiche Patrizier Barthold Heinrich Brockes gewesen war, von der ‚allgemeinen Dürftigkeit der Dichter' spricht – und dies ausgerechnet im Zusammenhang mit Hagedorn. Unzer lebte seit 1750 in Altona bei Hamburg; Hagedorn starb 1754 in Hamburg; 1758 veröffentlichte Unzer ebendort die *Gedanken vom Saufen*. Er selbst dürfte, wie sein lokales Publikum, von Hagedorns Lebenswandel gut unterrichtet gewesen sein.[59] Wenn die *Gedanken* also auch explizit von einem ‚durchschnittlichen' Publikum ausgehen mögen, eröffnet er doch wieder –

---

für verwerflich hielten – die beiden Extreme, die bei Hagedorn gute und schlechte Trinker:innen repräsentierten, stellen hier gute und schlechte Leser:innen dar.

59 Vgl. Martus, *Hagedorn – Konstellationen der Aufklärung* 1999, S. 492. – Albrecht von Haller schrieb in einem posthum veröffentlichten Aufsatz, dass Hagedorn „von einem fröhlichen Gemüthe" war und „ein Glas Wein [trank]", worin er sogar den prinzipiellen Unterschied zwischen seiner und Hagedorns Dichtung begründet sieht. Albrecht von Haller: Hagedorn und Haller gegen einander verglichen. In: Albrecht von Haller: *Tagebuch seiner Beobachtungen über Schriftsteller und über sich selbst*. Hg. Johann Georg Heinzmann. Bd. 2, Bern 1787, S. 118–133, hier S. 124.

implizit – für eine bestimmte soziale Gruppe eine zweite Ebene, eine Möglichkeit der Distanzierung gegenüber der drastischen Rhetorik des Textes. Ob dies die Ernsthaftigkeit des Anliegens beeinträchtigt, müssen dann diese Leser:innen jeweils entscheiden – sie zählen immerhin nicht zum „gewiß! großen Theil" des Publikums, das anakreontische Oden missverstehen könnte; aber von den Konsequenzen des Saufens sind sie, bei aller Zweideutigkeit der Passage über die Dichtung, nicht ausgenommen. Fielding etwa hatte auf die Ekel evozierende Schilderung von Sinneseindrücken *expressis verbis* verzichtet („But I have no need to insist on my own Credit"), was Teil einer rhetorischen Strategie war, ‚auf Augenhöhe' mit seinem gebildeten Publikum über die ‚miscreants' zu kommunizieren; Unzer dagegen zielt kaum auf eine vollständige ironische Distanzierung auf Leser:innenseite ab – zu nachdrücklich ist die Darstellung des körperlichen Verfalls als Resultat des exzessiven Trinkens durch eindringlichen, plastischen Stil.

Im englisch- und deutschsprachigen Alkoholdiskurs konkurrieren also die beiden ‚Blickwinkel' der auf Topoi rekurrierenden Literarizität und der (in medizinischer, psychologischer, statistischer Hinsicht) empirischen Betrachtungsweise. Die These dieses Beitrags war, dass die topische (mehrheitlich alkoholfreundliche) Sicht durch die Verschiebung des Blickwinkels vom Einzelnen auf die Gesellschaft an Bedeutung verliert, dass an den Anfängen einer biopolitischen Agenda empirische Argumentationen an Bedeutung gewinnen und z. B. die topische Anakreontik nur noch illustrativen Charakter hat – bzw. der eigenen Argumentation angepasst wird. Anders ausgedrückt: Wo statt der einzelnen Trinkerin oder des einzelnen Trinkers der Einfluss des Alkohols auf die Gesellschaft fokussiert wird, kann der Verweis auf „good old English Beer and Ale" oder den weinseligen Anakreon nur noch die Funktion einer illustrativen Vignette einnehmen. Dies schlägt sich in einer ganz anderen Rhetorik oder bildgeberischen Strategie nieder, in der das publizistische Medium zum Element einer *policy* des Alkohols wird.

II Formung und Neuordnung: Die Produktivität des Exzesses

Niklaus Largier
Die Ambivalenz der Sinne: Asketische Einbildung, poetische Form und Schwärmerei

Wenn ich hier mit dem Stichwort „Ambivalenz der Sinne" beginne, so tue ich dies in einer *longue durée*-Perspektive. Was mich dazu bewegt, ist einerseits die oft missverstandene Geschichte der Sinne im Mittelalter und der Frühen Neuzeit, andererseits eine Beobachtung Albrecht Koschorkes in *Körperströme und Schriftverkehr*. Er schreibt dort, man darf wohl sagen, durchaus herausfordernd: „Für sich genommen ist kaum eine der Praktiken und Ideologien, die in der Menschenformung der Aufklärungszeit eine Rolle spielen, historisch neu."[1] Nun soll hier die Spezifik der Aufklärungszeit, die, banal gesagt, in der Tat viel Neues produziert, nicht ignoriert werden. Zum Neuen gehört gerade ein spezifischer Umgang mit den Sinnen, der gleichzeitig als Rehabilitierung und als Disziplinierung, als Mobilisierung und als spezifische Funktionalisierung innerhalb bürgerlicher Gefühlskulturen gelesen werden kann. Nicht dies steht jedoch in meinem Beitrag im Vordergrund, sondern die Bedeutung der Sinnlichkeit, deren Dimensionen vom spätmittelalterlichen Nominalismus der Franziskaner zum Empirismus, schließlich zur Baumgarten'schen Ästhetik und zu Herder, darüber hinaus zu Novalis nachzuzeichnen wären.[2] Oft geht man davon aus, dass unter dieser Perspektive eine vermeintlich mittelalterlich-asketische ‚Weltverneinung' abgelehnt und überwunden wird. Dies ist in gewisser Hinsicht durchaus der Fall, doch die Perspektive soll hier etwas verschoben werden. Wichtig ist mir, dass selbst in der vormodernen asketischen Praxis, welche die Aufklärung zunächst zurückzuweisen scheint, die Sinnlichkeit immer äußerst gegenwärtig ist. Mittelalterliche asketische Übungen sind nicht einfach als Formen der Verneinung und Überwindung der Sinnlichkeit und ihrer Verführungskraft zu sehen, sondern in ihrer Funktion zu verstehen, die Sinnlichkeit auszustellen, zu explorieren und gleichzeitig zum Objekt einer die Erfahrungsqualitäten intensivierenden Praxis

---
[1] Albrecht Koschorke: *Körperströme und Schriftverkehr. Mediologie des 18. Jahrhunderts*. München 2003, S. 35.
[2] Zur Geschichte der Sinne im achtzehnten Jahrhundert vgl. etwa Ulrike Zeuch: *Umkehr der Sinneshierarchie. Herder und die Aufwertung des Tastsinns seit der frühen Neuzeit*. Tübingen 2000; Natalie Binczek: *Kontakt. Der Tastsinn in Texten der Aufklärung*. Tübingen 2007; Georg Braungart: *Leibhafter Sinn. Der andere Diskurs der Moderne*. Tübingen 1995.

der Transformation zu machen.³ Dabei ist nicht eine Rückkehr in die Sinnlichkeit als gewissermaßen primäre Erfahrungsebene, wie sie der Empirismus postuliert, sondern die amplifizierende und formende Bearbeitung von zentraler Bedeutung. Disziplinierung meint in der mittelalterlichen asketischen Praxis also keineswegs primär die Unterdrückung der Sinne, sondern experimentelle Exploration, Formung und Verwandlung. So erklärt sich das erste Element meines Titels, nämlich die Verbindung der Sinne mit der asketischen Einbildung. Es soll hier indes nicht der ‚Einfluss' asketischer Traditionen auf den Umgang mit der Sinnlichkeit im Zeitalter der Aufklärung rekonstruiert werden – obwohl, etwa im Blick auf den Pietismus, auch davon gesprochen werden kann –, sondern eine Strukturanalogie, die es erlaubt, das exzessive Moment in aufgeklärten Praktiken der Sinnlichkeit besser zu verstehen. Selbst die Aufmerksamkeit, welche die frühen Empiristen dem Partikularen gegenüber zeigen, ist aus dieser Fokussierung der asketischen Praxis, besonders ihrer Form in franziskanischer Perspektive, abzuleiten.

Dies scheint zunächst einen Gegensatz zur Feststellung zu bilden, dass in der Aufklärung von einer Rehabilitierung der Sinne zu sprechen ist, die, wie Panajotis Kondylis schreibt, in der „Vermählung von Rationalismus und Ablehnung der Askese unter dem gemeinsamen Nenner der existentiellen Intensität" Gestalt annimmt. Kondylis fährt fort: „Als zusammengehörige Formen existentieller Intensität bedeuten Rationalismus und Rehabilitation der Sinnlichkeit nach ihrem Selbstverständnis eine Wendung zum Unmittelbaren bzw. Lebendigen [...]."⁴ Und er schließt: „[E]ben wegen seiner Paradoxie" sei dieses „Bündnis von Intellekt und Sinnlichkeit" produktiv.⁵ Ersetzt wird damit in Aufklärungsdiskursen nicht nur der ontologisch-metaphysische Horizont des Wahren, Guten und Einen scholastischer Tradition, den die Erkenntnistheorie in der Aufklärung insbesondere mit der kritischen Philosophie Kants ablöst, sondern auch ein Verhältnis zur Natur, das in Formen der Sinnlichkeit im Menschen gleichzeitig emanzipiert und diszipliniert wird, wobei die vermeintlich mittelalterlich-asketische „Verachtung der Natur"⁶ obsolet wird.

Vielleicht darf man zunächst etwas schematisch sagen, dass durch die Aufklärungsperspektive ein doppelter potenzieller Exzess produziert wird: auf der einen Seite der Exzess einer kritischen Praxis der Vernunft, den Kant in seiner

---

3 Vgl. Niklaus Largier: *Spekulative Sinnlichkeit. Kontemplation und Spekulation im Mittelalter.* Zürich 2018.
4 Panajotis Kondylis: *Die Aufklärung im Rahmen des neuzeitlichen Rationalismus.* Stuttgart 1981, S. 49.
5 Ebd., S. 50.
6 Ebd.

Aufklärungsschrift mit dem „öffentlichen Gebrauch der Vernunft" identifiziert; auf der anderen Seite der potenzielle Exzess einer Sinnlichkeit und der Aufmerksamkeit gegenüber dem Partikularen. Beide exzessiven Momente produzieren ihre Kontrollapparate in der bürgerlichen Pflege einer das diskursive Verhalten, die Affekte und die Sinnlichkeit normierenden Modellierung. Nochmals Kondylis folgend kann man dabei von einem „Bündnis von Intellekt und Sinnlichkeit" sprechen, „die man prima vista für heterogene Momente halten dürfte", die aber intensiv mit der „Aufbietung der Sinnlichkeit" als „Waffe eines Intellekts" arbeitet,[7] der sich gegen ontologisch-metaphysisch fixierte Rahmungen scholastischer Manier auflehnt. Kondylis spricht denn auch davon, dass „freier Intellekt und freie Sinnlichkeit als die beiden Grundformen der neuen Intensität gelten"[8] können. Gleichzeitig ist der Status der Sinnlichkeit insofern prekär und ambivalent, als er einerseits nun die irreduzible empirische Basis allen Wissens und des Weltgenusses bildet, andererseits aber gerade darin die Selbstermächtigung des Intellekts und der kritisch auf ihren Platz verwiesenen Vernunft tendenziell unterläuft. So entwickeln sich als Antwort auf den problematischen Status der Sinnlichkeit die Disziplinierungsformen, deren Ausdruck in bürgerlichen Verhaltensnormierungen und biopolitisch produktiver Zurichtung der Gesellschaft ausführlich untersucht worden ist. Dies soll hier nicht im Zentrum des Interesses stehen.

Was mich interessiert, ist vielmehr die Art und Weise, wie die Rehabilitierung der Sinnlichkeit eine Verbindung mit Praktiken der Formung der Sinne eingeht, die nicht schlechthin als normative Disziplinierung zu sehen sind, sondern ihrerseits immer wieder neue Erfahrungspotenziale freisetzen. Darin übernehmen sie nicht die Inhalte, sondern vielmehr Verfahren und mediale Formen, die aus der asketischen Übungstradition des Mittelalters bekannt sind. Askese ist in dieser Hinsicht – von den Wüstenmönchen bis zu den Radikalpietistinnen, vom Eremiten Antonius bis zu Susanna Katharina von Klettenberg – gerade nicht, wie man oft glaubt, mit der Unterdrückung der Sinne und der Leidenschaften verbunden, sondern mit Praktiken der Transfiguration, die auf die differenzierte Artikulation der Sinne abzielen und im Engagement mit den Sinnen neue Erfahrungsmöglichkeiten explorieren. Dies geschieht auch in der asketischen Praxis mit einer ausgesprochen innerweltlichen Emphase, die darauf abhebt, dass mit der Sinnlichkeit experimentell verfahren werden kann – und dies paradoxerweise gerade dort, wo wir zunächst in moralischer Hinsicht die Überwindung des Verfallenseins an die Sinne und an die Sinnlichkeit postuliert sehen.

---

7 Ebd., S. 48.
8 Ebd., S. 51.

Damit rückt die Askese ein komplexes Verhältnis von Naturalismus und Antinaturalismus in den Vordergrund, geht es doch in der asketischen Praxis darum, das neu zu gestalten, was als Natur, als Bestimmung durch die Natur und als Selbstverlust in der Sinnlichkeit gesehen wird. In diesem Sinne setzt Askese ein kritisches Verhältnis zur Natur voraus, wird diese doch – unter postlapsarischem Gesichtspunkt – als Gefallene gesehen und als Herausforderung zu einer Praxis nicht so sehr der Zurückweisung, sondern vielmehr der Transformation verstanden. Zudem, und dies ist das zweite wichtige Element, ist die Askese immer Übung in der Zeit, also gezielter Umgang mit den Sinnen und Affekten, die nicht auf einen statischen Zustand oder ein stabiles Wissen, sondern auf Prozesse der Formung, Stimulierung und Steigerung von Erfahrungsmöglichkeiten abhebt. Asketische Übung setzt sich also in der Regel nicht einfach momentan von der ‚Natur' ab, um diese zu überwinden. Sie besteht vielmehr darin, diese in einer methodisch in der Zeit entfalteten Praxis zu gestalten, um sie gleichzeitig unter den Bedingungen zu transformieren, die ermöglichen, dass diese von einer ‚gefallenen', von Übel und Defiguration durchwirkten Form in eine ideale Form neuer Intensität überführt werden soll. Inmitten des Bitter-Hässlichen der Welt, dem die asketische Praxis in seiner Partikularität alle Aufmerksamkeit entgegenbringt und das sie oft als Dämonisches bildhaft und eindringlich evoziert, soll damit eine neue Natur der Süße und Schönheit artikuliert werden. Beides ist dabei religiös und mythisch gerahmt: mythisch in Form der prä- und postlapsarischen Situation, religiös im Sinne eines eschatologischen Vorgriffs oder einer präsentischen Eschatologie, die inmitten der Welt das Versprechen der Versöhnung im asketischen Drama erfahrbar macht.

In der Askese steht so ein Modell vor uns, das Sinnlichkeit nicht einfach der Weltverachtung anheimstellt, sondern aus der kritisch-asketischen Perspektive einer Praxis der Inszenierung und der transformierenden Bearbeitung unterwirft. Diese spielt mit Möglichkeiten sinnlicher Erfahrung, die in ihrer Form und in ihrer Intensität die ‚Natur' herausfordern. Die zu diesem Zweck entfalteten Praktiken verlieren, so meine These hier, auch dort ihre pragmatische Form nicht, wo unter Aufklärungsbedingung die religiös-normative Rahmung wegfällt und neue Elaborationsmöglichkeiten der Sinnlichkeit in den Blick kommen. Zudem tritt in dieser Situation – in der man durchaus mit Hans Blumenberg von Umbesetzung sprechen kann – eine neue Spannung in den Blick, wird doch der religiös-normative Rahmen seit der Reformation zunehmend durch Formen der Naturalisierung ersetzt, die im aufgeklärt bürgerlichen Zeitalter als „Natürlichkeit" und „Gesundheit" die neuen Normierungen etwa im Bereich der Affektkultur und der Erotik bilden.

Das Spiel mit Möglichkeiten sinnlicher Intensivierung werde ich anhand von drei experimentellen Situationen der Aufklärungszeit beschreiben: zunächst am Beispiel des Romans *Thérèse philosophe* im Blick auf die Verbindung von asketischer Einbildung und sensualistischer Exploration; zweitens, am Beispiel Gleims, auf die poetische Figuration als zeithafte Gestaltung exzessiver Sinnlichkeit; drittens auf das, was als Schwärmerei bezeichnet wird. In allen drei Fällen wird ein Moment sichtbar, in dem ein Engagement mit der Sinnlichkeit neue, exzessive Potentiale entstehen lässt – und zwar gerade nicht in der Rückkehr zu Gesten der Naturalisierung, sondern in der spezifischen praktischen Zurichtung der Sinne als Sphäre, die Erfahrung, Genuss und Erkennen zusammenführt. Charakteristisch ist dabei, wie gesagt, dass diese Zurichtung nicht einen stabilen Zustand impliziert, sondern immer die Zeitlichkeit der Übung und die medial vermittelte, auf Praktiken der Figuration aufruhende Produktion sinnlicher Erfahrung betont. Dies ist es, was sensualistische, poetische und schwärmerische Elaborationsformen der Sinnlichkeit mit der asketischen Übung verbindet und sie unter den Bedingungen aufgeklärter Intellektualität neu Gestalt annehmen lässt – und zwar, wiederum nur scheinbar paradox, als Praxis der Herstellung und des Genusses einer oft als exzessiv markierten, die bürgerliche Normativität sprengenden Sinnlichkeit.

I Kritik

Bevor ich mich diesen drei Momenten zuwende, schicke ich ein Prolegomenon voraus, das meine Verwendung des Begriffs der Transfiguration und der Askese im Kontext der Aufklärung zu erklären vermag und das in gewisser Weise ein Supplement zu dem bildet, was Kondylis als neue „Formen existentieller Intensität" bezeichnet. Michel Foucault ist in einem seiner letzten Texte, dem 1984 zunächst auf Englisch als *What is Enlightenment?*, dann auch in einer französischen Version im *Magazine Littéraire* publizierten Essay zu Kants Aufklärungsschrift von 1784 zurückgekehrt. Er hatte sich damit schon in einem Vortrag vor der Société française de la philosophie im Jahr 1978 unter dem Titel *Qu'est-ce que la critique? Critique et Aufklärung* beschäftigt, der erst postum erschien. Was Foucaults Rückkehr zur Kant-Lektüre, die sein Werk bekanntlich schon seit der Dissertation über Kants Anthropologie begleitet hat, zunächst charakterisiert, ist der Versuch, Kants Antwort auf die gestellte Frage einerseits historisch im Kontext aufklärerischer Publizistik zu lokalisieren, andererseits gleichzeitig daraus einen Begriff von Aufklärung zu gewinnen, der nicht an eine bestimmte Epoche gebunden ist. Letzteres erlaubt es Foucault, einen Bogen zu schlagen, der Kants Vorstellung von Aufklärung, zunächst überraschend, zu Charles Baudelaires Forderung, absolut „modern" zu sein, in Bezug setzt.

Foucault stellt im Blick auf Kant fest, dass dieser selbst Aufklärung nicht primär als bestimmten historischen Moment oder als Epoche charakterisiert, sondern als eine Form, in der wir uns, wie Foucault betont, „negativ" zur gegenwärtigen Wirklichkeit verhalten. „Ausgang", das Wort, das Kant verwendet, führt demnach eine Differenz ein, und zwar eine Differenz zum „gestern". „Ausgang" ist, so Foucault, als ein unabgeschlossener Prozess und als Aufgabe zu lesen.[9] Was Foucault interessiert, ist die Praxis der Vernunft, die nach Kant bekanntlich zwei Seiten besitzt: den öffentlichen Gebrauch der Vernunft und den privaten Gebrauch der Vernunft, das öffentliche Räsonieren und das Befolgen privat eingegangener Verpflichtungen. So sind der Soldat, der Priester, der Beamte gehalten, in ihrer Funktion den Gebrauch der Vernunft diesen Verpflichtungen privat zu unterwerfen, während sie im öffentlichen Gespräch frei sprechen. Foucault betont nun zurecht, dass dieser freie Gebrauch nicht im Sinne der Etablierung von Meinungsfreiheit als abstraktem Rahmen zu verstehen ist, sondern als genuiner Aspekt des Denkens. Insofern Kant betont, dass Aufklärung der Ausgang aus der Unmündigkeit und der Unterwerfung unter fremde Autorität ist, muss dieser Gebrauch der Vernunft selbst immer als kritische Auflösung von Autorität verstanden werden, also nicht nur als das Betreten einer Zone der Meinungsfreiheit. Kritik ist damit das eigentliche Charakteristikum des Räsonierens und Aufklärung wird, wie Foucault schreibt, zur „Zeit der Kritik", die jederzeit und überall vollzogen werden kann – und die jedes Individuum dafür verantwortlich macht. Mit anderen Worten, nicht ein Wissensbestand und nicht die Etablierung einer Zone öffentlicher Meinungsfreiheit kann als Aufklärung bezeichnet werden, sondern nur die Praxis der Vernunft, die alle Autorität ausübende Gefüge in ihrer Macht zersetzt und sich damit von ihrer Bindungskraft löst.

Dies, so Foucault, ist die spezifische Perspektive, die hier bei Kant zum Ausdruck kommt und der Foucault das Epithet „Attitüde der Moderne" verleiht. Moderne, schreibt er weiter, ist so nicht als historische Epoche zu sehen, sondern als spezifische „attitude", also als Haltung und Ethos, und zwar als Haltung, die eine historische Differenz in die gegenwärtigen, das Leben bestimmenden Konstellationen einführt.

Um dies zu illustrieren, verwendet Foucault ein Beispiel, das zunächst überrascht, das er aber „als fast unumgänglich" bezeichnet, nämlich „Baudelaire". Anhand dieses Beispiels erläutert er vier Aspekte, die er auch in Kants Begriff der Aufklärung als öffentlichem Gebrauch der Vernunft am Werk sieht:

---

[9] Michel Foucault: What is Enlightenment? In: *The Politics of Truth*. Hg. Sylvère Lotringer und Lysa Hochroth. New York 1997, S. 101–134, hier: S. 105 f. Vgl. Ders.: What is Critique? In: Ebd., S. 23–82; Immanuel Kant: Beantwortung der Frage: Was ist Aufklärung? (1784) In: Ders.: *Werke*. Hg. Wilhelm Weischedel, 6 Bde. Frankfurt/M. 1964, Bd. 6, S. 51–61.

1. Eine Haltung zur Gegenwart, die sich dieser stellt, sie als Bruch mit der Tradition erkennt und als Öffnung der Zeit und als Möglichkeit zu Neuem sieht.
2. Diese „heroische" Haltung des Bruchs charakterisiert sich dadurch, dass sie „ironisch" ist, das heißt: dass sie nicht in ein determiniertes Wissensfeld zurückkehrt oder ein solches postuliert, sondern „sich selbst" und die gegenwärtige Welt als Projekt der vernunftgeleiteten Einbildungskraft, der Transformation und der Transfiguration sieht. 3. Dies impliziert eine Haltung zu sich selbst:

> To be modern is not to accept oneself as one is in the flux of the passing moments; it is to take oneself as *object of a complex and difficult elaboration* [...]. Modern man, for Baudelaire, is not the man who goes off to discover himself, his secrets and his hidden truth; he is the man who *tries to invent himself.* This modernity does not ‚liberate man in his own being'; it compels him to face the task of producing himself.[10]

In den Augen Baudelaires ist diese „asketische Elaborierung des Selbst" nach Foucault nur in der Kunst wirklich möglich. Sie stellt exemplarisch die „permanente Reaktivierung der Haltung" vor Augen, die Aufklärung als Kritik ist. Sie macht aber auch sichtbar, dass Aufklärung, konsequent mit Kant gedacht, nicht einfach Meinungsformung und Meinungsvielfalt im Sinne von Wissens- und Glaubensinhalten einer geteilten neuen gesellschaftlichen Öffentlichkeit ist, sondern eine Form der Transfiguration, die in der permanenten Kritik unserer selbst besteht, insofern wir als determinierte Subjekte in Erscheinung treten und uns in der Kritik von dieser Determiniertheit lösen. Foucault schließt: „This entails an obvious consequence: that criticism is no longer to be practiced in the search for formal structures with universal value, but rather as a historical investigation into the events that have led us to constitute ourselves and to recognize ourselves as subjects of what we are doing, thinking, saying."[11]

Die Haltung, die Kant – mit Foucault gelesen – fordert, ist einerseits historisch-kritisch (das heißt: je neu und unabschließbar der Ausgang aus selbstverschuldeter Unmündigkeit); sie ist aber auch experimentell und experienziell, und zwar insofern, als sie notwendigerweise in der Ablösung von jeder Dogmatik des Wissens vom Menschen diesen auf neue sinnliche, affektive und intellektuelle Erfahrung öffnet. Was Foucault im Rekurs auf Baudelaire als den Bereich der „Kunst" fasst, der zum neuen Ort asketisch-kritischer Artikulation und Selbstfindung wird, kann man denn auch durchaus in der Aufklärung selbst fassen als den Bereich der Sinnlichkeit und einer der Sinnlichkeit gegenüber offenen Einbildungskraft und Vernunft. In dem, was Kant als „öffentlichen Gebrauch der

---

10 Foucault, What is Enlightenment 1997, S. 117 f.
11 Ebd., S. 120.

Vernunft" bezeichnet, wird der Mensch nach dieser Lesart zum Grenzgänger, der die historische Bestimmtheit seines Wesens permanent überschreitet und sich, mit Foucault gesprochen, neu „elaboriert". Hier liegt damit die Schnittstelle, an der die Praxis, die Übung der Vernunft, nicht nur intellektuelle Diskussion ist, sondern die Produktion neuer Formen der Sinnlichkeit, der Affekte, ja sämtlicher Erfahrungs- und Wissensbestände gleichermaßen umfasst. Was Kondylis als Rehabilitation der Sinnlichkeit im aufklärerischen „Bündnis von Intellekt und Sinnlichkeit" bezeichnet, wird so – entgegen allen Formen der bürgerlichen Normierung durch Renaturalisierung – zum Gegenstand einer Ausarbeitung, die eine Vielfalt neuer Elaborationsformen entstehen lässt.

Die Kritik der Aufklärer an der Barockrhetorik, wie sie uns unter anderen bei Bodmer und Breitinger begegnet, kann man unter diesem Blickwinkel als symptomatisch sehen. In der Zurückweisung der spezifischen – wie Breitinger schreibt: „Frost", „Eckel" und „Schwindsucht" erregenden[12] – Verbindung von Sinnlichkeit und Leidenschaft im barocken rhetorischen Pathos plädiert sie nicht einfach nur für eine neue Normativität und Natürlichkeit, sondern für eine innovative Form der Bearbeitbarkeit und Elaboration der Sinne und Affekte mittels imaginativer Praktiken der Figuration.[13] Im Zentrum steht daher nicht mehr, wie etwa in Lohensteins *Sophonisbe* oder *Agrippina*, eine von Sinnen und Leidenschaften getragene kosmische Apotheose der Protagonistinnen, sondern die Spezifik der Elaboration sinnlicher Erfahrungsmöglichkeiten im Blick auf den Einzelnen. Ist bei Lohenstein alles ambivalent, göttlich und menschlich, sinnlich und geistig, erotisch-lasziv und idealdurchtränkt, wird nun die Ambivalenz der Sinne und Affekte selbst zum Gegenstand, der bearbeitet und geformt werden muss. Was bei Lohenstein Gegenstand rhetorischer Formung des Sinnlichen und Affektiven war, ist nun einerseits aufklärerisch befreite Sinnlichkeit, gleichzeitig aber auch die gefährliche Grundlage sinnlicher Intensitäten, die in „Schwulst", „Wahnwitz" und bodenlose „Verzückung" umzuschlagen droht,[14] wo das rechte Maß fehlt. Es ist diese Ambivalenz, die die Rehabilitierung der Sinne begleitet und jenseits der bürgerlichen Disziplinierung in Formen der Bildungs-, Lese- und Empfindsamkeitspädagogik den exzessiven Rand, vielleicht auch ein exzessives Zentrum der Aufklärung bildet.

---

12 Johann Jakob Breitinger: *Critische Abhandlung von der Natur, den Absichten, und dem Gebrauche der Gleichnisse*. Zürich 1740, S. 221.
13 Zu meiner Verwendung des Figurbegriffs vgl. Niklaus Largier: Die Figur des Realen. Zur Konvergenz von Realität und Möglichkeit. In: *Die Wirklichkeit des Realismus*. Hg. Veronika Thanner, Joseph Vogl und Dorothea Walzer. München 2018, S. 41–56.
14 Breitinger, *Critische Abhandlung* 1740, S. 222.

II Askese und Sinnlichkeit: Materialismus und Figuration

Die Verbindung von Kritik, Askese und Bearbeitung der Sinnlichkeit wird am deutlichsten sichtbar in der französischen Tradition des sensualistischen Materialismus, wie wir ihm bei La Mettrie und dem Marquis de Sade begegnen. Sie tritt in einem neuen und überraschenden Gewand auf, und zwar in der spezifischen Verbindung von Figur und Materie, die die Lukrez-Rezeption charakterisiert.[15] Als Wichtigstes ist dabei zunächst festzuhalten, dass Materialismus hier nicht nur als eine philosophische Anschauung oder als polemischer Begriff in den Vordergrund tritt, sondern als Praxis der Sinnlichkeit, die sich in der Formung der Sinne medialer Mittel, also der Gespräche, der Lektüre und der Bildinszenierung bedient. Diese Mittel werden, in enger Anlehnung an Lukrez, als rhetorisch und poetisch wirksame Figuren gesehen, deren die Affekte und die Sinne stimulierende Wirkung auf den Menschen nun experimentell erprobt wird.

Ein Beispiel vermag diese Verbindung von Figuration, Materialismus und Sinnlichkeit zu illustrieren. Es ist ein pornographischer Roman des frühen achtzehnten Jahrhunderts mit dem Titel *Thérèse philosophe*. Dieser Roman und mit ihm die Figur der „Thérèse philosophe" hat durchaus exemplarische Bedeutung. Faszinierend sind das Modell und die Technik der Erregung der Sinnlichkeit, die der pornographische Roman weitgehend aus der spirituellen Tradition übernimmt. Ich kann an dieser Stelle nicht den ganzen Text der *Thérèse philosophe* nacherzählen, welcher im Unterschied zu vielen anderen ähnlichen Schriften durchaus die Lektüre lohnt. Was den Roman auszeichnet, ist die Art und Weise, mit der die Formung der Sinnlichkeit herausgestrichen wird. Deutlich kommt dies zum Tragen, wo Thérèse sich am Schluss des Romans verliebt und die „Herzenssympathie" entdeckt, bei der „man fühlt, als ob man mit den Organen des anderen dächte, der diese Sympathie erregt hat."[16] Der Graf, in den sie sich ver-

---

15 Vgl. Natania Meeker: *Voluptuous Philosophy. Literary Materialism in the French Enlightenment.* New York 2007; Eric Baker: Lucretius in the European Enlightenment. In: *The Cambridge Companion to Lucretius.* Hg. Stuart Gillespie and Philip Hardie. Cambridge 2007, S. 274–288; Jessie Hock: *The Erotics of Materialism. Lucretius and Early Modern Poetics.* Philadelphia 2021.
16 *Thérèse philosophe, ou, Mémoires pour servir à l'histoire du Père Dirrag et de Mademoiselle Eradice.* Texte établi, présenté et annoté par François Moureau. Saint-Etiennes 2000. Deutsche Übersetzung: Marquis d'Argens: *Thérèse philosophe. Eine erotische Beichte.* Hg. Michael Farin und Hans-Ulrich Seifert. München 1990. Diese und die folgenden Stellen aus Thérèse philosophe sind zitiert nach Niklaus Largier: *Lob der Peitsche. Eine Kulturgeschichte der Erregung.* München 2001, S. 242–253.

liebt und der sie als Freundin mit auf sein Landgut nimmt, ist zugleich ihr letzter Lehrer, der sie in die Welt patriarchaler Wunscherfüllung zurückführt. Liebe, Verlangen, Glück und Selbstliebe sind die Gegenstände der „metaphysischen Gespräche", in denen der Graf die Grundbegriffe seines sensualistischen Materialismus entwickelt. Demnach sind wir ganz durch unsere Sinne und durch von Sinneseindrücken hervorgerufene Leidenschaften bestimmt. Unser Glück besteht darin, aus Eigenliebe zu handeln und die Leidenschaften kunst- und maßvoll zu befriedigen. Geist, so erläutert der Graf, ist nicht unabhängig von der Materie zu denken, ja er ist eigentlich als derjenige Teil davon zu konzipieren, in dem die Leidenschaft ihren Ausdruck und ihr Maß findet – und in dem sie sinnlich gestaltet wird.

Die „Wahrheit" dieses theoretischen Diskurses beweist schließlich eine Wette, die der Graf mit Thérèse abschließt – wobei Thérèse durchaus weiß, dass es ihm dabei nicht eigentlich um Theorie, sondern um „das Letzte" geht, das sie ihm bisher verweigert hatte. Er verspricht, ihr galante Bücher und Bilder, ja, „das Pikanteste" zu beschaffen, wenn sie sich verpflichte, vierzehn Tage nicht zu masturbieren. Wenn sie es nicht schaffe, solle sie, die noch immer Jungfrau ist, ihm zur Verfügung stehen. „Mein lieber Graf", antwortet Thérèse auf diesen Vorschlag, „Sie stellen mir Fallen, aber ich sage Ihnen, Sie werden sich selbst darin fangen! Ich nehme die Wette an! Ja, noch mehr, ich verpflichte mich sogar, alle meine Vormittage nur mit dem Lesen Ihrer Bücher und mit dem Betrachten Ihrer bezaubernden Bilder zu verbringen."

Natürlich verliert Thérèse die Wette. Nicht dies ist mir indes wichtig, sondern dass das, was eine erotische Erziehung genannt werden kann, von der Formung der Sinnlichkeit durch artifizielle Mittel, also Mittel der Figuration ausgeht und diese als Kontrafaktur der Askese der Heiligen Teresa von Ávila darstellt. Freilich ist die Sprache eine andere, die hier auf einen materialistischen Sensualismus abhebt, doch bildet gerade diese diskursive Seite nicht das Zentrum der ‚Bildungsgeschichte'. Was gleich bleibt, ist die Formung der Erfahrung durch Bilder und Figuren, wie wir sie aus der asketischen Praxis kennen, die ebenfalls auf die „Mechanik" der Formung der Sinne abhebt. Analog ist nicht nur die Stimulierung, die auf eine Einheit von Körper und Seele im Begehren und in der Lust abzielt, sondern selbst die Zeichnung der Einheitserfahrung, wie sie uns am Schluss des Romans begegnet. In beiden Fällen ist die Intensität der Erfahrung, der Übergang vom Bild zur Verkörperung das Ziel, auch wenn die Erfahrung im Licht einer materialistischen Vernunft und der pornographisch-libertinen Kultur durchaus verschieden verstanden wird. In beiden Fällen, in der Vita der Teresa und in derjenigen der Thérèse, ist zudem vergleichbar, wie sich der Text zum Leser verhält. Er wird zum Modell, das nicht einfach das Erzählte als solches im Leben der Leser repräsentiert, sondern das dadurch verwirklicht werden soll, dass die Bilder sich in die Seele senken und die Sinnlichkeit erregen, welche zur spezifischen Erfahrung des kontemplativen Genusses, zur – freilich nie vollkommen erlangten – göttlichen Freiheit der Libertins führt.

So verweist die Libertinage, die *Thérèse philosophe* exemplarisch verkörpert und vor Augen stellt, in ihrem Kern auf eine Stimulierung der Sinne, der Phantasie und der Leidenschaften durch Bilder und Worte, nicht nur auf einen vernünftigen Materialismus, wie man oft betont. Neben der Macht der figuralen Mediatisierung der Sinnlichkeit verblasst diejenige der philosophischen Ansichten, die zur Sprache kommen, auch wenn sie natürlich in politischer Hinsicht und als Konsolidierung heteronormativer Genussmodellierung von Bedeutung bleiben. Entscheidend ist jedoch vielmehr ein Moment der materialistischen Figuration, das als Mittel der Formung der Sinnlichkeit in den Vordergrund tritt und die Macht der Bilder explizit bejaht und benutzt.

Wie der Enzyklopädist François-Vincent Toussaint richtig beobachtet,[17] wird der aufgeklärte Materialismus und die absolute Prävalenz der Rationalität dadurch wieder zersetzt, dass alles Denken, Wissen und Wollen mit einer Dynamik der Figuration verbunden ist, welche die Sinnlichkeit stimuliert – oder, wenn man die Situation der Wette als Modell ernst nimmt, damit quasi-empirisch experimentiert. Was den metaphysischen Diskurs des Romans letztlich motiviert, ist denn auch keine vernunfthafte Vermittlung von Geist und Materie, Denken und Körper, keine ‚Befreiung der Sexualität', wie man aus moderner Perspektive meinen könnte, sondern eine Lebenskunst, der die Überwindung des vermeintlichen Gegensatzes zwischen Geist und Körper gelingen soll, und zwar so, dass sich am Ende ein Glückszustand exzessiven sinnlichen Genusses „ohne Mühe, ohne Kinder, ohne Sorgen"[18] einstellt. In seinem Zentrum steht eine Praxis des Gebrauchs von Bildern und Worten, kurz von Figuren, die im Blick auf die Produktion sinnlicher Erfahrungs- und Genusspotenziale exploriert werden. Die Lukrezlektüre liefert dafür nicht primär als materialistische Metaphysik, sondern als poetisch-figurales Modell[19] eines erregenden Textes die Vorlage.

---

17 François-Vincent Toussaint: *L'Anti-Thérèse ou Juliette philosophe, nouvelle messine véritable.* La Haye 1750.
18 Thérèse philosophe 2000, S. 150 (meine Übers.).
19 Vgl. Hock, *The Erotics of Materialism* 2021, S. 123.

III Anakreontik

Bekanntlich hat weder die Lukrezrezeption, die diese Form des sensualistischen Materialismus auszeichnet, noch die pornographische Literatur dieser Art in Deutschland die Bedeutung gehabt, die ihr in Frankreich oder England zukam.[20] Dennoch finden sich auch im deutschsprachigen Raum Zeugnisse, die, nun im Blick auf die Lukrezlektüre, gerade den eben besprochenen Aspekt betonen. So schreibt Johann Heinrich Waser, Diakon in Winterthur und Übersetzer englischer Literatur, in einem Brief an Johann Jakob Bodmer am 7. Februar 1757, dass er, trotz der Empfehlung Bodmers, Lukrez zu lesen, „nicht stark im Gusto" war, „poetische Natürlichkeiten" zu lesen. „[I]ndessen", fährt er fort, „fing ich doch an, und kaum hatte ich angefangen, so kam mir der Geschmak an diesem Gedicht dergestalt, daß ich an einem fort bis ans Ende zu lesen fortgerissen ward, und vielleicht im Gegentheil lange keine Predigt mehr machen kann." Waser, der mit Bodmer und auch mit Gleim befreundet war, ist in der Tat äußerst angetan vom Stil des Lukrez, insbesondere seiner

> Kunst, das was er von der Philosophie lehren will, nicht nur deutlich und nicht nur angenehm dichterisch zu sagen, sondern den Leser dabei auf die natürlichste Art auf hundert andere sinnliche Gegenstände zu führen, und ihn damit zu erquiken [...]. Kurz ich wußte beinahe nicht, wie mir geschehen war bei Lesung dieses Gedichts. [...] ich wollte ihn auch qua Poeten Klopstok vergleichen, allein ich konnte nicht wohl; Klopstok fliegt allezeit in dem Himel herum, und redet die Sprache der Engel, die er dichten kann, wie er will; dieser hingegen bleibt auf Erden [...].

Obwohl Waser im Anschluss an diese enthusiastischen Momente einerseits deutlich Abstand nimmt von den „Ketzer"-Elementen in der Philosophie, schließt er doch ironisch: „Ich meinerseits mag ihm zwar auch in dieser Absicht das Leben von Herzen wohl gönnen, allein, er mag zusehen, wie er dem Feuer entrinne [...]."[21] Was als entscheidender Eindruck bleibt, ist die Kraft sprachlicher Figuren,[22] ihre irdisch-materielle Gestalt und die Wirkung auf die Wahrnehmung

---

20 Zur pornographischen Literatur in Deutschland siehe: *Deutsche Pornographie in der Aufklärung*. Hg. Dirk Sangmeister und Martin Mulsow. Göttingen 2018; zur Lukrezrezeption siehe Martin Pott: *Aufklärung und Aberglaube. Die deutsche Frühaufklärung im Spiegel ihrer Aberglaubenkritik*. Tübingen 1992, S. 61–77.
21 *Briefe berühmter und edler Deutschen an Bodmer*. Hg. Gotthold Friedrich Stäudlin. Stuttgart 1794, S. 249.
22 Zum Begriff der Figur bei Lukrez siehe Erich Auerbach: Figura. In: Ders.: *Gesammelte Aufsätze zur romanischen Philologie*. Bern 1967, S. 55–92, hier S. 58 f.

des Lesers, dem sich immer neue „sinnliche Gegenstände" in eindringlicher Intensität präsentieren.

Waser war es auch, der Gleims anakreontischen *Versuch in scherzhaften Liedern* (1744/1745) offenbar in einer Reihe satyrischer Lieder konterkarierte. Ich weise auf diese Texte, von denen Gleim schrieb, „sie taugen nichts", bloß hin, weil sich um sie und um Gleims Mädchen-Gedichte ein Briefwechsel entspann,[23] der die Figur des Satyrs mit der Scherzrede verbindet und damit wiederum auf eine figurale Materialität abhebt, die in der anakreontischen Dichtung und der darin elaborierten Sinnlichkeit ihren Ausdruck findet.

Gabriel Trop sieht diese Formen anakreontischer Dichtung und des Rokoko in seiner kürzlich erschienenen Arbeit als eine Kunst, die sich in ihrer expliziten Sinnlichkeit aller „transzendentalen Saturiertheit" entschlägt. Gleim, schreibt er, ersetzt „transzendentale Funktionen" durch die „Immanenz eines universalisierten erotischen Begehrens und poetischen Vergnügens."[24] Es entsteht hier, wenn wir Kants Aufklärungsperspektive kurz einblenden wollen, eine Öffentlichkeit, die nicht vom „öffentlichen Gebrauch der Vernunft" in Freiheit gesetzt, sondern von einer scherzenden poetischen Rede neu konstituiert wird, die sich auch als Alternative zum Disput zwischen Gottscheds und Bodmers Poetiken anbietet. Wie Steffen Martus hervorhebt, „radikalisierte Gleim die Grundidee des ästhetischen Ansatzes: durch den Sound der Literatur zur Verbesserung der Menschen beizutragen, die Sinne durch eine Poesie der kleinen Unterschiede zu verfeinern [...]".[25] So huldigt Gleim denn auch in einem Gedicht an Baumgarten[26] nicht dessen „theoretischen Leistungen",[27] sondern einer Praxis, die sich in der Verführung bewährt:

> Lehrer, wenn du mich es lehrest,
> O so will ich Mädchen zwingen,

---

23 Zitiert nach Theodor Vetter: *Johann Heinrich Waser, Diakon in Winterthur (1713–1777), ein Vermittler der englischen Literatur*. Zürich 1898, S. 9–12.
24 Gabriel Trop: *Poetry as a Way of Life. Aesthetics and Askesis in the German Eighteenth Century*. Evanston 2015, S. 281f. (meine Übers.). Trop schreibt weiter: „The pleasure of Anacreontic poetry loosens the hold of transcendental codes in a similar manner to Breitinger's use of the fantastic, das Wunderbare, which harnesses the energy of the poetic act by confronting readers with differences from their own received cultural norms. The fantastic was explicitly framed as an assault against the deadening empire of habit over imaginative life. The Anacreontic joke, however, is simultaneously more superficial and deeper than the fantastic, for it takes aim not at physiological inertia, but at the forces that govern the coherence of the social as such."
25 Steffen Martus: *Aufklärung. Das deutsche 18. Jahrhundert – ein Epochenbild*. Berlin 2015, S. 528.
26 Zu diesem Gedicht vgl. auch den Beitrag von Martin Bäumel in diesem Band.
27 Ebd., S. 527.

> Daß sie plötzlich schweren müssen,
> Mich zu lieben, wenn ich liebe.²⁸

Darin liegt indes, wie ich meine, mehr und anderes als nur eine „Bejahung der Sinnlichkeit" und die Konfiguration einer „Erlebnisgemeinschaft von Menschen, die sich aufeinander einstimmten",²⁹ auch mehr als „die Immanenz des Begehrens, das innerhalb seines eigenen poetischen Spiels" erscheint.³⁰ Bringt der anakreontische Dichter die Sinne „zurück in die irrepressible Ökonomie des physischen Begehrens", so tut er es nicht in der Form „absolute[r] Poesie".³¹ Er tut es in der Elaboration einer Sphäre der Sinnlichkeit, die einerseits konventionelle Motive mobilisiert, diese aber in einem Interaktionsgefüge entfaltet, das ganz auf die figuralen Effekte der eingeführten Elemente abhebt und so in seiner Wirkung eine dramatische Szene frivolen Vergnügens und sinnlicher Leichtigkeit entstehen lässt. Dies zumindest ist das Bild, das sich etwa aus der Lektüre des Liedes „Der Vermittler" ergibt.³² Es ist die Ausführung dessen, was Gleim an Baumgarten preist, nämlich eines Verfahrens und einer Übung, die ästhetische Wirkung durch die figuralen Effekte entfaltet, die gleichzeitig physiologisch und psychisch Gestalt verleihen und erregend wirken. „Der Vermittler", auf den ersten Blick gesehen Amor, ist hier nicht der Gott, sondern das Spiel mit Figuren, die sich in ihrer materialen Wirkung ablösen, also das Spiel mit Rosen, Knospen, Vorwürfen, Zurückhaltung, Tränen, Wunden.

Wer dies als Allegorie liest, geht zweifellos fehl. Das Spiel ist in seiner Anlage und Wirkung dem Spiel des Grafen mit Therese in *Thérèse philosophe* vergleichbar. In beiden Fällen entsteht durch Repetition und Variation eine Textur, die als kritisch befreiende und befreite Erregung sinnlicher Dispositive und als Transfiguration der Natur zu sehen ist – und die sich einer ästhetischen Praxis verdankt, in der artifizielle Mittel der Figuration eine neue Natur und neue sinnliche Erfahrungsmöglichkeiten entstehen lassen. Diese sind, und darin liegt denn auch das Entscheidende, durch eine irreduzible Zeitlichkeit charakterisiert, die den Text als Übung auszeichnet, welche darauf abzielt, in der sinnlichen Erfahrung die Natur des Selbst zu transfigurieren und auf neue, in sich unerschöpfliche Erfahrungspotenziale zu öffnen.

---

28 Zit. nach Martus, ebd., S. 527.
29 Ebd., S. 530 f.
30 Trop, *Poetry as a Way of Life* 2015, S. 292.
31 Ebd., S. 296.
32 Johann Wilhelm Ludwig Gleim: *Versuch in scherzhaften Liedern und Lieder. Nach den Erstausgaben von 1744/45 und 1749, mit den Körteschen Fassungen im Anhang.* Hg. Alfred Anger. Tübingen 1964, S. 8–12.

IV Schwärmerei

Man hat bekanntlich schon im achtzehnten Jahrhundert die Gewohnheit, religiöse Schwärmerei und Enthusiasmus gewissermaßen als Rückfall in eine voraufklärerische Dogmatik zu sehen. Beides bildet nicht erst in und seit der Aufklärung den Gegenpol zur vernunftgeleiteten und moderierten Lebenspraxis und einer darin kontrolliert medial vermittelten Sinnlichkeit.[33] Es lässt sich eine Linie ziehen, die von Luthers Kritik der radikalen Reformatoren bis zu Kants *Träume eine Geistersehers* und der Schwärmerkritik des achtzehnten Jahrhunderts führt. Schwärmer sind jedoch keineswegs bloß in ihrer Gegenläufigkeit zu Ambitionen aufgeklärter Vernunft wahrzunehmen, sondern, insbesondere in Formen des sogenannten Radikalpietismus von Zinzendorfs „liturgisch-kultischer"[34] Pflege der Sinnlichkeit bis zu Goethes „schöner Seele" Susanna Katharina von Klettenberg, auch in der Komplementarität ihrer Praktiken mit der Aufklärung als Kritik. In pietistisch-schwärmerischen Texten zeichnet sich denn auch eine dritte Form der Kultivierung der Sinnlichkeit ab, die als Übungsform und Elaborierung neuer Erfahrungsmöglichkeiten sowohl dem materialistischen Sensualismus der *Thérèse* als auch der poetischen Intensivierung der Anakreontik vergleichbar ist.

Es ist Novalis, der davon – unter post-aufklärerischen, idealistischen und romantischen Vorzeichen auf diese Traditionsstränge zurückblickend – deutlich Zeugnis gibt. Ich zitiere ihn, da er, wenn man so will, die Konsequenz aus den Formen des figural vermittelten praktischen Umgangs mit den Sinnen zieht und die „Entgrenzung des Menschen durch die Erregbarkeit der Sinne" weiterdenkt.[35] So schreibt er in einem Fragment aus dem Jahre 1797/1798 unter dem Titel „Gott will Götter":

> Ist nicht unser Körper selbst nichts, als eine gemeinschaftliche Zentralwirkung unserer Sinne – haben wir die Herrschaft über die Sinne – vermögen wir sie beliebig in Tätigkeit zu versetzen – sie gemeinschaftlich zu zentrieren, so hängts ja nur von uns ab – uns einen Körper zu geben, welchen wir wollen.
>
> Ja sind unsre Sinne nichts anders, als Modifikationen des Denkorgans – des *absoluten Elements* – so werden wir mit der Herrschaft über dieses Element auch unsre Sinne nach Gefallen modifizieren und dirigieren können.[36]

---

33 Vgl. Martus, *Aufklärung* 2015, S. 681–685, 832, 853, und dazu etwa Leonhard Meister: *Über die Schwermerei. Eine Vorlesung*. Bern 1777.
34 Burkhard Dohm: *Poetische Alchimie. Öffnung zur Sinnlichkeit in der Hohelied- und Bibeldichtung von der protestantischen Barockmystik bis zum Pietismus*. Tübingen 2000, S. 284.
35 Ebd., S. 364–386.
36 Novalis: *Werke*. Hg. Gerhard Schulz. München 1969, S. 399.

Dieses Fragment ergänzt eines der *Logologischen Fragmente*, in dem Novalis, die hier vorgestellte Tradition thematisierend, von den inneren und äußeren Sinnen und einer neu zu entwerfenden Sinnlichkeit spricht:

> In allen wahrhaften Schwärmern und Mystikern haben höhere Kräfte gewirckt – freylich sind seltsame Mischungen und Gestalten daraus entstanden. Je roher und bunter der Stoff, je geschmackloser, je unausgebildeter und zufälliger der Mensch war, desto sonderbarer seine Geburten. [...] Als sehr wichtige Urkunden der allmäligen Entwickelung der magischen Kraft sind sie sorgfältiger Aufbewahrung und Sammlung wert.
>
> Magie ist Kunst, die Sinnenwelt willkührlich zu gebrauchen.
>
> [...]
>
> Wir haben zwey Systeme von Sinnen, die so verschieden sie auch erscheinen, doch auf das innigste mit einander verwebt sind. Ein System heißt der Körper, Eins die Seele. Jenes steht in der Abhängigkeit von äußern Reitzen, deren Inbegriff wir die Natur oder die äußre Welt nennen. Dieses steht ursprünglich in der Abhängigkeit eines Inbegriffs innerer Reitze, den wir den Geist nennen, oder die Geisterwelt. Gewöhnlich steht dieses letztere System in einen Associationsnexus mit dem andern System, und wird von diesem afficirt. Dennoch sind häufige Spuren eines umgekehrten Verhältnisses anzutreffen, und man bemerckt bald, daß beyde Systeme eigentlich in einem vollkommnen Wechselverhältnisse stehn sollten, in welchem jedes von seiner Welt afficirt, einen Einklang, keinen Einton bildete. Kurz, beyde Welten, so wie beyde Systeme sollen eine freye Harmonie, keine Disharmonie oder Monotonie bilden. Der Übergang von Monotonie zur Harmonie, wird freylich durch Disharmonie gehn, und nur am Ende wird eine Harmonie entstehn. In der Periode der Magie dient der Körper der Seele, oder die Geisterwelt. (Wahnsinn – Schwärmerey.)
>
> Gemeinschaftlicher Wahnsinn hört auf Wahnsinn zu seyn und wird Magie, Wahnsinn nach Regeln und mit vollem Bewußtseyn.[37]

Mit diesen Sätzen reflektiert Novalis im Zeichen neuer intellektueller Herausforderungen auf das, was schon im Radikalpietismus in den Blick kam. Dies ist nicht nur, wie man oft hervorhebt, die Betonung und Aufwertung von Gefühl und Empfindung gegenüber der Vernunft, sondern wiederum die Privilegierung einer bestimmten Praxis, die die Sinnlichkeit bearbeitet und dabei Stadien von Harmonie und Disharmonie produziert und durchläuft. Zu erinnern ist etwa an Zinzendorfs Gedichte und Lieder, in denen göttliche Inspiration, wie Hans-Georg Kemper schreibt, „der Dichtung ... nicht eigentlich mehr voraus" ging, sondern „eng mit dem poetischen Schaffensprozess verbunden" war. Dies bedeutet indes auch, dass nicht einfach „Kunstgriffe der Affekterregung" hier im Spiel sind, sondern – gerade in der Form des gemeinsamen Gesangs – gezielt mit Mitteln der Figuration eine Ergriffenheit und Ermunterung produziert wird, die als Genuss in einer neu geformten Sinnes- und Gefühlslandschaft zu bezeichnen ist. Dies ließe sich exemplarisch anhand des von Zinzendorf gepflegten Kultes der Wunden

---

37 Ebd., S. 385f.

Christi beschreiben. Vieles in dieser Dichtung erinnert an Gleim, vor allem auch die formale Struktur von Repetition und Variation, die den Übungscharakter betont. Nicht affekterregende Deskriptio ist hier das Ziel, sondern die Elaboration einer in der Zeit sich vollziehenden und sich übenden Gestaltung des sinnlich-affektiven Lebens der Seele. Diese ist denn auch oft nicht weniger spielerisch-erotisch als die Poetik Gleims. In diesem „sinnlichen Umgang mit Christus gewann" nicht nur „die Phantasie bei den Herrnhutern im Unterschied zu Spener und Francke einen überragenden Stellenwert", sondern das Vorgestellte sollte in den Sinnen „hie wahr" werden.[38] Auch hier geht es damit nicht bloß um intensiv affizierende Vorstellung, sondern um eine Transfiguration der Sphäre der Sinnlichkeit, die neue Erfahrungsmöglichkeiten schafft und, mit Novalis zu sprechen, das „System der Sinne" in der Überschreitung des Naturalismus als modulierbar und formbar begreift. Gerade diese Provokation bildet den wichtigsten Punkt der Schwärmerkritik, und gerade in dieser Hinsicht sind die Schwärmer gleichzeitig der aufklärerischen „Rehabilitation der Sinne" und der Tradition asketischer Praxis verpflichtet.

V Coda

Was wir in den drei besprochenen Beispielen vor uns sehen, ist, um nochmals Novalis' Begriff zu bemühen, ein in seiner kritischen Position aufgeklärter und neuer Zugriff auf das „System der Sinne", das dieses als form- und gestaltbar fasst. Dabei entsteht in der Spannung von Naturalismus und Antinaturalismus, die die Übung mit dem Ziel der Transfiguration im Anschluss an asketische Praktiken immer neu inszeniert, ein exzessiver Überschuss, dessen Dimensionen im achtzehnten Jahrhundert nicht nur diszipliniert und der kritischen Vernunft subordiniert, sondern auf verblüffend vielfache Weise neu elaboriert und exploriert werden. In den Blick kommt dabei eine die normativen Perspektiven materialistischer, idealistischer und rationalistischer Prägung herausfordernde Praxis, die in der Zurückweisung der fixierten Pathosformeln barocker Allegorie und in der Auseinandersetzung mit den Aufklärungsideen eine Kunst der Figuration gewinnt, deren pragmatische Seite eine Kultur der Sinnlichkeit bildet. Darin bleibt, wie in der Tradition mittelalterlicher Askese, die Ambivalenz der Sinnlichkeit insofern bestehen, als diese in ihrer Grundform den irreduziblen Ausgangspunkt aller aufgeklärten Vernunft, in den Intensivierungsformen jedoch

---

[38] Hans-Georg Kemper: *Deutsche Lyrik der frühen Neuzeit*. Bd. 6/1: Empfindsamkeit. Tübingen 1997, alle Zitate S. 53.

gleichzeitig die Schwelle eines die Normativität der Vernunft unterlaufenden freien Genusses bilden. Ist es in der religiösen Askese die Dämonologie und die sogenannte Unterscheidung der Geister, die den Kontrollhorizont der dabei produzierten sinnlichen und affektiven Intensitäten bildet, besetzt in der bürgerlichen Kultur der Moderne das Maß der Natürlichkeit, Gesundheit und Gepflegtheit diese Stelle. Sie unterwirft die dargestellten Produktionsformen exzessiver Sinnlichkeit einer regulierenden Vernunft, die indes, wie dies im Falle der Libertinage und ein Jahrhundert später in der Dekadenz deutlich vor Augen tritt, permanent unterlaufen wird durch die Dynamiken figuraler Stimulierung, welche die Aufklärung als Kritik freisetzt.

Alice Stašková
Aufklärung und Exzess in de Sades *La Philosophie dans le boudoir*

Marquis de Sades Schrift *La Philosophie dans le boudoir ou Les instituteurs immoraux* von 1795 thematisiert Aufklärung und Exzess in ihrem wechselseitigen Verhältnis. In welcher ungewöhnlichen Weise dies geschieht, soll im Folgenden betrachtet werden. Dem gehen eine historische Kontextualisierung der Schrift sowie Anmerkungen zur Gattung, zum Inhalt und zur Komposition voran. Zum Schluss soll erwogen werden, inwieweit in Sades Text eine Rhetorik realisiert wird, die eine wirksame radikale Aufklärung[1] intendiert.

I Gattungen, Komposition, Zeiträume

La Philosophie dans le boudoir[2] besteht aus sieben Dialogen. Die ersten beiden sowie die Dialoge sechs und sieben erinnern an ein Theaterstück, indem sie einer Dramaturgie der Steigerung folgen, Akteure ankündigen, diese charakterisieren und deren Beziehungen vor Augen führen und in Nebentexten auf die Bühnenpraxis anspielen sowie Entlehnungen aus (unter anderem) klandestiner erotischer Theaterliteratur aufweisen.[3] Dagegen gehören die mittleren drei Teile dem Register des philosophischen Dialogs an. Die Erweiterung des Titels durch „les instituteurs immoraux" oder „libertins"[4] markiert die pädagogische und didaktische Intention der Schrift. Der Zusatz „dialogues destinés à l'éducation des

---

[1] Mit dem Begriff der „radikalen Aufklärung" schließe ich an die bisherige Forschung und Diskussion zur „Radikalaufklärung" an; vgl. Jonathan I. Israel und Martin Mulsow (Hg.): *Radikalaufklärung*, Frankfurt/M. 2014 sowie Martin Mulsow: *Radikale Frühaufklärung in Deutschland 1680–1720*, 2 Bde., Göttingen 2018 (sowie die Fassung: Ders.: *Moderne aus dem Untergrund: radikale Frühaufklärung in Deutschland 1680–1720*, Hamburg 2002).
[2] [Donatien Alphonse François de] Sade: La Philosophie dans le boudoir ou Les instituteurs immoraux (1795). In: Ders.: *Oeuvres*. Bd. III. Hg. von Michel Delon in Zusammenarbeit mit Jean Deprun. Paris 1998, S. 1–178.
[3] Vgl. hierzu Jean Deprun: Notice. In: Sade, *Oeuvres* Bd. III 1998, S. 1275 sowie die einschlägigen Kommentare in der zitierten Edition, auch bezüglich weiterer Dramen anderer Provenienz (Corneille, Voltaire u.a.).
[4] Es handelt sich um eine Abweichung zwischen den Titelblättern des ersten und des zweiten Bandes der Ausgabe von 1795.

jeunes demoiselles"[5] betont überdies, dass es sich im Jahrhundert der Erziehung eben um eine Erziehungsschrift handelt. Auf der Titelseite wird die Schrift als ein posthumes Werk des Autors der *Justine* ausgewiesen: Über den Werbezweck hinaus – versprochen wird eine weitere Herausforderung der Sittlichkeit in pornographischer Manier – spielt dieser Zusatz auch auf die Romangattung an, von der die Intrige – die Vorbereitung eines Mordes – profitiert. Die Widmung „Aux libertins" wendet sich an die Wollüstigen jeden Alters und Geschlechts und nimmt das Grundphilosophem vorweg: Leidenschaften seien Mittel, mit denen die Natur ihre Absichten mit dem Menschen realisiert.[6] Sades Übernahmen, die (neben vielen anderen) insbesondere aus den Schriften von Paul-Henry Thiry d'Holbach stammen (konkret aus *Le Bon Sens*, *Système de la Nature* sowie *Histoire critique de Jésus Christ*),[7] bestätigen das in der Vorrede formulierte Bekenntnis zur Religionskritik und zum Materialismus.

Implizit präsentiert sich der Autor in seiner Widmung als ein *moraliste*, der die Thesen der „philosophes naturalistes" in der Praxis umsetzt,[8] oder, wie noch

---

5 Zu Vorgängerschriften, zur Tradition der (klandestinen) sexuellen Aufklärung sowie des erotischen und philosophischen Dialogs vgl. Michel Delon: Introduction. In: Sade, *Oeuvres* Bd. III (1998), S. IX–XIV, hier S. XII, sowie die Kommentare von Jean Deprun zu Intertextualität und Ikonographie der gesamten Titelei, ebd., S. 1282–1285. Vgl. ferner Michel Delon: Introduction. In: Sade, *Oeuvres*. Bd. I. Hg. von Michel Delon. Paris 1990, S. IX–LVIII sowie ders.: „Zwischen „Thérèse philosophe" und „Philosophie dans le Boudoir": der Ort der Philosophie [zuerst französisch 1983]. In: *Sade und... Essays von Horst Albert Glaser aus dreißig Jahren*. Hg. Sabine Kleine. Stuttgart und Weimar 2000, S. 163–184.
6 Vgl. Sade, La Philosophie dans le boudoir (1795) 1998, S. 3: „Voluptueux de tous les âges et de tous les sexes, c'est à vous seuls que j'offre cet ouvrage [...] ces passions [...] ne sont que les moyens que la nature emploie pour faire parvenir l'homme aux vues qu'elle a sur lui".
7 Die Forschung zu Quellen und Vorlagen von Sades philosophischen Auffassungen ist reichhaltig und ergiebig. Für die philosophischen Hintergründe, Grund- und Vorlagen sowie auch Spezifika von Sades Materialismus, die für meine folgenden Überlegungen zu Sades Schrift grundlegend sind, vgl. insbesondere die Arbeiten von Jean Deprun. Für einen kurzen Überblick zu Aspekten der Erkenntnistheorie und Ethik vgl. Deprun: Sade philosophe. In: Sade, *Oeuvres*. Bd. I (1990), S. LVIX–LXIX.
8 Zum Begriff des Moralisten vgl. Louis van Delft: *Le moraliste classique. Essai de définition et de typologie*, Genève 1982, S. 108: „nous appellerons moraliste l'écrivain qui traite des mœurs et (ou) s'adonne à l'analyse, en ne s'interdisant pas de rappeler des normes [...]; dont l'attitude consiste à se maintenir avant tout à hauteur d'homme, du fait du vif intérêt qu'il porte au vécu." Vgl. auch Georges Benrekassa: Moeurs comme „concept politique", 1680–1820. In: Ders.: *Le langage des Lumières. Concepts et savoir de la langue*. Paris 1995, S. 47–97. In diesem Sinne ist wohl die Formulierung von Michel Delon in seiner Einleitung zu (unter anderem) *La Philosophie dans le boudoir* zu verstehen, „Sade collectionne en moraliste les bizarreries de l'espèce". In: Delon: Introduction 1998, S. XVIII. Vgl. den Rückgriff auf die Bezeichnung „naturalistes modernes", an denen sich die „moralistes" in ihren Schlussfolgerungen orientierten, in der Replik von Madame

dargelegt werden soll, mit Blick auf die Legislative weiterdenkt. Der Autor als Moralist teilt mit den Libertins seiner Schrift, wie Louis van Delft bezüglich der Moralisten formulierte, einen *goût pour la liberté*.[9] Die Akteure der Dialoge stellen eine Typologie des *libertins* im Sinne der dreifachen Bestimmung des Begriffs dar: *Libertin* bezeichnet einen religionskritischen bis atheistischen Denker und seinen Habitus,[10] ferner (möglicherweise aber nicht notwendigerweise damit einhergehend) eine Person, die frei von geltenden gesellschaftlichen Normen ihren Leidenschaften folgt, und, so eine dritte Abschattierung der Bedeutung, diese Freiheit auf einer Skala zwischen „volupté" und „débauche" auslebt.[11]

Entstanden ist die Schrift vermutlich in mehreren Phasen zwischen 1790 und 1795, intensiv hat Sade daran wohl in den Jahren 1793/94 gearbeitet. Die finale Redaktion erfolgte im späten Sommer oder frühen Herbst 1795; im Herbst des Jahres wurden die Dialoge in zwei Bänden gemeinsam mit einem allegorischen Frontispiz und vier Kupferstichen veröffentlicht.[12] Die Zeitgeschichte schreibt sich in den gesamten Text auf eine irritierende Art und Weise ein. Das Personal und die Intrige evozieren das Ancien Régime, das jedoch durch die diskutierte Philosophie sowie durch den revolutionären Gesetzesdiskurs überblendet wird. Im Mittelpunkt stehen mehrere Libertins: Madame de Saint-Ange, der Atheist und Materialist Dolmancé, der vermutlich Jurist ist, sowie der junge, von seiner Rousseau-Lektüre geprägte Chevalier de Mirvel, Bruder der Madame. Sie führen an einem Nachmittag das Projekt der Erziehung des 15-jährigen Mädchens Eugénie de Mistival zur Libertinage durch. Im fünften Dialog, mit dem der zweite Band der ursprünglichen Veröffentlichung ansetzt, wird zu Zwecken der Demonstration sowie auch, um die Lehrer bei der Durchführung der sexuellen Initiation von Eugénie zu unterstützen, ein vitaler Mann aus dem Volk, der Gärtner Augustin geholt. Das Mädchen, Tochter eines Libertins und einer devoten Katholikin, erweist sich als ein besonders geeignetes Objekt der libertinen Erziehung. Denn sie

---

de Saint-Ange, in: Sade, La Philosophie dans le boudoir (1795) 1998, S. 24 sowie den Kommentar dazu ebd. S. 1292f.
9 Vgl. Van Delft: *Le moraliste classique* 1982, S. 108.
10 Vgl. *Dictionnaire de Trévoux*, Ausgabe von 1740 (=Dictionnaire universel francois et latin contenant la definition et la signification [...], Nancy 1740; https://www.cnrtl.fr/dictionnaires/anci ens/trevoux/lorraine.php), Artikel „Libèrtinage" und „Libèrtin" und die dort gebotene Bestimmung als *religionis contemptor*: https://www.cnrtl.fr/dictionnaires/anciens/trevoux/resultat/af fichimage.php?image=jpg/DUT04_1000141.jpg (21. Februar 2021).
11 D. J. [= Louis de Jaucourt], Art. „Libertinage". In: *Encyclopédie ou Dictionnaire raisonné des sciences, des arts et des métiers* (1751–1772), Bd. IX, Paris 1765, S. 476: „Il tient le milieu entre la volupté & la débauche". Vgl. auch die Ausführungen zu „libertinage" in: Delon: Zwischen *Thérèse philosophe* und *Philosophie dans le boudoir* (1983) 2000, S. 165ff.
12 Vgl. die Kommentare von Jean Deprun in: Sade, Oeuvres Bd. III 1998, S. 1265f. bzw. S. 1281.

übertrifft bald ihre Lehrer an Phantasie und Initiative und nimmt selbst das Finale der Handlung vorweg. Nachdem sie im dritten Dialog lernt, dass der Begriff des Verbrechens nichtig ist und im fünften Dialog in dieser Einsicht bestätigt wird („Il n'est crime à rien"[13], fasst Dolmancé zusammen), zieht sie, durch den Entwurf einer entsprechenden Gesetzgebung zudem angeregt, in mehreren Anläufen Mittel in Erwägung, wie sie sich an ihrer verhassten Mutter rächen kann. Diese wird im letzten, siebten Dialog grausam gefoltert, vor ein Tribunal der Libertins gestellt, gerichtet und, indem sie vorsätzlich mit Syphilis infiziert wird, zum späteren Tod verurteilt.[14]

Auf die Erziehung von Eugénie konzentrieren sich der dritte und der fünfte Dialog. Der dritte liefert die philosophischen Grundlagen, der fünfte dann eine sozialpolitische Anwendung. Im dritten Dialog werden nominale und materiale (anatomische und physiologische) Definitionen von Körperteilen, physiologischen Prozessen und Sexualpraktiken in allen Sprachregistern bereitgestellt und entsprechende Schlussfolgerungen vorgelegt, wobei auf die Erklärungen jeweils *demonstrationes ad oculos* sowie praktische Ausführungen und Übungen folgen.[15] Im fünften Dialog wird die Initiation und Formung von Eugénie in einer aufwendig inszenierten Entjungferung abgeschlossen, so dass eine Anwendung der dieser Erziehung zugrunde liegenden Philosophie auf den Bereich der Legislative in diskursiver Weise erfolgen kann.

Die Dramaturgie und die Komposition des gesamten Textes der *Philosophie dans le boudoir* folgen dem Inhalt: Die zunehmend komplizierten und anspruchsvollen Stellungen, Arrangements und immer anstrengenderen Aktionen dienen einer lustbringenden Erziehung zur Lust; bis zum fünften Dialog befördern sie eine immer wieder suspendierte Dramaturgie der Klimax. Sie fordern den Akteuren allerdings immer längere Phasen körperlicher Ruhe zur Sammlung neuer Kräfte ab. Diese Ruhephasen werden durch Aktivitäten des Geistes ausgefüllt: Es werden die *dissertations*[16] verlautbart, also systematische Ausführungen seitens Madame de Saint-Ange und vor allem Dolmancé bezüglich des jeweiligen soeben erprobten Aspekts der libertinen Erziehung. Das „équilibre soigneux entre

---

13 Ebd., S. 98.
14 Zu diesem Zweck wird im letzten Dialog eine Nebenfigur ins Spiel gebracht, ein bereits an Syphilis erkrankter Diener mit dem konventionellen Namen La Fleur.
15 Die systematische Terminologie sowie auch die Struktur der Darlegungen wird von den Erziehern selbst geliefert und betont; vgl. „préliminaires" (Sade, La Philosophie dans le boudoir [1795] 1998, S. 15), „démonstrations" (ebd., S. 19), „définition" als Explikation des Wortes (ebd., S. 24) u. a. sowie die Art und Weise, wie Dolmancé seine Erörterungen gliedert.
16 Vgl. etwa in der ‚Regieanweisung', ebd., S. 26: „*(le calme s'étant un peu rétabli pendant ces dissertations [...])*".

la combinatoire des corps et l'enchaînement des raisons", das Michel Foucault in Sades Romanen feststellt,[17] wird in dessen *Philosophie dans le boudoir* systematisch. Im fünften Dialog, nachdem die theoretische wie praktische Initiation von Eugénie ihren Abschluss gefunden hat, wird eine als zuvor gekauft ausgewiesene, anonyme Broschüre politisch-philosophischen Inhalts verlesen.[18] In diesem Traktat werden Konsequenzen aus dem im dritten Dialog erörterten System der Natur für die Legislative des (post)revolutionären Frankreich gezogen; die Philosophie der *naturalistes* und die Betrachtungen des *moraliste* werden auf die *res publica* angewandt.

Das im Titel von Sades Schrift angezeigte Boudoir bezeichnet einen weiblichen Rückzugsort als Pendant zum männlichen *cabinet d'études*.[19] Die Spiegel an den Wänden des Boudoirs reflektieren bald die lustvollen Aktionen,[20] bald setzen sie die Reflexionen der von den *actus* so ermüdeten wie angeregten, unter der „Fackel der Vernunft"[21] philosophierenden Libertins ins Bild. In einem, mit Michel Delon gesprochen, experimentellen Ort der Aufklärung wird hier also ein junger Mensch formiert: Eine Erziehung (der *terminus* der zeitgenössischen Pädagogik lautet *informatio*) des Menschen findet statt, im Geiste der Aufklärung und zwar, so die These der folgenden Ausführungen, unter instrumental-heuristischem Einsatz des Exzesses.

---

17 Michel Foucault: *Les mots et les choses. Une archéologie des sciences humaines.* Paris 1966, S. 222. Sades eigentümliche Semiotik markiere dabei das Ende einer Epoche der Repräsentation und mithin auch den Übergang zur Moderne.
18 Diese nimmt fast ein Viertel des gesamten Textes von *La Philosophie dans le boudoir* ein.
19 Vgl. Michel Delon: *L'invention du boudoir.* Paris 1999.
20 Vgl. die Antwort von Madame de Saint-Ange auf die Frage Eugénies, wozu die vielen Spiegel: „C'est pour que, répétant les attitudes en mille sens divers, elles multiplient à l'infini les mêmes jouissances aux yeux de ceux qui les goûtent" (Sade, La Philosophie dans le boudoir [1795] 1998, S. 20).
21 Die topische Wendung „flambeau de la philosophie" oder „flambeau de la raison" wird an brisanten Stellen der philosophischen Argumentation bemüht, etwa, wenn es um die Entkriminalisierung des Mordes geht (vgl. ebd., S. 64, S. 125 und insb. S. 146, wo die Begründung des Mordes kulminiert: „daignons éclairer un instant notre âme du saint flambeau de la philosophie; quelle autre voix que celle de la nature, nous suggère les haines personnelles, les vengeances, les guerres, en un mot, tous ces motifs de meurtres perpétuels; or, si elle nous les conseille, elle en a donc besoin.") oder um kriminalisierte sexuelle Praktiken (vgl. S. 140: „Est-il possible d'imaginer que la nature nous donnât la possibilité d'un crime qui l'outragerait? [...] Il est inouï dans quel gouffre d'absurdités l'on se jette, quand on abandonne, pour raisonner, les secours du flambeau de la raison.")

II Aufklärung und Exzess

Die vorgeführte libertine Erziehung nutzt den Begriff des Exzesses in seinen beiden Ausprägungen. Der *Dictionnaire de Trévoux* und (zum Teil in dessen Nachfolge) die *Encyclopédie* unterscheiden die literale von der übertragenen Bedeutung von „excès". Die erste, physikalische Bedeutung geht in einem relativen Begriff auf. Sie bezeichnet den quantitativen Unterschied zwischen zwei Gegenständen und mithin das, was über ein gegebenes Maß hinausragt. Die zweite, auf die Sitten übertragene Bedeutung weist den Exzess als einen absoluten Begriff aus und bezeichnet damit den Zustand einer Deregulierung und Unordnung („déréglement", „désordre"); die lateinische Entsprechung für den diesbezüglichen Habitus[22] ist *intemperantia*.[23] Während der relative Begriff also ein Übermaß bezeichnet, wird der absolute Begriff von „excès" als das Andere der Ordnung, in Ermangelung jeglichen Maßes bestimmt.

Die Aufklärung in Sades Dialogfolge bedient sich zu ihren Zwecken (implizit) des Exzess-Begriffs,[24] indem sie eine zweifache Interpretation der Fakten vorführt.

---

[22] Unter „Habitus" verstehe ich – im Sinne der Explikation des Zedlerschen Lexikons – die entsprechenden Sitten. Die Sitten, so Zedler, bedeuten „den Habitum oder die Einrichtung des menschlichen Willes, da er zu gewissen Thun und Lassen geneigt ist, welcher Habitus entweder nach der gesunden Vernunft eingerichtet; oder mit derselben streitet." Johann Heinrich Zedler: *Grosses vollständiges Universal-Lexikon Aller Wissenschaften und Künste*. Halle, Leipzig 1732–1756, Bd. 37, Sp. 1747. (https://www.zedler-lexikon.de/index.html?c=blaettern&seitenzahl=937&bandnummer=37&view=100&l=de) [27. Mai 2021].

[23] *Dictionnaire de Trévoux* 1740: „Excès, se dit en Morale, & signifie, Déréglement, désordre: ce qui passe au-delà des justes bornes, & des mesures préscrites à châque chose. *Intemperantia. Incontinentia.*" Vgl. auch ebd. die Beispiele für den literarischen Gebrauch. https://www.cnrtl.fr/dictionnaires/anciens/trevoux/resultat/affichimage.php?image=jpg/DUT03_0288.jpg. (26. Februar 2021) Vgl. ferner [Edme François Mallet]: Art. „Excès". In: *Encyclopédie* Bd. VI (1756), S. 219: „au physique, c'est la différence de deux quantités inégales. Au moral, l'acception n'est pas fort différente. On suppose pareillement une mesure à laquelle les qualités et les actions peuvent être comparées; & c'est par cette comparaison qu'on juge qu'il y a excès ou défaut."

[24] Implizit, denn als *Wort* ist „excès" relativ selten in Sades Text; dies dürfte als ein zusätzliches Argument dafür gelten, dass, wie noch gezeigt werden soll, im System der Natur, so wie es in Sades Boudoir gelehrt und praktiziert wird, der Exzess als zu sanktionierendes Außer-Ordentliches keinen systematischen Ort beziehen kann – mit der Ausnahme der Religion (s. weiter). Dolmancé verwendet das Wort „excès", wenn er die Aufopferung der Objekte einer ausschweifenden Wollust meint; diese Beseitigung der Opfer, die er im Allgemeinen gutheißt, solle allerdings nicht unter den *libertins* selbst praktiziert werden: „Ces excès parfaitement simples et très conçus de moi, sans doute, ne doivent pourtant jamais s'exécuter entre nous. ‚Jamais entre eux ne se mangent les loups'". (Sade: La Philosophie dans le boudoir [1795] 1998, S. 60, vgl. auch S. 69). Die jeweiligen Aktionen, die außerhalb des aufgeklärten Boudoirs als eventuelle Exzesse sank-

Die jeweiligen Lektionen der Unterweisung von Eugénie sind homolog. Nach einer theoretischen Erörterung und praktischen Ausübung ermahnt die Lehrerin Madame de Saint-Ange öfters zur Ordnung[25] und weist somit das zuvor Geschehene als einen Exzess im absoluten Sinne aus: Es gelte nun, die Ordnung erneut zu etablieren. Die gelehrige Schülerin reflektiert also das Vorangegangene, beurteilt es jeweils nach dem Maß ihrer vorlibertinen Erziehung, ihrer *praeformatio* und interpretiert es dementsprechend als Exzess im ersten, relativen Sinne und mithin als eine zu sanktionierende Abweichung von der ihr bekannten Norm.

Der Reihe nach betrachtet gehören hierzu alle Verstöße gegen die für Eugénie bis dahin verbindlichen Maßstäbe von „vertu", „piété", „charité" und „bienfaisance"[26] im dritten Dialog und dann „liens de sang", „amour", „amitié", „reconnaissance"[27] im fünften. Die belehrenden Antworten auf Eugénies Einschätzungen und Fragen kulminieren in der Legitimierung der Tötung und des Mordes, gefolgt von den „Freuden der Grausamkeit".[28] Nach der ersten Interpretation dieser Praxen als Exzess seitens Eugénie übernehmen die Lehrer also den Part und klären die Schülerin progressiv über das System der Natur auf. Keines dieser Phänomene, keine dieser Aktivitäten können als „außerordentlich" („extraordinaire") qualifiziert werden, verkündet der libertine Lehrer Dolmancé und entfaltet eine Phänomenologie der Sexualverhalten sowie auch der Tötungsarten; nichts liege außerhalb der Ordnung der Natur.[29] Diese gründe sich auf ein und dasselbe Prinzip, nämlich eine energetische (ein Modebegriff der Zeit)[30] Bewegung per-

---

tioniert würden, nennen die *libertins* im fröhlichen Ton „écarts" (vgl. ebd. S. 50, „écarts prodigieux", S. 51, „cet écart-la", S. 175). Als „écarts" – im Sinne von Abweichung und Ausschweifung zugleich – kritisiert der rousseauisch geprägte junge Chevalier de Mirvel die antihumanistische Einstellung der *libertins* (ebd., S. 155).
25 Vgl. ebd., S. 56: „Mme de Saint-Ange: Mettons, s'il vous plait, un peu d'ordre à ces orgies [...]".
26 Vgl. ebd., S. 27–32.
27 Vgl. ebd., S. 99; diese Frage veranlasst die Entfaltung einer Philosophie des „isolisme" von Dolmancé (und hier auch Sade). Zu den drei tragenden Motiven von Sades Philosophie, „isolisme", „intensivisme" und „antiphysisme" vgl. Deprun: Sade philosophe 1990, S. LXI ff.
28 Vgl. „Les plaisirs de la cruauté" (Sade, La Philosophie dans le boudoir [1795] 1998, S. 67 und das Argument, diese folgten einer Dynamik der Natur, die sich auf dem Prinzip (größtmöglicher) Erschütterungen gründet, was diese „Freuden", so wörtlich, „legitimiert" („voici l'argument [...] pour les legitimer.").
29 Vgl. ebd. S. 43: „Eugénie: Voilà une fantaisie [hier bezogen auf kaprophile Praktiken] bien extraordinaire. Dolmancé: Aucune ne peut se qualifier ainsi, ma chère, toutes sont dans la nature [...]".
30 Vgl. Paul-Henry Th. D'Holbach: *Système de la nature ou Des lois du monde physique et du monde moral*. Nouvelle edition, avec des notes et des corrections, par Diderot. 2 Bde (1821). Hg. Yvon Belaval. Hildesheim, Zürich und New York 1994, Bd. 1, S. 178: „La nature ne fait les hommes ni bons, ni méchans; elle en fait des machines plus ou moins actives, mobiles, énergiques [...]".

manenter Destruktion und Regeneration. Deren Ursprung ist unbekannt, sie folgt keiner Teleologie und hat eine momentane Lust als Ergebnis von modifizierenden Erschütterungen, Chocs und Vibrationen zum Nebeneffekt. Die Dynamik der Natur kann somit als eine Folge von Transmutationen[31] beschrieben werden, als eine unendlich zu denkende Variation, Kombination und Permutation von Formen und Elementen.

Das von Eugénie zunächst als Exzess Eingestufte wird also durch die Einordnung in das System der Natur nachträglich als ein Naturkonformes ausgewiesen. Der jeweilige Exzess wird somit in der Ordnung der Natur und ihrer Zwecke aufgehoben. In dem Moment, wo die Erziehung von Eugénie, also ihre Formung, im fünften Dialog abgeschlossen wird, weicht die Form des Gesprächs dem Traktat. Dieser doppelte Abschluss – der Erziehung und der Dialogform – ist konsequent. Er realisiert, dass im philosophischen Dialog, wie es Jürgen Mittelstrass formulierte, nicht Konzepte und Auffassungen, sondern die Subjekte – und man kann hinzufügen Identitäten – zur Disposition stehen.[32] Entsprechend geht es in dem folgenden Traktat nicht länger um Modi der Libertinage, sondern um Gesetzgebung einer Republik nach der Erschütterung durch die Revolution sowie um die konkrete Anwendung des Systems der Natur auf die gegenwärtige Republik der Franzosen.

Die Broschüre wurde von Dolmancé kurz vorher (wie es wörtlich heißt) „vor dem Palast der Egalité"[33] gekauft. Dies spielt auf die Folgen der Aufhebung der Zensur im Sommer 1789 an: Die Broschüre dürfte dort, vor dem einstigen Palais Royal, auch neben Sades *Justine*-Roman gelegen haben, der nun ebenfalls aus der Klandestinität gehoben wurde. Die bereits erwähnte Überblendung zweier Epochen realisiert sich ab diesem Moment im Text auch in einem Vexierspiel aus Fiktion, Imagination und der Einschreibung außertextlicher Realität. In der

---

[31] Zur Bestimmung des Todes als „transmutation", die „une de ses [de la nature] premières lois" darstelle, vgl. ebd., S. 145.

[32] Vgl. Jürgen Mittelstrass: Versuch über den sokratischen Dialog. In: *Das Gespräch*. Hg. Karlheinz Stierle und Rainer Warning. München 1996 (2. Auflage), S. 11–28, hier S. 13: „Im philosophischen Dialog stehen die Subjekte, nicht ihre Meinungen, auf dem Spiel." Konsequenterweise wendet sich Eugénie nach der orgiastisch inszenierten Entjungferung an Dolmancé, er solle ihre Ausbildung („instruction") fortsetzen. Sie verwendet die ihrer *praeformatio* eigenen Begriffe „excès" und „remords", die nun endgültig beseitigt werden sollten: „Continuez mon instruction, Dolmancé, et dites-moi quelque chose qui me console des excès où me voilà livrée; éteignez mes remords; encouragez-moi." Madame de Saint-Ange betont daraufhin, die Erziehung solle vollendet werden: „[I]l faut qu'un peu de théorie succède à la pratique; c'est le moyen d'en faire une écolière parfaite" (Sade, La Philosophie dans le boudoir [1795] 1998, S. 110).

[33] Ebd.

Broschüre werden „sanfte Gesetze" („lois douces"[34]) eingefordert und wird somit eine Entkriminalisierung von bisher als Delikte eingestuften Handlungen intendiert. Der intratextuelle anonyme Verfasser dieser Broschüre arbeitet systematisch die drei Pflichtbereiche ab, die dem naturrechtlichen Diskurs entnommen sind: Pflichten gegenüber Gott, gegenüber dem Nächsten und gegenüber sich selbst. Alle Delikte, die sich aus dem ersten Pflichtbereich ergeben, erweisen sich als nichtig, denn es gibt, wie der erste, militant atheistische Teil der Broschüre beweist, keinen Gott. Diejenigen bis dato als Verbrechen eingestuften Taten, die sich dem zweiten Bereich der Pflichten zuordnen lassen, werden am System der Natur bemessen und den Pflichten gegenüber sich selbst untergeordnet. Die Skala ist komplett und reicht von der Beleidigung über Eigentums- und Sexualdelikte bis hin zum vorsätzlichen Mord. Eine Klammer bildet dabei ein Plädoyer für die Aufhebung der Todesstrafe.

Zwei zeitgenössische Diskurse werden im Traktat implizit verhandelt und miteinander verschränkt: die Frage nach dem Verhältnis von Sitten und Gesetzen sowie die mit dem Motiv des Exzesses zusammenhängende Frage nach dem rechten Maß. „Ich möchte wissen," sagt die nun libertine Eugénie, „ob die Sitten in einer regierten Gesellschaft (einem Gouvernement) wirklich notwendig sind, ob sie einigen Einfluss auf den Charakter der Nation zeitigen?"[35] Darauf antwortet nun das verlesene Pamphlet, betitelt *Français, encore un effort si vous voulez être républicains.*

Das hier verhandelte Verhältnis von Gesetzen und Sitten wurde, wie Georges Benrekassa in seinen Studien zur Sprache der Aufklärung dargelegt hat, zu einem zentral diskutierten Problem in der zweiten Hälfte des achtzehnten Jahrhunderts.[36] Sind es die Sitten, die Gesetzen vorangehen oder umgekehrt? Montesquieu etwa erwog eine Art zirkuläres Verhältnis. Während dann unmittelbar vor der Revolution die Auffassung stärker vertreten war, dass der Erhalt des Staates viel mehr von der Qualität der Sitten abhängt (nachzulesen beispielsweise bei Louis Sébastien Mercier),[37] setzt sich in der *terreur*-Phase die Regulierung der Sitten mithilfe der Gesetze durch. D'Holbach selbst, auf den sich Sade ansonsten ja

---

34 Ebd., S. 124 u. a.
35 Ebd., S. 110: „Eugénie: Je voudrais savoir si les moeurs sont vraiment nécessaires dans un gouvernement, si leur influence est de quelque poids sur le génie d'une nation?". (Übersetzung von mir) Allerdings bedeuten hier „moeurs" gute, moralische Sitten.
36 Vgl. Benrekassa, *Langage des Lumières* 1995.
37 Vgl. ebd., S. 68 f.

gerne beruft, geht im *Système de la nature* allerdings ebenfalls davon aus, dass Sitten primär von den Gesetzen abhängen.³⁸

Wie sieht es nun in der im Sadeschen Boudoir verlesenen Broschüre aus? Der Vorschlag der sanften, weichen Gesetze präferiert eindeutig, dass sich Gesetze den Sitten anpassen; nämlich Sitten, die in dieser (noch nicht vollkommen) freien Republik Frankreich bereits herrschen. Eine weitgehende Entkriminalisierung wird somit zur Garantie dafür, dass die Freiheit erhalten bleibt. Das Maß der Sitten wird zur Norm der Gesetze.

Der im Pamphlet verhandelte historische Zeitraum ist aufgrund verschiedener Hinweise im Text relativ gut zu bestimmen: Vom Standpunkt der *terreur*-Phase aus wird die Situation nach dem Sturz Robespierres analysiert und dementsprechend eine neue, auf die *terreur*-Phase folgende Gesetzgebung entworfen. Die Frage nach dem Verhältnis von Sitten und Gesetzen begegnet nun konsequenterweise der damals ebenfalls virulenten Diskussion über das – neue, erst noch zu findende – Maß. Die Berufung auf ein Maß bekennt sich zur Beherrschung, legt aber zugleich das Geständnis ab, dass diese Beherrschung nur beschränkt sein kann.³⁹ Die Politisierung des Begriffs des Maßes und mithin auch der Mäßigung in Frankreich wird von der Forderung nach der Autonomie des Subjekts begleitet; auch daran partizipiert der von Sade anonym inszenierte Gesetzesentwurf.⁴⁰ Während sich die Revolution radikalisiert, finden sich allerdings gemäßigte Parteien zunehmend dem gefährlichen Vorwurf ausgesetzt, die Freiheit zu verhindern, bis hin zum Aufruf Robespierres, diejenigen unbarmherzig zu verfolgen, die sich durch einen „caractère de modérantisme" auszeichnen. In einem *Catéchisme révolutionnaire* aus dem Jahre 1793 ist dementsprechend zu lesen: „La modération est un crime contre l'humanité."⁴¹ In der Folge von Robespierres Aufruf wurde übrigens im Dezember 1793 auch der *citoyen* Sade als *modéré* verhaftet.

---

38 Vgl. D'Holbach: *Système de la nature* (1821) 1994, Bd. 1, S. 176 f.: „En effet le gouvernement, dispensateur des grandeurs [...] maître des objets dans lesquels les hommes ont appris dès l'enfance à placer leur félicité, acquiert une influence nécessaire sur leurs conduite [...] determine leurs *moeurs* qui ne sont dans les peuples entiers, comme dans les individus, que la conduite ou le système général de volontés et d'actions, qui résulte nécessairement de leur éducation, de leur gouvernement, de leurs lois [...]". (Hervorhebung im Text).
39 Vgl. Benrekassa, *Langage des Lumières* 1995, S. 127 (Kapitel: Modéré, modération, modérantisme: le concept de modération de l'âge classique à l'âge bourgois).
40 Einschlägig ist dabei die Reflexion Dolmancés, der, wie bereits erwähnt wurde, vermutlich Jurist ist, über die Problematik des Gesetztes als Konflikt zwischen der allgemeinen Geltung und partikularen Anwendung; vgl. Sade, La Philosophie dans le boudoir (1795) 1998, S. 102 f.
41 Zit. nach Benrekassa, *Langage des Lumières* 1995, S. 149.

Zwei zentrale Argumente für die Entkriminalisierung der Sitten durch neue, sanfte Gesetze gehen in diesem Pamphlet auf eine Verschränkung des Systems der Natur mit dem Prinzip der (französischen) Republik zurück. Zunächst entspricht das Naturgesetz der permanenten Vibrationen und Erschütterungen der Auffassung, dass sich eine Republik auf der stetigen Bereitschaft zum Aufstand gründet.[42] Ferner liefert die derzeitige Situation Frankreichs selbst ein Argument für die konsequente Entkriminalisierung allen Tuns, denn diese Republik sei bereits im Verbrechen („car elle est déjà dans le crime").[43] Frankreich befindet sich ja in einem permanenten Kriegszustand[44] – und der Krieg ist, nach der expliziten Darlegung des Autors des Pamphlets, eine der Praktiken des Mordes unter anderen. Ein hiervon unabhängiges Maß im Rahmen der vorliegenden Ordnung der Dinge ist nicht denkbar; ein immoralischer Staat kann unmöglich seine Individuen zu moralischen machen.[45] Die Franzosen sollen allerdings – so die finale Pointe des Traktats – ihren verbrecherischen Sitten frönen und auf jegliche kriegerische Expansion über die Grenzen ihres freiheitlich-immoralischen Staates hinaus verzichten. Darin begegnet die Ablehnung der Todesstrafe, die der Ökonomie des Prinzips der Vergeltung von Morden mit Morden folge, einer allgemeinen Kritik des Kriegs als einer mörderischen Praxis unter anderen. Die Republik der Freiheit, in der sich Gesetze den Sitten anpassen, wird nun, so könnte man formulieren, zu einem *espace clos*, den *maisons closes* einer entfesselten Prostitution analog, deren Einrichtung unter Obhut des Staates die Broschüre empfiehlt.

Das Datum, an dem ein neues, vom Menschenkörper unabhängiges Maß, das Metermaß, eingeführt werden sollte, steht allerdings fest: Es ist der 7. April 1795. Einige Zeit, nachdem Danton, Robespierre und Saint-Just guillotiniert wurden,[46] legte die französische Nationalversammlung fest, dass ein Meter der zehnmilli-

---

42 Vgl. Sade, La Philosophie dans le boudoir (1795) 1998, S. 129: „L'insurrection, pensaient ces sages législateurs, n'est point un état moral, il doit être pourtant l'état permanent d'une république [...]". Vgl. auch den Kommentar ebd., S. 1338. Es handelt sich um eine Anspielung auf den Artikel 35 der *Déclaration des droits de l'homme et du citoyen* und die Constitution vom 24. Juni 1793.
43 Ebd., S. 147.
44 Womöglich verweist dies auch – Sades ‚Hobbismus' vorausgesetzt – auf den Gesellschaftszustand allgemein. Vgl.: D'Holbach, *Système de la nature* (1821) 1994, Bd. I, S. 348 „L'état de société est un état de guerre du souverain contre tous, et de chacun des membres les uns contre les autres." (Mit einem Verweis auf Hobbes). Vgl. zum Rezeptionskontext Denis Diderot: Art. „Hobbisme, ou Philosophie d'Hobbes". In: *Encyclopédie* Bd. VIII, Neufchastel 1765, S. 232–241.
45 Vgl. Sade, La Philosophie dans le boudoir (1795) 1998, S. 129.
46 Danton wurde am 5. April 1794 guillotiniert, Maximilien de Robespierre und Louis Antoine Léon Saint-Just am 28. Juli 1794.

onste Teil des durch die Pariser Sternwarte gehenden Erdmeridianquadranten ist. Die Geburtsstunde des objektiven Metermaßes folgte auf die *terreur*-Phase – dies war diejenige Phase der Revolution, die eine Mäßigung zum Verbrechen gegen die Menschheit erklärte. Ein solches, vom Menschen unabhängiges Maß entspricht durchaus dem System der Natur, so wie es in den *dissertations* der Dialoge im Boudoir sowie in der genannten Broschüre dargelegt wird: Der Mensch sei mitnichten ein Zentrum und Bezugspunkt dieser Natur – ebenso wenig wie er ein Ebenbild eines Gottes sei.

Im *espace clos* des aufgeklärten Sade'schen Boudoirs ist am Ende kein Exzess mehr denkbar; es gibt jedoch eine Ausnahme: die Religion. Als Exzess wird sie von Sade bereits in einer seiner frühen Schriften bezeichnet, im ebenfalls philosophischen Dialog mit dem Titel *Dialogue entre un prêtre et un moribond* von 1782. Der sterbende Atheist, mit sich selbst und mit der Welt im Frieden, vermerkt hier belustigt über die Religion: „Rien ne m'amuse comme la preuve de l'excès où les hommes ont pu porter sur ce point-là le fanatisme et l'imbécilité".[47] Konsequenterweise bricht in die Ordnung des Boudoirs dieses exzessive Phänomen im letzten Dialog von außen ein, und zwar in der Gestalt der devoten Mutter, die in der Folge gerichtet, bestraft und hinausgeworfen wird. Auch in dieser Handlung erweist sich das in den Dialogen der Schrift realisierte Drama als ein Pendant zur Historie: Robespierre selbst war es, der sich jenes in Sades Universum einzig denkbaren – und entsprechend auch sträflichen – „Exzesses" der Religion schuldig gemacht hatte, indem er den Kult des „Être Suprême" einführte;[48] im Prozess, der Eugénies devoten Mutter gemacht wird, wiederholt sich die Geschichte.

III Im Anfang war das Wort

Wenn man nun abschließend in gut hermeneutischer Tradition fragt, was das Eigentümliche an Sades Art ist, seinen Gegenstand aufzufassen, dann ist es die

---

47 Sade: Dialogue entre un prêtre et un moribond. In: Sade: *Oeuvres* Bd. I 1990, S. 1–11, hier S. 7.
48 Darauf verweist das Pamphlet im Boudoir explizit: „Non, nous ne voulons plus d'un Dieu qui dérange la nature, qui est le père de la confusion, qui meut l'homme au moment où l'homme se livre à des horreurs; un tel Dieu nous fait frémir d'indignation, et nous le reléguons pour jamais dans l'oubli d'où l'infâme Robespierre voulut le sortir." (Sade, Philosophie dans le boudoir [1795] 1998, S. 116). Robespierre veranlasste über die Convention republikanische Festivitäten zu Ehren des „höchsten Wesens" („Être suprême") zwischen Mai und Juni 1794 (vgl. die Kommentare ebd., S. 1335).

ungemeine Konsequenz seines Stils.[49] Was Sades Dialogfolge spezifisch macht, ist gewiss die Art und Weise, wie hier im und am Text realisiert wird, wovon der Text handelt. Dies sei nun abschließend an drei Aspekten dargelegt.

Erstens werden die Transmutationen der Natur, die eine als unendlich denkbare Variation von Formen an den Tag legen, in der Vielfalt von Genres und Stilen[50] der Dialoge sowie in der irritierenden Überlappung von Zeiten und Epochen am und im Text selbst reflektiert. Zweitens vollzieht auch die Verwandlung von Eugénie sowie die regressive Dynamik der Unterweisung, in der die Exzesse nachträglich als heuristische Impulse zu einer Aufklärung über die wahre Ordnung fungieren, in der sie keine Exzesse mehr sind, jene permanente transmutative Bewegung der Natur.

Drittens schließlich wird auf eine bemerkenswerte Art und Weise die Modifikationstheorie der „philosophes naturalistes" in Szene gesetzt. Gemeint ist die durchaus befremdliche Tatsache, dass sich die Personen in diesem Experimentalraum nicht nur durch Erzählungen, Schilderungen und Berührungen erregen, sondern auch durch begriffliche und abstrakte Verbalisierungen. An zwei Stellen wird dies besonders manifest: Dolmancé erregt aufs Höchste seine eigene Rede davon, dass die Libertins diejenigen seien, die ihre Prinzipien auf die „élans d'une âme vigoureuse et d'une imagination sans frein"[51] gründeten und dazu berufen seien, den anderen Gesetze vorzuschreiben und sie durch Lektionen zu unterweisen – die Gesetzgebung sowie die Verfügung über Erziehung und Bildung werden zum zweifachen Organon der Macht.[52]

Diese Ausführungen beginnen mit der Entgegnung von Dolmancé auf einen von Rousseau inspirierten Mitleidsdiskurs[53] und steuern auf die Frage zu, inwieweit der Genießende über das Objekt seiner Begierde unumschränkt verfügen

---

49 Stil im umfassenden Sinne – und als nie erreichbares Ziel der Interpretation verstanden. Vgl.: „Gewohnt sind wir, unter Stil nur die Behandlung der Sprache zu verstehen. Allein Gedanke und Sprache gehen überall ineinander über, und die eigentümliche Art, den Gegenstand aufzufassen, geht in die Anordnung und somit auch in die Sprachbehandlung über". Friedrich Schleiermacher: *Hermeneutik und Kritik*. Mit einem Anhang sprachphilosophischer Texte Schleiermachers. Hg. und eingel. Manfred Frank. Frankfurt/M. 1977, S. 168.
50 Hierzu gehört auch die gelegentliche Tendenz der Akteure, ihre Repliken mitten in Prosa in Verse zu verwandeln. Vgl. den Kommentar von Jean Deprun in: Sade, Œuvres Bd. III (1998), S. 1275.
51 Ebd., S. 159.
52 Vgl. auch die Erregung von Madame de Saint-Ange („je ne puis plus tenir à ses propos", ebd., S. 95. Ähnlich reagiert Eugénie auf Anspielungen auf Grausamkeiten: „Dolmancé: [...] Oh Ciel! Qu'avez-vous donc, cher ange? ... Madame, dans quel état voilà votre élève? Eugénie [...] Ah! Sacredieu, vous me tournez la tête... Voilà l'effet de vos foutus propos." Ebd., S. 72).
53 Vgl. ebd., S. 154–156.

dürfe. Dieses Objekt sei ihm, so die Sentenz von Dolmancé, „absolument nul".[54] Die zweite Stelle inszeniert die Erregung der Schülerin in Folge einer gehörten Rede. Auf eine besonders merkwürdige Weise wird Eugénie im Verlauf einer Sequenz von Fragen und Antworten erregt. Diese Passage nimmt ihren Ausgangspunkt bei der Inkongruenz zwischen der Allgemeingeltung der Gesetze und den Bedürfnissen des Einzelnen. Auf die Frage, warum sich die Gesetze der Natur widersetzten, verweist Dolmancé auf die Unvereinbarkeit des Allgemeinen mit dem Partikularen im Wesen der Gesetze, um zu schließen, dass sich der Weise der Gesetze bediene wie der Arzt der natürlichen Gifte zum Herstellen von Medizin.[55] Auf diese Rede reagiert Eugénie mit einem kompletten „égarement", einer Entrückung. Dreimal wird in Nebentexten betont, sie sei „égarée" – dem Zeitraum und ihrem Bewusstsein entrückt.[56] In einer Art Vision formuliert sie mehrfach, sie wünsche sich ein Opfer. Sie steigert sich offenbar, ohne dass dies im Text verbalisiert wird, in Folterphantasien – und nimmt somit das Ende der Dialogfolge, die in der Folterung und Ermordung ihrer Mutter kulminiert, vorweg. „Sacredieu, quelle imagination – Tenez, madame, tenez; regardez cette libertine, comme elle décharge *de tête*, sans qu'on la touche..." vermerkt Dolmancé.[57]

Womit haben wir es hier zu tun? Es bedeutet offenbar, dass es primär und lediglich die Aktivität des Logos als versprachlichte Vernunft ist, die hier den Eros erweckt, sinnliches Erleben einleitet und Erfahrung ermöglicht. Man könnte in der Tradition der textualisierenden – so der Ausdruck von Michel Delon[58] – Sade-Lektüren von einem Effekt der Textualität ausgehen und in der Nachfolge von Roland Barthes oder Maurice Blanchot von einer Geburt des Phantasmas aus der Schrift sprechen: „L'écriture", so die berühmte Formulierung von Maurice

---

[54] Vgl. ebd., S. 157.
[55] Die erste Frage von Eugénie richtet sich auf die Vereinbarkeit von „Natur" und „Gesetzen", vgl. ebd., S. 102: „Mais si toutes les erreurs que vous préconisez, sont dans la nature, pourquoi les lois s'y opposent-elles?".
[56] Vgl. *Dictionnaire de Trévoux:* „Esgarer: signifie Errer, s'éloigner du bon sens, & de la droite raison. [...] *vagus deflexus amissus.*" https://www.cnrtl.fr/dictionnaires/anciens/trevoux/menu1.php [26. Februar 2021].
[57] Sade, La Philosophie dans le boudoir (1975) 1998, S. 103 (frei übersetzt: sie realisiert den Orgasmus per Kopf, ohne dass man sie berührt).
[58] Delon unterscheidet in der Entwicklung der Aufnahme und Interpretation von Sades Schriften in einer in etwa chronologischen Reihenfolge drei Tendenzen: „la médicalisation", „la dialectisation" und „la textualisation", vgl. Delon: Introduction 1990, S. XLIIIff., hier S. XLV f. Mit der Bezeichnung „textualisation" bestimmt Delon diejenige Betrachtung von Sades Oeuvre, die den genuin literarischen Charakter seiner Texte und mithin das Verfahren („démarche") fokussiert („l'insistance sur le caractère essentiellement littéraire d'une démarche qui est celle d'un écrivain", ebd.; Maurice Blanchot und Roland Barthes stehen – unter anderen – hierfür, vgl. ebd., S. XLVI f.).

Blanchot, „est la propre folie de Sade."⁵⁹ In der Textwelt Sades ist es jedoch die gesprochene Rede, die jene physischen Reaktionen der Zuhörerinnen und des Redners hervorruft.

In der Logik meiner bisherigen Beobachtungen, dass es sich bei Sades Boudoir um einen Experimentalort der Aufklärung und um konsequente Erprobung, Realisierungen und Anwendung bestimmter materialistischer Auffassungen handelt, sollte man am ehesten danach suchen, welche Theorien und Annahmen der zeitgenössischen materialistischen Psychologie hier in Szene gesetzt werden. Welche sensualistischen oder naturalistischen Überlegungen kommen hier also in Frage? Die Grundlage der Theorie von einer Wirkung des Wortes bildet die Auffassung, dass Denken der Physis untergeordnet ist. Mit diesem Theorem argumentiert Dolmancé zugunsten der Naturmetaphorik, wenn es um Charakteristika des Menschlichen geht: Die sprachliche Übertragung versetzt den Menschen mitten in die Natur selbst, wo er hingehört.⁶⁰ Der Mensch würde dann, so könnte man hinzufügen, durchaus im Sinne von d'Holbach bestimmt, als ein „être physique, soumis à la nature et par conséquent à la nécessité."⁶¹

Dies zeugt von einem verstärkten Vertrauen in die Potenz der Rede (hier des gesprochenen und nicht des geschriebenen Wortes), die von der Physis geformten Ideen weiter zu modifizieren. Eine gesonderte Rolle spielt dabei die Aktivität der Einbildungskraft, die im Text mehrfach nachdrücklich thematisiert wird. Diese sei nur dann zu gebrauchen, wenn der Geist von keinen Vorurteilen eingefangen ist.⁶² Sie sei „ennemie de la règle, idolâtre du désordre et de tout ce qui porte les couleurs du crime."⁶³ Zentral wird in Sades Text die Einbildungskraft in einer für die Handlung ausschlaggebenden Passage, und zwar in dem Moment, wo in Eugénies Geist die Idee des Mordes aufgeht. Die besten „sensations morales" kämen von der Einbildungskraft, gibt die gelehrige Schülerin das Gelernte wieder, um fortzusetzen, eine Imagination, der man freien Lauf lässt, führe zu Abweichungen und Ausschweifungen, die einen besonderen Grad von gewünschter

---

59 Maurice Blanchot: *L'Entretien infini*. Paris 1969, S. 329.
60 Vgl.: „Idées intellectuelles [sont] subordonnées à la physique de la nature"; die landwirtschaftliche Metaphorik bewirke daher ein „replacement dans la nature". (Sade, La Philosophie dans le boudoir (1795) 1998, S. 147).
61 D'Holbach, *Système de la nature* (1821) 1994, Bd. II, S. 438 (es handelt sich um die Eröffnung des Kapitels über das „système de la liberté de l'homme").
62 Sade, La Philosophie dans le boudoir (1795) 1998, S. 49: „Imagination ne nous sert que quand notre esprit est absolument dégagé de préjugé".
63 Ebd., S. 70f.

Irritation bewirken würden.⁶⁴ Die eventuell entfesselte, jedenfalls aber entfesselbare Einbildungskraft, einer der zentralen Diskussionsgegenstände der Erkenntnistheorie, Moralphilosophie und Ästhetik der Zeit, wird hier, durchaus traditionell, zum unentbehrlichen Bestandteil der speziellen mentalen Ökonomie des Libertins proklamiert. Die überlieferten Bestimmungen der Einbildungskraft würden jene physische Einwirkung eines ausgesprochenen, auch abstrakten Begriffs, die in Sades Boudoirs inszeniert wird, allerdings nicht erklären können; ob nun die Einbildungskraft als ein Vermögen definiert wird, Abwesendes vorzustellen, oder aber dasjenige, Assoziationen frei zu entfalten oder schließlich – so eine dritte Möglichkeit, auf die Holbach, für Sade diesbezüglich einschlägig, rekurriert – durch Kombinationen des Bekannten ein Neues, auch nicht Wirkliches, zusammenzusetzen.⁶⁵

Als mögliche Inspiration für Sades Inszenierung einer sinnlichen Reaktion auf abstrakte Verbalisierung dürfte die Theorie von Charles Bonnet gelten (auch Bonnets Schriften befanden sich auf den langen Listen der anzuschaffenden Bücher, die Sade an seine Frau und seine Freunde aus den Gefängnissen schickte). In seinem *Essai de Psychologie* von 1755 beobachtet und diskutiert Bonnet auch die Wirkungen der Rede *(parole)* im Gehirn. Die Einbildungskraft, so Bonnet, die im Geist das Bild der Dinge nachzeichnet, „n'est de même qu'une modification de la Force Motrice, qui monte les Fibres ou les Esprits sur un certain ton, approprié aux Objets qui doivent être représentés, & semblable à celui que ces Objets y imprimeroient par leur présence."⁶⁶ Sie ist also – im Falle des Gesprochenen – auf die physikalische Einwirkung des Geräuschs mit angewiesen.

Das Denken entsteht nach Bonnet durch Erschütterungen der äußeren Sinne in Folge von materialen Berührungen – „chocs" – aller Art. Ähnlich werde das Gehirn, so Bonnet, durch gesprochenes Wort erschüttert, so dass auch hier Modifikationen im Gehirn entstehen, die wiederum sinnliche Regungen zur Folge haben. Mit Präzision bezieht sich hier Bonnet auch auf gesprochene Rede, die durchs Ohr – also als physikalische Erschütterung durch Luft und Frequenzen – und, bei bildlichen Formulierungen, vermittelt durch das sich erinnernde Auge

---

64 Vgl. ebd., S. 51: „nos sensations morales les plus délicieuses nous venaient de l'imagination... [...] En laissant errer cette imagination, en lui donnant la liberté de franchir les dernières bornes que voudraient lui prescrire la religion, la décence, l'humanité, la vertu, tous nos prétendus devoirs [...] Or, n'est-ce pas en raison de l'immensité de ses écarts qu'elle [l'imagination] nous irritera davantage?" Zum hier dargestellten „intensivisme cérébral" vgl. den Kommentar von Jean Deprun ebd., S. 1306, sowie Deprun, Sade philosophe 1990, S. LXV.
65 Vgl. D'Holbach, *Système de la nature* (1821) 1994, Bd. I, S. 138.
66 Charles Bonnet: *Essai de Psychologie; ou Considerations sur les operations de l'Âme, sur l'Habitude et sur l'Education* [...] (1755), Hildesheim / New York 1978, S. 12.

(und folglich mit Hilfe der Einbildungskraft und des Gedächtnisses) auf das Gehirn wirke. Die meisten Autoren, die sich auf ähnliche Theorien oder auf Bonnet selbst bezogen, behaupteten allerdings, dass diese Art von Einwirkung mit Hilfe der Einbildungskraft schwächer sei als die unmittelbar durch äußere Sinne verursachte. So formuliert etwa, um ein charakteristisches Beispiel zu nennen, Johann Heinrich Georg Feder in seinem (in Deutschland) damals weit verbreiteten und bezüglich der zeitgenössischen Theorien gut informierten und vermittelnden Lehrbuch *Logik und Metaphysik*, dass die so entstandenen Bilder als Phantasmata „auf gewisse durch die Empfindung in den innern Organen erzeugte Modificationen gründen". Diese seien „[o]rdentlicher Weise" – außer in Träumen – „schwächere und unvollkommenere Vorstellungen, als die Empfindung bey der Gegenwart der Dinge selbst".[67] Feder beruft sich hier in der Fußnote ausdrücklich auf Bonnet – dreht jedoch dessen eigene Aussage zum Teil um. Dass der „Effet de la parole dans le cerveau" genauso stark ist wie die Empfindungen selbst, schließt Bonnet eben nicht aus. Auch können die Variationen, die das Wort dem Gehirn aufdrückt, nach Bonnet fast unendlich werden.[68]

Die Art und Weise, wie in Sades philosophischem Boudoir das Gehirn durch Rede in Bewegung gesetzt wird – und zwar nicht nur durch schildernde Rede, sondern auch durch einen rationalen Diskurs, in dem systematisch Exzesse zur Normerfüllung erklärt werden –, setzt die Bewegung der sinnlichen Erschütterung radikal fort. Erschüttert – und folglich modifiziert – werden die bis dahin im Gehirn eingepflanzten normativen Ideen.

Dass es sich um gesprochenes Wort handelt, ist in Sades prä- und postrevolutionärem Boudoir ausschlaggebend. In Diensten der vorzunehmenden *informatio* des nachrevolutionären Menschen im materialistischen Sinne dürfte dieses Experiment im Boudoir als ein Versuch gelesen werden, eine zeitgemäße Alternative für die einst von der Rhetorik ausgeübte Wirkung zu erproben. Während der Französischen Revolution erlebt die oratorische Praxis der öffentlichen Tribunen eine nicht unbedeutende Renaissance – Sade selbst gehörte zu den Rednern.[69] Die Rhetorik, die im Boudoir der *Philosophie dans le boudoir* praktiziert wird, würde in einer besonders radikalen Weise der Auffassung entsprechen, dass eine Rede dann als rhetorisch eingestuft werden kann, wenn die literale von der

---

67 Johann Heinrich Georg Feder: *Logik und Metaphysik*. Vierte vermehrte Auflage, Göttingen und Gotha 1774, S. 35. Allerdings bezieht sich die Passage aus Charles Bonnets *Essay analytique sur les facultés de l'Ame*, auf die Feder in der Anmerkung hierzu verweist, lediglich auf den Gesichtssinn.
68 Vgl. Bonnet, *Essay de Psychologie* (1755) 1978, S. 45.
69 Citoyen Sade gehörte seit April 1790 zur Sektion de la place Vendôme (später als „Section des Piques").

übertragenen Bedeutung nicht unterschieden werden kann.[70] Das konsequente Weiterdenken des Theorems, dass Worte Änderungen im neuronalen System verursachen und gerade auf diesem Weg neue Ideen ‚einzupflanzen' vermögen, ist der Ausgangspunkt einer solchen Rhetorik, die zunächst die Signifikanten von den bis dahin ihnen zugewiesenen Signifikaten abkoppelt. Die Prototheorie der Metapher, wie sie von Dolmancé angedeutet wird (botanische Metaphern, in denen vom Menschen geredet wird, versetzten diesen zurück an seinen angemessenen Ort im System der Natur[71]) bildete dann einen der Bausteine dieser Rhetorik. Ein anderer realisiert sich im Text in wiederholten und konsequenten Rückverweisungen auf Verlautbarungen, die zunächst mit allgemeiner Zustimmung rechnen dürfen, durch die Einbindung in weitere diskursive Zusammenhänge jedoch zu Argumenten für allgemein zunächst Inakzeptables werden. Dies dürfte in der genannten Broschüre der Fall sein, wenn die dort umständlich begründete und auf Autoritäten gestützte Ablehnung der Todesstrafe sowie auch des Kriegs zum Argument für die Befürwortung des Mordes und der Grausamkeit wird.

Ist es Ironie? Handelt es sich um eine subversive Strategie, die auf Techniken einer aporetischen Rhetorik in besonders subtiler Weise zurückgreift? Oder haben wir es mit jener genuin Sade'schen *folie* eines absoluten *déraisonnement* unter dem Regiment der deregulierten Sinnlichkeit zu tun? Dies alles scheint angesichts der konsequent systematischen Struktur der gesamten *Philosophie dans le boudoir* unentscheidbar. Und dies markiert eine dritte Praktik der in dieser Schrift nicht eigens verbalisierten, doch aber innerhalb des Boudoirs selbst sowie auch gegenüber dem mit dem inneren Auge zuschauenden und mit dem inneren Ohr zuhörenden Publikum realisierten Rhetorik. Eine solche Theorie und Methode, die darauf zielt, eine primär logisch durchdrungene und nicht von Vornherein rhetorisch konzipierte Rede wirksam zu machen, um Ideen im Gehirn des Publikums zu modifizieren, kann als ein Versuch gelten, den Wunsch von Charles Bonnet zur Realität werden zu lassen. Diesen Wunsch formuliert Bonnet in der Vorrede seiner Schrift; die Verwandlung seiner Expertenerkundung in radikale Aufklärung bedient sich eines Kulissenwechsels – oder vielleicht eines systematischen *déplacement*. An die Stelle des *cabinet d'études*, von dem aus Bonnet schreibt, tritt bei Sade ein Boudoir: „Les Cerveaux s'éclairent: la Raison s'épure: la Vérité quitte le séjour du Cabinet pour se répandre dans le Monde."[72]

---

70 Vgl. Michel Charles: *Rhétorique de la lecture*, Paris 1977.
71 Vgl. Anmerkung 60.
72 Bonnet, *Essay de Psychologie* (1755) 1978, Préface, S. XVIII.

Martin Bäumel
Soziabilität, Maß und Überschreitung: Anakreontische Paradigmen bei Gleim und Karsch

Das Werk und Leben der Dichterin Anna Louisa Karsch ist vom Übersteigen gesellschaftlicher Normen und Erwartungen geprägt. Bereits jenes Gedicht auf den Sieg des preußischen Heeres bei Torgau 1760, mit dem sie einem breiten Publikum bekannt wurde, führte Moses Mendelssohn zu der Bemerkung, hier sei eine „männliche, und fast etwas wilde Imagination" am Werk, mit der „ein unkriegerisches Frauenzimmer" wie Karsch die ihr angestammte Geschlechterrolle verlässt.[1] Wenn er Teile ihres Gedichtes „erhaben"[2] nennt, unterstreicht er diesen Eindruck des Übersteigens, ist das Erhabene für Mendelssohn doch „eine plötzliche anschauende Erkenntnis einer Vollkommenheit, die [...] alles übertrifft, was wir uns vollkommenes gedenken können."[3] Johann Georg Sulzer, in seiner Vorrede zu Karschs gesammelter Lyrik 1764, verankert die Autorin statt im Zu-Männlichen im absolut Weiblichen, doch auch hier stellt Karsch ein kaum begreifliches Phänomen dar, an dem wir erfahren können, „wie die Natur durch die Begeisterung würket," wenn sie „in der Hitze der Einbildungskraft" „mit bewundernswürdiger Geschwindigkeit" Gedichte schreibt, scheinbar „sich selbst unbewußt,"[4] sozusagen reine Natur.[5] Die exzessiven Folgen dieser unregulierten

---

[1] Moses Mendelssohn: Beschluß des hundert und drei und vierzigsten Briefes. In: Ders.: *Briefe, die Neueste Litteratur betreffend,* 9. Theil. Berlin 1761, S. 33–35, hier S. 33 und 35. Siehe zur Geschlechterrolle in Karschs Kriegslyrik Barbara Becker-Cantarino: „Gross durch den Sieg des Königs." Zur Preußendichtung von Wilhelm Ludwig Gleim [sic] und Anna Louisa Karsch. In: *Theorie und Praxis der Kasualdichtung in der Frühen Neuzeit.* Hg. Andreas Keller, Elke Lösel, Ulrike Wels und Volkhard Wels. Amsterdam 2010, S. 471–487; Johannes Birgfeld: Patriotische Erregung als literarische Chance. Vom Einfluss der Geschichte auf das Verhältnis von Gattung und Geschlecht im 18. Jahrhundert oder: Anna Louisa Karsch und die Kriegslyrik. In: *Das achtzehnte Jahrhundert* 29.2 (2005), S. 192–208.
[2] Mendelssohn, Beschluß 1761, S. 35.
[3] Moses Mendelssohn: Betrachtung über das Erhabene und das Naive in den schönen Wissenschaften. In: *Bibliothek der schönen Wissenschaften und der freyen Künste,* 2. Bd. 2. Stück. Leipzig 1758, S. 229–267, hier S. 230 f.
[4] [Johann Georg Sulzer:] Vorrede. In: Anna Louisa Karsch: *Auserlesene Gedichte.* Berlin 1764, S. VII–XXVI, hier S. IX und X.
[5] Zu Sulzers Sicht von Karsch als größtes dichterisches Talent siehe Barbara Becker-Cantarino: „Belloisens Lebenslauf." Zu Dichtung und Autobiographie bei Anna Luisa Karsch. In: *Gesellige Vernunft. Zur Kultur der literarischen Aufklärung. Festschrift für Wolfram Mauser zum 65. Ge-

Weiblichkeit schließlich hat Johann Wilhelm Ludwig Gleim im Sinn, wenn er Karsch in einem Brief vom 21. Oktober 1761 maßregelt, weil sie sich ihm gegenüber „allzu zärtlich" verhalte, so dass „unsere Platonische Freundschaft" ihre „Grenzen"[6] zu überschreiten drohe, ein Vorwurf der maßlosen Liebe jenseits aller sozialen Normen, den er über die Jahre noch oft wiederholen wird.[7] Die ebenfalls seit Sulzer vertraute Erzählung von Karschs unerhörtem Aufstieg von „einem Stande [...], der zunächst an den niedrigsten gränzet," vom „tieffsten Staub"[8] zur bewunderten Dichterin in Berlin,[9] oder auch die Tatsache, dass Karschs Gedichtband die finanziell erfolgreichste Veröffentlichung von Lyrik im gesamten 18. Jahrhundert war,[10] vervollständigen das Bild einer Autorin, die in allen Belangen die Möglichkeiten und Beschränkungen der Zeit im Hinblick auf ihre Kunst, ihre Geschlechterrolle und ihren sozialen Status sprengt.[11]

Alle diese Einschätzungen, denen sich die Forschung lange Zeit anschloss, gehen davon aus, dass Karsch diese Ausnahmerolle nicht aktiv beeinflusst habe, sondern im Gegenteil von ihren Gefühlen und ihrer Armut getrieben gewesen sei. Erst in den letzten Jahren wird vermehrt der Anteil betont, den Karsch selbst an

---

burtstag. Hg. Ortrud Gutjahr, Wilhelm Kühlmann und Wolf Wucherpfennig. Würzburg 1993, S. 13–22, hier v. a. S. 14 f. und 19 f. Wie schnell dieser naturhafte Mangel an Vernunft zur Basis für die beißende Kritik an Karschs Lyrik wird, zeigt Waltraud Naumann-Beyer: „Ein Thier, was Verse macht." Die Dichterin Anna Luise Karsch und ihre Berliner Kritiker. In: *Berliner Aufklärung. Kulturwissenschaftliche Studien* 6 (2017), S. 61–79.
6 Johann Wilhelm Ludwig Gleim: Brief vom 21. Oktober 1761. In: *„Mein Bruder in Apoll". Briefwechsel zwischen Anna Louisa Karsch und Johann Wilhelm Ludwig Gleim*. Hg. Regina Nörtemann. Bd. 1. Göttingen 1996, S. 31 f., hier S. 32.
7 Siehe zum Niederschlag gerade dieses Topos in der Forschung Alfred Anger: Nachwort. In: Anna Louisa Karsch: *Gedichte und Lebenszeugnisse*. Hg. Alfred Anger. Stuttgart 1987, S. 184–203, hier v. a. S. 191; Sabine Mödersheim: Igel oder Amor? Zum Briefwechsel zwischen Anna Louisa Karsch und Johann Wilhelm Ludwig Gleim. In: *G.A. Bürger und J. W. L. Gleim*. Hg. Hans-Joachim Kertscher, Tübingen 1996, S. 29–39; Naumann-Beyer: „Ein Thier" 2017, S. 63. Als Inszenierung von Seiten Karschs mit der Intention einer „Sprengung" der ihr zur Verfügung stehenden Diskurse wird der Topos interpretiert von Regina Nörtemann: Verehrung, Freundschaft, Liebe. Zur Erotik im Briefwechsel zwischen Anna Louisa Karsch und Johann Wilhelm Ludwig Gleim. In: *Anna Louisa Karsch (1722–1791). Von schlesischer Kunst und Berliner Natur. Ergebnisse des Symposiums zum 200. Todestag der Dichterin*. Hg. Anke Bennholdt-Thomsen und Anita Runge. Göttingen 1992, S. 81–93, hier S. 93.
8 [Sulzer,] Vorrede 1764, S. XII
9 Anger, Nachwort 1987, S. 186–190.
10 Ebd., S. 197.
11 Daran ändert auch die Tatsache nichts, dass gerade Sulzer Karsch dazu benutzt, sein eigenes poetisches Programm eines Naturgenies voranzutreiben, oder dass die Gesellschaft der preußischen Hauptstadt in der Aufnahme der Autorin sicherlich eine Bestätigung der eigenen Großzügigkeit sah. In beiden Fällen war und blieb Karsch die Ausnahme, nicht die Regel.

ihrer Stilisierung zur Ausnahmefigur hatte, das Ausmaß, in dem sie selbst mit ihrer Poesie auf die Rollenvorgaben der Zeit reagierte,[12] um sich etwas Raum zum Atmen zu verschaffen, aber auch, um ihre Gedichte zu verkaufen. Doch Karsch spielt nicht nur Rollen durch, sondern sie führt in einigen ihrer Gedichte einen Angriff auf Grundannahmen der Zeit über die Möglichkeiten der Vergesellschaftung durch[13] und verschiebt die Auffassungen von einer prinzipiell harmonischen Verknüpfung von Welt, Gesellschaft und Ich hin zu einer Konstellation, in der das Selbst sich die Zugehörigkeit zu einem gesellschaftlichen Verbund erst erarbeiten muss.[14] Für diesen Angriff aktiviert sie die inhaltlichen und formalen Bestandteile der anakreontischen Lyrik, um sie zu übersteigen und letztendlich zu brechen, indem sie statt der harmonischen Verknüpfungen der Anakreontik in ihren Texten die Spannungen und Konflikte darstellt, die den Kampf um soziale Integration kennzeichnen. Damit verschiebt sie auch die Funktion der Poesie von der grundsätzlichen Bestätigung der Welt zu einem Mittel, sich in diese Welt allererst Eintritt zu verschaffen und sie lebbar zu machen, und trägt dadurch zum Niedergang der so wichtigen aufklärerischen Poesie der Schäfereien und zum Aufstieg einer Lyrik des solipsistischen Ichs bei, die ab den 1770er Jahren einsetzt.

Um zu verstehen, wogegen sich Karschs Lyrik richtet und was sie umorganisiert, gilt es zuerst, die Rolle der Gesellschaftlichkeit für die Rokoko-Lyrik allgemein, und die Anakreontik im Besonderen, zu umreißen. Der gesellschaftliche oder ‚gesellige' Aspekt der Rokokoliteratur ist wiederholt festgestellt und in seiner semantischen Fülle sowie praktischen Umsetzung untersucht worden, ja die Geselligkeit als die Tugendpflicht, nicht für sich alleine zu leben, wurde sogar als

---

[12] Becker-Cantarino: „Belloisens Lebenslauf" 1993, S. 19f.; Anne Kitsch: Mit Hand, Herz und Fuß – Anna Louisa Karsch und Johann Wilhelm Ludwig Gleim. In: *Rituale der Freundschaft*. Hg. Klaus Manger und Ute Pott. Heidelberg 2006, S. 117–130; Ellen Pilsworth: „Also mein allerliebster redete Ihre Sapho mit dem Kriege." Literary Role-Play in the War Poetry of Anna Louisa Karsch. In: *German Life and Letters* 69.3 (2016), S. 302–320.
[13] Becker-Cantarino: „Gross durch den Sieg" 2010, sieht „neue, sozialkritische und ironische Töne" in Karschs Gedichten, führt das aber nicht weiter aus (S. 483 und 485); auch in dies.: „Belloisens Lebenslauf" 1993, S. 18. Dass Karsch, die angeblich so Unbelesene, „höchst aktuelle philosophische, erkenntnistheoretische und ästhetische Fragestellungen produktiv umsetzte" und sich mit ihnen auseinandersetzte, zeigt Julia Bohnengel: Neue Friedenstöne. Zu Anna Louisa Karschs Ode „An Gott bey dem Ausruf des Friedens. Den 5ten März, 1763". In: *Lyrik im historischen Kontext. Festschrift für Reiner Wild*. Hg. Andreas Böhn, Ulrich Kittstein und Christoph Weiß. Würzburg 2009, S. 55–69, hier S. 64.
[14] Kitsch: Mit Hand, Herz und Fuß 2006, spricht davon, dass Karsch nicht an „Harmonisierung", sondern an „Auflehnung" interessiert sei (S. 120).

das essentielle Kennzeichen der gesamten Aufklärungszeit identifiziert.[15] Doch diese Geselligkeitspraxis hat neben dem moralischen Postulat auch eine epistemologische Basis, denn bei Alexander Gottlieb Baumgarten[16] und Georg Friedrich Meier ist Gemeinschaftlichkeit eine Denkfigur, die für die neue Theorie der Sinnlichkeit eine grundlegende Rolle spielt. Alexander Gottlieb Baumgarten erwähnt das Soziale zwar nur an einer einzigen Stelle seiner früheren Werke, nämlich in der *Metaphysica:* „Vorstellungen, die zusammen mit einer anderen Teile desselben Ganzen sind, heißen VERGESELLSCHAFTETE VORSTELLUNGEN."[17] Aus dieser kurzen, beinahe hingeworfenen Bemerkung, die nicht einmal einer Begründung für würdig gehalten wird, lässt sich jedoch einiges über Baumgartens Annahmen zum *status mundi* und zur Möglichkeit der Weltwahrnehmung schlussfolgern. Vergesellschaftung ist, so impliziert Baumgarten, die Integration des Einzelnen in das Ganze, und zwar durch einen Vorgang des Miteinander, der Zusammenkunft. Er mag dabei an jenes Verständnis von Gesellschaft gedacht haben, das Zedlers Enzyklopädie ein paar Jahre vorher formulierte. „Gesellschaft" ist, so kann man dort lesen, „eine würckliche Vereinbarung der Kräffte vieler zu Erlangung eines gemeinschafftlichen Zweckes." Noch genauer, fährt der Artikel fort, „machet [also] das blosse bey einander seyn noch keine Gesellschafft, sondern eine blosse bey einander befindliche Vielheit aus."[18] Mit anderen Worten, Gesellschaft ist der Inbegriff des Vielen in der Einheit. Mit dieser Verbindung des Vielen zu einem Ganzen stehen die vergesellschafteten Vorstellungen dem Konzept der extensiven Klarheit nah, dem Baumgarten in seinen *Meditationes* eine so

---

15 Siehe zur Semantik der Geselligkeit in der Lyrik um die Jahrhundertmitte Karl Richter: Geselligkeit und Gesellschaft in Gedichten des Rokoko. In: *Jahrbuch der deutschen Schillergesellschaft* 18 (1974), S. 245–267; Wolfgang Adam: Geselligkeit und Anakreontik. In: *Dichter und Bürger in der Provinz. Johann Peter Uz und die Aufklärung in Ansbach.* Hg. Ernst Rohmer und Theodor Verweyen. Tübingen 1998, S. 31–54; zu Untersuchungen des 18. Jahrhunderts unter dem Aspekt des Gesellschaftlichen Ulrich Im Hof: *Das gesellige Jahrhundert: Gesellschaft und Gesellschaften im Zeitalter der Aufklärung.* München 1982; Emanuel Peter: *Geselligkeiten: Literatur, Gruppenbildung und kultureller Wandel im 18. Jahrhundert.* Tübingen 1999.
16 Zur grundlegenden Bedeutung von Baumgartens frühen Schriften für ein Verständnis der Rokoko-Poesie siehe Martin Bäumel: Cognitio Poetica. Rational and Sensate Cognition in Hagedorn's Poetry. In: *The Germanic Review* 95.3 (2020), S. 182–197.
17 Alexander Gottlieb Baumgarten: *Metaphysica. Metaphysik* (1739). Historisch-kritische Ausgabe. Hg. Günter Gawlick und Lothar Kreimendahl. Stuttgart/Bad Canstatt 2011, § 516, S. 275 (Herv. i.O.). Im lateinischen Original: „PERCEPTIONES cum partiali aliqua partes eiusdem totalis SOCIAE [vergesellschaftete Vorstellungen, Baumgartens eigene Übersetzung, M.B.] vocantur." Ebd., S. 274.
18 Johann Heinrich Zedler: Art. „Gesellschafft." In: *Grosses vollständiges Universal Lexicon Aller Wissenschaften und Künste.* Hg. Johann Heinrich Zedler, Bd. 10. Halle und Leipzig 1735, Sp. 1260–1270, hier Sp. 1260.

wichtige Rolle einräumt. Diese extensive Klarheit, zentrales Moment der neuen Lyrik der Sinnlichkeit, zeichnet sich durch die Anhäufung von Einzelheiten in der verworrenen Vorstellung aus,[19] oder, genauer gesagt, durch die Verknüpfung des Vielen im Moment der sinnlichen Wahrnehmung und Welterfassung. Diese Verknüpfung scheint – abzüglich menschlicher Unzulänglichkeiten – weitgehend reibungslos und harmonisch abzulaufen, das heißt sie ist prinzipiell möglich, nicht ein Problem der Wahrnehmung, sondern höchstens der Verarbeitung und Darstellung.[20] Dass Baumgarten in den *Meditationes* statt dem eher kumulativen „cum" der *Metaphysica* das Verbindende des „nexus" benutzt, unterstützt diese Sichtweise, ruft er damit doch den gesamten metaphysischen Hintergrund der Zeit auf, die Idee von der besten aller möglichen Welten, in der alles „auf die größte Harmonie und den größten Zusammenhang zurückzuführen ist."[21]

Georg Friedrich Meier übernimmt diese Auffassung von der prinzipiellen Verknüpfbarkeit des Disparaten im für das Rokoko so zentralen Konzept des Scherzes.[22] Der Scherz, den Meier auch den „scharfsinnigen Witz"[23] nennt, verbindet die Fähigkeit, Dinge zugleich voneinander zu unterscheiden (die Scharfsinnigkeit) und miteinander zu verbinden (den Witz[24]), verkörpert also die harmonische Verknüpfung des Vielfältigen bzw., in Meiers eigenen Worten, „eine Uebereinstimmung verschiedener Dinge, und die Einsicht derselben."[25] Doch Meiers Scherz ist nicht nur eine Reformulierung einer Baumgarten'schen Einsicht, sondern erweitert mit großen Folgen die Rolle der Gesellschaftlichkeit. Die Verbindung des Einzelnen mit dem Anderen nämlich hat eine fundamentale Bedeutung für die Bestätigung, dass die Verknüpfungsoperationen des Scherzenden dem harmonischen Zusammenhang der Dinge in der Welt entsprechen, eine Be-

---

[19] Alexander Gottlieb Baumgarten: *Meditationes philosophicae de nonnullis ad poema pertinentibus. Philosophische Betrachtungen über einige Bedingungen des Gedichtes* (1735). Hg. Heinz Paetzold. Hamburg 1983, § 16, S. 17: „Wenn in der Vorstellung A mehr vorgestellt wird als in B, C, D usw. dennoch alle verworren sind, so wird A *extensiv klarer* als die übrigen sein." Siehe auch § 18, S. 17 f.: „Je mehr [...] in einer verworrenen Vorstellung angehäuft wird, desto extensiv klarer, § 16, und desto poetischer, § 17, wird sie."
[20] Ein Gedicht kann eine nicht so gute Verknüpfung sein, aber das ist der Fehler des Textes, nicht der Welt.
[21] Frauke Berndt: *Poema/Gedicht. Die epistemische Konfiguration der Literatur um 1750.* Berlin und Boston 2011, S. 80.
[22] Siehe zum Scherz im Rokoko Matti Schüsseler: *Unbeschwert aufgeklärt. Scherzhafte Literatur im 18. Jahrhundert.* Tübingen 1990. Schüsseler schließt Meiers Text jedoch aus seiner Untersuchung aus. Siehe auch Christoph Perels: *Studien zur Aufnahme und Kritik der Rokokolyrik zwischen 1740 und 1760.* Göttingen 1974, S. 169–173.
[23] Georg Friedrich Meier: *Gedancken von Schertzen.* Halle 1744, S. 12.
[24] Ebd., S. 19.
[25] Ebd., S. 26.

stätigung, die für die Sinnlichkeit selbstverständlich nicht durch rational-begriffliche Argumente hergestellt werden kann, sondern ebenfalls sinnlich erfahrbar sein muss.[26] Hier konstatiert Meier eine unmittelbare körperliche Reaktion eines Anderen auf den Scherz, der bekanntlich „zum nächsten Zwecke [hat], andere zum lachen zu reizen."[27] Dieses Lachen dient als äußerlich sichtbarer Maßstab des Erfolgs einer Verbindung des Disparaten, denn wer lacht, hat in seinen Vorstellungen die scharfsinnig-witzige Verknüpfung des Scherzenden nachvollzogen. Aufgrund der Annahme, dass die Welt vollkommen und harmonisch geordnet ist, bedeutet eine solche lachende ‚Verdoppelung' des Scherzes, dass die Wahrscheinlichkeit gestiegen ist, dass die sinnlichen Wahrnehmungsoperationen der Welterkenntnis angemessen stattgefunden haben, dass sie, mit anderen Worten, harmonisch sind.[28]

Die scherzhafte Lyrik Mitte des 18. Jahrhunderts ist in diesen epistemologischen Kontext eng eingebunden. Schon bei Hagedorn, dem Vater des Rokoko und dem Vorbild der Anakreontiker, lassen sich die vielfachen Verknüpfungen sehen, mit denen aus dem Vielen ein Streben nach Einheit wird. Dazu gehören zum Beispiel die auffällig oft benutzten Modalverben, die verschiedene Zeiten aneinander binden, oder das ständige In-Beziehung-Setzen semantischer Felder von Wein, Gesang und Mädchen, mit denen die formalen und inhaltlichen Elemente des Textes miteinander vergesellschaftet werden.[29] Eine besonders wichtige Rolle für diese ständige Bewegung aufeinander zu, die im Gedicht als Bewegung bewahrt werden muss, um die Verknüpfung, nicht das Verknüpft-Sein, zu betonen, spielt die Liebe. Die Liebe, das „Bestreben nach dem Wohl des Anderen,"[30] ist eine besonders anschauliche Ausprägung einer allgemeinen Bestimmung der Gesellschaft an sich, die nach Wolff fundamental dadurch charakterisiert ist, dass „ein jeder aufrichtig und freywillig zur allgemeinen Wohlfahrt beytragen"[31] kann und muss. Mit dieser Bewegung aufeinander zu im ‚Streben' zum Anderen und in der Erwartung von liebevollen Küssen und Zuneigung in der Rokokolyrik wird die

---

26 Zur Theorie des Witzes von Gracián und Descartes bis Baumgarten vgl. auch den Beitrag von Johanna Schumm in diesem Band.
27 Meier, *Gedancken* 1744, S. 26.
28 Selbstverständlich gibt es schlechte Scherze und falsches Lachen, was Meier überhaupt erst veranlasst, den Scherz philosophisch zu untersuchen und zu korrigieren. Ebd., S. 7.
29 Siehe dazu ausführlich Bäumel, Cognitio poetica 2020.
30 Johann Heinrich Zedler: Art. „Liebe". In: *Grosses vollständiges Universal Lexicon Aller Wissenschaften und Künste*. Hg. Johann Heinrich Zedler, Bd. 17. Halle und Leipzig 1738, Sp. 950–961, hier Sp. 950.
31 Christian Wolff: Vorrede. In: *Vernünfftige Gedancken von dem Gesellschaftlichen Leben der Menschen und insonderheit dem gemeinen Wesen zu Beförderung der Glückseeligkeit des menschlichen Geschlechtes*. 6. Auflage. Franckfurt [sic] und Leipzig 1747, unpag. (Bl. 4r.).

tendenziell noch statische Konstellation von Scherzendem und Lachendem bei Meier in die Beweglichkeit gegenseitiger Zuneigung überführt. Die Erfahrung, in einem Vergesellschaftungsprozess die eigene Liebe durch die Liebe der Anderen reflektiert und somit bestätigt zu sehen, ähnelt in dieser Hinsicht der Bestätigung der eigenen sinnlichen Weltwahrnehmung im Lachen des Gegenübers.

Diese philosophischen Hintergründe ruft Gleim auf, wenn er seinen ersten Gedichtband unter dem Titel *Versuch in Scherzhaften Liedern* veröffentlicht und mit einem Satz beginnen lässt, der eine Gesellschafts- und Kommunikationssituation umreißt: „Wenn Anakreon mir nicht vorgesungen, und wenn du mir nicht zugehört hättest; So hätte ich niemals scherzhafte Lieder angestimmt."[32] Die hier entworfene Konstellation erinnert sowohl an die vergesellschafteten Vorstellungen Baumgartens – Anakreon, Dichter und Du sind Teile eines Ganzen, wie es die scherzhaften Lieder präsentieren – als auch an die Geselligkeit Meiers, in der der Wert eines Scherzes, oder, wie hier bei Gleim, der Gedichte, durch die Reaktion einer Anderen bestätigt wird. Darüber hinaus stellt die Situation jene Gleichzeitigkeit von Unterschied und Ähnlichkeit dar, die den Scherz als ‚scharfsinnigen Witz' und die sinnliche Poesie als extensive Klarheit ausmachen. Wir begegnen Antike und Gegenwart, Vorsingen und Nachsingen, Singen und Zuhören, Aktion und Reaktion sowie Mann und Frau, alle jeweils anders und doch zusammen, aufeinander bezogen. Die Leichtigkeit, mit der diese Skizze eine harmonische Geselligkeit entwirft, verbirgt allerdings die enormen poetischen und epistemologischen Anstrengungen, die für die Herstellung und die Erfahrung der Sinnlichkeit nötig sind. Diesen Anstrengungen widmet sich unter Gleims Gedichten nicht zufällig jenes am explizitesten, das er an seinen Lehrer, den Vater der Ästhetik, „An Herrn Professor A. G. Baumgarten in Frankfurth" schreibt und im zweiten Teil der *Scherzhaften Lieder* veröffentlicht:

> Lehrer, den die Gottheit lehrte,
> Lehrer, den die Weisheit liebet,
> Lehrer, der mit Licht und Leben,
> Und mit freundlichen Beweisen,
> 5   Tugend, Witz und Warheit stiftet.
> Sieh, wie stark sind deine Lehren!
> Sieh, sie überwinden Zweifler;
> Sie entwafnen Warheitsfeinde;
> Sie gewinnen Weisheitsspötter!
> 10 Seelen, nein, ich will sie nennen:
> Todte, schlafende Monaden,

---

[32] Johann Wilhelm Ludwig Gleim: *Versuch in Scherzhaften Liedern und Lieder* (1744/1745 und 1749). Hg. Alfred Anger. Tübingen 1964, S. 3.

>   Wekken sie aus tiefem Schlummer.
>   Zwanzig fromme Hauspostillen
>   Leiten nicht so schnell zur Tugend,
> 15 Als wenn du mit schönen Worten,
>   Und mit freundlichen Beweisen,
>   Einmal nur die Tugend lehrest.
>   Denk einmal an deine Siege,
>   An den Seegen deiner Lehren.
> 20 Sieh, wie der die Tugend liebet,
>   Der, als du die Laster schaltest,
>   Plötzlich schwur: ich will sie hassen.
>   Durch die Kräfte deiner Lehren,
>   Zwangst du ihn zur Tugendliebe.
> 25 O wie schaft man seinen Lehren
>   Solche Kräfte, solchen Seegen?
>   Lehrer, wenn du mich es lehrest,
>   O so will ich Mädchen zwingen,
>   Daß sie plötzlich schweren müssen,
> 30 Mich zu lieben, wenn ich liebe.[33]

Der Text, der die Überführung der neuen Philosophie Baumgartens in die Poesie vollzieht und sich dabei mit Kernfragen der Effekte der neuen Lehre der Sinnlichkeit, ihrer Belegbarkeit und ihrer individuellen Erfahrbarkeit beschäftigt, kann inhaltlich grob in drei Teile aufgeteilt werden. Vers 1 bis 5 präsentieren Baumgartens Lehre, Vers 6 bis 24 schildern den Effekt dieser Lehre und Vers 25 bis 30 widmen sich der Frage, wie das Selbst die Kräfte der Lehre erfahren, anwenden und dadurch bestätigen kann. Wie in vielen anderen Texten der Anakreontik ist die semantische Komplexität relativ dürftig, umso wichtiger sind daher die formalen Elemente. Das Gedicht setzt ein mit einer rhetorisch effektiven Verbindung von Baumgarten mit den Zentralbegriffen des Textes und der neuen Praxis der Sinnlichkeit. In Parallelismen verzurren schon die ersten drei Verse grammatisch den Lehrer mit Gottheit, Weisheit, Licht und Leben. Insbesondere Vers 3, „Lehrer, der mit Licht und Leben," durch die dreifache Alliteration der L-Laute auf engstem Raum besonders hervorgehoben, nimmt dabei eine zentrale Stellung ein. Hier verbindet der Text Baumgarten mit zwei elementaren Konzepten seiner frühen Überlegungen zur Ästhetik. Das Licht erinnert an die *methodus lucida*,[34] d. h. die neuartigen Anforderungen an eine poetische Darstellung, die anhand extensiv klarer Vorstellungen Welt vergegenwärtigt, statt sie intensiv klar in die Begrifflichkeit zu überführen. Das „Leben" spielt an auf Baumgartens Insistenz, dass zur

---

33 Ebd., S. 94 f.
34 Baumgarten, *Meditationes* 1983 (1735), § 70 f., S. 57 f.

Sinnlichkeit immer auch die bewegliche Verknüpfung des Mehrfachen in der Wahrnehmung gehört,³⁵ in die sich auch Vers 5 mit der Alliteration der W-Laute einreiht, die Weisheit (V. 2) mit Witz und Wahrheit (V. 5) verbinden. Umso mehr sticht der vierte Vers heraus, der einerseits mit den Worten „und" bzw. „mit" sowie dem Hinweis auf den ‚Freund' die Gemeinsamkeit explizit hervorhebt, andererseits aber weder den Parallelismus noch die Alliterationen übernimmt, die die anderen Verse aneinanderbinden.³⁶ Dass dem Vers vier Zeilen folgen, die mit „Sieh" bzw. „Sie" jeweils mit dem gleichen Laut beginnen, hebt diesen Ausnahmestatus ebenso hervor wie die Tatsache, dass in Vers 16 der vierte Vers wortwörtlich wiederholt und er damit verspätet doch noch in die formalen Verknüpfungsoperationen eingegliedert wird.

Vers 4 kündigt mit dieser Hervorhebung an, erstens, dass das Gedicht sich für die Beweisbarkeit der Baumgarten'schen Lehre interessiert, und markiert, zweitens, indem es den mit Logik und Rationalität konnotierten Beweis nicht in die rhetorischen Verbindungen des Textes einbindet, dass es die Aufgabe des Gedichts sein wird, eben diese Einbindung herzustellen, die sinnliche Erfahrbarkeit des Beweises vorzuführen. Das Gedicht wendet sich daher in Vers 6 mit der Aufforderung „Sieh" der Welt in der Gegenwart der sinnlichen Erfahrbarkeit zu. Dort werden „Zweifler," (V. 7) „Warheitsfeinde" (V. 8) und „Weisheitsspötter" (V. 9) von den Vorzügen der Baumgarten'schen „Tugend, Witz und Warheit" überzeugt, werden wie „Todte" (V. 11) „aus tiefem Schlummer" (V. 12) geweckt. Wieder bedient das Gedicht sich auf formaler Ebene der Möglichkeiten der gebundenen Rede, werden Parallelismen und Alliterationen aufgefahren, um ‚Warheitsfeinde' und ‚Weisheitsspötter' zu ‚wekken' oder ‚Todte' zur ‚Tugend' zu animieren, bis das Gedicht in seiner Mitte schließlich den Beweis in die Verknüpfungsoperationen

---

35 Ebd., § 112, S. 83: „*Lebhaft* nennen wir das, bei dem man gehalten ist, mehrere Bestandteile entweder gleichzeitig oder aufeinanderfolgend in der Wahrnehmung aufzufassen." Siehe auch ebd., § 40, S. 35: „Da die Malerei eine Einbildung in der Fläche vorstellt, ist es nicht ihre Aufgabe, die ganze Lage und jede Bewegung vorzustellen. Aber es ist poetisch, das zu tun, weil auch durch diese Vorstellungen mehr im Gegenstand vorgestellt wird, als wenn sie nicht vorgestellt würden, und dadurch wird jener Gegenstand *extensiv klarer*, § 16. Also strebt in poetischen Bildern mehr zur Einheit als in Gemälden. Daher ist das Gedicht vollkommener als das Gemälde."

36 Dieses Aufbrechen grammatischer und rhetorischer Wiederholungen weicht auffällig von anderen Gedichten Gleims ab, z. B. dem Eingangstext *Anakreon*, der die Struktur ‚Anakreon singt von A und B' und ‚Er macht A in/mit/bei B' erst in der Schlusswendung „Soll denn sein treuer Schüler / Von Haß und Wasser singen?" leicht abwandelt und dadurch umso klarer macht, dass die rhetorische Frage mit Nein zu beantworten ist, Gleim, *Versuch* 1964 [1744], S. 5. Siehe zu diesem Gedicht auch Berndt, *Poema/Gedicht* 2011, die an ihm die anakreontische Grundoperation des „Aus eins mach' zwei" (S. 184) festmacht, d. h. die ständige Vervielfachung, nicht die im hier behandelten Vers vorgeführte Vereinzelung.

des Textes eingliedern kann: „Als wenn du mit schönen Worten, / Und mit freundlichen Beweisen, / Einmal nur die Tugend lehrest." (V. 15–17) Die „schönen Worte" der Poesie stehen dafür ein, dass der bisher aus dem Gedicht hinaustreibende Vers „Und mit freundlichen Beweisen" wortwörtlich wiederholt und somit eingegliedert werden kann. Als Resultat kann der Text die bisher im Plural gehaltenen Belege der Baumgarten'schen Erfolge in den Versen 20 bis 24 noch einmal an einem Einzelnen vorführen und damit noch konkreter und anschaulicher machen.

Doch auch wenn die Lehre und ihre Effekte nun bewiesen sind, so ist das Verhältnis des Sprechers zu den Effekten in der Welt weiterhin unklar. Vereinfacht gesagt, hat dieser Sprecher bis jetzt nur Andere in der Welt beobachten können, selbst aber keinen Effekt und somit auch keinen Beweis der Lehre erfahren. Vers 6 bis 8 heben diese Distanz des Sprechens zum Gesehenen hervor, wenn sie von der kommunikativen Aufforderung „Sieh" zur Beobachtung in der dritten Person Plural „sie" umschwenken. Erst im Einsatz des letzten Teils des Gedichtes ab Vers 25 tritt der Sprecher des Textes mit dem Ausruf „O" in den Vordergrund und macht sich nun daran, die Baumgarten'sche Lehre und die Verbürgung der weltlichen Harmonie persönlich zu erfahren. Der letzte Teil des Gedichtes verdeutlicht, wie komplex die Anforderungen an eine solche persönliche Erfahrung sind. Um den Effekt der Lehre an sich selbst zu bestätigen, muss das Ich nämlich in Distanz zu sich selbst stehen, sich selbst unähnlich werden, es muss jene Haltung einnehmen, die später Reflexion heißen wird. Zugleich muss das Selbst den Effekt der Lehre aus der Position des Lehrers an Anderen hervorrufen, um die Angemessenheit der eigenen Erfahrung in der Reaktion des Anderen zu sehen. Beides, die Nicht-Identität mit sich selbst und die Notwendigkeit einer Reaktion, zeigen die Verse 25 und 26, in denen das Ich von sich als „man" spricht und sich um die „Kräfte" „seiner Lehren" sorgt. Diese Sorge und Selbst-Distanz wird im Rest des Gedichtes sogar noch durch die zeitliche Distanz einer wenn/so-Konditionalisierung (V. 27/28) und des modalen ‚Wollens' (V. 28) verstärkt, mit denen die Darstellung von der Gegenwart auf die Potenzialität bzw. Zukunft umschwenkt. Die Herstellung von Unähnlichkeiten geht so weit, dass der Text sogar erstens mit den Mädchen das weibliche Geschlecht einführt, das den bisher männlich konnotierten Teilnehmern des Gedichts gegenübersteht, dass zweitens die Stoßrichtung der schönen Kräfte nicht mehr auf die Tugend, sondern auf die Liebe abzielt, und dass drittens statt der freundlichen Leitung nun der Zwang im Zentrum steht, den schon Vers 24 vorbereitet hatte.

Doch all diese Nicht-Ähnlichkeiten führen keineswegs dazu, dass das Ich mit seinem Vorhaben scheitert. Aufgrund der Distanzierungen kann das Ich nun nämlich etwas, was den anderen Figuren des Gedichtes bisher verwehrt geblieben war: Es kann seine eigene Erfahrung mit der Erfahrung eines bzw. einer Anderen vergleichen und dadurch bestätigen, es kann die eigene Liebe in der Liebe der Mädchen wiederholt sehen, so wie der Scherzende im Lachen des Anderen erlebt, dass die eigene Verknüpfung des scharfsinnigen Witzes der Welt entspricht. Die Wendung von der Tugend zur Liebe ist in diesem Zusammenhang nicht nur die Umstellung von Sittlichkeit zu Erotik, sondern auch und vor allem die Betonung der gesellschaftlichen Natur der Lehre, die immer nur in der Verbindung von Menschen bestätigt werden kann. Dass der Witz dabei den Zwang und die Liebe zusammenführt, unterstreicht nur, wie weit Entferntes in der Welt des Gedichts verbunden werden kann, und betont darüber hinaus die Unmittelbarkeit einer Reaktion, die ohne Umweg durch die Rationalität sofort eintritt.

Diese Unmittelbarkeit und diese Verbindungen werden im Gedicht allerdings nicht begrifflich entwickelt, sondern sie werden, der nicht-rationalen Stoßrichtung der rhetorischen Anstrengungen entsprechend, performativ vorgeführt. Neben der inhaltlichen Selbstverständlichkeit der ‚witzigen' Wendung spielt für den Erfolg die Form eine zentrale Rolle. Das Gedicht präsentiert in den letzten Versen nämlich auch auf der sprachlichen Oberfläche, wo die Konstellation ‚mich-ich' zweimal erscheint (V. 27/28 und 30) und wo neben Parallelismen (V. 25 und 28) und Alliterationen[37] nun sogar die Gleichheit der Elemente in der *figura etymologica* ‚Lehrer lehrst' sowie der *repetitio* ‚lieben liebe' hervorgehoben wird, dass hier nicht nur eine sprachliche, sondern auch eine immer schon bestehende inhaltliche Gemeinsamkeit dargestellt wird. Diese Gemeinsamkeit wird in der Gleichheit der Liebe erfahren, als Bewegung aufeinander zu. Diese Liebe ist nicht die ‚Erlösung' eines einsamen Ichs durch die Integration in die Gesellschaft, sondern nur die Erfahrung einer Integration, die prinzipiell immer schon besteht. Daher resultiert die Potentialität der Schlussszenerie, die nur dann eintritt, wenn der Lehrer lehrt und wenn das Ich will, auch nicht in der Sorge um ein mögliches Nicht-Eintreten, sondern dient dazu, dass selbst die Gegenwart des Gedichtes und seine Zukunft sich leichtfertig scherzend aufeinander zu bewegen, und damit erlauben, im Gedicht dank seiner inhaltlichen und formalen Operationen die Harmonie der Welt dauerhaft zu erleben und zu bestätigen.

Anna Louisa Karsch steht dieser Annahme einer immer schon bestehenden Vergesellschaftung, die zur Erfahrung einer harmonischen Welt genutzt werden kann, skeptisch gegenüber.[38] Schon aus biographischen Gründen weiß eine Frau

---

37 „Mädchen", „müssen", „mich", „Lehrer", „lehrest", „lieben", „liebe".
38 Schon Adam, Geselligkeit 1998, zeichnet nach, wie die Aufklärung zwar „den Entwurf einer Gesellschaftsform [entwickelt], die auf den Prinzipien der Vernunft, Toleranz und Gleichheit beruht", betont dagegen aber schon Hinweise auf „die Grenzen dieser auf den ersten Blick so demokratisch erscheinenden Konzeption", hinter der sich in Wahrheit „‚Gleichheit der Gemüther' gerade auf der nie in Frage gestellten Basis der sozialen Differenzierung" verbirgt (S. 37 f.).

aus der schlesischen Unterschicht, die zwei gewalttätige Ehemänner überstanden hat, um die fragilen Grundlagen sozialer Harmonie. Aus ihrer Sicht mögen sich die Spannungen zwischen Zwang und Liebe, von denen Gleims Text singt, durchaus als reale Drohung lesen. Neben dieser biographischen Erfahrung ist Karsch auch als Autorin mit den Notwendigkeiten der Integration vertraut. Sie ist eben nicht dauerhaft integriert, im Gegenteil, sie muss die Kraft ihrer Poesie nutzen, um immer aufs Neue Zugang zur ‚besseren Gesellschaft' zu bekommen.[39]

Schon in ihrer Kriegslyrik, die sie einem breiteren Leserkreis bekannt machte und die schließlich zu ihrem Umzug nach Berlin führte, beginnt Karsch, die Annahme einer prinzipiell gegebenen Gesellschaftlichkeit zu hinterfragen, die von Harmonie und Gemeinsamkeit geprägt ist. Mit diesen Gedichten nimmt Karsch teil am Aufstieg von panegyrischer Lyrik im Kontext der preußischen Kriegszüge im Siebenjährigen Krieg.[40] In diesen Texten, für die exemplarisch Gleims Grenadierslieder stehen, werden König Friedrich II. und seine Truppen zu Sinnstiftungsmodellen für den Einzelnen, der in der Verehrung und Nachahmung des Helden-Herrschers an den Siegen teilnimmt und darin den Einschluss in das größere Ganze des preußischen Staates erlebt.[41] Gerade an Gleims Liedern lässt sich gut erkennen, dass mit der agonalen Haltung dieser Texte, die Feindbilder generieren und die Gewalt am Anderen zelebrieren,[42] das harmonische Soziabilitätsmodell keineswegs aufgegeben oder untergraben wird.[43] Immer wieder scheint das Modell einer harmonischen Gesellschaftsordnung *vor* und *nach* einem Krieg hervor, der Preußen aufgezwungen wurde. So beginnt die Sammlung mit den Versen „Krieg ist mein Lied! weil alle Welt / Krieg will, so sey es Krieg",[44] eine deutliche Charakterisierung des Kriegs als eine an die Gesellschaft herantretende

---

[39] Becker-Cantarino: „Gross durch den Sieg" 2010, S. 481.
[40] Einführend Klaus Bohnen: Von den Anfängen des „Nationalsinns". Zur literarischen Patriotismus-Debatte im Umfeld des Siebenjährigen Kriegs. In: *Dichter und ihre Nation*. Hg. Helmut Scheuer. Frankfurt/M. 1993, S. 121–137.
[41] Torsten Voß: Grenadier und Skalde. Johann Wilhelm Ludwig Gleims *Preußische Kriegs- und Siegeslieder*. Das Kriegerische als maskulin-ästhetische Haltung und (galantes) Rollenspiel in der Lyrik des 18. Jahrhunderts. In: *Wirkendes Wort. Deutsche Sprache und Literatur in Forschung und Lehre* 63.2 (2013), S. 179–202, hier S. 181.
[42] Ebd., S. 185.
[43] Den Verbindungen und Diskrepanzen zwischen Anakreontik und Kriegslyrik gehen nach Voß, Grenadier und Skalde 2013; Martin Disselkamp: Wein und Liebe, Stahl und Eisen – Anakreontisches und Kriegerisches bei Johann Wilhelm Ludwig Gleim. In: *Anakreontische Aufklärung*. Hg. Manfred Beetz und Hans-Joachim Kertscher. Tübingen 2005, S. 201–221; David E. Lee: Amor im Harnisch. Gleim als Anakreontiker und Grenadier. In: *Euphorion. Zeitschrift für Literaturgeschichte* 105.1 (2011), S. 19–50.
[44] Johann Wilhelm Ludwig Gleim. *Preußische Kriegslieder in den Feldzügen 1756 und 1757 von Einem Grenadier*. Berlin 1778, S. 3.

Unordnung, nicht die fundamentale Desintegration des Sozialen. Dass die Sammlung mit der Aufforderung an die Habsburgerkaiserin endet: „Nun beschliesse *deinen* Krieg" und schenke „Menschlichkeit Gehör,"[45] ist dann ebenso folgerichtig wie die Charakterisierung Friedrichs als „Menschenfreund," als „ein [...] Feind der Schlacht, / Und der Heldenthat."[46] Nach dem Ende des notwendigen und selbstverständlich „gerechte[n]" Kriegs kann nun wieder der Friede und die Harmonie in Kraft treten, können alle Menschen „ausgesöhnt [...] seyn."[47] Am Status der prinzipiellen Gemeinsamkeit aller, die in der Vergesellschaftung erfahren werden kann, ändert sich dadurch nichts. Im Gegenteil, in dem wiederholten ‚Wir' der Kriegslieder[48] wird dieses Zusammengehörigkeitsgefühl ebenso betont wie ihm durch die Umstellung des Königs vom unnachahmlichen Helden zur nachahmbaren Integrationsfigur Vorschub geleistet wird.

Frühe Kriegslieder Karschs funktionieren nach genau diesem Modell einer verlorenen und wiederhergestellten Harmonie. So singt sie 1757 vom „Stolz" der „prahlerischen" Österreicher, denen Friedrich mit „gerechten Waffen" die wohlverdiente und gewalttriefende Niederlage zufügt, damit das „Elisien" Preußen dann in der Nachfolge des vorbildlichen Herrschers in einem Akt der Auslöschung der momentanen Gewalterfahrung „des Schröckens Streiche verg[essen]" und neue „Wärme, " neuen „Glanz" und neue „Freude" erleben kann.[49]

Doch in jenem Gedicht auf die Schlacht von Torgau im Jahr 1760, das Mendelssohns Aufmerksamkeit auf sich gezogen hatte, verlässt Karsch die klare Unterscheidung zwischen momentaner, gerechter Gewalt und dauernder Idylle. Statt nur das „Entscheiteln"[50] des Feindes zu feiern, wie es das Gedicht von 1757 machte, zeigt der Text von 1760 die Effekte solcher Gewaltexzesse auf die preußischen Krieger. Schon das von Mendelssohn gepriesene Bild der Reiter, die ihre

---

45 Ebd., S. 81, kursiv von mir.
46 Ebd., S. 82.
47 Ebd.
48 Becker-Cantarino: „Gross durch den Sieg" 2010, S. 473.
49 Anna Louisa Karsch: Freudige Empfindung redlicher Herzen, die, wegen des verliehenen herrlichen Sieges dem Höchsten Dank opferten, welchen Se. Königl. Majest. von Preussen den 5ten December 1757, bey Fröbelwitz, zwischen Neumarck und Lissa über die Oesterreichische grosse Armee erfochten haben. Beschrieben von Anna Louise Karschin, geb. Dürbachin, eines Schneiders Frau aus Glogau (1757). In: *Gedichte und Lebenszeugnisse* 1987, S. 39 – 41, hier S. 39 und 41. Der Auftritt eines Ich ist in diesem Text ebenso unnötig wie bei Gleim, da der Einzelne im „Land" eingeschlossen ist und höchstens in der Frage nach dem eigenen Würdigsein eine Rolle spielt.
50 Ebd., S. 39.

Stirn falten, zeigt die Gewalt der Schlacht am Körper der Soldaten.[51] In der folgenden Strophe geht Karsch noch einen Schritt weiter und stellt Krieger dar, die die gesellschaftlichen Triebe des Mitleids verlieren, weil sie um ihre Selbsterhaltung kämpfen: „Laut wiehert unter dem Dragoner / Sein Pferd und stampft im Strom von Blut / Den hingestürzten Feind, umsonst zankt der Verschoner, / Des Mitleids Trieb, sich mit der Wut; / Betäubt von jener stärkern Stimme / Der Selbsterhaltung mordet er, / Und breitet, wild gemacht vom Krieger-Grimme, / Tod und Verwüstung um sich her."[52] Das Bewusstsein von exzessiver Gewalt als Grundlage der Selbsterhaltung des Ichs und seiner Gesellschaft führt dazu, dass sich in Karschs Text das Verhältnis zwischen harmonischer Ordnung und Kriegserfahrung verschiebt. Statt mit der Wiederkehr der Harmonie zu enden, wie noch 1757,[53] markiert das Gedicht von 1760 die Gewalt als gegenwärtig und die friedliche Harmonie als einen Wunsch, der sich aus dieser Gegenwart ergibt. Der König ist „[v]om Wahlplatz rot besprützt und müde," als er seinem Bruder vom „[b]luttriefend[en]" Sieg schreibt und sich Friede „wünscht".[54] Selbst die finale Epiphanie der ultimativen anakreontischen Erfahrung, wo „[d]er Philosoph von Sans-Souci" sich in einem Idyll befindet, „wo sichre Herden weiden" und er „wie Horaz" singt, wird explizit als ein „Traum" gekennzeichnet.[55] In dieser Sichtweise ist Gewalt nicht mehr der momentane Ausnahmezustand einer ansonsten harmonisch geordneten Gesellschaft, sondern deren fundamentaler Bestandteil, ja, die Idee einer idyllischen Soziabilität entspringt überhaupt erst der Unordnung der Gegenwart.

An diesem Bewusstsein von der potentiellen Konfliktträchtigkeit des Gesellschaftlichen ändert Karschs Umzug nach Berlin nichts. Im Gegenteil, auch hier zeigt sich die Autorin als scharfsichtige Beobachterin der profunden Gewalter-

---

51 Anna Louisa Karsch: Den 3ten November 1760. groß durch den Sieg des Königs bey Torgau, beschrieb Anna Louise Karschin gebohrne Dürbachin. In: *Gedichte und Lebenszeugnisse* 1987, S. 51–55. Die von Mendelssohn zitierte Strophe, S. 52: „Der König winkt, die Reuter falten / Ernsthaft die Stirnen, und ihr Arm / Wird ihren Feinden schwer, geschwungne Säbel spalten / Den Kopf, und vom Gehirn noch warm / Zerfleischt das Schwert die Eingeweide: / So kämpfen Löw und Tigertier / Hartnäckicht kaum, wie die erzürnte Beide, / Dauns Knecht und Friedrichs Kürassier!"
52 Ebd., S. 53. Selbst die poetische Form, mit den Enjambements, dem Auseinanderbrechen von Handlungen und ihren Akkusativobjekten oder dem Genitiv, unterstützt hier die exzessive Darstellung einer Gewalt, der man sich nicht entziehen kann.
53 Der Text spricht von Friedrichs Rückkehr nach „Elisien" in der Vergangenheit, als ein bereits stattgefundenes Ereignis, das den Krieg zurücklässt und sich nun auf die Erhöhung der Gesellschaft zu konzentriert, Karsch, Freudige Empfindung 1987 (1757), S. 41.
54 Karsch, Den 3ten November 1760 1987 (1760), S. 54.
55 Ebd., S. 55.

fahrungen, die sich hinter der Sozialisierung verbergen. So beschreibt sie in ihrem ersten Brief an Gleim[56] eine Konstellation, die den Annahmen der Anakreontik beinahe diametral entgegensteht:

> [E]s fehlt mir nicht an Gesellschafften, man sucht mich nur zu offt, aber diese Zerstreuungen sind vor mich weder nüzlich noch angenhm, man will Seine NeuBegierde befriedigen, man gafft mich an und klatscht mit den Händen und rufft Ein Bravo alß wenn alle meine Reden kleine Zaubersprüche wären ich lache zu weillen mitt und mein Herz weiß nichts von dem Vergnügen wellches dann in meinem lachenden munde die Gesellschaft taüscht.[57]

Statt zu lachen, auf die Scherze der Anderen mit der Bestätigung umfassender Integration in die Welt zu antworten, bleibt Karsch in diesem Bericht außen vor und allein, und wenn sie lacht, so ist es eine Täuschung, nicht eine Bestätigung der Harmonie der Welt. Statt durch andere die eigene Vergesellschaftung zu erleben, sieht sie, wie andere ihre Neugierde befriedigen und ihre eigene Integration bestätigen, indem sie sie als etwas Anderes behandeln, eine nicht ganz menschlich-sozialisierte Zauberin, die man bewundern und begaffen kann, die von der Gesellschaft aber entfernt bleibt.

Wie Karsch in der Erwähnung des Nützlichen und Angenehmen bereits andeutet und unmittelbar nach der zitierten Passage noch einmal klarstellt, sieht sie den Weg aus dieser Situation – oder wenigstens eine Möglichkeit des Widerstands gegen sie – in der Dichtkunst, mit deren Hilfe sie „Beßer mein [...] sein" kann, d. h. sie positioniert ihre Lyrik als etwas, was sie im Kampf *gegen* herrschende Gesellschaftsvorstellungen einsetzen kann.[58] Neben den unzähligen Gelegenheitsgedichten verfasst Karsch daher immer wieder Texte, in denen sie sich den Konsequenzen ihrer Marginalisierungserfahrungen stellt und Gedichte umfunktioniert, um auf die Position eines ausgeschlossenen Individuums zu reagieren. Sie greift dafür auf die Gattung anakreontischer Scherze zurück, um die Erfahrung der immer schon bestehenden Harmonie, die diese Gedichte in ihren formalen und inhaltlichen Verknüpfungen gewähren, durch die Generierung von Spannungen zu ersetzen, die statt Gemeinsamkeit Antagonismen darstellen und dadurch ihre Texte zu einem Ort machen, an dem die Auseinandersetzung um die

---

56 Zum Briefverkehr zwischen Gleim und Karsch siehe Nörtemann, Verehrung, Freundschaft, Liebe 1992; Mödersheim, Igel oder Amor 1996; Ute Pott. Die Freundschaft und die Musen. Gleim in seinen Briefen an die Dichterin Anna Louisa Karsch und ihre Tochter Caroline Luise von Klencke. In: *G.A. Bürger und J. W. L. Gleim*. Hg. Hans-Joachim Kertscher, Tübingen 1996, S. 40–57.
57 Anna Louisa Karsch: Brief vom 28. April 1761. In: *„Mein Bruder in Apoll"* 1996, S. 5f., hier S. 5.
58 Ebd. Siehe Anne Kitsch: *Offt ergreiff ich um Beßer mein zu sein die feder. Ästhetische Positionssuche in der Lyrik Anna Louisa Karschs (1722–1791). Mit bisher unveröffentlichten Gedichten.* Würzburg 2002.

Vergesellschaftung stattfinden kann. Das erste dieser Gedichte, *Sapho [sic] an Amor*, in dem sie das anakreontische Format von Sinnlichkeit, Liebe und Integration aufgreift, um es im sapphischen Gewand radikal umzugestalten, legt sie dem bereits zitierten Brief an Gleim bei; das zweite Gedicht, *An den Domherrn von Rochow, als er ihr gesagt hatte, die Liebe müsse sie gelehrt haben, so schöne Verse zu machen*, zeigt schon im Titel, dass der Text die fundamentale Kategorie der Liebe verhandelt. Beide Gedichte werden in die Ausgabe von 1764 an prominenter Stelle übernommen, der Text an Rochow als letzter der Oden, Zweites Buch, das Sappho-Gedicht als letztes des vierten und letzten Buches der Oden.[59]

Sapho an Amor

Sohn Cytherens, kleiner Weltbezwinger!
Welch ein Schmerz durchtobte deinen Finger
Von dem Stich der Honigträgerin!
O empfind ihn noch, wie Schlangenbisse,
5   Und dann denke, was ich leiden müsse,
Da ich wund von deinem Pfeile bin!

Nicht im Finger, nicht in weichen Backen,
Oder in dem hartgenervten Nacken,
Nein im Herzen fühl ich deinen Schuß!
10 Ach du hast den Pfeil mit Gift bestrichen,
Tausend Pfeile fühl ich in den Stichen,
Welche machen, daß ich seufzen muß!

Habe Mitleid! Nimm itzt deinen Köcher,
Göttern ziemet ja das Amt der Rächer,
15 Und dein Bogen ist zur Rache stark!
Eile, räche mich! ach! Amor eile,
Nicht allein die Spitze von dem Pfeile,
Glut in mir verzehret Blut und Mark!

Jener Phaon mit den feuervollen
20 Schwarzen Augen, die mich töten wollen,
Und mit einem Munde rosenweich,
Findet Wollust in der Kunst zu quälen,
Zwölf betrübte Tage muß ich zählen,
Jeder ist den Ernte-Tagen gleich.

25 O du kennst die Täler, wo er gehet,
Dort, wo deiner Mutter Bildnis stehet
In dem Palmen-Hain, da wandelt er!
Such ihn unter dickbelaubten Eichen,

---

59 Es ist allerdings unklar, wie viel Einfluss Karsch auf die Anordnung der Gedichte im Band hatte.

> Und will er zu Rosenhecken weichen,
> 30 Flattre um ihn, wie ein Vogel her.
>
> Hurtig ist er, gleich den jungen Rehen!
> Aber bleibt er an dem Wasser stehen,
> Wo der weiche Klee am Ufer grünt;
> Dann erinnre dich, was ich gelitten,
> 35 Spann den Bogen, faß ihn in der Mitten,
> Triff die Stelle, die den Pfeil verdient.
>
> In sein Herz, noch kälter als die Schollen,
> Die dem Blick der Sonne trotzen wollen,
> Amor, in sein Herze ziele du.
> 40 Dann wird ihm die tiefe Wunde schmerzen,
> Und er eilt mit halb zerschmolznem Herzen
> Reue fühlend meinen Armen zu.[60]

Mit bemerkenswerter Konsequenz greift Karsch in diesem Text Elemente der scherzhaften Lyrik auf und übersteigt ihre Grundannahmen, um statt der Verschränkung von allem mit allem und der harmonischen Bestätigung, dass das Selbst diese Verbindungen sowie das eigene Eingebundensein erfahren kann, die fundamentale Nicht-Gleichheit von Menschen vorzuführen, deren Vergesellschaftung in der Rokokoliebe erst hergestellt werden muss. Neben dem antikisierenden Setting übernimmt Karschs Gedicht von der Anakreontik vor allem die vielfältigen Verknüpfungen zwischen den einzelnen Figuren, die sich im Verlauf des Narrativs aufeinander zu bewegen, ähnliche Erfahrungen machen – nun allerdings im Schmerz, nicht in der Liebe – und im Mitleid eine Identifikation mit einem Anderen erleben. Auch die Selbst-Distanzierung und Potentialität von Gleims Text lassen sich hier finden.

Doch der Text verändert die Grundannahmen einer prinzipiellen Gemeinsamkeit der Figuren, die in ihren gegenseitigen Bewegungen für die Harmonie der Welt und ihre Wahrnehmung einstehen. Schon die excessive Körperlichkeit des Gedichts, wo Finger, Backen, Gesicht, Herz, Blut und Mark die Qual eines allumfassenden Schmerzes erfahren, die in der Zersplitterung in Einzelteile die eigene Ganzheit zerstört, zeigt, dass Karsch sich weniger für die Bestätigung der eigenen Sinnlichkeit im Angesicht der harmonisch geordneten Welt interessiert, als für die Überwindung einer Einsamkeit, die das Ich angesichts des allumfassenden Schmerzes unfähig macht, etwas anderes als sich selbst zu sehen. Viele Stellen des Textes präsentieren daher auch keine gegenseitige Bewegung von immer schon vergesellschafteten Menschen aufeinander zu, sondern eine

---

[60] Anna Louisa Karsch. Sapho an Amor. In: *Auserlesene Gedichte* 1764, S. 252–254.

Fluchtbewegung Phaons, die gewaltsam gestoppt werden muss. Selbst wenn diese Fluchtbewegung schließlich zu einer Rückkehr zur Sprecherin führt, findet keine Gleichheit von Liebe zu Liebe statt, sondern eine Hierarchie des Schmerzes, die das existentielle Wund-Sein Sapphos gegen Amors Erinnerung an eine Schmerzerfahrung und Phaons momentanes Fühlen einer Wunde ausspielt.

Auch die scheinbare Lösung der Spannungen am Ende des Gedichts, wenn Phaon zu Sappho zurückeilt, ebnet die Differenzen nicht ein. Im Gegenteil, die Erfahrung der Vergesellschaftung, in der die Sprecherin Bezugspunkt eines Anderen wird, kann überhaupt nur erfolgen, weil Phaon Reue fühlt, ein religiös konnotiertes Entsetzen über die eigenen Fehler, die nicht mehr gutgemacht werden können, das Eintragen einer unaufhebbaren Nicht-Identität zwischen dem gegenwärtigen Phaon und seinem vergangenen Selbst. Erst nachdem diese Unähnlichkeit hergestellt und Phaon einer unstillbaren Qual ausgesetzt ist, kann der Kampf der Sprecherin um ihre soziale Integration gewonnen werden. Für diesen Kampf setzt der Text seine formalen Elemente ein, die Karsch ebenfalls von der anakreontischen Verknüpfung des schon Verbundenen zu einem Mittel umfunktioniert, extreme Spannung zu erzeugen, Elemente aus sich hinauszutreiben und statt der harmonischen Verknüpfung sprachlich jenes Übersteigen bzw. jene Umkehr zu generieren, von denen der Inhalt spricht.

Diese Spannung beginnt mit der Architektur der Strophen, durch die diametral entgegengesetzte Szenarien einander gegenübergestellt werden. Das setzt mit der ersten und letzten Strophe ein, die das Hauptthema des Textes, den Schmerz, präsentieren, dabei aber dem Ausstellen von Schmerz und seiner Aktivierung als Identifikationsmittel in der ersten die Feier des Schmerzes des Anderen in der siebten gegenüberstellen. Strophen 2 und 6 greifen das Schmerzthema noch einmal auf, nun unterschieden in ihrer Zeitlichkeit, weil die völlige Präsenz des schmerzenden Selbst in der zweiten sowohl der Vergangenheit (erinnre dich, was ich gelitten) als auch der zukünftigen Potentialität (wenn er stehen bleibt, dann spann den Pfeil und ziele) in der sechsten Strophe entgegensteht. Diese unterschiedliche Zeitlichkeit führt dazu, dass die in beiden Szenen vorgeführte Jagdszene, vom gejagten Selbst zum gejagten Phaon, nicht in eine Gleichheit des Gejagt-Werdens übergleitet, sondern in ihrer unterschiedlichen Intensität und Potentialität bestehen bleibt, einmal schon geschehen, einmal noch zu vollziehen. Strophe 3 und 5 sind organisiert um das Thema des Göttlichen, wobei die Gottheit einmal Rache, einmal Schutz verspricht. Darüber hinaus überführen die beiden Strophen die bisher verhandelten Gegensätze in eine Spannung zwischen Fortschreiten (eilen) und Kreisbewegung (wandeln) und verweisen in dieser Gleichzeitigkeit von Gerade und Kurve auf den Bogen, der in Strophe 3 und 6 explizit erwähnt wird und in den Strophen 1, 2, 3 und 6 durch den Pfeil ebenfalls präsent ist.

Mit dieser Schaffung eines gespannten Bogens kommt das Gedicht auch formal auf seinen eigentlichen Punkt: Kunst quält, und weil sie quält, kann sie als Mittel im Kampf um die Vergesellschaftung eingesetzt werden. Weit entfernt sind wir hier von der schönen Darstellung der verknüpften Harmonie der Welt, wie sie sich in der Bewegung und Gegenbewegung der Dinge und Figuren in der Welt erfahren lässt. Die Sprecherin kann nicht, wie bei Gleim, im scherzhaften Beieinander von Zwang und Liebe für sich selbst die Baumgarten'sche Lehre performativ belegen, sondern verharrt in einem agonalen Verhältnis, das sich durch den Akt des Dichtens nicht auflösen, sondern nur ‚gewinnen' lässt. Daher werden wir aufgefordert, den Bogen ‚in der Mitte' zu fassen und finden dort – einen Pfeil, der im Narrativ und der Form des Textes darauf wartet, abgefeuert zu werden, aus der Harmonie und dem Zusammenhang in den Kampf einzutreten. Mit diesem Übertritt, diesem Herausragen aus dem Text, wird dann der finale Triumph des Gedichts möglich, nämlich die buchstäbliche Umkehr des linguistischen Materials, die aus dem F-E-U-E-R-vollen den R-E-U-E-Fühlenden Phaon macht und auch sprachlich vorführt, dass vermeintliche Gleichheit nur die absolute Differenz enthält und verbirgt. Mit diesem Aufzeigen einer fundamentalen Ungleichheit hinter dem anakreontischen Gesellschaftsideal hat der Text sein Ziel erreicht und kann die Sprecherin den exzessiven Schmerz des Anfangs in dem Versprechen ihrer Vergesellschaftung überwinden.

So beeindruckend klarsichtig sich Karsch in diesem Text jedoch hinsichtlich der Voraussetzungen und Grenzen des anakreontischen Formats zeigt, so lässt sie die Liebe, das Grundthema der scherzhaften Poesie, unangetastet. Darüber hinaus bleibt in ihrem Gedicht die Rolle des Ichs angesichts der Welt unterentwickelt, da die Sprecherin selbst weitgehend im Statischen verharrt und ‚nur' dem Mann vorführt, dass Vergesellschaftung nicht ein harmonischer, sondern immer schon ein konfliktträchtiger Prozess ist, an dessen Ende er nicht mehr der ist, der er am Anfang war. Beide Schwächen adressiert sie in einem Gedicht, das ungefähr ein Jahr später entstanden ist und direkt die Frage konfrontiert, wie eigentlich ein Individuum, das die vergnügte Sinnlichkeit anakreontischer Geselligkeit nicht erfahren hat, und stattdessen durch einen fundamentalen Mangel gekennzeichnet ist, sich zur Welt und zur Gesellschaft verhalten und eine Verbindung erleben kann.

> An den Domherrn von Rochow,
> als er ihr gesagt hatte, die Liebe müsse sie gelehrt haben,
> so schöne Verse zu machen.
>
> Kenner von dem sapphischen Gesange!
> Unter Deinem weißen Überhange
> Klopft ein Herze, voller Glut in dir!

Von der Liebe ward es unterrichtet,
5 Dieses Herze, aber ganz erdichtet
Nennst Du sie die Lehrerin von mir!

Meine Jugend war gedrückt von Sorgen,
Seufzend sang an manchem Sommermorgen
Meine Einfalt ihr gestammelt Lied;
10 Nicht dem Jüngling töneten Gesänge,
Nein, dem Gott, der auf der Menschen Menge
Wie auf Ameishaufen niedersieht!

Ohne Regung, die ich oft beschreibe,
Ohne Zärtlichkeit ward ich zum Weibe,
15 Ward zur Mutter! wie im wilden Krieg,
Unverliebt ein Mädchen werden müßte,
Die ein Krieger halb gezwungen küßte,
Der die Mauer einer Stadt erstieg.

Sing ich Lieder für der Liebe Kenner:
20 Dann denk ich den zärtlichsten der Männer,
Den ich immer wünschte, nie erhielt;
Keine Gattin küßte je getreuer,
Als ich in der Sappho sanftem Feuer
Lippen küßte, die ich nie gefühlt!

25 Was wir heftig lange wünschen müssen,
Und was wir nicht zu erhalten wissen,
Drückt sich tiefer unserm Herzen ein;
Rebensaft verschwendet der Gesunde,
Und erquickend schmeckt des Kranken Munde
30 Auch im Traum der ungetrunkne Wein.[61]

Dieses Gedicht treibt die Exzessivität der Ab-Norm auf die Spitze.[62] Sein Zentralkonzept, die Liebe bzw. Erfahrung einer vergnügten Sinnlichkeit, bleibt dem Ich an allen Stellen verwehrt, es ist ohne Regung, ohne Zärtlichkeit, unverliebt, es hat keinen zärtlichen Mann, hat nicht geküsst, und hat keinen Wein getrunken. Diese Frau ist kein Mitglied einer Gemeinschaft, sondern das ausgeschlossene Extrem einer Gesellschaft, die sie verkennt, weil sie ihr Liebe auf den Leib schreibt. Doch weil das Ich das weiß, gewinnt Poesie eine Funktion, die ihr im

---

[61] Anna Louisa Karsch: An den Domherrn von Rochow, als er ihr gesagt hatte, die Liebe müsse sie gelehrt haben, so schöne Verse zu machen. In: *Auserlesene Gedichte* 1764, S. 110–112.
[62] Ganz ähnlich geht Karsch in dem späteren Gedicht *Belloisens Lebenslauf* vor, siehe dazu Becker-Cantarino: „Belloisens Lebenslauf" 1993, die aber nur das „Dilemma" von Karsch „als Dichterin und Frau am Rande der Tradition" sieht, (S. 22) nicht aber die fundamentale Arbeit an der Funktion der Lyrik, die Karsch hier unternimmt.

anakreontischen Paradigma niemals zugeschrieben werden könnte, und die auf moderne Konzepte des Subjekts als Mangelwesen vorausweist, wie Herder sie theoretisch entwickelt und Goethe in seiner frühen Lyrik zu überdecken versucht.[63] Aus der Negation der anakreontischen Soziabilität gewinnt das Ich dieses Textes eine neuartige Möglichkeit zur Vergesellschaftung, die nun auf der Ungleichheit des Ichs zu sich selbst und zu allen anderen beruht, die im Text ausgestellt werden kann. Das Ich erfährt seine Subjektivierung nicht durch harmonische Fülle, sondern durch Krankheit und die imaginative Möglichkeit zur Heilung. Diese Heilung ist nicht eine Überwindung der Differenz auf dem Weg zu einer Einheit, sie ist nicht das Trinken des Weins, sondern speist sich daraus, dass das abnorme Ich den Blick auf die Kräfte freimacht, die Gesellschaftlichkeit angeblich am Laufen halten, die in Wirklichkeit aber nur den Exzess der Gewalt und Einsamkeit überdecken, der sich das Ich ausgesetzt findet. Gerade weil dem so ist, gerade weil das Ich außerhalb der Gesellschaftskonzepte der Anakreontik steht, kann es eine neue Soziabilität entwerfen, auf die das Gedicht im subtilen Wechsel vom Ich zum Wir in der letzten Strophe hindeutet. Jedes Ich, so postuliert der Text, nimmt Welt nicht in dem wahr, was ist, sondern in dem, was sein könnte oder nicht ist. Jedes Ich ist damit nicht eingegliedert in die gemeinsame Wahrnehmung einer harmonisch geordneten und verbundenen Welt, sondern erlebt die isolierende, Grenzen aufzeigende Wahrnehmung des Anders-Seins. So ist es kein Zufall, dass das Gedicht seine therapeutische Mission in einer Serie von K-Lauten präsentiert, die Erquickung, Schmecken, Krankheit und Ungetrunken miteinander verbinden, dabei immer an den missverstehenden Kenner anakreontischer Lieder ebenso wie an den Krieg erinnern und den Druck aufrechterhalten, dem sich das Ich an allen Stellen ausgesetzt sieht. Diese explosiven K-Laute durchbrechen in der letzten Strophe ausgerechnet jenen Reim, den die schöne Literatur der Sinnlichkeit um 1750 dazu benutzt, die Harmonie vorzuführen – ein und Wein.[64] Nicht die Einheitsstiftung sinnlichen Vergnügens, sondern die unüberbrückbare Einsamkeit des Ichs generiert also dieses Gedicht, und garantiert damit in einer Komplexität jenseits aller anakreontischen Soziabilität die Möglichkeit der Wahrnehmung des Ichs und der Welt im Wissen des Abgrundes, der dieses Ich von der Welt trennt.

---

63 Dazu immer noch grundlegend David E. Wellbery: *The Specular Moment. Goethe's Early Lyric and the Beginnings of Romanticism*. Stanford 1996.
64 Vor allem Hagedorn benutzt diesen Reim sehr oft. Siehe Bäumel: Cognitio Poetica 2020.

III Denken des Zu viel: Philosophische Perspektiven

Johanna Schumm

Ausschweifender Witz. Vor- und Nachgeschichten einer anderen Vernunft (von Gracián und Descartes über Bouhours und de la Houssaye zu Thomasius, Gottsched und Baumgarten)

I Einführung

Das Witzdenken des siebzehnten Jahrhunderts kann als Vorgeschichte aufklärerischer Formen des Exzesses verstanden werden. Der barocke Witz wird als eine Geisteskraft konzipiert, die der Ausschweifung verschrieben ist und sich aller praktischen und diskursiven Mäßigung und Kontrolle entzieht. So entwirft ihn z. B. Baltasar Gracián. In seiner „flammenden Theorie des Geistes", wie er sie selbst genannt hat, ist der Witz (die *agudeza*) das entscheidende Vermögen. Gracián stiftet damit eine neue Tradition des Witzdenkens. „Flammend" nannte Gracián seine Theorie auch deswegen, weil sie seinem Anspruch nach sich von allen bestehenden Diskursen wie eine Flamme nähre und sie verbrenne. Genauso schnell, wie sie entbrannte, verlosch ihre Flamme jedoch auch wieder – zumindest, wenn man ihre kärgliche Rezeption (insbesondere außerhalb Spaniens) betrachtet. Dass ihre Flamme so schnell erstickte, lag auch daran, dass sie als unvereinbar mit dem großen Geistes-Projekt des siebzehnten Jahrhunderts wahrgenommen wurde: Descartes' Krönung der *raison*. Die daran anschließenden philosophischen und ästhetischen Strömungen, ich meine damit insbesondere die Konstruktion des sogenannten „Klassizismus", entwerfen eine Frontstellung zwischen dem Spanisch-Barocken und dem Französisch-Klassischen, in dem ersterem der Exzess, die Fülle, das Zuviel zugeschrieben wird und letzterem das Maßhalten. An dieser Opposition arbeitet sich die frühe Rezeption Graciáns ab. Davon ausgehend wird deutlich, dass ein Aspekt der Ablehnung des Exzesses im achtzehnten Jahrhundert die Abwehr dieser anderen Tradition der Vernunft ist, zu der auch Gracián gehört und die über seine *agudeza* rezipiert wird. In ihr spielt das Viel und das Zuviel, das Überbordende eine entscheidende Rolle. Zugleich schließt das Verständnis des Exzesses in der Aufklärung an eben diese Tradition an und kann durch sie erhellt werden.

Mein Beitrag gliedert sich folgendermaßen: Nach einer Einführung beginne ich mit einem Blick auf zwei konkurrierende Gründungsmomente der frühneuzeitlichen Philosophie; einen der Kargheit und einen des Exzesses. Ersterer hat die Orientierung der Aufklärung am Maß, an der Reduktion geprägt – ich spreche natürlich von Descartes. Letzterer ist die spanische, katholische Tradition des Konzeptismus. Sie wurde in der Folge abgewehrt und eingehegt, punktuell aber auch aufgegriffen (II. Vorgeschichten: Masse und Beziehung vs. Klarheit und Deutlichkeit. Gracián und Descartes). Ich werde dann zeigen (III. Gegengeschichten: Unverständlich und monströs. Das Spanische als die Ausschweifung), wie Gracián als Divergenz zu Descartes und dem Maßhalten des französischen Klassizismus rezipiert und unter anderem ins deutschsprachige achtzehnte Jahrhundert vermittelt wurde. Hier spielt die französische Rezeption Graciáns durch Bouhours und de la Houssaye eine wichtige Rolle. Abschließend (IV. Nachgeschichten: Flittergold, Luxus und die „Kunst schön zu denken") werde ich punktuell aufzeigen, wie die deutsche Rezeption des achtzehnten Jahrhunderts durch eine Ambivalenz gekennzeichnet ist: Einerseits schließt sie an Gracián an, andererseits lehnt sie ihn ab. Mein Beitrag entwirft so eine Vorgeschichte des Exzesses im achtzehnten Jahrhundert. Diese ist insofern von systematischem, theoretischem Interesse, als durch sie eine besondere Form des Schreibens und Denkens in Fülle anschaulich wird.

Dass Gracián auch für die deutsche Aufklärung relevant war und dabei einerseits an ihn angeschlossen, andererseits wesentliche Momente seiner Theorie (insbesondere jene, die als exzessiv wahrgenommen wurden) abgelehnt wurden, belegt leicht ein Blick auf Johann Georg Sulzers Eintrag zum Witz in seiner *Allgemeinen Theorie der Schönen Künste* von 1794. Der Eintrag zeugt davon, wie der Gracián'sche Witz als verhängnisvoll dem Exzess verwandt verstanden und darin der ordnenden, mäßigenden Kraft des Verstandes entgegengesetzt wird. In einem Zusatz zur Ausgabe von 1794 wird explizit Gracián als Quelle einer solchen Bestimmung des Witzes genannt: „Das Werk ist unstreitig das ausführlichste, was über diese Materie geschrieben worden ist. Es enthält 50 Abschn. oder Discursos, deren Inhalt aber hier zu viel Platz einnehmen würde. Indessen dürfte andern das, was dem Verfasser Witz ist, leicht falscher Witz scheinen."[1] Schon hier klingt Graciáns eigene Tendenz zu überborden an, ein Moment, das sich von dem von ihm behandelten Gegenstand auf die Form seines Werkes überträgt. Wesentlich für Sulzers Darstellung ist die Verbindung des Witzes mit Formen der Fülle und der Überschreitung. Der Witz rufe „aus dem ganzen Vorrath der in der Einbildungskraft liegenden Begriffe alles herbey [...], was zur Belebung der Hauptvor-

---

[1] Johann Georg Sulzer: Witz (Schöne Künste) (1794). In: Ders.: *Allgemeine Theorie der Schönen Künste in einzeln, nach alphabetischer Ordnung der Kunstwörter auf einander folgenden, Artikeln abgehandelt: R–Z*. Leipzig 1794, S. 738.

stellung dienet. Daher kommen die vielen Bilder, die mannichfaltigen Vergleichungen, die Nebenbegriffe und seltenen Einfälle in den Reden des witzigen Kopfes."[2] Der Witz muss, so Sulzer, gebändigt werden, andernfalls werde er „leicht falsch, ausschweifend, und sogar abgeschmackt; und wenn ihn nicht eine richtige Beurtheilung [durch den Verstand] begleitet, so wird er unzeitig abentheuerlich, übertrieben und schädlich."[3] Dass der Witz auf Mannigfaltigkeit, auf Fülle, auf Exzess zielt, das ist in seiner theoretischen Bestimmung durch Gracián offensichtlich, dass dies jedoch als etwas Negatives, als etwas Einzuhegendes, der Kontrolle Bedürftiges verstanden wird, das ergibt sich erst durch seine Konfrontation mit der Descartes'schen Vernunft. Ich werde deswegen im Folgenden zeigen, wie sich die beiden Autoren insbesondere durch ihr Verhältnis zur Fülle gegenüberstellen lassen.

II Vorgeschichten: Masse und Beziehung vs. Klarheit und Deutlichkeit. Gracián und Descartes

Gracián und Descartes arbeiten fast zeitgleich an ihren großangelegten Auseinandersetzungen mit dem menschlichen Geist und ihre Projekte sind dabei in vielerlei Hinsicht vergleichbar.

1628 erscheinen Descartes' *Regulae ad directionem ingenii*,[4] die wesentlich für seine Ausarbeitung des *Discours de la méthode* (1637) und der *Meditationes* (1641) sein werden, 1639 entstehen Graciáns erste Entwürfe zu seiner *Agudeza y arte de ingenio*, die 1642 in einer ersten und 1648 in einer erweiterten Version erscheint. Besonders in diesen Schriften zeigt sich das gemeinsame Interesse am Ingenium und zugleich die radikale Differenz: Hier werden Regeln gebildet, dort die Regellosigkeit gefeiert, hier muss das Ingenium geleitet werden, dort triumphiert seine Kunst über alle anderen Vermögen. Graciáns Feier des regellosen Ingeniums als Kraft des Witzes klingt wie eine kritische Antwort auf Descartes' Bemühungen, dieses an die Leine der Vernunft zu legen.

Dennoch gibt es keine detaillierte Studie zum Verhältnis von Descartes und Gracián, sondern es wurde bisher nur punktuell auf Nähen zwischen ihnen hingewiesen. Ich möchte hier eine Grundlage für eine Gegenüberstellung der

---

2 Ebd.
3 Ebd.
4 1619 begonnen und unvollendet geblieben.

beiden Autoren schaffen und dabei insbesondere Graciáns Geistestheorie in der *Agudeza y arte de ingenio* mitberücksichtigen, da sie mit Blick auf Descartes noch nicht untersucht wurde. Die bisherigen Vergleiche von Gracián und Descartes gehen vom Beginn von Graciáns Roman *Criticón* aus, in dem eine Art Urszene des Erkennens und Wahrnehmens konstruiert wird, wenn der Protagonist Andrenio in einer Höhle zwischen Tieren aufwächst.

> ¿Qué es esto?, decía. ¿Soy o no soy? Pero pues vivo, pues conozco y advierto, ser tengo. Mas, si soy, ¿quién soy yo? ¿Quién me ha dado este ser y para qué me lo ha dado?
>
> [‚Was ist das', sprach ich, ‚bin ich oder bin ich nicht? Doch da ich lebe, da ich erkenne und verstehe, so halte ich dafür, daß ich bin. Doch wenn ich bin, wer bin ich dann? Wer hat mir dieses Dasein gegeben, und wozu hat er es mir gegeben?']5

Die Fragen, die Andrenio sich stellt, wurden etwa von Emilio Hidalgo-Serna und Francisco Maldonado de Guevara als Gracián'sches „Cogito" beschrieben.6 Auch Hans Blumenberg7 sieht in dem Romananfang eine Parallele zu Descartes, während Karl Vossler in seiner Studie *Poesie der Einsamkeit* den Einfluss Descartes' allein in einem Zitat erkennt:

> Wenn der aufklärerische mutige Geist des Criticón in Spanien schließlich doch ohne erzieherische Wirkung blieb [...], so liegt es daran, daß die großen Gegensätze und Kämpfe zwischen Glaube und Zweifel, Autorität und Vernunft, die in Nordeuropa einen neuen Kritizismus erzeugt haben, für die Spanier längst nicht mehr brennend waren. Die angebliche Wirkung Descartes' auf Gracián muß sehr gering veranschlagt werden; sie geht kaum über eine leise vorübergehende Berührung hinaus (Iª Parte, Crisi I). In der Hauptsache gleitet Gracián in die averroistische und altspanische Position der zwei Wahrheiten zurück. Zweierlei Begriffe, eine zeitliche und eine ewige Reihe stehen nebeneinander und können erst im Jenseits sich zur Einheit schließen. Auf Erden herrscht unüberwindliche Zweideutigkeit.8

Eben diese harte Gegenüberstellung des ‚kritischen' Nordeuropa und des ‚rückständigen' Spanien (das in Zweideutigkeiten und damit auch Unverständlichkeit verharre) muss als historisch gewachsene Konstruktion betrachtet werden. Denn die Beziehung zwischen Descartes und Gracián weist nicht nur radikale Unter-

---

5 Baltasar Gracián: *El Criticón* (1651–1657). Hg. Luis Sánchez Laílla und José Enrique Laplana. Zaragoza 2016, Primera Parte. Crisi 1, S. 15f. Dt. Übersetzung: Baltasar Gracián: *Das Kritikon*. Übers. Hartmut Köhler. Zürich 2001, S. 21.
6 Emilio Hidalgo-Serna: *Das ingeniöse Denken bei Baltasar Gracián*. München 1985, S. 141–144. Vgl. Francisco Maldonado de Guevara: El ‚cogito' de Baltasar Gracián. In: *Revista de la Universidad de Madrid* VII.27 (1958), S. 271–330.
7 Hans Blumenberg: *Höhlenausgänge*. Frankfurt/M. 1996, bes. S. 450–464.
8 Karl Vossler: *Poesie der Einsamkeit in Spanien*. München 1950, S. 315.

schiede auf, sondern auch frappierende Ähnlichkeiten. Einige Passagen in ihren Werken klingen wie Antworten auf den jeweils anderen. Uwe Ebel etwa behauptet, dass sich Descartes' Auseinandersetzung mit der Täuschung wie eine Antwort auf Gracián lese, die 4. Meditation rufe den 13. Aphorismus des *Oráculo manual* auf:

> Unbeschadet dessen, dass Descartes Gracián wohl kaum gelesen hat, unbeschadet dessen, dass Gracián sich hier im Bereich der Anthropologie und bei den weiteren Thematisierungen von Täuschung und Enttäuschung in dem der Satire bewegt, formuliert der spanische Jesuit eine Theorie der Täuschung, die sein französischer Zeitgenosse erst zu philosophischer, zu neuzeitlicher Reflexion erheben musste, indem er sie von den Prämissen einer jesuitisch durchdachten Theologie mit all den ihr inhärenten mythologischen Elementen des Christentums befreite und so zu einer Lösung fand, die sich bis in die Subjekt-Philosophie des philosophischen Idealismus verlängert.[9]

Es ist sehr unwahrscheinlich, dass sich die beiden Jesuitenschüler gegenseitig gelesen haben, aber sie haben den gleichen Ausgangspunkt: nämlich eine als problematisch gewertete Grunderfahrung, die Gefahr und Präsenz der Täuschung, und beide fragen, welche Rolle in diesem Kontext das Ingenium spielen kann. Dabei geht bei Gracián die Auseinandersetzung mit der Täuschung weit über das Satirische und Anthropologische hinaus, sie ist ein Grundmoment seiner in der *Agudeza y arte de ingenio* entworfenen Theorie des Geistes. Auch bei Ebel klingt die verbreitete Hierarchisierung der beiden Autoren an, Descartes „erst" habe das zur „Reflexion erheben" müssen. Ich möchte demgegenüber die beiden Projekte als zwei grundverschiedene Arten der Auseinandersetzung und zwei ganz unterschiedliche ‚Lösungen' der gemeinsamen Problematik der Täuschung beschreiben. Erst im Nachhinein wurde die eine (die Descartes') als Verbesserung oder eben ‚Erhebung' (Vossler) der anderen verstanden – da sie eine wirkmächtigere Tradition gebildet hat. Grundverschieden sind sie insofern, als Gracián im Anblick der Gefahr der Täuschung die Vervielfältigung (von Formen genauso wie von Erkenntnissen) feiert; Descartes dagegen fordert die Reduktion; wo Gracián ganz auf die Schärfe des Witzes setzt, unterstreicht Descartes das Primat einer nüchternen Vernunft. Graciáns Witzdenken dagegen favorisiert eine andere Vernunft. Ich spreche von einer „anderen Vernunft" und nicht von dem „Anderen der Vernunft", weil es, wie etwa Karen Gloy gezeigt hat, eine Pluralität von Rationalitätstypen gibt, in der die an Descartes geschulte Vorstellung der Vernunft nur

---

[9] Uwe Ebel: Überlegungen zu Baltasar Gracián aus Anlass einer neuen Gesamtausgabe seiner Werke. In: *La Zenia* 2011. http://www.uwe-ebel.eu/LITERATURKRITIK/Ueberlegungen%20zu%20Baltasar%20Gracian.pdf, S. 3 (12. August 2021).

eine ist.¹⁰ Die Gemeinsamkeit der verschiedenen Typen von Rationalität ist das Anliegen der „Strukturierung". Dieses Anliegen hat auch Gracián. Meist meint aber „Vernunft" eine bestimmte Art der Strukturierung, die auf Descartes zurückgeht.

Dabei kommt der Fülle in den beiden Projekten jeweils eine ganz andere Gewichtung zu. Besonders auffällig wird dies in ihren Bemerkungen zu ihrer ‚Methode' (für Gracián kann das nur in Anführungszeichen stehen). Im *Discours de la Méthode* fordert Descartes den radikalen Neuanfang, den „Abriss des alten Hauses": „Et enfin, comme ce n'est pas assez, avant de commencer à rebâtir le logis où on demeure, que de l'abattre [...]". [„Endlich genügt es nicht, das Haus, in dem man wohnt, nur abzureißen, bevor man mit dem Wiederaufbau beginnt [...]".]¹¹ Methodisch entspricht dem Descartes' Forderung, sich nicht auf bestehende Meinungen zu stützen, sondern die „eigenen Gedanken zu reformieren und auf einem Boden zu bauen, der ganz mir gehört". Dazu gehört der „Entschluß, sich aller Meinungen zu entledigen, die man ehemals unter seine Überzeugungen aufgenommen hat" [„à reformer mes propres pensées, et de bâtir dans un fonds qui es tout à moi" sowie die „résolution de se défaire de toutes les opinions qu'on a reçues auparavant en sa créance"]¹². Ganz anders das im Zeichen der literarischen Fülle stehende Konglomerat von Zitaten und Referenzen, mit denen Gracián arbeitet. Hier wird kein Haus abgerissen, sondern Haus auf Haus gebaut. Descartes' Anspruch, die Dinge müssen sich „klar und deutlich", „clairement et [...] distinctement" zeigen,¹³ ist Graciáns Formulierung, die *agudeza* lasse sich erst

---

10 Karen Gloy hat in ihren breiten Arbeiten zur Theorie der Vernunft verschiedene Rationalitätstypen beschrieben. Sie schlägt vor, eher von einer Pluralität der Vernunft auszugehen, als ausgehend von einem einheitlichen Vernunftverständnis eine Vernunftkritik zu üben. Der Witz fällt in den „analogischen Rationalitätstypus". Vgl. Karen Gloy: *Vernunft und das Andere der Vernunft*. Freiburg und München 2001, grundlegend S. 10–43 und zum analogischen Rationalitätstypus S. 207–276.
11 René Descartes: *Discours de la Méthode* (1637). *Von der Methode des richtigen Vernunftgebrauchs und der wissenschaftlichen Forschung*. Übers. u. Hg. Lüder Gäbe. Hamburg 1960, III.1, S. 36.
12 Ebd., II.3, S. 24. Vgl. auch die erste Meditation, René Descartes: *Meditationes de prima philosophia* (1641). Lateinisch – Deutsch. Übers. u. Hg. Christian Wohlers. Hamburg 2008.
13 Descartes, *Discours* 1960 (1637), II.7, S. 30. Er bestimmt erst in den „Prinzipien der Philosophie" genauer, was er damit meint. Vgl. René Descartes: *Principia Philosophiae* (1644). *Die Prinzipien der Philosophie*. Übers. u. Hg. Christian Wohlers. Hamburg 2005, I.45, S. 50 f.: „Quid sit perceptio clara, quid distincta", „Was eine klare, was eine deutliche intellektuelle Erfassung ist". Vgl. G. Gabriel: Klar und deutlich. In: *Historisches Wörterbuch der Philosophie*. Hg. Joachim Ritter et al., Bd. 4. Darmstadt 2019, Sp. 846 f. Vgl. auch das Beispiel über das Wachsstück in der zweiten Meditation, hier unterscheidet er einen „Einblick des Geistes" („mentis inspectio"), der zunächst „imperfecta [...] & confusa" („unvollkommen und verworren") und jetzt „clara & distincta" („klar

in der Masse erkennen und schon gar nicht definieren, diametral entgegengesetzt: „Es este ser [la agudeza] uno de aquellos que son más conocidos a bulto, y menos a precisión; déjase percibir, no definir; [...]". [„Sie [die agudeza] ist etwas, das eher im Ungenauen / in der Menge bekannt ist, und weniger im Genauen; sie lässt sich wahrnehmen, nicht bestimmen; [...]".][14]

Die *agudeza* ist bei ihm das Vermögen des Witzes, das damit eng verbundene *concepto* bezeichnet eher das konkretere Produkt des Witzes. Da die *agudeza* nicht bestimmbar ist, sondern nur wahrnehmbar und das besser auch noch in der Masse, braucht der Traktat so viele Beispiele. Sie spielen darin eine besondere Rolle, denn sie sind keine Beispiele im Sinne einer Illustration oder eines Belegs von etwas Gesagtem, vielmehr verkomplizieren sie das Gesagte und häufig ist unklar, wie die Beispiele sich zu den Erläuterungen Graciáns verhalten, zumal er sie oft nicht oder nur sehr eklektisch kommentiert.[15] Hinzu kommt ihre unverhältnismäßig große Zahl. Menéndez Pelayo, eine der prägenden Stimmen der spanischen Literaturwissenschaft um 1900, spricht von einer „copiosa selva de ejemplos buenos y malos" [„einem dichten Wald an guten und schlechten Beispielen"].[16] Gerhard Poppenberg schreibt, bei Gracián „überwuchert die Unzahl der Beispiele jeden systematischen Anspruch", sie sind „hyperbolisch", sie bilden „eine Art eigenes System".[17] Das kommt auch daher, dass sie „in alle Richtungen verknüpfbar" sind, sie bilden „konzeptuelle Linien und Netze durch den Text [...], die ihrerseits untereinander vernetzt sind und so eine zunehmend komplexere Struktur bilden, deren Dynamik tendenziell nicht zu beenden ist [...]. Der Text erzeugt durch die Art und Weise, wie er gemacht ist, seine eigene – textimmanente – Unendlichkeit".[18]

Was Gracián hier in seiner Methodik umsetzt (wenn man so die Arbeit mit einem Haufen von Beispielen und eklektischen Kommentaren bezeichnen will), entspricht seinem Gegenstand. Denn das Konzept selbst schafft ein vielgliedriges

---

und deutlich") ist. Descartes, *Meditationes* 2008 (1641), Meditatio secunda, zweite Meditation, S. 62f.
14 Baltasar Gracián: *Agudeza y arte de ingenio* (1648). Hg. Ceferino Peralta, Jorge M. Ayala und José M. Andreu. Zaragoza 2004, Vol. I, S. 21 (Übers. JS.).
15 Karl Ludwig Selig hat auf die besondere Rolle der Beispiele in der *Agudeza* hingewiesen: Karl-Ludwig Selig: La Agudeza y el arte de citar. In: *El mundo de Gracián. Actas del Coloquio Internacional Berlin 1988*. Hg. Sebastian Neumeister und Dietrich Briesemeister. Berlin 1991, S. 67–74.
16 Menéndez Pelayo: *Obras completas. Historia de las ideas estéticas en España. Tomo III, Siglos XVI y XVII*. Madrid 1931, S. 474 (Übers. JS.).
17 Gerhard Poppenberg: „líneas de ponderación y sutileza." Protreptikos zu Graciáns Sprachontologie in Agudeza y arte de ingenio. In: *Kulturen des Ingeniösen, Romanische Studien 9* (2018), Hg. Ders., S. 17–44, hier S. 20.
18 Ebd., S. 21.

Beziehungsgeflecht, das Relationen jenseits von Hierarchien herstellt und damit – anders als die dem begrifflichen Denken nahestehende Baumstruktur – eine Netzstruktur hervorbringt.

> Es el sujeto sobre quien se discurre y pondera [...] uno como centro, de quien reparte el discurso líneas de ponderación y sutileza a las entidades que lo rodean, esto es, a los adjuntos que lo coronan, como son sus causas, sus efectos, atributos, calidades, contingencias, circunstancias de tiempo, lugar, modo, etc., y cualquiera otro término correspondiente; valos careando de uno en uno con el sujeto, y unos con otros entre sí; y en descubriendo alguna conformidad o conveniencia que digan, ya con el principal sujeto, ya unos con otros, exprímela, ponderala, y en esto está la sutileza.

> Das Subjekt, über das nachgedacht und erwägt wird [...], ist ein Zentrum, von dem der Diskurs Linien der Erwägung und Feinheit austeilt auf die Entitäten, die es umgeben; das heißt; auf die Anhänge, die es krönen, was zum Beispiel seine Ursachen, seine Effekte, Attribute, Qualitäten, Kontingenzen, Umstände der Zeit, des Ortes, der Art, etc. sind; und jeder andere korrespondierende Begriff; er (der Diskurs) konfrontiert einen nach dem anderen mit dem Subjekt, und die einen mit anderen untereinander; und er entdeckt irgendeine Konformität oder Konvenienz, die sie ausdrücken, sei es mit dem Haupt-Subjekt, sei es untereinander; er drückt sie aus, erwägt sie, und darin liegt die Feinheit.[19]

Durch das vielfältige Beziehungsgeflecht wird das Verhältnis von Subjekt und den es umgebenden Entitäten dynamisiert. Gracián greift hier scholastische Begrifflichkeiten auf, verwendet diese aber nicht konsequent. Das „sujeto" dient als Ausgangspunkt, tritt aber zunehmend hinter die vielen Linien zurück, die eben nicht nur sternförmig von ihm weglaufen, sondern auch zwischen den „circunstancias" selbst entstehen, die sich so, zumindest partiell, vom Subjekt lösen und in eigene Relationen treten. Dieses Geschehen ist potenziell unendlich und würde man es grafisch fassen wollen, sähe es nicht aus wie ein Baum, sondern eher wie Gestrüpp, ein Netz oder ein Rhizom. Das ist ein Grund, warum Graciáns Theorie mit dem „Relativismus" der Moderne[20] und Denkentwürfen der Postmoderne, etwa dem Rhizom Deleuzes,[21] aber auch der Supplementierung Derridas in Verbindung gebracht werden kann.[22]

---

19 Gracián, *Agudeza y arte de ingenio* 2004 (1648), Disc. IV, S. 40.
20 Poppenberg, „líneas de ponderación y sutileza" 2018, S. 18.
21 Deleuzes und Guattaris „caractères approximatifs du rhizome" [„ungefähre[n] Merkmale des Rhizoms"] (Gilles Deleuze, Félix Guattari: *Capitalisme et schizophrénie: mille plateaux*. Paris 1989, S. 13; Dies.: *Tausend Plateaus: Kapitalismus und Schizophrenie*. Hg. Günther Rösch. Berlin 1992, S. 16) – u. a. die „principes de connexion et d'hétérogénéité" [„Prinzipien der Konnexion und der Heterogenität"] (ebd., S. 13; S. 16), „de multiplicité" [„der Mannigfaltigkeit"] (ebd., S. 14; S. 17) und „du rupture asignifiante" [„des asignifikanten Bruchs"] (ebd., S. 16; S. 19) – ähneln den Prinzipien des konzeptuellen Netzes und ihre Beschreibung des Rhizoms wirft ein Licht auf dessen Struktur,

Gestrüppartig und potenziell unendlich ist auch die Struktur von Graciáns Traktat. Damit ist sein theoretischer Entwurf dem Descartes' grundlegend entgegensetzt: Dass etwas „menti attendenti praesens & aperta est" [„dem aufmerksamen Geist gegenwärtig und zugänglich ist"], wie Descartes für die Klarheit formuliert, und dass etwas, wie er für die Deutlichkeit sagt, „ab omnibus aliis ita sejuncta est & praecisa, ut nihil plane aliud, quam quod clarum est, in se contineat" [„von allen [Erfassungen] so unterschieden und umrissen ist, daß sie schlichtweg nichts anderes als das, was klar ist, in sich enthält"],[23] solche klaren und distinkten Unterscheidungen sind in Graciáns Geisteskunst nicht vorgesehen und würde ihrem Beziehungsdenken sowie ihrer Feier der Schwierigkeit grundlegend zuwiderlaufen.

Der Scharfsinn liegt im Zwielicht, er ist immer auf mehreres bezogen. Die Vernunft bei Descartes geht langsam in kleinen Schritten, wie einer im Dunkeln.[24] Graciáns *agudeza* schlägt rasch zu, sie steht im Blitzlicht. Descartes fordert die gerade Linie, den Beginn beim Einfachen.[25] Gracián fordert hingegen immer mehr Beziehungen, so dass der ursprüngliche Gegenstand hinter die mannigfaltigen Korrespondenzen zurücktritt. Descartes fordert Ordnung,[26] Gracián legt ein Netz.

---

das dieses erstaunlich dekonstruktiv und metaphysikkritisch erscheinen lässt: „Résumons les caractères principaux d'un rhizome : à la différence des arbres ou de leurs racines, le rhizome connecte un point quelconque avec un autre point quelconque, et chacun de ses traits ne renvoie pas nécessairement à des traits de même nature [...]. Le rhizome ne se laisse ramener ni à l'Un ni au Multiple. [...] Il n'est pas fait d'unités, mais de dimensions, ou plutôt de directions mouvantes, Il n'a pas de commencement ni de fin, mais toujours un milieu, par lequel il pousse et déborde, Il constitue des multiplicités linéaires à n dimensions, sans sujet ni objet [...]." [„[I]m Unterschied zu Bäumen oder ihren Wurzeln verbindet das Rhizom einen beliebigen Punkt mit einem anderen beliebigen Punkt, wobei nicht unbedingt jede seiner Linien auf andere, gleichartige Linien verweist; [...] Das Rhizom läßt sich weder auf das Eine noch auf das Mannigfaltige zurückführen. [...] Es besteht nicht aus Einheiten, sondern aus Dimensionen, oder vielmehr aus beweglichen Richtungen. Es hat weder Anfang noch Ende, aber immer eine Mitte, von der aus es wächst und sich ausbreitet. Es bildet lineare Mannigfaltigkeiten mit n Dimensionen, die weder Subjekt noch Objekt haben."] (Ebd., S. 31; S. 35f.)

22 Den Vergleich zu Derrida zieht Christian Wehr: *Geistliche Meditation und poetische Imagination. Studien zu Ignacio de Loyola und Francisco de Quevedo.* München 2009, S. 45.

23 Descartes, *Principia Philosophiae* 2005 (1644), I.45, S. 50 f.: „Quid sit perceptio clara, quid distincta", „Was eine klare, was eine deutliche intellektuelle Erfassung ist".

24 Vgl. Descartes, *Discours* 1960 (1637), II.5.

25 Vgl. Regula IV: „semper a simplicissimis & facillimis exorsus", „stets mit dem Leichtesten und Einfachsten anzufangen". René Descartes: *Regulae ad dircetionem ingenii / Cogitationes privatae* (1619). Lateinisch – Deutsch. Übers. u. Hg. Christian Wohlers. Hamburg 2011, Regula IV, C 16, S. 34 f.

26 Vgl. Regula V: „Tota methodus consistit in ordine & dispositione eorum ad quae mentis acies est convertenda, ut aliquam veritatem inveniamus", „Die gesamte Methode besteht in der Ord-

Descartes setzt auf Verarmung, Gracián schwelgt in Fülle. Descartes trennt Wissenschaften und Künste, Geist und Körper klar, Gracián feiert ihre Verbindung.[27] In seiner *Agudeza y arte de ingenio* beschreibt er eine Geisteskunst, welche nicht nur die bestehenden Disziplinen (und damit auch die bestehende disziplinäre Trennung) überwinden will, sondern auch eine Kunst und Praxis entwirft, die einen allumfassenden Anspruch hat. Sie zielt auf Wahrheit und Schönheit[28] und vereint damit die Anliegen der Wissenschaften und der Künste.

Graciáns und Descartes' theoretische Projekte sind zweifelsohne in ihrer Anlage sehr unterschiedlich. In ihrer Rezeption und in ihrem Fortwirken wurden diese Unterschiede stereotypisiert. Dabei spielen die Momente der Fülle bei Gracián (etwa der Beispiele, der Beziehungen, der damit einhergehenden Verschleifungen) eine entscheidende Rolle. Sie werden mit anderen, vermeintlich genuin ‚spanischen' Merkmalen des Überbordenden, des Unreinen, des Gemischten assoziiert, um insbesondere der französischen Selbsterzählung des Klassizismus, als eine Form der Reduktion, des Maßhaltens und der Reinheit, als Gegenbild zu dienen. Die frühe französische Rezeption Graciáns geschieht in diesem Kontext.

III Gegengeschichten: Unverständlich und monströs. Das Spanische als Ausschweifung

Die frühe französische Rezeption Graciáns ist geprägt von einem gelehrten Disput zwischen Dominique Bouhours und Amelot de la Houssaye, die beide auf ihre Art versuchen, Gracián mit den durch den Rationalismus etablierten Geboten der Natürlichkeit, der Transparenz und des Maßes zu vermitteln. Bouhours, wie Gracián und Descartes ein Jesuit, greift Graciáns Theorie des Scharfsinns auf und will mit dem Begriff des „bel esprit" eine „Salontheorie des Witzes" entwickeln, die den „Repräsentations- und Transparenzgeboten" des Rationalismus genügt.[29] An Bouhours lehnt Baumgarten bekanntlich die Formulierung „Logique sans

---

nung und Gliederung dessen, worauf die Schärfe des Geistes zu richten ist, um eine Wahrheit herauszufinden." Descartes, *Regulae ad dircetionem ingenii* 2011 (1619), Regula V, S. 36 f.

27 Vgl. die programmatische Vorrede I „Al lector" in Gracián, *Agudeza y arte de ingenio* 2004 (1648), S. 11 f.

28 „No se contenta el ingenio con sola la verdad, como el juicio, sino que aspira a la hermosura." [„Das Ingenium gibt sich nicht mit nur der Wahrheit zufrieden, wie die Urteilskraft, sondern strebt nach der Schönheit."] Gracián, *Agudeza y arte de ingenio* 2004 (1648), Vol. I, Disc. 2, S. 26.

29 Ekkehard Knörer: *Entfernte Ähnlichkeiten. Zur Geschichte von Witz und ingenium.* München 2007, S. 138.

épines", also „Logik ohne Dornen" an, mit der Bouhours u. a. den umfassenden Anspruch seiner *Manière de bien penser* beschreibt.[30] Diese wiederum grenzt er bewusst von den reduktiven Verfahren Descartes' ab.[31] Bouhours steht im Erbe Graciáns, kritisiert ihn aber (in seinen *Entretiens d'Ariste & d'Eugéne* [1671])[32] als „unverständlich" und suggeriert, Gracián selbst habe oft nicht gewusst, was er sagen wollte:

> Graçian est parmi les Espagnols modernes un de ces genies incomprehensibles; il a beaucoup d'élevation, de subtilité, de force, & mesme de bon sens: mais on ne sçait le plus souvent ce qu'il veut dire, & il ne le sçait pas peut-estre luy-mesme; quelques-uns de ses ouvrages ne semblent estre faits que pour n'estre point entendus.[33]

> Gracián ist unter den modernen Spaniern einer dieser unverständlichen Geister; er hat viel Erhabenheit, Feinsinnigkeit, Kraft und sogar guten Verstand: aber man weiß die meiste Zeit nicht, was er sagen will, und er wusste es vielleicht selbst nicht; einige seiner Werke scheinen nur gemacht zu sein, um nicht verstanden zu werden.

Dem widerspricht Amelot de la Houssaye, der mit seiner Übersetzung von Graciáns *Oráculo manual* als *Homme de Cour* (1684) eine breite französische und im Anschluss daran deutsche Rezeption möglich machte.[34] Wie Bouhours versucht auch er, Gracián dem Klassischen, dem Französischen anzunähern. Das macht schon die Übersetzung von Graciáns Titel *Oráculo manual y arte de prudencia [Handorakel und Kunst der Klugheit]* als *Homme de Cour [Hofmann]* deutlich. In der Vorrede seiner Ludwig XIV. gewidmeten Übersetzung reagiert de la Houssaye auf Bouhours' Vorwurf der Unverständlichkeit gegen Gracián.[35] Gracián sei verständlich, man müsse ihn nur zu dechiffrieren wissen. Gracián schreibe konzis, da er eben nicht für alle Welt schreibe und der enigmatische Stil erst die Wert-

---

30 Dominique Bouhours, *La manière de bien penser dans les ouvrages d'esprit* (1687). Paris 1715, „Avertissement", o.P. [S. 4 f.].
31 Hier werde nicht gezeigt, wie man „simples idées" erfassen könne bzw. wie man „former des raisonnemens avec toute l'éxactitude que demande la raison, aidée de réflexions & de préceptes" (Ebd. „Avertissement", o.P. [S. 1 f.].) Dieses Buch behandele vielmehr „jugemens ingénieux". (Ebd. „Avertissement", o.P. [S. 2].)
32 Dominique Bouhours: *Les entretiens d'Ariste et d'Eugene*. Seconde Edition. Paris 1671.
33 Ebd., IV. Entretien, S. 203 (Übers. JS). – Diese Kritik der Unverständlichkeit an Gracián ist nicht neu, sie findet sich etwa schon in dem Reisebericht von Antoine de Brunel: *Voyage d'Espagne, curieux, historique et politique. Fait en l'Année 1655*. Paris 1666, vgl. S. 278 f.
34 Übersetzung durch den Juristen Sauter im Anschluss daran 1686, 1687.
35 Amelot de la Houssaye: Preface. In: Baltasar Gracián: *L'homme de cour, traduit de l'Espagnol par le Sieur Amelot de la Houssaye*. Paris 1684, S. 35–52, hier S. 37.

schätzung der sublimen Materie sichere.[36] Das greift Bouhours wiederum auf und wendet es gegen de la Houssaye selbst: Seine Übersetzung sei genauso unverständlich wie das Original,[37] ein Urteil, das übrigens auch Christian Thomasius fällt, wenn es bei ihm heißt, die Übersetzung sei „sehr affectirt und dunckel".[38] Bouhours erwähnt, er habe selbst erwogen, die *Agudeza y arte de ingenio* zu übersetzen, davon aber abgesehen, denn er glaube, dieses Buch wäre im Französischen ein „Monster" geworden: „je jugeay [...] qu'un ouvrage de cette espéce seroit un monstre en nostre langue." [„Ich urteilte [...], dass ein Werk dieser Art ein Monster in unserer Sprache sein würde."][39]

Bouhours' und de la Houssayes Kritik an Gracián als dunkel, schwer zugänglich und monströs ist eine typische Kritik an spanischsprachiger Literatur aus französischer Perspektive. Sie ist einzuordnen in den Prozess der Selbstkonstruktion des französischen Klassizismus, der wesentlich ein Prozess der Abgrenzung vom Spanischen ist. Insbesondere die spanische *comedia* (etwa die Stücke von Lope de Vega) wurden in Frankreich stark rezipiert, adaptiert und nachgeahmt, so dass die Unterschiede dessen, was wir im Nachhinein als „Barock" vs. „Klassizismus" bezeichnen (insbesondere in den Theaterstücken), gar nicht so groß waren. Gleichwohl haben die Autoren des französischen Klassizismus nach Kräften versucht, sich vom Spanischen abzugrenzen, wie Christophe Couderc mit Blick auf die Rezeption Lope de Vegas herausgearbeitet hat. Während in Wirklichkeit das spanische Theater wesentlich zur Entwicklung des französischen beigetragen habe, konstruiere sich der Klassizismus gerade in Abgrenzung vom Spanischen. Dies sei eine Manifestation einer sich auf Fremdenfeindlichkeit

---

36 Ebd., S. 38 f. De la Houssaye schließt hier an Graciáns Verteidigung durch Lastanosa an. Don Vicencio Juan de Lastanosa: A los lectores. In: Baltasar Gracián: El Discreto. In: Ders.: *Obras Completas*. Hg. Santos Alonso. Madrid 2011, S. 273 f., hier S. 274: „Intento responder a entrambos de una vez, y satisfacer a los unos con los otros, de suerte que la objeción primea sea solución de la segunda, y la segunda, de la primera. Digo, pues, que no se escribe para todos, y por eso es de modo que la arcanidad del estilo aumente veneración a la sublimidad de la materia, haciendo más veneradas las cosas el misterioso modo del decirlas; que no echaron a perder Aristóteles ni Séneca las dos lenguas, griega y latina, con su escribir recóndito. Afectáronle, por no vulgarizar entrambas filosofías, la natural aquel y la moral este, por más que el Momo inútil los apode a entrambos, de jibia al uno, y de arena sin cal al otro."
37 Vgl. Bouhours, *La manière de bien penser* 1715 (1687), S. 488 f.
38 Christian Thomasius: *Freymüthige Lustige und Ernsthaffte jedoch Vernunfft- und Gesetz-mäßige Gedancken Oder Monats-Gespräche, über allerhand, fürnehmlich aber Neue Bücher*, Bd. 2 (1688). Zugabe VII. Hg. Christoph Salfeld und Moritz Georg Weidmann, Halle, Salfeld, Frankfurt und Leipzig 1688, S. 810. Vgl. Knut Forssmann: *Baltasar Gracián und die deutsche Literatur zwischen Barock und Aufklärung*. Mainz: Univ. Diss. 1977, S. 152.
39 Bouhours, *La manière de bien penser* 1715 (1687), S. 493 (Übers. JS).

stützenden nationalen Selbstkonstruktion.[40] Schon in den zeitgenössischen theoretischen Äußerungen wurde eine starke Differenz zwischen dem Spanischen und dem Französischen konstruiert, vor allem anhand von Momenten der Mischung und des Überschusses. Das Spanische wird als extravagant und barbarisch beschrieben, es zeichne sich nicht nur im literarischen Stil, sondern genauso im Sozialen durch Mischungen und Unreinheiten aus. Dem spielt die spanische *comedia* (im Sinne von Lopes *Arte nuevo de hacer comedias* [1609/1613]) zu, die in Abgrenzung von Aristoteles explizit Vermischungen fordert: von Figuren hoher und niederer Herkunft, des Tragischen und des Komischen („lo trágico y lo cómico mezclado"[41]) und genauso von Versmaßen.[42] Die französische Rezeption und Adaption von spanischen Theaterstücken wird dementsprechend als „proceso de ordenación y racionalización (francesa) de lo irracional y desordenado (español)"[43] [„Vorgang der (französischen) Ordnung und Rationalisierung des (spanischen) Irrationalen und Unordentlichen"] beschrieben. Dabei werden den ästhetischen Merkmalen soziokulturelle beigestellt: Das Spanische wird als von den Vandalen und Goten geprägt und vom Jüdischen, Arabischen und Maurischen durchsetzt beschrieben.

Der Ausschluss des Spanischen ist ein wesentlicher Bestandteil in der Selbsterzählung des europäischen „Nordens" und seiner Geschichte der Moderne: In Abgrenzung vom Spanischen (und damit auch vom noch weiter Südlichen) entwirft er sich als Protagonist der vermeintlich gesamteuropäischen Moderne.[44]

---

40 Vgl. Christophe Couderc: Lope de Vega y el teatro Francés del Siglo XVII. In: *Anuario Lope de Vega: Texto, literatura, cultura* 23 (2017), S. 78–103, S. 96. „Cuando en realidad el teatro español contribuye a la evolución de la estética teatral francesa, la mitología clásica se construye, paradójicamente, gracias a la contraposición entre dos identidades nacionales de las que sus teatros respectivos no son más que una expresión, con una referencia constante al teatro español como cómodo contramodelo. Ello, al fin y al cabo, no es más que una manifestación de nacionalismo, y, como nos enseña la historia política (Hobsbawm 1992), la xenofobia es un elemento constante y casi una condición previa en todos los fenómenos de construcción nacional."
41 Lope de Vega: *Arte nuevo de hacer comedias* (1609/1613). Hg. Enrique García Santo-Tomás. Madrid 2012, v. 174.
42 Ebd., v. 305–312. Ein für die Gattungsgeschichte bemerkenswertes Detail ist dabei, dass in der Rezeption die spanische *tragicomedia* der Novellistik angenähert wird (Lope wird überhaupt erst als Autor von *novelas* und dann von *comedias* wahrgenommen). Beides werden als unreine, gemischte, irreguläre Formen dargestellt.
43 Couderc, Lope de Vega y el teatro Francés del Siglo XVII 2017, S. 80. Zum Verhältnis zu Richelieus Kulturpolitik und zur Kritik der Entstehung dieses „Mythos" vgl. Déborah Blocker: *Instituer un „art": politiques du théâtre dans la France du premier XVIIe siècle.* Paris 2009.
44 Vgl. Christophe Couderc: Sobre el papel de Lope de Vega en la construcción del relato nacional del clasicismo francés. In: *Ricerche sul teatro classico spagnolo in Italia e oltralpe (secoli XVI–XVIII).* Hg. Fausta Antonucci u. Salomé Vuelta. Florenz 2020, S. 23–39, hier S. 25.

Das zeigt sich insbesondere in der französischen Literaturgeschichte des achtzehnten Jahrhunderts. Jean-François Marmontel etwa macht 1773 zwei Einflüsse auf das französische Theater des siebzehnten Jahrhunderts aus: Während das griechische Theater für die Einfachheit („simplicité") Modell gestanden habe und von Mairet aufgegriffen worden sei, habe Corneille die spanische Art nachgeahmt, die, so Marmontel, „extravagant" und „monströs" sei.⁴⁵ Entscheidend für unseren Kontext sind die Zuschreibungen des Überbordenden, Hyperbolischen an das Spanische, die einhergehen mit sozialen und politischen Abgrenzungen:

> Le défaut du génie Espagnol est de n'avoir su donner des bornes ni à l'imagination ni au sentiment. Avec le goût barbare des Vandales & des Goths, pour des Spectacles tumultueux & bruyans, où il entrât du merveilleux, s'est combiné l'esprit romanesque & hyperbolique des Arabes & des Maures: De-là le goût des Espagnols.⁴⁶

> Der Fehler des spanischen Geistes [„génie"] ist, dass er sich keine Grenzen gegeben hat, weder der Imagination noch dem Gefühl. Mit der barbarischen Vorliebe der Vandalen und Gothen für turbulente und lärmende Spektakel [...] verbindet sich der romaneske und hyperbolische Geist der Araber und Mauren: daher der Geschmack der Spanier.

Diese stereotypisierte Ausgrenzung des Spanischen als das Überbordende überträgt sich von Frankreich aus in andere europäische Diskurse, die sich auf den Klassizismus berufen, wie etwa die Autoren der Aufklärung im Deutschland des achtzehnten Jahrhunderts, und dabei insbesondere auch auf deren Rezeption Graciáns. So kommentiert etwa Johann Andreas Dieze (in seiner Übersetzung der Spanischen Literaturgeschichte von Luis José Velázquez 1769), Graciáns *Agudeza* habe viele zum Witz „verführt" und damit „so viel Schaden in der Literatur an-

---

45 „Ce n'est pas que le Théatre Espagnol ne fût encore plus extravagant & plus monstrueux que le nôtre. C'étoit un mélange de barbarie & de superstition; c'étoit tout le délire de l'esprit romanesque avec toute l'enflure du style oriental; c'étoit un composé du goût des Vandales & de celui des Maures." [Zwar war das spanische Theater noch extraganter und monströser als unseres. Es war eine Mischung aus Barbarei und Aberglaube; es war all der Wahn des romanhaften („romanesque") Geistes mit all dem Schwulst des orientalischen Stils; es war eine Mischung aus dem Geschmack der Vandalen und dem der Mauren."] Jean François Marmontel: Discours sur le système de la Poésie Dramatique, son origine & ses progès. In: Ders.: *Chefs-d'œuvre dramatiques, ou recueil des meilleures pieces du théatre françois, Tragique, Comique et Lyrique; avec des Discours préliminaires sur les trois genres, & des Remarques sur la Langue & le Goût*, Paris 1773, S. I – XVIII, hier S. XVII. Vgl. Couderc, Sobre el papel de Lope de Vega 2020, S. 36.
46 Marmontel: Discours sur la tragédie. In: Ebd., S. XIX – LXII, hier S. XXXII. Vgl. Couderc, Sobre el papel de Lope de Vega 2020, S. 36.

gerichtet, als die Goten und Barbaren".[47] In eine ähnliche Richtung zielt Karl Friedrich Flögel, wenn er (in seiner *Geschichte der komischen Literatur* [1784–1787]) über Graciáns Roman *Criticón* schreibt, „daß Gracián seiner Einbildungskraft oft den Zügel schießen läßt, und daß sie mit seinem Verstande davon läuft".[48]

IV Nachgeschichten: Flittergold, Luxus und die „Kunst schön zu denken"

Ein Teil der Probleme, welche das achtzehnte Jahrhundert mit Formen der Fülle hat, stammt aus dieser Gründungserzählung, die sich an die Unterschiedlichkeit von Gracián und Descartes anschließt und in der das Viele negativ gewertet und dem „Spanischen" zugeschanzt wird. Zugleich können Formen der Fülle im achtzehnten Jahrhundert in diese andere Tradition der Vernunft eingeordnet und dabei auch theoretisch klarer gefasst werden.

Das lässt sich etwa an Christian Thomasius' Auseinandersetzung mit Gracián gut beobachten. Er schließt maßgeblich an ihn an – nicht ohne Grund hat er gerade Graciáns *Handorakel* zum Gegenstand seiner ersten deutschsprachigen Vorlesung gewählt; und zugleich lehnt er – neben Graciáns Hang zur „Atheisterey"[49] – eben die Momente der Dunkelheit und des Überflusses ab und charakterisiert sie als spezifisch spanisch. Seine eigene Adaption von Gracián in seiner Vorlesung und in seinem *Entwurff der politischen Klugheit* beschreibt er daher als Arbeit der Kürzung, der Ordnung und der Erklärung. Thomasius strebt nach Systematisierung und Fundamentierung – damit scheitert er aber bei der Arbeit an Gracián. Seine Maximen seien zu unzusammenhängend und auch zu viele, sie könnten vor allem als „Füllmaterial für den Ausbau einer systematischen Klug-

---

47 Luis José Velázquez: *Geschichte der spanischen Dichtkunst (Orígenes de la poesía castellana)* (1754). Übers. Johann Andreas Dieze. Göttingen 1769, S. 237. Vgl. Forssmann, *Baltasar Gracián und die deutsche Literatur* 1977, S. 267.
48 Carl Friedrich Flögel: *Geschichte der komischen Literatur*. Bd. II Kap. XII. Liegnitz und Leipzig 1785, S. 303–305. Vgl. Forssmann, *Baltasar Gracián und die deutsche Literatur* 1977, S. 267.
49 „Wenn die ‚allzunaseweisen Politici' lehrten, daß ein Mensch ‚sich sein eigen Glücke mache und desselben Meyster sey', so hält Thomasius dies nicht allein für gottlos, sondern auch für unvernünftig. Zu den ‚allzunaseweisen Politici', die der ‚Atheisterey' Vorschub leisten, zählt er insbesondere Gracián." Forssmann, *Baltasar Gracián und die deutsche Literatur* 1977, S. 172. Forssmann zitiert hier Christian Thomasius: *Von der Artzney wieder die unvernünfftige Liebe, und der zuvor nöthigen Erkäntniß Sein Selbst, Oder: Ausübung der Sittenlehre*. 12. Hauptstück. Halle 1715, § 50 u. § 26, S. 374 u. S. 339.

heitslehre" dienen.⁵⁰ In kritischer Auseinandersetzung mit Gracián formuliert Thomasius: „Wer zuviel Regeln giebt, überhäufft seine Zuhörer, und macht sie nicht klug, sondern verwirret sie, insonderheit wenn die Regeln nicht connectiren, sondern mit Fleiß fein undeutlich gemacht werden, daß man meynen soll, es stecke desto mehr Klugheit darhinter."⁵¹

Thomasius fordert – in Anschluss an die französische Debatte – Klarheit und Deutlichkeit. Dass dabei das Unverständliche, Überbordende wiederum mit dem Spanischen per se assoziiert wird, das belegt auch Samuel Pufendorfs Reaktion auf Thomasius' Ankündigung einer Vorlesung über Gracián. In einem Brief an Thomasius empfiehlt er, dessen Gedanken zu ordnen und zu klären und assoziiert deren Unverständlichkeit mit dem Spanischen:

> Bey dem Teutschen programmate über den Gratian ist mir eingefallen, ob es nicht müglich were, daß nach dem man das ienige, so justum heißet, zu guter perfection gebracht, man auch die ienige praecepta moralia in formam artis redigiren könte, die darzu dienen, daß man für einen klugen, vorsichtigen und höflichen menschen in der welt passire; und ob nicht gewiße principia zu finden darauß man alles deduciren könte, u. gewiße abtheilungen, dahin man alles referiren könte, und also das gantze wesen gleichsam sub uno intuitu haben. Denn zum exempel, dieser Gratian hat viel herrliche pensées, viel aber laßen sich schwerlich verstehen, wo man nicht die welt, und die höfe practiciret, einige dinge sind auch alzu spanisch, u. idealisch, u. laßen sich nicht wohl in der that exprimiren, oder sind nur für etliche wenige singular leute, in universum aber henget es nicht aneinander. Hette man aber eine solche scientiam eingerichtet, könnte man alles an seinen ort bringen [...].⁵²

Die größte Nachgeschichte indes, die man an Graciáns ausschweifende Geisteskunst anschließen kann, ist die des Witzdenkens. Gracián steht zweifelsohne für die Witztheorien von Gottsched bis Freud Modell. Dabei ist auch diese Nachgeschichte eine der Einhegung. Der Witz erreicht nie mehr die Größe, die er bei Gracián hatte, und sein Hang zum Exzess, zur Überschreitung wird als das Problematische an ihm angesehen. Bei Gracián ist der Witz eine allumfassende Geisteskraft, die gleichermaßen Geltung und Kraft für die Kunst, die Politik und

---

50 Forssmann, *Baltasar Gracián und die deutsche Literatur* 1977, S. 175.
51 Christian Thomasius: *Kurtzer Entwurff der Politischen Klugheit, sich selbst und andern in allen Menschlichen Gesellschafften wohl zu rathen, Und zu einer gescheidten Conduite zu gelangen. Allen Menschen, die sich klug zu seyn düncken, oder die noch klug werden wollen, zu höchst-nöthiger Bedürffniß und ungemeinem Nutzen*. Frankfurt und Leipzig 1725, S. 74. Vgl. Forssmann, *Baltasar Gracián und die deutsche Literatur* 1977, S. 177.
52 Samuel Pufendorf: Brief an Christian Thomasius vom 24. März 1688. In: *Christian Thomasius. Briefwechsel, historisch-kritische Edition*. Bd. 1. Hg. Frank Grunert, Matthias Hambrock und Martin Kühnel. Berlin und Boston 2017, S. 63–65, hier S. 64. Vgl. Forssmann, *Baltasar Gracián und die deutsche Literatur* 1977, S. 175.

das alltägliche Leben hat. In der Folge wird er (etwa bei Gottsched) zum Fall der Dichtkunst und eben (nur mehr) als besonderes Vermögen des Dichters angesehen, aber nicht mehr als auch politisch relevante Kraft. Dabei bleibt er weiterhin von Fülle gekennzeichnet, zugleich wird jedoch die Fülle als Gefahr der Maßlosigkeit kritisiert.

Gottsched behandelt ihn dementsprechend in seiner *Critischen Dichtkunst* (1742) vor allem in dem Abschnitt „Von dem Charactere eines Poeten". Er versteht unter dem Witz „eine Gemüthskraft", „welche die Aehnlichkeit der Dinge leicht wahrnehmen [...] kann". Dieser Witz ist allerdings „noch roh und unvollkommen",[53] ein „ungebautes Feld, das nur wilde Pflanzen hervortreibet; ein selbst wachsender Baum, der nur ungestalte Aeste und Reiser hervorsprosset".[54] Er muss „gesaubert"[55] werden. Der Witz muss beschränkt und von der Vernunft geleitet werden und dennoch bleibt er auf die Fülle bezogen, denn er besteht eben nicht nur darin, an anderen, möglichst vielen Schriften geschult zu sein, sondern auch darin (so Gottsched über die Übung am Reißbrett) „im Augenblicke viel an einer Sache wahrzunehmen".[56] Die „poetische[n] Geister", haben eine besonders „reiche Gemütskraft", ihnen ist „allezeit eine Menge von Gedanken fast zugleich gegenwärtig".[57] Eben diese Nähe zur Fülle ist für den Witz charakteristisch, aber in der Perspektive Gottscheds auch problematisch. Dabei führt Gottsched Gracián als Negativ-Beispiel der „verblümten Redensart" an, mit welcher deutschsprachige Autoren die „Italiäner und Spanier" nachgeäfft hätten. Diese streuten zu viel „Concetti oder gleißende[s] Flittergolde" ein[58] und seien daher nicht zuletzt von Bouhours kritisiert worden.[59] Zu diesem „Verderben"[60] zählt Gottsched auch Gracián, der „ein solcher Verführer der witzigen Köpfe geworden" sei[61] und einen

---

53 Johann Christoph Gottsched: *Versuch einer critischen Dichtkunst: Erster allgemeiner Theil.* Berlin und New York 1973 (1742) (= ders.: *Ausgewählte Werke*. VI,1. Hg. Joachim Birke und Brigitte Birke), Von dem Charactere eines Poeten, § 12, S. 152.
54 Ebd. § 12, S. 153.
55 Ebd. § 12, S. 152.
56 Ebd. § 13, S. 154.
57 Ebd. § 6, S. 427.
58 Ebd. § 21, S. 345.
59 In den früheren Ausgaben der Critischen Dichtkunst (1729 [datiert auf 1730] und 1737) verweist Gottsched hier auf die schon bestehende Kritik an solchen Beispielen durch die „Discourse[ ] der Mahler", d. h. durch Bodmer und Breitinger. Gottsched: *Versuch einer Critischen Dichtkunst*. Variantenverzeichnis. Berlin und New York 1973 (= ders.: *Ausgewählte Werke*. VI,3. Hg. Joachim Birke und Brigitte Birke), S. 56.
60 Gottsched, *Versuch einer Critischen Dichtkunst* 1973 (1742), § 22, S. 345.
61 Ebd. § 22, S. 346.

„ausschweifendern Witz" gehabt habe als viele andere.[62] Lohenstein habe sich von ihm (ausgehend von seiner Übersetzung des *Político*) beeinflussen lassen[63] und über ein Gedicht (des Lohenstein-Schülers Neidhard) heißt es, es sei „mit unendlich vielen weitgesuchten und übereinander gehäuften Metaphern und Allegorien durchwirkt und vollgestopft".[64]

Was an diesen Passagen Gottscheds bemerkenswert ist, ist die Verbindung des Witzes mit der Fülle. Dies passiert in mehrfacher Hinsicht: Witz ist einerseits positiv verbunden mit der Fähigkeit, besonders viel wahrzunehmen und zugleich mit einer besonderen rhetorischen Bildung, nämlich im richtigen Moment viele Schriften vor Augen zu haben und dann die treffende Formulierung auszuwählen. Andererseits verbindet sich der Witz aber auch in negativer Hinsicht mit der Ausschweifung: Der Witz neigt zum Zuviel, zum Flittergold, zum Exzess, zum Vollstopfen. Diese Nähe des Witzes zur Fülle bleibt in der Folge erhalten. Bei Kant heißt es, die „Identität des Mannigfaltigen"[65] in der verdichteten Form eines Witzes entfalte sich in seiner Rezeption in eine Fülle an Assoziationen. Auch aufgrund dieser Verbindung zur Fülle nennt Kant den Witz einen „Luxus der Köpfe" und wertet ihn gegenüber dem „wahre[n] Bedürfniß" des „gemeine[n] und gesunde[n] Verstand[es]" ab.[66] Bei Gracián ist er das alles entscheidende und umfassende Grundvermögen, um eine als mehrdeutig erfahrene Welt zu strukturieren.

Während diese Anknüpfungen an Gracián versuchen, das Überbordende einzuhegen, hat Graciáns Geisteskunst eine andere, weniger eingeschränkte Nachgeschichte in Baumgartens Projekt der Ästhetik. Gemein ist ihnen der überschreitende und „verbrennende" Gestus. Die dezidierte Querstellung zu bestehenden Disziplinen von Baumgartens Ästhetik,[67] ihre Verbindung von Wis-

---

62 Ebd. In der *Ausführlichen Redekunst* bringt Gottsched Beispiele aus dem *Criticón;* er schreibt, Gracián habe dort „ungereimte Einfälle [..], darinn nicht die geringste Wahrheit zum Grunde liegt." Johann Christoph Gottsched: *Ausführliche Redekunst.* Erster, allgemeiner Teil. Das VIII. Hauptstück. Bearbeitet von Rosemary Scholl, Berlin und New York 1975 (= ders.: *Ausgewählte Werke.* VII,1. Hg. P. M. Mitchell), § 18, S. 210.
63 Vgl. Lohenstein: *Lor. Gratians staatskluger katholischer Ferdinand.* Jena 1676. Gottsched besaß eine Ausgabe von 1721.
64 Gottsched, *Versuch einer Critischen Dichtkunst* 1973 (1742), § 23, S. 348.
65 Immanuel Kant: Anthropologie in pragmatischer Hinsicht (1798). In: *Werke in 12 Bänden.* Hg. Wilhelm Weischedel. Bd. XII: Schriften zur Anthropologie, Geschichtsphilosophie, Politik und Pädagogik. 2. Register zur Werkausgabe. Frankfurt/M. 1978, S. 511 (§ 41).
66 Ebd., S. 512.
67 Vgl. Alexander G. Baumgarten: *Ästhetik* (1750). Lateinisch – Deutsch. Teil 1, §§ 1–613. Übers. u. Hg. Dagmar Mirbach. Hamburg 2007, § 5: „Man mag gegen unsere Wissenschaft einwenden, 1) daß sich allzu weit erstrecke, als daß sie in einem Büchlein, in einer Vorlesung könne erschöpft

senschaft und Kunst,[68] ihr allumfassender Anspruch, ihre „Re"-Integration des Körpers durch die sinnliche Erkenntnis und schließlich nicht zuletzt die vielen Benennungen, die Baumgarten vorschlägt, erinnern an Graciáns Projekt einer Geisteskunst:

> Die Ästhetik als eine Wissenschaft ist noch neu; man hat zwar hin und wieder Regeln zum schönen Denken gegeben, aber man hat in den vorigen Zeiten noch nicht den ganzen Inbegriff aller Regeln in eine systematische Ordnung in Form einer Wissenschaft gebracht, folglich kann auch dieser Name vielen noch unbekannt sein. Unser erster Paragraph schlägt noch verschiedene andere Benennungen vor, wann man an Leute kommen sollte, denen die erste Benennung unbekannt wäre. Man nenne sie die Theorie von den schönen Wissenschaften [...]. Man nenne sie die Wissenschaften unserer Untererkenntnisvermögen, oder wann man noch sinnlicher reden ⟨will⟩, so nenne man sie mit dem Bouhours la logique sans epines. Bei uns Deutschen ist der Titel: die Kunst schön zu denken, schon bekannt, man bediene sich auch dessen. Da uns aus der Psychologie bekannt ist, daß unsere Einsicht in den Zusammenhang der Dinge teils deutlich, teils verworren ist und jenes die Vernunft und das letzte analogon rationis ist, so benenne man sie darnach. Will man hingegen in Metaphern reden, und liebt man die Mythologie der Alten, so nenne man sie die Philosophie der Musen und der Grazien. Noch mehr da die Metaphysik das Allgemeine der Wissenschaften enthält, so könnte man die Ästhetik nach einiger Ähnlichkeit die Metaphysik des Schönen nennen.[69]

Der Witz als andere Form der Vernunft hat eine diskontinuierliche und diverse Nachgeschichte – in der gerade seiner Kraft zur Ausschweifung eine besondere Rolle zukommt. Diese Nachgeschichte umfasst Formen der Einhegung (wie etwa bei Gottsched und Thomasius), der Übertragung in ganz andere soziokulturelle

---

werden. Ich antworte, indem ich dies zugebe. Aber etwas ist besser als nichts. 2) Daß sie ein und dasselbe sei mit der Rhetorik und Poetik. Ich antworte: a) Sie erstreckt sich weiter, b) sie umfaßt Dinge, die diesen und anderen Künsten gemeinsam sind und die sie auch unter sich gemeinsam haben, durch die, nachdem sie hier an dem ihnen zukommenden Ort ein für allemal durchdrungen wurden, jedwede Kunst ihren jeweiligen Grund und Boden ohne unnütze Tautologien glücklicher bearbeiten mag. [...]."
68 Vgl. ebd. § 10: „Man mag einwenden: 8) Die Ästhetik ist eine Kunst, keine Wissenschaft. Ich antworte: a) Dies sind keine gegensätzlichen Fertigkeiten."
69 Bernhard Poppe: *Alexander Gottlieb Baumgarten. Seine Bedeutung und Stellung in der Leibniz-Wolffischen Philosophie und seine Beziehungen zu Kant. Nebst Veröffentlichung einer bisher unbekannten Handschrift der Ästhetik Baumgartens*. Borna und Leipzig 1907, § 1, S. 66. Vgl. auch die ähnliche Reihung: „theoria linearium artium, gnoseologia inferior, ars pulchre cogitandi, ars analogi rationis", „Theorie der freien Künste, untere Erkenntnislehre, Kunst des schönen Denkens, Kunst des Analogons der Vernunft". Baumgarten: Ästhetik 2007 (1750), Vorbemerkungen, § 1.

und epistemische Zusammenhänge (etwa in Freuds Witztheorie)[70] sowie der Entsprechung in ähnlich breit angelegten theoretischen Entwürfen (wie etwa Baumgartens Ästhetik). Dabei ist deutlich geworden, dass nicht nur die Kritik des Witzdenkens in der Aufklärung sich gegen die Schreib- und Denkweisen einer anderen Vernunft richtet, die Graciáns Geisteskunst vorführt, sondern auch wie sich die Vorstellung davon, was Exzess überhaupt ist, an Graciáns andere Strukturierung einer als vieldeutig erfahrenen Welt anlehnt, und wie diese Kritik einem Versuch der Absicherung dient, der sich auf Descartes beruft und in eine Geschichte der „nordischen" Aufklärung einreiht, die sich von einer durch „Ausschweifung", „Mischung", „Unordnung" und „Unklarheit" charakterisierten Kultur des Südens abgrenzen möchte.

---

70 Vgl. Johanna Schumm: Isabel. Zur Konzeptistik und Psychoanalyse eines Namenswitzes. In: *Psyche. Zeitschrift für Psychoanalyse und ihre Anwendungen* 9/10 (2019), S. 939–965.

Sebastian Schönbeck
Anmaßung und Maßlosigkeit der aufklärerischen Naturgeschichte (Haller und Buffon)

In seinem letzten zu Lebzeiten gedruckten Text *L'Animal que donc je suis* (2006; dt. 2010) geht es Jacques Derrida um die menschliche Anmaßung und Maßlosigkeit in der philosophischen Auseinandersetzung mit Tieren. Den Ausgangspunkt seines Textes bildet eine Szene, in der sich Derrida von seiner Katze im Badezimmer nackt erkannt sieht und Scham vor ihr empfindet. Auf die literarische Exposition seiner Studie folgen philosophische Überlegungen über den Status seines Gegenübers, über die Zugehörigkeit des Menschen zur Sphäre der Tiere und über Strategien in der Geschichte der Philosophie, diese Zugehörigkeit systematisch zu nivellieren. Ein Großteil der von Derrida untersuchten Denker geht dabei von einer kategorialen Differenz zwischen Menschen und Tieren aus, die häufig vom Fehlen von Geist, Seele, Sprache oder Vernunft bei den Tieren ausgeht. Bereits im Ausdruck ‚das Tier' sieht er den anthropozentrischen Hochmut verbalisiert, die lebendige Vielfalt im Tierreich in einem Singular ‚zusammenzupferchen' und sie vom Menschen abzusondern.[1]

Derridas Einsicht in die epistemologische Involviertheit des menschlichen Betrachters in das Erkennen und Unterscheiden von nichtmenschlichen Lebewesens informiert auch den vorliegenden Aufsatz. Seine Tiertheorie eignet sich unter anderem deshalb als Ausgangspunkt für die Analyse von naturgeschicht-

---

1 Vgl. Jacques Derrida: *Das Tier, das ich also bin*. Übers. Markus Sedlaczek. Wien 2010, S. 58. Derridas Text lässt sich als ein zentraler Beitrag der Tiertheorie verstehen, wie es Roland Borgards, Esther Köhring und Alexander Kling vorgeschlagen haben. „Tiertheorie" meint dabei jene Texte, die „grundsätzlich die Voraussetzungen" bedenken, „die den wissenschaftlichen wie den praktischen, den fiktionalen wie den faktischen, den philosophischen wie den politischen Zugriffen auf Tiere zugrunde liegen." Roland Borgards, Esther Köhring und Alexander Kling: Einführung. In: *Texte zur Tiertheorie*. Hg. Dies. Stuttgart 2015, S. 7–21, hier S. 7. Tierfragen rücken seit dem „Animal Turn" verstärkt in den Fokus der Geisteswissenschaften und werden gegenwärtig vorzugsweise in interdisziplinären Forschungszusammenhängen untersucht. In den einzelnen Disziplinen führt das neue Interesse an den Tieren zu einer Aktualisierung ihrer theoretischen und methodischen Grundannahmen und zu einer Neubefragung ihrer Gegenstände und deren Geschichte. Zum ‚Animal Turn' vgl. Harriet Ritvo: On the animal turn. In: *Daedalus* 136 (2007), S. 118–122.

lichen Großprojekten der europäischen Aufklärung,[2] weil sich die Akteure um 1750 trotz des Eingeständnisses der Zugehörigkeit des Menschen zum Tierreich und der Beschränkung seiner Erkenntniskräfte auf die Sphäre des Empirischen noch einmal (und vielleicht ein letztes Mal) an einer Erfassung der Natur in ihrer Gesamtheit versuchen und dabei dem Menschen innerhalb dieser Gesamtheit eine herausgehobene Position zuweisen. Derrida geht es genau um diesen Punkt: um die Zugehörigkeit des Erkennenden zur Sphäre, über die er sich mittels seiner Erkenntnis erheben will.

Mitte des achtzehnten Jahrhunderts lassen sich zwei bereits angedeutete Beziehungen menschlicher Akteure zu den Tieren beschreiben, die sich auf den ersten Blick widersprechen. Der Mensch erkennt seine Zugehörigkeit zum Tierreich an und behauptet dennoch vehement seine Sonderstellung gegenüber anderen Tieren. Diese Doppelbewegung ließe sich in einer ganzen Reihe von Diskursen und entstehenden Disziplinen, in literarischen und philosophischen, naturgeschichtlichen und anthropologischen Schriften der Aufklärung nachvollziehen, sie führt zu einer intensiven Auseinandersetzung in der Tierseelenkunde,[3] zu Diskussionen angesichts der Poetik der Fabel und der Fabeltiere[4] oder zu Kontroversen im Bereich der entstehenden Anthropologie.[5] Besonders spannungsreich ist die Anerkennung der eigenen Animalität bei gleichzeitiger Behauptung einer kategorialen Differenz zu den Tieren bei jenen Autoren, die sowohl naturgeschichtliche als auch literarische Verfahren zum Einsatz bringen,[6] etwa beim Arzt, Naturforscher und Dichter Albrecht von Haller oder beim Na-

---

[2] Beste Beispiele für solche Großprojekte sind die in zahlreichen Neuauflagen und Übersetzungen erscheinenden Werke von Carl von Linné *(Systema Naturæ)* und Georges-Louis Leclerc de Buffon *(Histoire naturelle)*. Buffons Naturgeschichte umfasst 36 Bände und erscheint in den Jahren 1749 bis 1789.
[3] Vgl. Günter Frank: Seele oder Maschine. Der Streit um die Tierseele in der deutschen Aufklärung. In: *Die Seele der Tiere*. Hg. Friedrich Niewöhner und Jean-Loup Seban. Wiesbaden 2001; Hans Werner Ingensiep: Der Mensch im Spiegel der Tier- und Pflanzenseele. In: *Der ganze Mensch. Anthropologie und Literatur im 18. Jahrhundert*, DFG-Symposion 1992. Hg. Hans-Jürgen Schings. Stuttgart 1994, S. 54–79.
[4] Vgl. Sebastian Schönbeck: *Die Fabeltiere der Aufklärung. Naturgeschichte und Poetik von Gottsched bis Lessing*. Stuttgart 2020.
[5] Vgl. etwa Roland Borgards: ‚Das Thierreich'. Anthropologie und Zoologie bei Barthold Heinrich Brockes. In: *Zeitschrift für Germanistik. Neue Folge* XXIII/1 (2013), S. 47–62, hier S. 47.
[6] Zur strukturellen Nähe von Naturgeschichte und Literatur vgl. zuletzt Heinrich Detering: *Menschen im Weltgarten. Die Entdeckung der Ökologie in der Literatur von Haller bis Humboldt*. Göttingen 2020, S. 12–18.

turhistoriker Comte de Buffon, dessen Beschreibungen schon bei Zeitgenossen als literarisch gelten.[7]

Die Grundthese des vorliegenden Beitrags lautet, dass die naturgeschichtliche Reformulierung der cartesianischen These von der anthropologischen Differenz trotz eines klaren Bewusstseins der eigenen Zugehörigkeit des Menschen zum Tierreich zu Anmaßung und Maßlosigkeit in der naturgeschichtlichen Auseinandersetzung mit ihren Gegenständen, den Tieren, führt. Es wird untersucht, wie die eigene Zugehörigkeit zum Tierreich jeweils dargestellt und gleichzeitig die Dominanz der eigenen Position innerhalb des Tierreichs poetologisch plausibilisiert wird. In einem ersten Schritt werde ich historisch und systematisch schärfen, inwiefern sich Anmaßung und Maßlosigkeit als Modi der Kritik an einer bestimmten Überzeugungshaltung im Denken über die Tiere fassen lassen und welche Stelle diese Begriffe innerhalb der Geschichte der Tiertheorie einnehmen. Inwiefern die aufklärerische Naturgeschichte zwar eine Theorie der Mäßigung enthält, die allerdings nicht an die Sonderstellung des Menschen innerhalb des Tierreichs rührt, zeige ich in einem zweiten Schritt anhand von Albrecht von Hallers *Vorrede* zu seiner Übersetzung von Buffons *Histoire Naturelle*. Schließlich rückt in einem dritten Schritt in den Fokus, wie Buffon die Epistemologie seines naturhistorischen Großprojekts über eine Zugehörigkeit zum Tierreich einerseits und andererseits über die Behauptung der menschlichen Sonderstellung innerhalb des Tierreichs begründet.

I Anmaßung und Maßlosigkeit (Montaigne)

Derridas Hinweis auf die dem cartesianischen Argument von der anthropologischen Differenz eigene Anmaßung und Maßlosigkeit zeichnet sich durch eine historische Tiefendimension aus. Um Anmaßung und Maßlosigkeit in naturgeschichtlichen Texten der Aufklärung nachvollziehen zu können, ist es daher nötig, zunächst diese Tiefendimension zu beleuchten. Derrida schärft diese Begriffe in einer Lektüre von Michel de Montaignes Essay *Apologie für Raymond Sebond*. Montaigne kritisiert darin die Überzeugungshaltung, die Mensch-Tier-Differenz sei substanziell und nicht graduell; Descartes wird diese Haltung wiederum in seiner Reaktion auf Montaigne vertreten. Derrida führt also Montaignes Assimilationismus gegen Descartes' Differentialismus ins Feld und es ist diese

---

[7] Wolf Lepenies: *Das Ende der Naturgeschichte. Wandel kultureller Selbstverständlichkeiten in den Wissenschaften des 18. und 19. Jahrhunderts.* Frankfurt/M. 1978, S. 133–138.

tiertheoretische Opposition, die in der Naturgeschichte der Aufklärung wiederkehrt.⁸

Im Rahmen seiner Apologie des Theologen, Philosophen und Arztes Raimundus de Sebunda behandelt Montaigne zentral das vermeintlich absolute Wissen über die Tiere und den „Hochmut und Stolz des Menschen", der sich unter anderem auch in seiner Haltung gegenüber den Tieren zeige.⁹

> Die Anmaßung ist unsere naturgegebne Erbkrankheit. Das unglückseligste und gebrechlichste aller Geschöpfe ist der Mensch, gleichzeitig jedoch das hochmütigste. Er sieht und fühlt sich hienieden im Schmutz und Kot der Erde angesiedelt [...] und da geht er hin, setzt sich in seiner Einbildung („imagination") über den Mondkreis und macht den Himmel zum Schemel seiner Füße!
>
> Aus ebendieser hohlen Einbildung stellt er sich gar mit Gott gleich, maßt sich göttliche Eigenschaften an, sondert sich als vermeintlich Auserwählter von all den anderen Geschöpfen ab, schneidert den Tieren, seinen Gefährten und Mitbrüdern, ihr Teil zurecht und weist ihnen soviel Fähigkeiten und Kräfte zu, wie er für angemessen hält.¹⁰

Die für Montaigne typische Skepsis wird hier mit Blick auf eine dem Menschen qua Natur und Gattung zukommende „Erbkrankheit" formuliert, die darin bestehe, dass er sich grundlos eine Überlegenheit einbilde, die ihn zu einem zweiten Schöpfer werden lässt. Teil der menschlichen Selbsterhebung sei eine anthropologische Differenzierung von den Tieren, die sich durch eine Aberkennung des Erkenntnisvermögens und der Erkenntnismittel äußert. Mit der Anmaßung vollzieht der Menschen seine eigene Aufwertung über die Abwertung seiner ‚Gefährten und Mitbrüder', die Tiere. Die Anmaßung lässt sich mit Karin Westerwelle als „scheinhaftes, illusionäres Meinen" beschreiben, mit dem „Montaignes kriti-

---

8 Zu den Begriffen „Differentialismus" und „Assimilationismus" vgl. Markus Wild: Tierphilosophie. In: *Erwägen Wissen Ethik* 23/1 (2012), S. 21–33, hier S. 21.
9 Michel de Montaigne: Apologie für Raymond Sebond. In: Ders.: *Essais*. Übers. Hans Stilett. 3 Bde., Bd. 2. Frankfurt/M. 2002, S. 165–416.
10 Ebd., S. 186. Vgl. Michel de Montaigne: „Apologie de Raimond Sebond". In: *Essais*. Hg. Albert Thibaudet. Paris 1953, S. 481–683, hier S. 497: „La presomption est nostre maladie naturelle et originelle. La plus calamiteuse et fraile de toutes les creatures, c'est l'homme, et quant et quant, la plus orgueilleuse. Elle se sent et se void logée icy, parmy la bourbe et le fient du monde, attachée et clouée à la pire, plus morte et croupie partie de l'univers. Au dernier estage du logis et le plus esloigné de la voute celeste, avec les animaux de la pire condition des trois; et se va plantant par imagination au dessus du cercle de la Lune et ramenant le ciel soubs ses pieds. C'est par la vanité de cette mesme imagination qu'il s'egale à Dieu, qu'il s'attribue les conditions divines, qu'il se trie soy mesme et separe de la presse des autres creatures, taille les parts aux animaux ses confreres et compaignons, et leur distribue telle portion de facultez et de force que bon luy semble." Derrida bezieht sich auf diese Stelle.

sche Rede gegen den Totalitätsanspruch menschlicher Vernunft" argumentiert.[11] Indem Montaigne die menschlichen Mittel zur Erkenntnis der Gottesordnung anzweifelt, zieht er aber nicht nur die anthropologische Differenz zugunsten einer Ähnlichkeit oder gar „Gleicheit"[12] zwischen Menschen und Tieren in Zweifel, sondern er relativiert dabei auch jede Form von absoluten Aussagen über die Welt.

Montaigne bringt seine Überlegungen zum Hochmut des Menschen in zwei Fragen auf den Punkt: „Wie aber will er [der Mensch; S.Sch.] durch die Bemühung seines Verstands die inneren und geheimen Regungen der Tiere erkennen können? Durch welchen Vergleich zwischen ihnen und uns schließt er denn auf den Unverstand, den er ihnen unterstellt?"[13] Die These von einer wesentlichen Differenz zwischen Menschen und Tieren, die nach ihm Descartes wirkmächtig in seiner Uhren-Metaphorik im *Discours de la méthode* (1637) formulieren wird,[14] ist mit diesen Fragen in ihr Gegenteil gekehrt. Dabei wird mit dem Verstand gerade jenes Differenzkriterium in Zweifel gezogen, durch das sich der Mensch von den Tieren unterscheiden soll. Der Verstand reiche vielmehr nicht zur Beurteilung der geistigen Fähigkeiten der Tiere aus. Es geht hier also um den Unverstand des Menschen in der Beurteilung, in bewusster Distanzname zur aristotelischen These von der Unvernunft der Tiere.[15] Die Anmaßung des Menschen, wie Montaigne sie fasst und wie Derrida sie aufgreift, fällt demnach mit einer sich simultan vollziehenden unbegründeten Überhöhung des eigenen und einer Abwertung des tierlichen Verstandes zusammen. Diese Anmaßung führt – so Montaigne wenig später in der Argumentation – auch zu einer „Maßlosigkeit" des Meinens unter

---

11 Karin Westerwelle: *Montaigne. Die Imagination und die Kunst des Essays*. München 2002, S. 82. Westerwelle assoziiert dieses Verfahren vor allem mit dem Ausdruck „fantaisie" und weniger mit dem der „imagination". An der in Fußnote 10 wiedergegebenen Stelle scheint Montaigne „imagination" synonym zu „fantaisie" zu gebrauchen.
12 Montaigne, *Apologie für Raymond Sebond* 2002, S. 188.
13 Ebd., S. 187.
14 „Aber sie [die Tiere; S.Sch.] haben im Gegenteil gar keinen [Geist; S.Sch.], und es ist die Natur, die in ihnen je nach der Einrichtung ihrer Organe wirkt, ebenso wie offensichtlich eine Uhr, die nur aus Rädern und Federn gebaut ist, genauer die Stunden zählen und die Zeit messen kann als wir mit all unserer Klugheit." René Descartes: *Discours de la méthode pour bien conduire sa raison, et chercher la vérité dans les sciences*, Französisch-Deutsch. Übers. Lüder Gäbe. Hamburg 1969, S. 97.
15 Vgl. Markus Wild: Michel de Montaigne und die anthropologische Differenz. In: *Mensch und Tier in der Antike. Grenzziehung und Grenzüberschreitung*. Hg. Annetta Alexandridis, Markus Wild und Lorenz Winkler-Horacek. Wiesbaden 2009, S. 141–159; Markus Wild: Montaigne als pyrrhonischer Skeptiker. In: *Unsicheres Wissen. Skeptizismus und Wahrscheinlichkeit 1550–1850*. Hg. Carlos Spoerhase, Dirk Werle und Markus Wild. Berlin und Boston 2009, S. 109–134.

den Menschen, das sie „bald über die Wolken" erhebe und sie aber auch „bald zu den Antipoden hinabstürz[en]" lasse.[16]

Die Diagnose einer Maßlosigkeit des Menschen in seinen unhinterfragten Meinungen richtet sich letztlich auch auf das Wissen insgesamt. Dieser Infragestellung von sicherem Wissen, die sich schon in der Vignette zu den Essays im „Que sais-je?" manifestiert, steht die rationalistische Schule seit Descartes diametral entgegen.[17] Schon wenige Jahre vor dem Erscheinen des *Discours de la méthode* (1637) hatte Francis Bacon in seinem *Novum Organon* (1620) gegen den Skeptizismus angeschrieben und im Paragraphen 37 erklärt, er wolle seine Methode an „sense" und „intellect" ausrichten und sich dabei von jenen abgrenzen, die behaupten, „that nothing can be known".[18] Zu den geistigen Fähigkeiten der Tiere bemerkt schon Bacon: „It seems to be quite correct to make a distinction between human reason and the cleverness of animals."[19] Die Zurückhaltung in der Aussage über die Unterscheidung zwischen ‚reason' und ‚cleverness' kippt in Descartes' *Discours de la méthode* in verfestigte Gewissheit. Würde man, schreibt Descartes, Maschinen in menschlicher Gestalt kreieren können, blieben noch „immer zwei ganz sichere Mittel zu der Erkenntnis" („toujours deux moyens très certains"[20]), dass es sich um Menschen und gerade nicht um Tiere handeln würde: Sprache und Vernunft. Diese zwei sicheren Mittel dienen dabei nicht nur der Prüfung der Echtheit des Menschen, sondern sie „kennzeichnen" auch den „Unterschied zwischen Menschen und Tieren."[21] Die Geschicklichkeit, die Bacon als ‚cleverness' gefasst hat, sei kein Beweis für das Vorhandensein eines Geistes bei den Tieren, denn, so Descartes, „sie haben im Gegenteil gar keinen, und es ist die Natur, die in ihnen je nach der Einrichtung ihrer Organe wirkt [...]."[22] Die Frage nach dem Wesen des Menschen wird also über eine vermeintliche Überlegenheit gegenüber den Tieren beantwortet. Die von Descartes angeführten Beispiele dienen denn auch nicht der Prüfung einer strukturell noch offenen Hypothese, sondern lediglich der Bestätigung der anthropologischen Differenz, die hier als Gewissheit vorgetragen wird.

Die cartesianische Version der anthropologischen Differenz lässt sich – aus der Perspektive der Einsichten von Montaigne – als anmaßend und maßlos kri-

---

16 Montaigne, *Apologie für Raymond Sebond* 2002, S. 192.
17 Vgl. Christian Schärf: *Geschichte des Essays. Von Montaigne bis Adorno*. Göttingen 1999, S. 50.
18 Francis Bacon: *The New Organon*. Hg. Lisa Jardine und Michael Silverthorne. Cambridge 2000, S. 40.
19 Ebd., S. 158.
20 Descartes, *Discours de la méthode* 1969, S. 92f.
21 Ebd.
22 Ebd., S. 97.

tisieren. Anmaßung und Maßlosigkeit werden dabei als synonym im Rahmen einer Kritik an der anthropologischen Differenzierung, und damit an der zur Gewissheit gesteigerten Überzeugung von der Geistlosigkeit der Tiere, eingesetzt. Genau diese Grundüberzeugung kehrt in der Naturgeschichte und Poetik der Aufklärung wieder, bei gleichzeitigem Bewusstsein über die Zugehörigkeit des Menschen zum Tierreich.

II Übermäßigkeit (Haller)

Das cartesianische Denken wird in der Frühaufklärung, vor allem in der Philosophie von Leibniz und Wolff, aber – wie zu zeigen sein wird – auch in der Naturgeschichte zum Gegenstand der Auseinandersetzungen.[23] Punktuell zeigt sich dies in der *Vorrede*, die Albrecht von Haller dem ersten Band seiner Übersetzung von Buffons *Histoire naturelle* voranstellt, die unmittelbar nach dem Original in Leipzig erscheint.[24] In seiner *Vorrede* polemisiert Haller gegen eine einseitige und letztlich auf mathematische Gewissheit zielende Rezeption der cartesianischen Methode und folgt damit der von Panajotis Kondylis treffend beschriebenen „(epistemologische[n]) Herabsetzung der Mathematik" bei gleichzeitiger „(ontologische[r]) Aufwertung der Materie", die sich in der Empirie den Sinnen darbiete; eine Auffassung, die sich auch bei Zeitgenossen wie etwa Diderot findet.[25] Dabei beschreibt Haller in seiner *Vorrede* zunächst, wie „Rene des Cartes auf eine mechanische Weise die Bildung und den Bau der Welt aufgelegt"[26] und wie sich schließlich eine „mathematische Lehrart"[27] über Europa ausgebreitet habe, die mit einer Geringschätzung der Hypothesen und der Einbildungskraft einhergehe. Die kulturelle Hegemonie der cartesianischen Lehre habe so zu einer grundsätzlichen und im Kern schädlichen Resignation gegenüber wahrer Erkenntnis geführt. Dem setzt Haller ein Plädoyer für Hypothesen entgegen, mittels derer sich „die Mittelstraße"[28] zwischen Wahrscheinlichkeit und Wahrheit finden lasse.[29]

---

23 Vgl. Peter-André Alt: *Aufklärung. Lehrbuch Germanistik*. Stuttgart ³2007, S. 14–18; darüber hinaus vgl. grundlegend Panajotis Kondylis: *Die Aufklärung im Rahmen des neuzeitlichen Rationalismus*. Hamburg 2002.
24 Georges Louis Le Clerc de Buffon: *Allgemeine Historie der Natur. Nach allen ihren besonderen Theilen abgehandelt; nebst einer Beschreibung der Naturalienkammer Sr. Majestät des Königes von Frankreich*. 12 Bde. Übers. Albrecht von Haller. Hamburg und Leipzig 1750–1782.
25 Vgl. Kondylis, *Die Aufklärung im Rahmen des neuzeitlichen Rationalismus* 2002, S. 291.
26 Albrecht von Haller: Vorrede. In: Georges Louis Le Clerc de Buffon: *Allgemeine Historie der Natur* I.1 (1750), S. IX–XXII, hier S. IX.
27 Ebd., S. X.
28 Ebd., S. XI.

> Die Mittelstraße ist eine Linie, ein Weg ohne Breite, wer wollte sich auf demselben erhalten koennen? So wenig das Herz des Menschen sich auf der Mittelstraße festsetzen kann: so wenig kann es auch sein Verstand. Auf einer Seite fliegt der Mensch zu hoch mit eignem Schwingen, und wird ein Pelagianer, er sinkt auf der andern und wird unter den Haenden des Jansenisten zur Maschine. Eben so gieng es der Naturlehre. Man hatte sich bey den willkuehrlichen Erklaerungen uebel befunden, und ward zum Zweifler. Die Akademie wollte sich fuer dem Irrthume hueten, sie sank immer tiefer, und glaubte endlich gar nichts mehr, um nicht zu irren.[30]

Haller empfiehlt die von den delphischen Maximen her bekannte *via media* zwischen den Extremen des Hochmuts oder Übermuts auf der einen und des Zweifels oder der Skepsis auf der anderen Seite. Die Unfähigkeit des Menschen, sich zwischen diesen beiden Polen in der Mitte zu halten, wird von Haller als anthropologische Schwäche aufgefasst. Ähnlich wie Bacon schreibt auch Haller in der *Vorrede* gegen den absoluten Zweifel, nicht aber gegen den menschlichen Hochmut an. Was die Stellung des Menschen in der Welt angeht, so hatte Haller diese schon in seinen früheren Gedichten besungen, etwa in seinem Gesang über die Alpen, wo die Menschen einem von Maß geleitetem Hirtenleben folgen: „Hier herrscht kein Unterschied, den schlauer Stolz erfunden" oder „[d]ie mäßige Natur allein kann glücklich machen", heißt es dort.[31] Die Gattung der Idylle, die Haller in *Die Alpen* verarbeitet, bietet den idealen poetologischen Rahmen zur literarischen Darstellung eines tugendhaften und maßvollen Lebens und – damit einhergehend – eines textuell harmonisierten Verhältnisses von Menschen und Tieren, das beispielhaft an der vorzeitigen Beziehung von Hirten und ihren Herden dargestellt wird.[32] Noch deutlicher spricht sich die Vorstellung der *via media* schon in *Vernunft, Aberglauben und Unglauben* (1729) aus:

> Unselig Mittel-Ding von Engeln und von Vieh!
> Du prahlst mit der Vernunft und du gebrauchst sie nie;
> Was helfen dir zuletzt der Weisheit hohe Lehren,
> Zu schwach, sie zu verstehn, zu stolz, sie zu entbehren?

---

29 Zur Wahrscheinlichkeit vgl. Rüdiger Campe: *Spiel der Wahrscheinlichkeit. Literatur und Berechnung zwischen Pascal und Kleist*. Göttingen 2002.
30 Haller, *Vorrede* 1750, S. XI.
31 Albrecht von Haller: *Die Alpen und andere Gedichte*. Stuttgart 1965, S. 6 u. 21. Damit schreibt sich Haller in die Transformationsgeschichte der Idylle ein; einer Gattung, die um 1750 Konjunktur hat. Vgl. dazu Jakob Christoph Heller: *Masken der Natur. Zur Transformation des Hirtengedichts im 18. Jahrhundert*. Paderborn 2018.
32 Schon Siegrist beschreibt Maß und Mäßigung als „Leitbegriffe" in Hallers Poetologie. Christoph Siegrist: *Albrecht von Haller*. Stuttgart 1967, S. 25. Detering weist auf die „frühökologischen" Implikationen von Hallers Poetik hin. Vgl. Detering, Menschen im Weltgarten 2020, S. 24.

> Dein schwindelnder Verstand, zum Irren abgericht',
> Sieht wohl die Wahrheit ein und wählt sie dennoch nicht;
> Du bleibest stets ein Kind, das täglich unrecht wählet,
> Den Fehler bald erkennt und gleich drauf wieder fehlet;
> Du urteilst überall und forschest nie, warum,
> Der Irrtum ist dein Rat und du sein Eigentum.[33]

Schon hier beschreibt Haller den Menschen als Wesen, das zur Fehlerhaftigkeit verdammt sei, weil es durch begrenzte Erkenntniskräfte nicht bis zur Wahrheit durchdringen könne und deshalb an den Irrtum gebunden bleibe. Gleichwohl schildern die darauffolgenden Verse, wie sich der Mensch mit seinen Wissenschaften einen „Weg" durch die „Sternen-Welt" erdacht hat. So habe der Physiker Christian Huygens als Entwickler und Perfektionierer von Teleskopen und Penduhren dem Universum ein „Maß" gegeben.[34] Der Mensch steht innerhalb der *scala naturae* nach Haller zwar nach wie vor unter den Engeln, er sei aber gleichwohl in der Lage, natürliche Wahrheiten in mathematischen Figuren abzubilden.[35] Die Demut gegenüber den begrenzten Erkenntniskräften schlägt also um in Imaginationen der Naturbeherrschung:

> Was die Natur verdeckt, kann Menschen-Witz entblößen,
> Er mißt das weite Meer unendlich großer Größen,
> Was vormals unbekannt und unermessen war,
> Wird durch ein Ziffern-Blatt umschränkt und offenbar.[36]

Der Mensch in seiner Vollkommenheit wird als ‚Entdecker' und letztlich Eroberer der Natur gedacht, dessen Wissenschaft sich – wenn sie derjenigen von Newton gleichkommt – dem von Gott gegebenen Maß der Dinge annähern kann. Dieses von Gott gegebene Maß („Nichts fehlt, nichts ist zu viel, nichts ruht, nichts läuft zu schnelle") wiederholt sich gewissermaßen im menschlichen Tun („auch Weisheit hält ein Maß").[37]

Schon beim frühen Haller stehen sich also „Anthroposkepsis"[38] und Anthropozentrismus gegenüber. Menschen werden sowohl als „albre Weisen"[39] verlacht

---

33 Haller, *Die Alpen und andere Gedichte* 1965, S. 24.
34 Ebd.
35 Zur Figur der *scala naturæ* vgl. die immer noch maßgebliche Studie: Arthur Lovejoy: *The Great Chain of Being. A Study of the History of an Idea.* Cambridge, Mass. 1936.
36 Haller, *Die Alpen und andere Gedichte* 1965, S. 25.
37 Ebd., S. 36.
38 Zur „Anthroposkepsis" vgl. Jörg Wesche: ‚Unselig Mittel-Ding von Engeln und von Vieh!' Mensch und Tier in der Lyrik der Frühaufklärung. In: *Zeitschrift für Germanistik. Neue Folge* 23/1 (2013), S. 35–46; sowie Andrea Bartl: Von der Krise eines Aufklärers und der Unmöglichkeit, die

als auch als „Herr[en] der Schöpfung"⁴⁰ überhöht, entsprechend schwankt der Text zwischen einer Gering- und einer Hochschätzung. Später in der *Vorrede* beschreibt Haller nun dieses Schwanken mit Blick auf den menschlichen Verstand und die wissenschaftliche Methode. Mit der „Mittelstraße" wird die Klassifizierung des Menschen als „Mittel-Ding" gespiegelt und auf die wissenschaftliche Praxis übertragen. Bemerkenswerterweise werden in der *Vorrede* die Abweichungen von der Mittelstraße aber nur einseitig, mit Blick auf die menschliche Schwäche des Zweifelns an absoluten Gewissheiten, mit dem Ausdruck ‚Exzess' umschrieben:

> Ich glaube mit Recht zu den Ausschweifungen des menschlichen Verstandes, zu seiner Uebermaeßigkeit (denn die gluckliche Sprache unsers gemaeßigten Vaterlandes, hat keine rechten Woerter für *excés* und *caprice*) die Gewohnheit rechnen zu koennen, alle Hypothesen, alle Systemata zu verachten; eine Gewohnheit, die immer mehr und mehr zunimmt, und die dem menschlichen Geschlechte schaedlicher werden kann, als die Traeume der Schulweisen nimmermehr haben seyn koennen.⁴¹

Der zur Verachtung gesteigerte Zweifel an den Gewissheiten der Wissenschaft und ihrer Systematiken, wie Haller sie vor allem im Feld der Botanik schätzt, wird hier als Exzess pathologisiert. Faulheit und Ruhe sei die fatale Folge dieser epistemologischen Grundeinstellung, wie Haller anhand der rassistisch und eurozentristisch gefärbten Gegenüberstellung von „wilde[n] Voelker[n]" und „Europaeer[n]" zu zeigen glaubt. Bei letzteren führe immerhin „[d]er Ehrgeiz, die Scham, die Ermahnung, die Neugierde" zu einer Mobilisierung des Verstandes, wenn sie auch nicht bis zur Wahrheit reichen würden.⁴² Haller problematisiert also gerade nicht den Hochmut, sondern die Faulheit und sieht in ihr eine menschliche Grundeigenschaft. Die Erhebung über die Tiere wiederum ist für Haller keine Anmaßung, die es zu vermeiden gilt wie bei Montaigne, sondern – im Gegenteil – sie ist das Ziel menschlichen Tuns und Forschens. Diese Grundüberzeugung baut auf einer anthropologischen Differenz, die Haller deshalb auch nur am Rande zu erwähnen braucht:

> Noch wallen doch die Gemuether der Europaeer mit Ehrbegierde, mit der Liebe zur Neuigkeit, die Linnaeus als das hauptsaechliche Vorrecht des Menschen ansieht, womit er sich

---

Ewigkeit beschreiben zu können. Albrecht von Hallers ‚Unvollkommenes Gedicht über die Ewigkeit'. In: *Lyrik, Kunstprosa, Exil*, Festschrift für Klaus Weissenberger zum 65. Geburtstag. Hg. Joseph Strelka. Tübingen 2004, S. 25–40. Neupublikation im Goethezeitportal 2009: http://www.goethezeitportal.de/db/wiss/haller/unvollkommenesgedicht_bartl.pdf (30. Dezember 2020).
39 Haller, *Die Alpen und andere Gedichte* 1965, S. 37.
40 Ebd., S. 36.
41 Haller, *Vorrede* 1750, S. XI.
42 Ebd.

ueber die Thiere erhebt, und wodurch er der Bezwinger beyder Welten, der natuerlichen und derjenigen geworden, die er selber aufgefuehret, und die Theorie genennet hat.[43]

Dieser Vorzug des Menschen, wie Haller ihn sich vorstellt und wie er ihn mit Seitenwink auf Carl von Linné reproduziert, ist ein wesentlicher. Er besteht unabhängig vom menschlichen Verhalten und wird als Argument vorausgesetzt. In Linnés *Systema naturae* rangiert der Mensch im *Regnum animale*, in der Klasse der *Quadrupedia*, und der Ordnung der *Anthropomorpha* (der „Menschengestaltigen"), neben Faultieren (*Bradypus*) und Affen (*Simia*). Als Objekt der Naturgeschichte wird der Mensch zwar dem Tierreich zugeordnet, allerdings stellt er die einzige Gattung dar, die mittels eines geistigen Merkmals von andern unterschieden wird, das ihn wiederum auch als Subjekt der Naturgeschichte qualifiziert. Linné bringt hierfür ebenfalls eine delphische Maxime, „Nosce te ipsum. / Erkenne Dich selbst"[44] in Anschlag.[45] Weder bei Linné noch bei Haller zählt die geistige Überlegenheit des Menschen zu den zu prüfenden Hypothesen, sondern offenbar zu den schwierig zu erlangenden Wahrheiten. Geht man von hier aus zurück zur Problematisierung menschlicher Ausschweifungen und Exzesse, so ließe sich mit Montaigne fragen, warum eigentlich der menschliche Hochmut keine Abweichung von der *via media* darstellen soll. Diese Frage stellt sich für das aufklärerische Denken vor allem auch deshalb, weil hier die Zugehörigkeit des Menschen zum Tierreich seit der ersten Auflage von Linnés *Systema* ein Gemeinplatz geworden ist. Die Dominanz des Menschen über die Tiere und die Theorie, wie Haller sie beschreibt, liest sich wie eine tiertheoretische Kerndefinition zum Anthropozentrismus, die zugleich – wie ich im Folgenden zeigen werde – eine der zentralen Grundlagen von Buffons *Histoire naturelle* darstellt.

III ‚Ausschweifung' (Buffon)

Die Naturgeschichte des achtzehnten Jahrhunderts besteht zu einem wesentlichen Teil aus Großprojekten, die auf die Erkenntnis und Vermittlung der Natur in

---

43 Ebd., S. XII.
44 Carl von Linné: *Natur-Systema oder Die in ordentlichem Zusammenhange vorgetragene Drey Reiche der Natur, nach ihren Classen, Ordnungen, Geschlechtern und Arten*. Übers. Johann Joachim Lange. Halle 1740, S. 44.
45 Zu der Stelle vgl. Matthias Preuss: Zur Ordnungswidrigkeit der Dinge. Linnés marginale Monstrosität(en) und das kalligrammatische Verfahren. In: *Akteure, Tiere, Dinge: Verfahrensweisen der Naturgeschichte in der Frühen Neuzeit*. Hg. Silke Förschler, Anne Mariss. Köln, Weimar und Wien 2017, S. 193–207, hier S. 199–202.

ihrer Gesamtheit ausgerichtet sind. Ein zentrales Beispiel hierfür liefert das schon erwähnte *Systema naturae* Linnés. In seinen einleitenden *Anmerckungen ueber die III. Reiche der Natur* beschreibt Linné sein Vorhaben, eine „solche allgemeine Vorstellung von dem ganzen Zusammenhang aller natuerlichen Coerper in einen Anblick" zu zeigen. Die einzigen Beschränkungen seien dabei „der Raum, die Zeit und Gelegenheit" gewesen.[46] Auch Buffon, der sich explizit und kritisch auf Linné bezieht,[47] richtet seine Aufmerksamkeit am Beginn der *Histoire naturelle* auf die problematische Größe seines Hauptgegenstands:

> Die Historie der Natur, wenn sie in ihrem ganzen Umfange betrachtet wird, ist eine unermeßliche Historie, und sie begreift alle Dinge in sich, so uns die Welt vor Augen stellet. Die ungeheure Menge von vierfueßigen Thieren, von Voegeln, von Fischen, vom Ungeziefer, von Pflanzen, von Mineralien ec. ec. zeiget der Neugierigkeit des menschlichen Verstandes einen weitlaeuftigen Schauplatz, der im Ganzen so groß ist, daß die genaue Kenntniß im Kleinen unerschoepflich zu seyn scheinet, und es auch wirklich ist.[48]

Buffons Ziel, das er sich in diesen ersten Zeilen setzt, ist es, nichts weniger als alles zu erfassen und darzustellen. Dieses kühne Ziel, das Buffon an den „Heldenmuth" und die „Demuth" des Naturhistorikers knüpft,[49] führt in der ersten Abhandlung zu einer Hinterfragung des Menschen und seiner Rolle in der Natur, zu einer Auseinandersetzung mit der Möglichkeit einer entsprechenden Methode und zur Frage, welche Schreibweisen die *Histoire naturelle* zum Einsatz bringen muss, um sich ihrem Ziel zu nähern.[50]

Buffon empfiehlt grundsätzlich eine Skepsis gegenüber der Methode und rät angehenden Naturhistorikern zunächst die wiederholte Anschauung der Naturgegenstände. Selbige führe anfangs auch die „Menge der Geschoepfe", die „mechanische Einrichtung, die Kunst, die Huelfsmittel der Natur, ja so gar ihre Unordnungen" vor Augen und habe Bewunderung und ein Bewusstsein über die Grenzen des menschlichen Verstandes zur Folge.[51] In diesem Zusammenhang bemerkt Buffon auch die Zugehörigkeit des Menschen zum Tierreich:

---

46 Linné, *Natur-Systema* 1740, S. 4.
47 Vgl. Phillip R. Sloan: The Buffon-Linnaeus Controversy. In: *Isis* 67 (1976), H. 3, S. 356–375.
48 Georges Louis Le Clerc de Buffon: Erste Abhandlung. Von der Art, die Historie der Natur zu erlernen und abzuhandeln. In: Ders.: *Allgemeine Historie der Natur* I.1 (1750), S. 3–40, hier S. 3.
49 Ebd., S. 4.
50 Zum Methodenwissen der Aufklärung vgl. *Methoden der Aufklärung: Ordnungen der Wissensvermittlung und Erkenntnisgenerierung im langen 18. Jahrhundert*. Hg. Silke Förschler und Nina Hahne. München 2013.
51 Buffon, *Erste Abhandlung* 1750, S. 7.

> Die erste Wahrheit, welche aus einer so ernsthaften Untersuchung der Natur herfließet, ist eine Wahrheit, die den Menschen vielleicht demuethigen kann; naemlich, daß er sich selbst unter die Thiere zaehlen muß, welchen er in allen Stuecken, die den Koerper betreffen, aehnlich ist; ja es wird ihm sogar ihr natuerlicher Trieb vielleicht sicherer als seine Vernunft, und ihre Geschicklichkeit wundernswuerdiger als seine Kunst vorkommen. Wenn er alsdenn nach und nach die verschiedenen Dinge, aus welchen die Welt bestehet, ordentlich durchgehet, und sich selbst an die Spitze aller erschaffenen Wesen stellet; so wird er mit Erstaunen gewahr werden, daß man durch fast unmerkliche Stufen von dem allervollkommensten Geschoepfe bis zu der ungestaltesten Materie, und von dem kuenstlich gebauten Thiere bis zu der rohesten Bergart herabsteigen kann. Er wird ferner einsehen, daß diese unmerklichen Abfaelle das große Werk der Natur sind; und diese Abfaelle wird er nicht allein bei den Groeßen und den Gestalten, sondern auch bey den Bewegungen, Erzeugungen und Folgen aller Gattungen antreffen.[52]

Das Selbstverständnis des Menschen als Tier wird an dieser Stelle zunächst als herabwürdigende „Wahrheit" präsentiert und stellt damit eine jener Verallgemeinerungen dar, die für Buffon zu den Zielen naturgeschichtlicher Arbeit zählt. Nach dieser Wahrheit zeichnen sich Menschen und Tiere durch eine starke physische Ähnlichkeit aus; zugleich werden aber „Vernunft" und „Trieb" sowie „Geschicklichkeit" und „Kunst" unterschieden und gegeneinander abgewogen.[53] Das Argument kippt denn auch von einem anfänglichen Eingeständnis der Zugehörigkeit des Menschen zum Tierreich in eine anthropologische Machtphantasie, nach der die Erforschung der Natur einen Anthropozentrismus verlange. Sich an die Spitze der erschaffenen Wesen zu stellen wird zur Bedingung der Möglichkeit, die „unmerklichen Stufen" der Natur wahrnehmen zu können. Die Figur der *scala naturæ*, die kurz vor Buffon schon Pope in seinem *Essay on Man* (1734) in Anschlag bringt, kehrt bei Buffon in modifizierter Form wieder. Bei Pope steht der Mensch zwischen Gott und Tier und erhebt von seiner von Gott zugewiesenen Position aus einen Anspruch auf die Beherrschung der Natur.[54] Im *Essay on Man* heißt es dementsprechend: „His knowlegde measur'd to his state and place"[55]. Hier wird ein direkter Zusammenhang zwischen der menschlichen Stellung innerhalb der Natur und seinem Wissen über das Argument der Angemessenheit konstruiert. Dabei wird das Maß selbst, daran lässt Pope keinen Zweifel, vom Schöpfer vorgegeben: „And who but wishes to invert the Laws / of

---

52 Ebd., S. 8.
53 Das Erstaunen über die Geschicklichkeit („industrie") der Tiere findet sich schon bei Descartes. Auf die Bemerkung der Zugehörigkeit des Menschen zum Tierreich folgt demnach ein cartesianisches Argument. Vgl. Descartes, *Discours de la méthode* 1969, S. 94f.
54 Vgl. Kondylis, *Die Aufklärung im Rahmen des neuzeitlichen Rationalismus* 2002, S. 247.
55 Alexander Pope: *Essay on Man*. Englisch-Deutsch. Übers. Wolfgang Breidert. Hamburg 1993, S. 22.

Order, sins against th'Eternal Cause."⁵⁶ Erst dieser Vergleich mit Pope verdeutlicht die Tragweite von Buffons Argument. Bei ihm scheint der Platz des Menschen innerhalb der Kette der Wesen nicht durch die göttliche Ordnung vorgegeben, sondern vom menschlichen Selbstverständnis und den menschlichen Praktiken abhängig. Der menschliche Platz an der Spitze der erschaffenen Wesen ist bei Buffon also eine menschliche Eigenkreation, an die wiederum seine Erkenntnis als Bedingung gebunden wird.⁵⁷

Das Problem der Angemessenheit, das sich bei Pope findet, ist mit Buffons Modifizierung der *scala naturæ* aber nicht beigelegt. Bei Buffon wird die Angemessenheit zum einen in Bezug auf die Methode und zum anderen in Bezug auf die Poetologie der *Histoire naturelle* thematisiert. Seine Kritik an der Methodologie der alten Naturgeschichte fasst er an einer Stelle mit der Metapher einer Klippe oder eines Felsens, was Haller mit seiner Übersetzung dazu veranlasst, indirekt an sein Bild der „Mittelstrasse"⁵⁸ zu erinnern: „Es erfolgt aus allem, was wir jetzt erklaeret haben, daß man in der Historie der Natur zweene gefaehrliche Abwege zu vermeiden hat. Der erste ist, daß man gar keine Methode hat, und der andere, daß man alles auf ein absonderliches System beziehen will."⁵⁹ Während Haller vor übertriebener Skepsis gegenüber den Systemen warnt, sind es genau jene Systeme, die Buffon im Original als gefährliche ,Klippen', als „deux écueils également dangereux"⁶⁰, bezeichnet. Dieselben würden auf falsch angenommenen Prämissen und fehlerhaften Ähnlichkeiten beruhen und schließlich zu falschen Benennungen führen.

Stattdessen zielt Buffon – wie Hanna Roman es treffend beschreibt – auf eine „natural continuity between things" und sucht nach Möglichkeiten, selbige in eine „rhetorical continuity and progression" zu übersetzen.⁶¹ Die Übertragung der Natur in die Textteile der Beschreibung (angefertigt von Buffon selbst) und der Geschichte (angefertigt von Daubenton) folgt dem Ideal einer rhetorischen Natürlichkeit, wie Buffon es in seinem *Discours sur le style* vertieft. Diese Anglei-

---

56 Ebd., S. 26.
57 Die Eigenkreation ist auch eine Fiktion, wie sich am Ende der ersten Abhandlung zeigt. Buffon imaginiert hier einen Menschen, „der wirklich alles vergessen hat", und positioniert diesen „nackt" auf einem Feld, wo er beginnt, die Tiere und Pflanzen zu unterscheiden und für selbige Begriffe zu finden. Buffon, *Erste Abhandlung* 1750, S. 21. Zu dieser Stelle vgl. Joseph Vogl: Homogenese. Zur Naturgeschichte des Menschen bei Buffon. In: *Der ganze Mensch* 1994, S. 80–95.
58 Haller, *Vorrede* 1750, S. XI.
59 Buffon, *Erste Abhandlung* 1750, S. 15
60 Georges Louis Le Clerc de Buffon: Premier discours. De la manière d'étudier et de traiter l'histoire naturelle. In: Ders.: *Œuvres*. Paris 2007, S. 29–66, hier S. 41.
61 Hanna Roman: Naming as Natural Process and Historical Narrative in Buffon's Histoire naturelle, 1749–55. In: *Romance Studies* 31 (2013), H. 3–4, S. 238–250, hier S. 242.

chung von Lebensform und Textform, die Foucault auch in der botanischen Nomenklatur Linnés beobachtet,[62] wird mit der Norm der Angemessenheit versehen – und wieder wird vor der Ausschweifung bzw. dem Exzess gewarnt:

> Ich erstaunete bey Durchlesung seiner [Aldrovandis] Schriften ueber einen gewissen Fehler („d'un défaut ou d'un excès"[63]), den man fast in allen Buechern von hundert und zwey hundert Jahren findet, und den die Gelehrten in Deutschland noch jetzt an sich haben. Ich rede von der großen Menge unnuetzer Gelehrsamkeit, mit welcher sie ihre Schriften mit Fleiße erweitern, so daß die Sache, die sie abhandeln, durch die Menge von fremden Materien erstickt wird, von welchen sie mit so großer Gefaehrlichkeit und so weniger Behutsamkeit in Ansehung ihrer Leser, vielerley vorbringen, daß es bisweilen scheinet, als ob sie das, was sie uns sagen wollen, vergessen haetten, damit sie uns nur dasjenige erzaehlen koennen, was andere gesaget haben.[64]

Das Ziel der Angemessenheit ist auch als rhetorisches oder poetologisches zu verstehen, da Buffon es als Methode auch auf die textuelle Verfasstheit des Naturwissens bezieht. Im Umkehrschluss ist denn auch die Ausschweifung, die Buffon im Französischen als „excès" beschreibt, eine Diagnose, die sich beim Lesen („bey Durchlesung") einstellt. Der vollständigen Erfassung der Beschreibung setzt Buffon eine im Vergleich zu Aldrovandi gemäßigte Erfassung der Naturgegenstände, eine ‚description by omission'[65], entgegen, die trotz der Betonung der Einfachheit des Stils auf Ganzheit zielt und sich dabei mehr auf die selektive Wahrnehmung und ihre textuelle Wiedergabe und weniger auf die Gesamtheit der überlieferten Quellen konzentriert. Die Beschreibung umfasst die „Gestalt", „Groeße" und „Schwere", während die Geschichte mit den „Verhältnissen" der Lebewesen untereinander und zum Menschen befasst ist.[66] Insgesamt müsse die

---

62 Vgl. Michel Foucault: *Die Ordnung der Dinge. Eine Archäologie der Humanwissenschaften.* Übers. von Ulrich Köppen. 9. Aufl., Frankfurt/M. 1990, S. 177. Vgl. außerdem Carl von Linné: *Philosophia botanica.* Übers. Stephen Freer. Oxford 2003, S. 279 [No 328].
63 Buffon, *Premier discours* 2007, S. 43 f.
64 Buffon, *Erste Abhandlung* 1750, S. 18.
65 Lorraine Daston: Description by Omission. Nature Enlightened and Obscured. In: John Bender, Michael Marrinan (Hg.): *Regimes of Description. In the Archive of the Eighteenth Century.* Stanford 2005, S. 11–24. Daston beschreibt den naturgeschichtlichen Übergang vom siebzehnten zum achtzehnten Jahrhundert, um den es auch Buffon mit seiner Abgrenzung von Aldrovandi geht, folgendermaßen: „Late seventeenth-century scientific experience had been bumpy with singular phenomena described in rich detail, and as dizzyingly various as the contents of the cabinets of curiosities. By contrast, mid-eighteenth-century scientific experience was smooth, blended of regular phenomena that resembled each other everywhere and always." Ebd., S. 22. Zur Kategorie der Beschreibung in der Aufklärung allgemein vgl. Joanna Stalnaker: *The Unfinished Enlightenment. Description in the Age of the Encyclopedia.* Ithaca, NY [u. a.] 2010.
66 Buffon, Erste Abhandlung 1750, S. 20.

„Schreibart in einer Beschreibung [...] einfaeltig, rein, und abgemessen seyn, und sie vertraeget nichts hohes, nichts anmuthiges, noch weniger aber Ausschweifungen, scherzhafte Einfaelle und zweydeutige Redensarten".[67] Bringt man diese Qualifizierung des Stils als gemäßigt oder maßvoll – die naturgeschichtliche Version des antiken *aptums* – in Verbindung mit Buffons notorischem „le style est l'homme même"[68] und geht von hier aus zurück zur anthropozentrischen Positionierung des Naturhistorikers auf der *scala naturæ*, so wird deutlich, dass der maßvolle Stil integraler Teil des anthropozentrischen Großprojekts einer sachlichen und nüchternen Beschreibung und Vereinnahmung der Tiere darstellt. Der stilistische Exzess und die methodischen Abwege bezeichnen Abweichungen von einer Angemessenheit im naturgeschichtlichen Umgang mit den Tieren. Diese naturgeschichtliche Praxeologie zielt auf die Selbsterhebung des Menschen über die Tiere, die aus der Perspektive von Montaigne und Derrida anmaßend und maßlos erscheint.

IV Fazit

Betrachtet man die methodischen Gedanken von Haller und Buffon aus tiertheoretischer Perspektive, so wird deutlich, dass deren naturgeschichtliche Methodiken trotz eines Eingeständnisses der Zugehörigkeit des Menschen zur Sphäre der Tiere klar anthropozentrisch grundiert sind. Ungeachtet aller Unterschiede schließen sowohl Haller als auch Buffon an die Tradition der cartesianischen Lehre und damit an eine eindeutig formulierte anthropologische Differenz an, zeigen aber gleichzeitig ein Gespür für die Ähnlichkeiten zwischen Menschen und Tieren, wie sie Montaigne hervorgehoben hatte.

Mit Blick auf die Frage des Exzesses zeigt sich, dass die untersuchten Autoren ihre je eigenen Begriffe der Anmaßung, der Maßlosigkeit und des Exzesses haben, dass sie aber trotz aller Reflexionen über das Maßhalten und das Gemäßigte die Sonderstellung des Menschen innerhalb der Sphäre, die durch die Naturgeschichte erkannt werden soll, nicht in Zweifel ziehen. Vielmehr erscheint die anthropologische Differenzierung als Bedingung und Ziel der naturgeschichtlichen Tätigkeit und ist von den Absicherungen der Reflexionen über das Maßhalten nicht betroffen. Haller etwa entwirft mit seiner Theorie und Poetologie des Gemäßigten in *Die Alpen* eine idyllische Szenerie, in der Menschen und Tiere in

---

67 Ebd., S. 17.
68 Georges Louis Le Clerc de Buffon: Discours sur le style. In: Ders.: *Œuvres*. Paris: Gallimard 2007, S. 419–428, hier S. 427.

einem harmonischen Verhältnis stehen. Diese Harmonie wird aber durch die Sonderstellung des Menschen nicht erschüttert und wird auch nicht als Hochmut oder Anmaßung problematisiert. Vielmehr ist – so zeigt sich in Hallers Vorrede zur seiner Übersetzung der *Histoire naturelle* – der Anthropozentrismus Teil der literarischen Darstellung und steht neben dem Anthroposkeptizismus, wird aber von diesem nicht gestört. Hallers Verwendung des aus seiner Sicht unübersetzbaren Ausdrucks „excès" verweist auf die Vorstellung einer *via media* zwischen Hochmut und absoluter Skepsis, richtet sich aber daraufhin nur auf die Seite der Skepsis. Der menschliche Hochmut, der für Montaigne ein Synonym menschlicher Anmaßung und Maßlosigkeit war, wird von Haller nicht näher beleuchtet. Stattdessen verweist er nur am Rande auf die Sonderstellung, die Linné dem Menschen einräumt. Dieser ordnet den Menschen zwar dem Tierreich zu, innerhalb dieses Tierreichs ist aber der Mensch das einzige Lebewesen, das sich durch ein geistiges Merkmal, seine Fähigkeit zur Selbsterkenntnis, von den anderen Tieren unterscheidet.

Eine ähnliche Gleichzeitigkeit des Eingeständnisses der Zugehörigkeit des Menschen zur Sphäre der Tiere und der Behauptung der menschlichen Sonderstellung lässt sich trotz dessen methodischer Kritik an Linné bei Buffon erkennen. Im *Premier discours* geht Buffon zwar von der ‚demütigenden Wahrheit' aus, dass der Mensch sich zu den Tieren rechnen muss, macht aber im selben Atemzug deutlich, dass er sich durch Anschauung und Erkenntnis der Natur selbst an die Spitze der *scala naturæ* stellen kann. Diese potentielle Selbstermächtigung, die sich etwa Derridas tiertheoretische Kritik der Anmaßung und der Maßlosigkeit zuzieht, ist wiederum die Voraussetzung für eine eigene Poetologie des Maßhaltens (inkl. einer Warnung vor exzessiven Ausschweifungen), bei der sich Naturhistoriker mehr an ihrer Erfahrung und nicht an den überlieferten Quellen orientieren sollen. Buffons naturgeschichtliche und textuelle Darstellung der Lebewesen kommt einer Aneignung gleich, bei der der Autor stets transparent macht, dass es um eine gewollte Indienstnahme der Natur durch den Menschen geht.[69] Sein Begriff der Ausschweifung verweist dabei auf das Ziel der textuellen Aneignung durch einen kurzen, konzisen Stil. Die textuelle Wiedergabe ist dabei kein bloßer rhetorischer Schmuck, sondern das entscheidende Instrument zur diskursiven Verwertung des Naturwissens. Als ein solches soll der Stil nach dem Verständnis von Buffon ‚abgemessen' sein und die tiertheoretisch kritisierbare Anmaßung und Maßlosigkeit umsetzen. Der Stil erscheint vor diesem Hintergrund

---

69 Dementsprechend heißt es im ‚Discours sur le style', der Schreibende müsse über seinen Gegenstand verfügen, ihn besitzen („posséder"). Buffon, *Discours sur le style* 2007, S. 425.

als poetologisches Mittel einer Anthropologisierung der Naturgeschichte („le style est l'homme même").[70]

Die durch Derridas Tiertheorie motivierte Fokussierung aufklärerischer Naturgeschichte, die sich in der Tradition von Descartes positioniert, zeigt, dass die naturgeschichtliche Methodiken – wie sie Haller in der *Vorrede* und Buffon im *Premier discours* formulieren – zwar mit Reflexionen über die Mäßigung und das Maßhalten einhergehen, dass sie jedoch eine tiertheoretische Leerstelle enthalten und folglich aus der Perspektive Montaignes als anmaßend und maßlos kritisierbar sind. Die tiertheoretische Reevaluierung der Naturgeschichte im Lichte der tiertheoretischen Kritik (Anmaßung und Maßlosigkeit) ermöglicht es daher, die epistemologischen und poetologischen Verfahren der Naturgeschichte neu zu bewerten und die aufklärerischen Reflexionen des Maßhaltens als Teil einer anmaßenden und maßlosen Praxis zu verstehen, bei der es weniger um die zu erkennenden Tiere und mehr um den Menschen als dominierendes Subjekt der Naturgeschichte geht.

---

70 Zur Rolle Buffons als „Diskursbegründer" der Anthropologie vgl. Jörn Steigerwald: Georges-Louis Leclerc Comte de Buffon: ‚Histoire naturelle des animaux' (1753). In: Rudolf Behrens, Jörn Steigerwald (Hg.): *Aufklärung und Imagination in Frankreich (1675–1810). Anthologie und Analyse.* Berlin, Boston 2016, S. 231–246, hier S. 237.

Ruth Signer
Die Relationalität des Luxus bei Jean-Jacques Rousseau

Jean-Jacques Rousseau ist in vielerlei Hinsicht eine Figur der Aufklärung, die starke Kontroversen provoziert hat und damit zu einem wesentlichen Impulsgeber für exzessiv geführte Debatten im achtzehnten Jahrhundert avancierte. Auf sein Denken und seine Person reagierten Denis Diderot und Voltaire, um deren Anerkennung sich Rousseau selbst lange Zeit bemühte, mitunter gar mit hasserfüllten Aussagen: So bezeichnete Diderot Rousseau als „Antiphilosophen", als „Perverse[n]", ja selbst als „wie Satan, undankbar, grausam, heuchlerisch und bösartig".[1] Am Anfang des langwierigen Konflikts zwischen Rousseau und Voltaire, der sich infolge des Zerwürfnisses um das Theater in Genf zuspitzen wird, steht u. a. Voltaires Replik auf Rousseaus *Discours sur l'inégalité [Diskurs über die Ungleichheit]* (1755).[2] Um seine Meinung gebeten, verbindet Voltaire in ironischer Manier Lob mit Kritik, wenn er dem von seiner Wahlheimat Genf unweit entfernt lebenden Rousseau antwortet, niemals habe man „so viel Geist darauf verwendet, uns zu Tieren machen zu wollen".[3] An Kraftausdrücken spart auch er nicht: Rousseau sei „ein Wilder",[4] „ein Scharlatan",[5] „der bösartigste Verrückte, der jemals existiert hat".[6]

Was Rousseaus Verhältnis zur Mäßigung betrifft, so scheint er doch gerade hier dem der Aufklärung oft zugeschriebenen Ideal des Maßvollen zu entsprechen. Rousseaus Kritik des Luxus ist eine Kritik eines exzessiven Lebensstils, der in seinen Augen die Ungleichheit befördert. Vorliegender Aufsatz wird Rousseaus

---

1 Im franz. Original: „antiphilosophe", *„un pervers"*, „faux, vain comme Satan, ingrat, cruel, hypocrite et méchant" (Jean-Jacques Rousseau: *Mémoire de la critique. Textes réunis par Raymond Trousson.* Paris 2000, S. 493, 490 u. 175. Zit. in und übers. nach Bernhard H.F. Taureck: *Jean-Jacques Rousseau.* Reinbek bei Hamburg 2009, S. 41.).
2 Jean-Jacques Rousseau: *Diskurs über die Ungleichheit / Discours sur l'inégalité* (1755). Kritische Ausgabe des integralen Textes. Hg, übers. und komm. von Heinrich Meier. Paderborn ⁶2008.
3 Im franz. Original: „tant employé d'esprit à vouloir nous rendre bêtes" (Voltaire: Lettre à Jean-Jacques Rousseau, 30 août 1755, in: Ders.: *Lettres choisies.* Textes choisies, présentés et annotés par Nicholas Cronk. Paris 2017, S. 218. Übers. nach Taureck, *Jean-Jacques Rousseau* 2009, S. 64).
4 Im franz. Original: „un sauvage" (Voltaire: Lettre à Jean le Rond d'Alembert, 2 août 1756, in: Ders.: *Correspondance choisie.* Hg. J. Hellegouarc'h. Paris 1990, S. 481).
5 Im franz. Original: „un charlatan" (Voltaire: Lettre à Etienne-Noël Damilaville, 3 novembre 1766, in: ebd., S. 993).
6 Im franz. Original: „le plus méchant fou qui jamais existé" (ebd., S. 994. Zit. in und übers. nach Taureck, *Jean-Jacques Rousseau* 2009, S. 63).

https://doi.org/10.1515/9783110706147-013

Ablehnung des Übermäßigen nachzeichnen, seine Kritik des Luxus systematisieren und diese im Kontext der Debatte im achtzehnten Jahrhundert verorten. Dabei wird herausgearbeitet, inwiefern in Rousseaus Denken eine relationale Auffassung des Luxus angelegt ist, gemäß der der Genuss des Luxuriösen davon abhängt, dass dieser nicht allen zugänglich ist: Eine Position, die im Zentrum von Pierre Bourdieus relationalem Begriff des Habitus im zwanzigsten Jahrhundert prominent wiederkehrt.

I Die Maßlosigkeit der Mäßigung

Es war nicht nur Rousseaus positive Imagination eines Naturzustandes, sondern ebenso sein Angriff auf die Wissenschaften und die Künste, der im Kontext der philosophischen Aufklärung provozierte. Denn in seinem ersten preisgekrönten *Discours sur les sciences et les arts [Abhandlung über die Wissenschaften und die Künste]* von 1750[7] behauptet Rousseau, Künste, Wissenschaften und Luxus seien aus Müßiggang und Eitelkeit geboren, „der Luxus" komme „selten ohne die Wissenschaften und Künste daher" und diese „niemals ohne ihn".[8] Seine Kritik richtet sich – in dem von Voltaire bereits identifizierten und für Rousseau nicht untypischen performativen Selbstwiderspruch – gegen die vermeintliche Nutzlosigkeit der Wissenschaften, ja gegen ihre Schädlichkeit. Die Wissenschaften nämlich würden die „Tugend zugrunde" richten und die „Substanz des Staates sinnlos aufzehren".[9]

---

[7] Jean-Jacques Rousseau: *Discours sur les sciences et les arts / Abhandlung über die Wissenschaften und Künste* (1750). Französisch / Deutsch. Übers. von Doris Butz-Striebel in Zusammenarbeit mit Marie-Line Petrequin. Hg. Béatrice Durand. Stuttgart 2012.

[8] Im franz. Original: „Le luxe va rarement sans les sciences et les arts, et jamais ils ne vont sans lui." (Ebd., S. 50 f.) Zum Begriff des Luxus bei Rousseau und im Kontext des achtzehnten Jahrhunderts vgl. auch: Anna Castelli: Kleist, Rousseau und der Luxus. Oszillationen eines Begriffs in Briefen, ‚Berliner Abendblättern' und ‚Der Findling'. In: *Kleist-Jahrbuch* (2013), S. 142–153.

[9] Im franz. Original: „anéantissant la vertu", „dévorent en pure perte la substance d'l'Etat." (Rousseau, *Discours sur les sciences et les arts / Abhandlung über die Wissenschaften und die Künste* 2012 [1750], S. 48 f.) „Prüft doch einmal die Bedeutung Eurer Werke, und, sollten uns die Arbeiten der aufgeklärtesten unserer Gelehrten und unserer besten Bürger so wenig Nutzen bringen, so sagt uns bitte, was wir von jenem Haufen unverständlicher Schriftsteller und müßiger Gebildeter halten sollen, die die Substanz des Staates sinnlos aufzehren." Im franz. Original: „Revenez donc sur l'importance de vos productions; et si les travaux des plus éclairés de nos savans et de nos meilleurs Citoyens nous procurent si peu d'utilité, dites-nous ce que nous devons penser de cette foule d'Ecrivains obscurs et de Lettrés oisifs, qui dévorent en pure perte la substance de l'Etat." (Ebd.)

Mit der Kunst geht Rousseau im ersten Diskurs nicht weniger hart ins Gericht. Aus dem Luxus erwachsen und diesen wiederum nährend, verfeinere sie zwar die Sitten und mildere die Impulse der Menschen. Diese Verfeinerung und Verbesserung der Impulskontrolle wertet er jedoch keineswegs positiv. Gerade weil die Menschen ihr Verhalten veredeln, sei ihnen nicht mehr zu trauen. Denn davor, als die Sitten „rau, aber natürlich"[10] waren, habe man, so Rousseau, den Charakter direkt an der Verhaltensweise der Menschen erkennen können. Dieser sei unverstellt, ehrlich und – will man das Wort hier bereits verwenden – individuell. Mitte des achtzehnten Jahrhunderts sei jedoch durch „erlesene[n] Feinsinn" und „raffinierte[n] Geschmack" nicht nur alles ‚gleichförmig' geworden,[11] auch das gegenseitige Vertrauen sei beschädigt, denn das Gegenüber werde in den Förmlichkeiten unsichtbar – es zeigt sich nicht mehr: „Unaufhörlich fordert die Höflichkeit und gebietet der Anstand. Unaufhörlich folgt man Gepflogenheiten und niemals der eigenen Eingebung. Man traut sich nicht mehr, als der zu erscheinen, der man ist."[12] Es sind solche Stellen in Rousseaus Werk, in denen eine moderne, auch durch den Poststrukturalismus nicht ausgelöschte Idee von Authentizität aufscheint; ein Ideal also, gemäß dem der Ausdruck und die Erscheinung mit der natürlichen, unverfälschten Eigenheit und Innenwelt übereinstimmen sollen.[13]

Es mag überraschen, dass Rousseau im Zuge dieser Ausführungen ebenso kritisiert, dass seine Zeit hier Exzessives ahndet. Viel eher wäre man geneigt, Rousseau selbst mit einer ebensolchen Kritik des Übermäßigen und Ideen der Maßhaltung zu verbinden. Das ist auch durchaus richtig und Rousseau argumentiert wiederum mit einer solchen Wertung, wenn er in der Folge die nur vordergründige Mäßigung der Aufklärung als Maßlosigkeit beschreibt. Denn er erachtet den zeitgenössischen Tadel etwa der direkten, impulsiven Beleidigung oder des lauten, ungemäßigten Eigenlobs als heuchlerisch: Während nun also das Eigenlob und die explizite Kritik verpönt seien, würde man stattdessen den anderen einfach auf subtilere und indirektere Weise herabsetzen. Der Feind werde

---

10 Im franz. Original: „rustiques, mais naturelles" (ebd., S. 20 f.).
11 Im franz. Original: „des recherches plus subtiles et un goût plus fin", „uniformité" (ebd., S. 22 f.).
12 Im franz. Original: „sans cesse la politesse exige, la bienséance ordonne: sans cesse on suit des usages, jamais son propre génie." (Ebd.)
13 Das scheinbare Ideal von Authentizität wurde im zwanzigsten Jahrhundert nicht nur von Seiten poststrukturalistischer Theoriebildung hinterfragt, sondern etwa auch von Soziologen wie Erving Goffman (*The presentation of the Self in Everyday Life*, 1956, dt. *Wir alle spielen Theater*), Richard Sennett (*The Fall of Public Man*, 1977, dt. *Verfall und Ende der öffentlichen Sphäre. Die Tyrannei der Intimität*) oder jüngst im einundzwanzigsten Jahrhundert beispielsweise vom Philosophen Robert Pfaller (*Das schmutzige Heilige und die reine Vernunft. Symptome der Gegenwartskultur*, 2008).

nicht mehr „grob beleidig[t]", sondern „raffiniert verleumde[t]."[14] Und in diesem Imperativ zur Maßhaltung sieht Rousseau selbst eine Maßlosigkeit am Werk:

> Etliche Ausschweifungen werden geächtet, manche Laster geschmäht, andere aber mit dem Namen von Tugenden dekoriert. Diese wird man entweder haben müssen oder sie eben vortäuschen. Soll doch, wer da will, die Mäßigung unserer zeitgenössischen Weisen rühmen, ich sehe darin nur eine raffinierte Maßlosigkeit, die meines Lobes ebenso unwürdig ist wie deren trügerische Einfalt.[15]

Rousseau hält den Wert des Maßvollen hoch, den er hier genau nicht erfüllt sieht. Die Maßlosigkeit verkleidet sich als Mäßigung. Auch seine Luxuskritik ist eine Kritik des Nicht-Maßvollen. Die Maßlosigkeit der raffinierten Sittlichkeit und die Maßlosigkeit des materiellen Luxus hängen schlussendlich auch zusammen, insofern Rousseau beide als Mittel identifiziert, sich im Kampf um Anerkennung über andere zu erheben – als Moment also der von ihm verurteilten *amour propre*.

II Rousseaus Luxuskritik

In seiner Kritik des Luxus ist Rousseau rigoros: „Der Luxus korrumpiert alles; sowohl den Reichen, der ihn genießt, als auch den Elenden, der nach ihm begehrt."[16] Der im ersten und zweiten Diskurs wiederholt auftauchende Begriff des Luxus bildet einen wesentlichen Dreh- und Angelpunkt sowohl für die Frage nach dem Ursprung der Ungleichheit der Menschen als auch für jene nach dem Ort der Kunst und Wissenschaft in dieser ungleichen Ordnung. Dabei lässt sich die Luxuskritik Rousseaus grob folgendermaßen gruppieren:

---

14 Im franz. Original: „On n'outragera point grossiérement son ennemi, mais on le calomniera avec adresse." (Rousseau, *Discours sur les sciences et les arts / Abhandlung über die Wissenschaften und die Künste* 2012 [1750], S. 24 f.)
15 Im franz. Original: „Il y aura des excès proscrits, des vices deshonorés, mais d'autres seront décorés du nom de vertus; il faudra ou les avoir ou les affecter. Vantera qui voudra la sobrieté des Sages du tems, je n'y vois, pour moi, qu'un rafinement d'intemperance autant indigne de mon éloge que leur artificieuse simplicité." (Ebd.)
16 Im franz. Original: „Le luxe corrompt tout; et le riche qui en joüit, et le misérable qui le convoite." (Jean-Jacques Rousseau: Observations de J.-J. Rousseau, sur la Réponse à son Discours [Réponse à Stanislas]. In: Ders.: *Œuvres complètes*. Hg. Bernard Gagnebin und Marcel Raymond, Bd. 3. Paris 1964, S. 35–57, hier S. 51.)

Kritik des Luxus,

I.) weil er die Sitten verdirbt – weil er, gemäß Rousseau, notwendigerweise der Tugend widerspricht, den Menschen – wie er sagt – „verweichlich[t]" und „verweibisch[t]".[17]
II.) weil er der Einfachheit, der Natürlichkeit, der Authentizität entgegensteht; Luxus bedeutet hier immer *hybris* und Eitelkeit.
III.) weil er die Menschen unfrei macht und Abhängigkeiten schafft.
IV.) weil er auf einer Verteilungsungleichheit beruht und diese wiederum verstärkt.
V.) weil er die Staaten in ihren Untergang treibt.

Während Punkt III, IV und V hauptsächlich im zweiten Diskurs formuliert werden, findet sich Rousseaus Idealisierung u. a. militärischer Tugenden (I) vor allem im ersten Diskurs. Die zweite Kritik – die Kritik des Luxus, weil er der Natürlichkeit zuwiderläuft – hat Rousseaus Rezeption mit dem (von ihm selbst nie formulierten) Slogan *retour à la nature* am stärksten geprägt; sie stellt sowohl für den ersten als auch den zweiten Diskurs eine entscheidende Matrix dar. Natürlich hängen die hier systematisch getrennten Punkte untereinander zusammen und sind hauptsächlich über die *amour propre* zu verstehen, die – als Kehrseite des Werts der Natürlichkeit – einen Schlüssel zu Rousseaus Kritik des Luxus bietet. Anhand der fünf identifizierten Punkte erkennt man deutlich, dass Rousseaus Anklage des Luxus in weiten Teilen seiner Kultur- und Gesellschaftskritik überhaupt entspricht. Oder wie es Rousseau formuliert: Der Luxus „vollendet bald das Übel, das die Gesellschaften begonnen haben".[18]

Der Sündenfall der Gesellschaft ist nach Rousseau bekanntlich die Entstehung des Eigentums bzw. dessen Anerkennung. Sie hat die Unterschiede, die Vergleiche, die *amour propre*, und also die Eigenliebe als Selbstsucht, hervorgebracht. Die Zeilen, mit denen der zweite Teil des *Diskurses über die Ungleichheit* beginnt, gehören dementsprechend auch zu den am meisten zitierten Stellen aus Rousseaus Werk:

> Der erste, der ein Stück Land eingezäunt hatte und es sich einfallen ließ zu sagen: *dies ist mein* und der Leute fand, die einfältig genug waren, ihm zu glauben, war der wahre Gründer der bürgerlichen Gesellschaft. Wie viele Verbrechen, Kriege, Morde, wie viel Not und Elend und wie viele Schrecken hätte derjenige dem Menschengeschlecht erspart, der die Pfähle

---

[17] Im franz. Original: „amollir et efféminer les courages" (Rousseau, *Discours sur les sciences et les arts / Abhandlung über die Wissenschaften und die Künste* 2012 [1750], S. 58 f.).
[18] Im franz. Original: „Le luxe [...] achève bientôt le mal que les Sociétés ont commencé" (Rousseau, *Diskurs über die Ungleichheit / Discours sur l'inégalité* 2008 [1755], S. 312 f.).

herausgerissen oder den Graben zugeschüttet und seinen Mitmenschen zugerufen hätte: ‚Hütet euch, auf diesen Betrüger zu hören; ihr seid verloren, wenn ihr vergeßt, daß die Früchte allen gehören und die Erde niemandem.'[19]

Luxus, der nach Rousseau selbst an die Idee des Eigentums geknüpft ist, nährt und befriedigt die *amour propre* – also ein Handeln und Auftreten, welches sich an der Wertschätzung der Anderen orientiert und dabei die Anderen zugleich als Bewunderinnen braucht und als Rivalinnen verachtet.

Es ist die enorme Ungleichheit der Lebensweisen, die mit der Idee des Eigentums ihren Anfang nimmt – eine Idee, die gemäß Rousseau den Exzess in alle Richtungen befeuert. Das „Übermaß an Müßiggang" bei den Reichen, den Exzess an Arbeit bei den Armen; „die allzu verfeinerten Speisen", die den Reichen Verdauungsprobleme verursachen und die Mangelernährung bei den Armen, die sie dazu bringe, „ihren Magen bei sich bietender Gelegenheit gierig zu überladen."[20] Die Einführung des Eigentums bringt nach Rousseau die Menschen aus dem Gleichgewicht und treibt die Subjekte zu ungesunden, unsittlichen und naturwidrigen Extremen. Sowohl der Arme als auch der Reiche krankt – bemerkt oder unbemerkt – an diesem neuen fehlenden Maß; sei es durch Mangel oder aufgrund von Überfluss.

III Luxusdebatte im achtzehnten Jahrhundert

Ob der Luxus den Staat und das Wohl aller verbessere oder ob er für die Allgemeinheit schädlich sei – das war die Frage, die im achtzehnten Jahrhundert viele Geister bewegte. Sie hat strukturell und auch inhaltlich gewisse Ähnlichkeiten mit der Preisfrage der Akademie Dijon, auf die Rousseau in seinem ersten Diskurs antwortet: die Frage nämlich, ob das Erstarken der Wissenschaften und Künste zur Läuterung der Sitten beigetragen habe. Sowohl Luxus als auch die Wissen-

---

19 Im franz. Original: „Le premier qui ayant enclos un terrain, s'avisa de dire: *ceci est à moi*, et trouva des gens assés simples pour le croire, fut le vrai fondateur de la société civile. Que de crimes, de guerres, de meurtres, que de misères et d'horreurs n'eût point épargnés au Genre-humain celui qui arrachant les pieux ou comblant le fossé, eût crié à ses semblables. Gardez-vous d'écouter cet imposteur; Vous êtes perdus, si vous oubliez que les fruits sont à tous, et que la Terre n'est à personne" (ebd., S. 172f.).
20 Im franz. Original: „L'extrême inégalité dans la manière de vivre, l'excès d'oisiveté dans les uns, l'excès de travail dans les autres, [...] les aliments trop recherchés des riches, qui les nourrissent de sucs échauffants et les accablent d'indigestions, la mauvaise nourriture des Pauvres, dont ils manquent même le plus souvent, et dont le défaut les porte à surchager avidement leur estomac dans l'occasion, les veilles, les excès de toute espèce" (ebd., S. 88f.).

schaften und Künste wurden auf ihre veredelnde Wirkung befragt, die man ihnen in der Aufklärung vermehrt unterstellt: Die Aufklärung reflektiert sich selbst – so könnte man diese Diskurse, etwas pathetisch, deuten. Aufgrund dieser Parallelen zwischen den Debatten erstaunt es auch nicht, dass Rousseau bereits im ersten Diskurs implizit und im zweiten Diskurs dann explizit auf Bernard Mandevilles *Bienenfabel* reagiert, mit der die ökonomische Aufwertung des Luxus breitenwirksam einsetzte.

Spätestens seit Mandevilles *Grumbling Hive* – so der Titel der ersten Fassung der *Fable of the Bees*[21] – wird Luxus ambivalent bewertet.[22] Der Luxus wird bei Mandeville insofern anerkannt, als ihm zugeschrieben wird, Prosperität zu fördern. Die Herkunft des Begriffs aus der *luxuria* und damit der Sündenlehre haftet ihm aber noch immer deutlich an; das zeigt bereits Mandevilles Untertitel: *Private vices, publick benefits*. Mandeville unterzieht die Laster einer Kalkulation, die sie an ihrer Wirkung bemisst. Bereits dies ruft natürlich etliche Kritiker wach. Die Rechnung legitimiert ihn schließlich dazu, die Laster ketzerischerweise positiv zu werten, insofern nur aus ihnen Wohlstand und Vielfalt erwachsen – so zumindest zeichnet es sein Bild des Bienenstocks, in dem eine große Zahl emsig beschäftigter Bienen in „lust and vanity"[23] gedeihen.

Diese Aufwertung des Luxus prägte die Enzyklopädisten nachhaltig. Davon zeugt nicht nur Voltaires Bonmot, das Überflüssige sei eine „chose très nécessaire",[24] sondern ebenso der etwa zeitgleich mit Rousseaus erstem Diskurs publizierte Eintrag aus Diderots Enzyklopädie, verfasst durch den Philosophen und Dichter Jean-François de Saint-Lambert. Der Artikel umfasst über 56.000 Zeichen und beginnt mit dem Satz: „*Luxus* ist der Gebrauch, den man vom Reichtum und Gewerbe macht, um sich ein angenehmes Dasein zu verschaffen."[25] Nach Saint-Lambert liegt die „Hauptursache" des Luxus in der „Unzufriedenheit" der Menschen und ihrem „Wunsch nach einem besseren Leben", den er als natürliches

---

21 Bernard Mandeville: The Fable of the Bees or Private Vices, Publick Benefits (1705–1732). In: Frederick Benjamin Kaye: *Mandeville's Fable of the Bees*, 2 Bde. Oxford 1924, Bd. 1.
22 Vgl. Christine Weder und Maximilian Bergengruen: Moderner Luxus. Einleitung. In: *Luxus: Die Ambivalenz des Überflüssigen in der Moderne*. Hg. dies. Göttingen 2011, S. 7–31.
23 Mandeville, *The Fable of the Bees* 1924, hier Bd. 1, S. 18.
24 Verszeile aus Voltaires Gedicht *Le Mondain* (1736). Voltaire: *Œuvres complètes*, Bd. 10. Hg. Louis Moland. Paris 1877, S. 84.
25 Jean-François de Saint-Lambert: Art. „Luxus". In: Denis Diderot: *Philosophische Schriften*. Übers. Theodor Lücke. Bd. 1. Berlin 1961, S. 353–377, hier S. 353. Im franz. Original: „Luxe, c'est l'usage qu'on fait des richesses & de l'industrie pour se procurer une existence agréable" (Jean-François de Saint-Lambert: Art. „Luxe". In: *Encyclopédie, ou dictionnaire raisonné des sciences, des arts et des métiers*. Hg. Denis Diderot und Jean-Baptiste le Rond d'Alembert, Bd. 9, Paris 1765, S. 763–771, hier S. 763).

und notwendiges Streben des Menschen bestimmt. Es sei also das Begehren nach einem besseren Leben, das dazu führe, dass die Menschen den Luxus lieben – eine Triebfeder, die „Leidenschaften", „Tugenden" und „Laster" gleichermaßen hervorbringe.[26] Im Anschluss gibt Saint-Lambert Antworten auf kursierende Positionen und Annahmen über den Luxus. Die konkreten Vertreter dieser Positionen, u. a. natürlich Rousseau, werden nicht mit Namen benannt, sondern es wird auf sie mit „ils" referiert. Ähnlich wie Rousseau in seinem ersten Diskurs zieht auch Saint-Lambert historische Beispiele heran, um diese in seinen Augen zu rigorosen Thesen zu widerlegen. Dabei wird diskutiert, ob der Luxus zur Prosperität oder zum Untergang von Kulturen geführt habe, ob er zur Hochkultur oder zur falschen Regierungskunst gehöre. In einem ersten Schritt verfährt der Artikel dekonstruktiv: Er verfolgt das Ziel, eine Überfrachtung des Luxus zu minimieren; ihn also weder für den Untergang von Imperien oder den Sittenverfall noch für den generellen Wohlstand oder Populationszuwachs verantwortlich zu machen. Erstaunlicherweise – oder als Zeugnis der Haltung der *philosophes* wohl dann doch wiederum wenig erstaunlich – nur, um ihn am Ende nichtsdestotrotz als förderlich für die Größe und Stärke eines Staates auszuweisen: „[D]och hoffe ich, daß aus diesem Artikel hervorgeht, warum der *Luxus* zur Größe und Stärke der Staaten beiträgt und warum man ihn fördern, läutern und lenken muß."[27]

Für den Verfasser liegt der wesentliche Punkt, der über Ablehnung oder Befürwortung des Luxus entscheidet, in der in dieser Zeit Verbreitung findenden Unterscheidung von Luxus und seinem Exzess. Der Luxus sei dann exzessiv, wenn er im Dienst von Prunk, persönlichen Annehmlichkeiten und Belieben stehe und rein privaten Interessen diene. Und die Ursache für diese falsche Zwecksetzung liege in der Verfassung des Staates selbst begründet:

> Der *Luxus* artet immer dann aus, wenn die Privatleute ihrer Prunksucht, ihrer Bequemlichkeit und ihrer Launen die eigenen Pflichten oder die Interessen der Nation opfern; doch werden die Privatpersonen zu solchen Ausschreitungen nur durch Schwächen in der Staatsverfassung oder durch Fehler in der Verwaltung verleitet.[28]

---

26 Saint-Lambert, Art. „Luxus" 1961, S. 353.
27 Ebd., S. 376. Im franz. Original: „[J]e me flatte qu'il résulte de cet article que le *luxe* contribue à la grandeur & à la force des états, & qu'il faut l'encourager, l'éclairer & le diriger." (Saint-Lambert, Art. „Luxe" 1765, S. 770.)
28 Saint-Lambert, Art. „Luxus" 1961, S. 374. Im franz. Original: „Le *luxe* est excessif dans toutes les occasions où les particuliers sacrifient à leur faste, à leur commodité, à leur fantaisie, leurs devoirs ou les intérêts de la nation ; & les particuliers ne sont conduits à cet excès que par quelques défauts dans la constitution de l'état, ou par quelques fautes dans l'administration" (Saint-Lambert, Art. „Luxe" 1765, S. 770).

Für Rousseau ist es – anders als für Saint-Lambert – nicht denkbar, dass der Luxus der Allgemeinheit respektive den Staaten zu Gute kommt. Auch ein anthropologisch begründetes Streben nach Luxus liegt ihm zufolge zweifellos nicht vor.

IV Luxus und Bedürfnis nach Rousseau

Sucht man in Rousseaus Werk eine Art Definition des Luxus, hat man es gar nicht so leicht. Obwohl er den Begriff in sehr unterschiedlichen Zusammenhängen gebraucht, scheint für ihn selbst (und womöglich auch für seine zeitgenössischen Leserinnen) klar zu sein, was Luxus ist. Der Begriff und die Bewertung erscheinen ihm nicht erklärungsbedürftig. Anders als in der eben skizzierten Debatte, die den Luxus neuerdings salonfähig macht, wird der Begriff „Luxus" bei Rousseau primär und fast ausschließlich pejorativ verwendet. Das sieht man etwa auch an einer Textstelle aus dem ersten Diskurs, die den Luxus gar als Strafe bezeichnet – als Strafe nämlich für die Hybris: „So sind Luxus, Sittenverfall und Versklavung zu allen Zeiten die Strafe für die hochmütigen Versuche gewesen, die wir angestrengt haben, um aus der ach so glücklichen Unwissenheit herauszukommen, in die uns die ewige Weisheit gebettet hatte."[29]

Eine Definition, deren Schwierigkeiten bereits in Mandevilles *Bienenfabel* zur Sprache kommen, misst Luxus an der Notwendigkeit: Luxus ist das, was über das Notwendige hinausgeht. Mandevilles Bemerkung, dass dann konsequenterweise fast alles, was der Mensch tut, Luxus wäre, liefert keine Grenze, um das Nicht-Luxuriöse vom Luxus zu trennen. Auf die sich in dieser Zeit – etwa bei Saint-Lambert oder bei Kant – verbreitende Ansicht, dass Luxus bis zu einem gewissen Grad toleriert sei und die Grenze zum Exzessiven – bei Kant „Schwelgerei (luxuries)"[30] – den verwerflichen Luxus auszeichne, reagiert auch Rousseau. Gerade in dieser Passage erkennt man Rousseaus Übereinstimmung mit der klassischen und doch unbefriedigenden Luxusdefinition:

> Man glaubt, mich in große Verlegenheit zu bringen, indem man mich fragt, bis zu welchem Punkt man den Luxus begrenzen soll. Meine Ansicht ist, daß man überhaupt keinen braucht. Alles ist Quelle von Übel jenseits des physisch Notwendigen. [Tout est source de mal au-delà du nécessaire physique.] Die Natur gibt uns nur zu viele Bedürfnisse; und es ist zumindest

---

29 Im franz. Original: „Voilà comment le luxe, la dissolution et l'esclavage ont été de tout tems [sic!] le châtiment des efforts orgueilleux que nous avons faits pour sortir de l'heureuse ignorance où la sagesse éternelle nous avoit placés." (Rousseau, *Discours sur les sciences et les arts / Abhandlung über die Wissenschaften und Künste* 2012 [1750], S. 40 f.)
30 Vgl. Immanuel Kant: Anthropologie in pragmatischer Hinsicht (1798). In: Ders.: *Werke in 6 Bänden*. Hg. Wilhelm Weischedel. Darmstadt 1964, Bd. 6, S. 578 f.

eine sehr große Unklugheit, sie ohne Notwendigkeit zu vermehren und unsere Seele so in eine größere Abhängigkeit zu begeben.³¹

Luxus befriedigt nicht nur ein Bedürfnis, das über das Notwendige hinausgeht, sondern er erzeugt auch neue Bedürfnisse, die er dann – sie nährend – der Natur nachformt. Nur so kann Rousseau behaupten, dass der Luxus die menschlichen Bedürfnisse „vermehren" und den Menschen in zusätzliche Abhängigkeiten führen kann. Auch das ist ein sehr moderner Gedanke.³²

Rousseau unterscheidet drei Arten von Bedürfnissen: erstens die Lebensnotwendigen, die er „physische Bedürfnisse"³³ nennt. Zu ihnen zählt er lediglich Ernährung und Schlaf. Die physischen Bedürfnisse zielen auf die Erhaltung unserer selbst. Jene, die im „Wohlbefinden" ihren Zweck haben, machen die zweite Gruppe der Bedürfnisse aus. Sie haben „den Luxus an Sinnlichkeit und an Weichlichkeit"³⁴ zum Gegenstand. Die Verwendungsweise des Luxus-Begriffs, die Rousseau hier wählt, verweist auf ihre Herkunft aus der *luxuria*. Denn *luxuria* als Übermaß an Begehren gilt in der christlichen Tradition als Todsünde. Die dritte Art der Bedürfnisse ist nach Rousseau das Streben nach Ehre, Status und Wertschätzung. Genealogisch betrachtet sind diese Bedürfnisse gemäß Rousseau als letzte dieser drei entstanden, doch übertrumpfen sie in ihrer Wirkmacht alle anderen. Gerade der Luxus scheint ein entscheidendes Mittel für diese Bedürfnisse der dritten Art zu sein. Denn der sinnliche Luxus wird dann zum Instrument, um Status und Anerkennung zu erlangen. An anderer Stelle bemerkt Rousseau, dass auf Korsika, wo einfacher reeller Überfluss (gute Ernten, reiche Steuerabgaben, wohlgenährte Familien) der einzige Gegenstand des Luxus sei, man danach trachte, sich durch diesen zu distinguieren [„et l'abondance reelle étant

---

31 Im franz. Original: „On croit m'embarrasser beaucoup en me demandant à quel point il faut borner le luxe ? Mon sentiment est qu'il n'en faut point du tout. Tout est source de mal au-delà du nécessaire physique. La nature ne nous donne que trop de besoins ; et c'est au moins une très-haute imprudence de les multiplier sans nécessité, et de mettre ainsi son ame dans une plus grande dépendance." (Rousseau, Dernière réponse [1752]. In: Ders., *Œuvres complètes*, Bd. 3. 1964, S. 71–96, hier S. 95. Deutsche Übers. zit. nach Rousseau, *Diskurs über die Ungleichheit / Discours sur l'inégalité* 2008 [1755], S. 314 [Fußnote].)
32 Vgl. zum Zusammenhang von Luxus und Begehrensökonomie auch Joseph Vogl: Art. „Luxus". In: *Ästhetische Grundbegriffe*, Bd. 3. Hg. Karlheinz Barck. Stuttgart und Weimar 2001, S. 694–708.
33 Rousseau, Fragments politiques. In: Ders., *Œuvres complètes*, Bd. 3. 1964, S. 529. Deutsche Übers. zit. nach Rousseau, *Diskurs über die Ungleichheit / Discours sur l'inégalité* 2008 [1755], S. 184 f. [Fußnote].
34 Ebd.

l'unique objet de luxe chacun voudra se distinguer par ce luxe-là"].[35] Gemäß Rousseau streben die Menschen in der Gesellschaft auch nicht nach Luxus und Reichtum als Ziel, sondern als Mittel: „Man tut alles, um reich zu werden, aber man will reich sein, um geachtet zu werden."[36]

V Relationalität des Luxus

Gewöhnlich referiert man mit dem Begriff der *Relationalität* im Kontext der wissenschaftlichen Debatte um den Luxus auf die im Begriff enthaltene Idee einer Überschreitung, die eine Relation zwischen zwei Seiten impliziert. Man meint damit also, dass der Begriff des Luxus eine Grenze voraussetzt und somit etwas, von dem er sich abgrenzt und über das er hinausgeht: Dass der Luxus jener Aufwand sei, der über *das Notwendige* hinausgeht – das ist die berühmte Bestimmung von Werner Sombart.[37] Eine in meinen Augen sinnvollere Bestimmung wäre die Überschreitung dessen, was als *angemessen* oder *normal* gilt.[38] Egal welcher Gegenbegriff überzeugend erscheint; in jedem Fall ist der Luxus nur in Relation zu seiner Negativfolie zu verstehen. Er ist ein Begriff, mit dem diese Grenze gezogen wird und der also diese Differenz konstituiert. Davon zu unterscheiden ist die *Relativität* des Luxus, nämlich die Tatsache, dass diese Grenze historisch, kulturell und milieuspezifisch sehr unterschiedlich gezogen werden kann – dass sie also *relativ* und *wandelbar* ist.

---

35 Rousseau, Projet de constitution pour la Corse. In: Ders., *Œuvres complètes*, Bd. 3. 1964, S. 899–950, hier S. 925.
36 Im franz. Original: „On fait tout pour s'enrichir, mais c'est pour être considéré qu'on veut être riche. Cela se prouve en ce qu'au lieu de se borner à cette médiocrité qui constitue le bien être chacun veut parvenir à ce dégré de richesse qui fixe tous les yeux, mais qui augmente les soins et les peines et devient presque aussi à charge que la pauvreté même. Cela se prouve encore par l'usage ridicule que les Riches font de leurs biens. Ce ne sont point eux qui jouissent de leurs profusions et elles ne sont faites que pour attirer les regards et l'admiration des autres. Il est assés évident que le desir de se distinguer est la seule source du luxe de magnificence" (Rousseau, Fragments politiques. In: Ders., *Œuvres complètes*, Bd. 3. 1964, S. 502. Deutsche Übers. zit. nach Rousseau, *Diskurs über die Ungleichheit / Discours sur l'inégalité* 2008 [1755], S. 208 [Fußnote]).
37 Werner Sombart: *Liebe, Luxus und Kapitalismus. Über die Entstehung der modernen Welt aus dem Geist der Verschwendung*. Berlin 1992, S. 85.
38 Weitere Antonyme, von denen sich der Luxus nicht notwendigerweise überschreitend – also nicht in einer quantitativen Übertrumpfung –, sondern durch einen reinen qualitativen Unterschied auszeichnet, sind etwa *das Nützliche*, das beispielsweise von Theodor W. Adorno oder Thorstein Veblen als Gegenbegriff in Stellung gebracht wurde. Andere Vorschläge wären das Rationale, das Effiziente – letzteres spielt etwa im jüngsten, systematischen Beitrag zum Luxus von Lambert Wiesing eine entscheidende Rolle. Lambert Wiesing: *Luxus*. Berlin 2015.

Das, was ich bei Rousseau mit Relationalität beschreiben will, geht jedoch in zweierlei Hinsicht über diese im Begriff enthaltene Grenzziehung und damit also über das, was gemeinhin unter Relationalität des Luxus verstanden wird, hinaus: Denn erstens ist die Konzeption des Luxus bei Rousseau ebenso relational, insofern er primär von einer Gesamtheit an Mitteln ausgeht und sich also fragt, auf wessen Kosten der Luxus am Hof, in den Wissenschaften und Künsten möglich ist. Damit tangiert der Luxuskonsum genuin eine Frage der Verteilungsgerechtigkeit. Dem Luxus ist in dieser Bedeutung konstitutiv das Moment der Ungleichheit – und somit grundlegend ein Aspekt der Relationalität – eingeschrieben. Auf der Grundlage dieser Prämisse geht es nicht bloß um die Frage, ob eine Person ganz isoliert Luxus genießen kann und darf, sondern Rousseau geht davon aus, dass diese Frage überhaupt niemals nur in Bezug auf eine Person allein betrachtet werden kann. Der Luxus in einzelnen Bereichen einer Gesellschaft steht nach Rousseau in einem folgenreichen Zusammenhang mit jener Gruppe von Arbeitenden, die für die notwendigen Güter einer Gesellschaft sorgen.

> In dem Maße, in dem das Gewerbe und die Künste sich ausbreiten und aufblühen, läßt der verachtete Bauer, belastet mit den zur Unterhaltung des Luxus erforderlichen Steuern und dazu verdammt, sein Leben zwischen der Arbeit und dem Hunger hinzubringen, seine Felder im Stich, um in den Städten das Brot suchen zu gehen, das er dorthin tragen sollte.[39]

Das im Zuge der Aufwertung des Luxus verbreitete Argument, dass es der Luxus der Reichen sei, der den Armen durch Arbeit oder Gaben zu Geld verhelfe, dreht Rousseau um: Der Luxus mag den Armen Brot geben, aber ohne den Luxus gäbe es überhaupt keine Armut.[40] Der Luxus mindert damit nur ein Problem, das er selbst erzeugt. „Zu sagen, daß es lobenswert sei, sich zu bereichern zu suchen, um jenen Gutes zu tun, die dessen bedürfen, bedeutet ungefähr soviel wie, daß es gut ist, sich des Gutes anderer zu bemächtigen, um das Vergnügen zu haben, ihnen ein Teil davon abzugeben."[41] Luxus beruht auf Ausbeutung, so würde es Marx

---

39 Im franz. Original: „A mesure que l'industrie et les arts s'étendent et fleurissent, le cultivateur méprisé, chargé d'impôts nécessaires à l'entretien du Luxe, et condamné à passer sa vie entre le travail et la faim, abandonne ses champs, pour aller chercher dans les Villes le pain qu'il y devroit porter." (Rousseau, *Diskurs über die Ungleichheit / Discours sur l'inégalité* 2008 [1755], S. 314–317.)
40 Im franz. Original: „Le luxe peut être nécessaire pour donner du pain aux pauvres: mais, s'il n'y avoit point de luxe, il n'y auroit point de pauvres." (Rousseau, Dernière réponse [1752], S. 79.)
41 Im franz. Original: „Dire qu'il est louable de chercher à s'enrichir pour faire du bien à ceux qui en ont besoin, signifie à peu près qu'il est bon de s'emparer du bien des autres pour avoir le plaisir de leur en rendre une partie." (Jean-Jacques Rousseau: *Œuvres et correspondance inédites*. Hg. George Streckeisen-Moultou. Paris 1861, S. 361. Deutsche Übers. zit. nach Rousseau, *Diskurs über die Ungleichheit / Discours sur l'inégalité* 2008 [1755], S. 314 [Fußnote].)

formulieren. Ausbeutung ist ein asymmetrisches Verhältnis zweier Gruppen, die voneinander abhängen, und daher relational.

Eine Charakterisierung der Relationalität des Luxus, die noch weiter geht und den Habitus und Geschmack eines jeden Einzelnen betrifft, bleibt unausgearbeitet. Rousseau kündigt sie jedoch am Ende des zweiten Diskurses pointiert an. Es ist eine Stelle, die verrät, in welche Einzelheiten, die selbst den Stoff für ein Werk bildeten, Rousseau noch gerne einsteigen würde, ohne es tun zu können. Das Zitat verweist also auf eine offene Leerstelle in Rousseaus Überlegungen:

> Schließlich würde ich beweisen, daß, wenn man eine Handvoll Mächtiger und Reicher auf dem Gipfel der Herrlichkeiten und des Glücks sieht, während die Masse in der Dunkelheit und im Elend dahinkriecht, dies daran liegt, daß die ersteren die Dinge, die sie genießen, nur soweit schätzen, als die anderen sie entbehren, und sie – ohne daß sich an ihrem Zustand etwas änderte – aufhören würden glücklich zu sein, wenn das Volk aufhörte, elend zu sein.[42]

Was die „Reiche[n]" und „Mächtige[n]" genießen, beruht nicht nur ökonomisch auf der Ungleichheit, sondern auch die symbolische Bedeutung, die die Genussempfindung selbst einschließt, ist von der Differenz zu den unteren Schichten abhängig – so lese ich hier Rousseau. Erst dadurch, dass nicht alle das haben, was man selbst hat, gewinnt es an distinktiver Bedeutung, was im Zustand, in dem die *amour propre* maßgebend ist, ebenso heißt, dass es überhaupt erst dann Bedeutung hat. Im zweiten Diskurs nennt Rousseau die *amour propre* auch ein „relatives, künstliches und in der Gesellschaft entstandenes Gefühl, das jedes Individuum dazu veranlaßt, sich selbst höher zu schätzen als jeden anderen".[43]

Eine Antwort auf die Frage, weshalb sich „eine Handvoll Mächtiger und Reicher" an ihrem Luxus nur erfreuen, ihn nur schätzen, d. h. ihm nur dann Bedeutung zumessen, insofern andere ihn entbehren, findet sich im zwanzigsten Jahrhundert beim Soziologen Pierre Bourdieu wieder, so dass man fast sagen könnte, dass Bourdieu diese Leerstelle, die Rousseau 1755 benennt, in *La dis-*

---

42 Im franz. Original: „Je prouverois enfin que si l'on voit une poignée de puissans et de riches au faîte des grandeurs et de la fortune, tandis que la foule rampe dans l'obscurité et da la misère, c'est que les premiers n'estiment les choses dont ils jouissent qu'autant que les autres en sont privés, et que, sans changer d'état, ils cesseroient d'être heureux, si le Peuple cessoit d'être misérable." (Rousseau, *Diskurs über die Ungleichheit / Discours sur l'inégalité* 2008 [1755], S. 256 f.)
43 Im franz. Original: „L'Amour propre n'est qu'un sentiment rélatif, factice, et né dans la société, qui porte chaque individu à faire plus de cas de soi que de tout autre" (ebd., S. 368 f. [Anmerkungen]).

tinction 1979 füllt.⁴⁴ Denn Bourdieus Konzept des Habitus als strukturierende Struktur lässt sich nur relational begreifen: Erst die Unterschiede zwischen den sozialen Lagen definieren den Habitus. Der Habitus gewinnt entscheidend Bedeutung durch das, was er nicht ist. Er ist konstitutiv über seine Differenz zu anderen Lebensstilen zu verstehen.⁴⁵ Diese Relationalität erklärt etwa, weshalb die oberen Schichten eine Praxis, die ehemals ihnen vorbehalten war, gemeinhin aufgeben, wenn sie in breitere Gesellschaftsschichten diffundiert. Die Praxis ist dann als Distinktionsmerkmal bedeutungslos geworden; ihre Ausübung wäre mit Hinblick auf den angestrebten Distinktionsgewinn sogar kontraproduktiv. So sei Ende des neunzehnten Jahrhunderts etwa das Boxen in Frankreich noch ein Aristokratensport gewesen, bevor er für die oberen Schichten an Distinktionswert verlor. Aber auch umgekehrt können die Habitusträgerinnen mit viel ökonomischem, kulturellem und sozialem Kapital eine Praxis der Habitusträgerinnen mit wenig Kapital übernehmen.⁴⁶ Der Gin-Konsum scheint hierfür ein Beispiel zu sein (vgl. den Beitrag von Peter Wittemann in diesem Band).

Luxus bedeutet nach Pierre Bourdieu die „Demonstration der Distanz zur Sphäre des Notwendigen".⁴⁷ Sowohl Luxus als auch Askese sind nach Bourdieu zwei Arten, die Notwendigkeit zu verneinen – Überlegenheit zu demonstrieren, indem man die eigene „Ungebundenheit" gegenüber der Natur darstellt.⁴⁸ Wie für Rousseau sind auch für Bourdieu Kulturgüter Luxusgüter. Sie sind es für Bourdieu sogar in einem exemplarischen Sinne, weil die Kulturgüter gerade in Hinblick auf die ästhetische Haltung ihrer Rezeption derart voraussetzungsvoll sind.

> Ist unter allen Gegenstandsbereichen keiner so umfassend geeignet zur Manifestation sozialer Unterschiede wie der Bereich der Luxusgüter und unter ihnen besonders die Kulturgüter, so deshalb, weil *in ihnen die Distinktionsbeziehung objektiv angelegt ist* und bei jedem

---

44 Zu Verbindungen zwischen Rousseaus und Bourdieus Werk vgl. auch: Eoin Daly: Republican deliberation and symbolic violence in Rousseau and Bourdieu. In: *Philosophy and Social Criticism* 41.6 (2015), S. 609–633.

45 „Jede spezifische soziale Lage ist gleichermaßen definiert durch ihre inneren Eigenschaften oder Merkmale wie ihre relationalen, die sich aus ihrer spezifischen Stellung im System der Existenzbedingungen herleiten, das zugleich ein *System von Differenzen,* von unterschiedlichen Positionen darstellt" (Pierre Bourdieu: *Die feinen Unterschiede. Kritik der gesellschaftlichen Urteilskraft.* Übers. von Bernd Schwibs und Achim Russer. Frankfurt/M. 1987, S. 279.) Bourdieu bezieht seine Unterscheidung von relationalen und substantiellen Begriffen von Ernst Cassirer.

46 Pierre Bourdieu: *Praktische Vernunft. Zur Theorie des Handelns.* Übers. Hella Beister. Frankfurt/M. 1998, S. 17.

47 Bourdieu, *Die feinen Unterschiede* 1987, S. 396.

48 Ebd., S. 396 f.

konsumtiven Akt, ob bewußt oder nicht, ob gewollt oder ungewollt, durch die notwendig vorausgesetzten ökonomischen und kulturellen Aneignungsinstrumente reaktiviert wird.[49]

In der Rezeption von Kunst ist Distinktion paradigmatisch möglich, denn sie erfordert in der Moderne eine Haltung, die sich gerade dadurch auszeichnet, dass sie nicht nach Nutzen und Notwendigkeit fragt. Darin gleicht sie dem Luxus oder wird eben, wie bei Bourdieu, selbst als Luxus verstanden. Wer fragt, was die Rezeption von Kunst bringt, wozu sie dient, was sie nützt, der entpuppt sich in der Moderne in Bezug auf Kunst schnell als Banause.

Der Genuss von Kunst, der nach Bourdieu hinter dem Rücken des Genießenden immer auch einen Genuss des Status bedeutet, den man damit gewinnt und demonstriert, ist nur möglich, wenn er distinktiv ist. Distinktiv kann er nur sein, wenn dieser Genuss nicht allen zugänglich ist. Dabei ist die Schranke hier nicht primär das ökonomische, sondern das kulturelle Kapital. Dass die Mächtigen und Reichen nicht nur ökonomisch, sondern auch symbolisch distinktiv von eben denen abhängen, denen der Zugang zum Genuss verwehrt ist, beschreibt bereits Rousseau, wenn er konstatiert: *Die Reichen schätzen die Dinge, die sie genießen, nur soweit, als die anderen sie entbehren.*

Der Genuss von Luxus und das darin verkörperte Geschmacksurteil, das heißt die Wertschätzung dessen, was man genießt, ist nach Bourdieu und Rousseau kein bloß inneres Merkmal, sondern eine Beziehung zweier Merkmale – kurz: eine Relation dessen, was der eine genießt, und dessen, was die andere hat und tut. Unabhängig von dieser Relation ist der Luxus unter der Bedingung der *amour propre* bedeutungslos, d. h. es gibt ihn nicht.

Bourdieus Begriff des Luxus als „Demonstration der Distanz zur Sphäre des Notwendigen"[50] vermag Rousseaus Kritik der Verfeinerung der Sitten auf kultureller Ebene und seine Kritik des materiellen Luxus zusammenzuführen. Beides beschreibt Rousseau – und gerade entgegen der Behauptung, es handle sich bei der Sittenverfeinerung um eine Mäßigung – als ‚Too-muchness' und beides dient als Mittel im Kampf um Anerkennung. Die scheinbare Mäßigung im Raffinement der Sitten ist gemäß Rousseau ein Phänomen der Maßlosigkeit, das bei Bourdieu analog dazu, aber um einiges wertneutraler, als Ausdruck des Luxusgeschmacks beschrieben wird. Die Relationalität des Luxus zeigt sich bei Rousseau bereits darin, dass der Luxus, insofern als er Armut hervorbringe, durch enormen Mangel einerseits und großen Überfluss andererseits Exzesse entfache. Über die Kritik ungleicher Verteilung ökonomischer Mittel hinaus wird deutlich, dass auch die

---

49 Ebd., S. 355.
50 Ebd., S. 396.

Ordnung des Geschmacks nicht unabhängig von dieser Relationalität zu verstehen ist. Diese Auffassung ist in Rousseaus Bemerkung, dass „eine Handvoll Mächtiger und Reicher die Dinge, die sie genießen, nur soweit schätzen, als die anderen sie entbehren",[51] bereits angelegt. Bourdieu hat dies in seiner Theorie des sozialen Raums ausgearbeitet: Das Verhältnis des Reichen zu seinem Luxusgut hängt als Ausdruck eines Habitus relational von jeder anderen Position im sozialen Raum ab. Der Habitus gewinnt seine Bedeutung durch das, was er nicht ist. In dieser Logik funktioniert der Luxus nicht zuletzt als ein ‚Mehr', das knapp gehalten werden muss, als ein Überfluss für eine begrenzte Zahl.

---

[51] Rousseau, *Diskurs über die Ungleichheit / Discours sur l'inégalité* 2008 [1755], S. 257.

Bernadette Grubner
Über alle Begriffe. Genießen im Pantheismusstreit

1786 veröffentlichte Johann Gottfried Herder in den *Zerstreuten Blättern* seinen Essay *Nemesis*, in dem er antike literarische, bildnerische und künstlerische Darstellungen der Nemesis-/Adrastea-Figur rekonstruiert, zu einem moralischen Sinnbild synthetisiert und dieses für eine zeitgenössische Ethik fruchtbar zu machen sucht.[1] In Abgrenzung etwa zu den Figuren der Ate, der Fortuna oder den Eumeniden arbeitet Herder die Nemesis als „*Göttin des Maßes und Einhalts*" heraus, als „Feindin alles Übermuts und Übermaßes in menschlichen Dingen", die „dem Sterblichen folgt, still in den Busen blickt und ihm die kleinste Überschreitung ernst verdenket."[2] Sein Lob für diese von den Griechen feinsinnig erdachte Figur sowie das durch sie verkörperte ethische Prinzip ist nachgerade hymnisch: „Soll also die Geschichte der Menschheit je lehrend werden: so weihe sie der Geschichtschreiber keinem andern als *der Nemesis und dem Schicksal!*"[3] Herder war, wie in diesem Text deutlich zu erkennen ist, also alles andere als ein Freund des Exzesses; er kann als dezidierter Befürworter der Mäßigung – besonders unter ethischem Gesichtspunkt – gelten.

Damit befindet Herder sich in Übereinstimmung mit diskursbestimmenden philosophischen und ethischen Positionen seiner Zeit. Zugleich ist seine Auffassung der Maßhaltung in einen bestimmten philosophischen Rahmen eingebettet, der im zeitgenössischen Kontext große Sprengkraft hatte und die Gemüter stark (und wohl über das empfohlene Maß hinaus) erregte: die Philosophie Baruch de Spinozas, deren Rezeption in den 1780er Jahren zum öffentlich ausgetragenen Pantheismusstreit führte. Erkennbar wird dieser Bezug etwa in der von Schiller kolportierten Aussage Herders, er wolle die Nemesis/Adrastea in einem zukünftigen Werk „auch durch die physische Welt" ausdehnen, „als das erste allgemeine Gesetz der ganzen Natur, das G e s e t z d e s M a a s e s ".[4] Noch deutlicher wird der

---

[1] Johann Gottfried Herder: Nemesis. Ein lehrendes Sinnbild (1786). In: Ders.: *Werke*. Bd. 4: Schriften zu Philosophie, Literatur, Kunst und Altertum. Hg. Jürgen Brummack und Martin Bollacher. Frankfurt/M. 1994, S. 549–578.
[2] Ebd., S. 564, kursiv i.O.
[3] Ebd., S. 576, kursiv i.O.
[4] Schiller an Körner, 8. August 1787. In: *Schillers Werke*. Nationalausgabe. Hg. Norbert Oellers und Siegfried Seidel. Bd. 24: Briefwechsel. Schillers Briefe 17.4.1785 – 31.12.1787. Hg. Karl Jürgen Skrodzki. Weimar 1989, S. 121–127, hier S. 124, Sperrdruck i.O.

Zusammenhang in Herders Spinoza-Schrift *Gott. Einige Gespräche*, von der unten noch ausführlich die Rede sein wird. Hier wird die in der Nemesis-Figur verkörperte Maßhaltung mit Spinozas ontologischem Notwendigkeitsbegriff verknüpft.[5] Auch im *Nemesis*-Essay wird die Maßhaltung als sowohl individuelles als auch individuenübergreifendes Regulationsprinzip profiliert. Es vermag Einzelwesen und Gemeinschaft, Individual- und Menschheitsgeschichte, Mensch und Natur in einen umfassenden Gesamtzusammenhang einzubinden.[6]

In der ab 1785 geführten, breiten Auseinandersetzung über die Autorität der Vernunft, die Freiheit des Individuums und den Stellenwert des Glaubens in der Philosophie, die als Pantheismus- oder Spinozastreit bekannt ist, steht allerdings nicht das Übermaß als quantitative relationale Kategorie zur Debatte. Vielmehr steht hier eine Grenze und ihre mögliche oder unmögliche Überschreitung im Zentrum, und zwar die Grenze zwischen Immanenz und Transzendenz sowie zwischen Menschlichem und Göttlichem, verhandelt als Grenze der Erkenntnismöglichkeiten des Menschen in Bezug auf Gott. Streitgegenstand ist, wie im Folgenden ausgeführt wird, eine Überschreitung, ein Ex-cedere im Wortsinn.

Um diesem Phänomen der Überschreitung im Pantheismusstreit nachzuspüren, konzentriere ich mich auf eine Vokabel, die an den betreffenden Stellen der Auseinandersetzung in auffälliger, ja erstaunlicher Weise zum Einsatz kommt: „genießen". Sie taucht bereits in jener von Jacobi geschilderten Szene auf, in der Lessing sich nach der Lektüre von Goethes noch unveröffentlichtem *Prometheus*-Gedicht zu Spinoza, genauer: zum Ἑν και Παν bekennt. Lessing erkennt in dem „Gesichtspunkt, aus welchem das Gedicht genommen ist" den „eigene[n] Gesichtspunkt" wieder, und erläutert: „Die orthodoxen Begriffe von der Gottheit sind nicht mehr für mich; ich kann sie nicht genießen."[7] Damit Begriffe zu eigenen, für wahr gehaltenen werden, müssen sie offenbar ‚genießbar' sein; das Genießenkönnen erscheint als Kriterium, das einen Gottesbegriff für Lessing validiert. Auch im weiteren Verlauf des Gesprächs wird die Genussvokabel eingesetzt und später in der Replik Herders aufgegriffen – und zwar, wie zu sehen sein wird, an Stellen, die die wesentliche epistemologische Bruchlinie markieren, die diesen Streit durchzieht. In meinem Beitrag werde ich herausarbeiten, was es mit diesem

---

5 Vgl. den Kommentar zu der betreffenden Stelle in: Herder, *Werke* 4 1994, S. 1345–1407, hier S. 1388.
6 Vgl. hierzu insbes. Herder, Nemesis (1786) 1994, S. 570f.
7 *Die Hauptschriften zum Pantheismusstreit zwischen Jacobi und Mendelssohn*. Hg. Wolfgang Erich Müller. Nachdruck der Ausgabe von 1916. Hg. Heinrich Scholz. Waltrop 2004, S. 77. Im Folgenden mit der Sigle HPJM im Fließtext ausgewiesen. Für eine konzise Darstellung von Lessings Auseinandersetzung mit Spinoza nebst Forschungs- und Rezeptionsgeschichte vgl. Monika Fick: *Lessing-Handbuch. Leben – Werk – Wirkung*. Stuttgart ³2016, S. 516–535.

Einsatz des Genussbegriffs auf sich hat, und ihn mit seinem philosophischen Diskursumfeld in Beziehung setzen. Anschließend werde ich nachzeichnen, wie der Terminus „Genießen" im Pantheismusstreit in Bezug auf die Grenze des Denkens und Begreifens zum Einsatz kommt, und dabei bei den verschiedenen Teilnehmern am Streit unterschiedliche Funktionen erfüllt: Entweder er wird eingesetzt, um einen Vollzugsmodus der Erkenntnisgewinnung zu beschreiben, der Göttliches und Menschliches in einen Gesamtzusammenhang einbettet, wodurch sich die dazwischen verlaufende Grenze auflöst; oder er wird herangezogen, um diese Grenze zu verfestigen, indem er auf das verweist, was unerreichbar jenseits der menschlichen Erkenntnismöglichkeiten liegt.

I Aufriss: Gottes Genießen und Gott-Genießen

Zunächst sei die Ausgangslage des Streits in Erinnerung gerufen: Als Friedrich Heinrich Jacobi im März 1783 erfährt, dass Moses Mendelssohn an einem Charakterporträt seines 1781 verstorbenen Freundes Lessing arbeitet, lässt er Mendelssohn fragen, ob er denn wisse, dass Lessing Spinozist gewesen sei (HPJM, 69). Daraus entspinnt sich ein Briefwechsel, den Jacobi 1785 veröffentlicht. In diesen Briefen dokumentiert Jacobi mehrere Gespräche, die er mit Lessing im Jahr 1780 geführt und in denen dieser sich *expressis verbis* zu Spinoza und dessen Philosophie bekannt habe. In der Gesprächswiedergabe bringt Lessing Jacobi durch rhetorische Fragen und provokante Thesen dazu, seine eigene Sichtweise des Spinozismus sowie des Verhältnisses von Glauben und Vernunft zu erläutern, sodass der Redeanteil Jacobis im Vergleich mit dem Lessings den größeren Raum einnimmt. Wie Hugh Barr Nisbet erläutert, gingen bereits die Zeitgenossen davon aus, dass Lessing gegenüber dem auf seine Meinung versteiften Jacobi den *advocatus diaboli* gespielt, sich also in provokanter Absicht als radikalen Parteigänger des Spinozismus ausgegeben habe.[8] Entsprechend verraten die Briefe an Mendelssohn erheblich mehr über die Ansichten oder die Agenda Jacobis als über Lessings Glauben und philosophische Positionen.

Die Stelle, an der der Genussbegriff prominent auftaucht, befindet sich im ersten dieser Gespräche, in dem Jacobi seine Überzeugung formuliert, dass es eine „verständige persönliche Ursache der Welt" geben müsse (HPJM, 80) – also einen personalen Gott, der die Welt planvoll geschaffen hat. Spinoza hingegen behaupte einen bloß mechanischen Zusammenhang aller Dinge, einen letztlich auf Fatalismus hinauslaufenden Automatismus wirkender Ursachen, der auch keinen

---
[8] Hugh Barr Nisbet: *Lessing. Eine Biographie*. München 2008, S. 824f.

Spielraum für Willensfreiheit lasse (HPJM, 78–82). Hierauf antwortet Lessing, dass ihm am freien Willen nichts liege; dieser sei auf ein reines Vorurteil zurückzuführen: nämlich dass der Gedanke „als das erste und vornehmste" zu betrachten sei, aus dem alles hergeleitet werden könne (HPJM, 82). Für ihn (Lessing) sei der Gedanke hingegen nicht das Primäre, sondern nehme in einer noch höheren Kraft seinen Ursprung. Im Wortlaut:

> Ausdehnung, Bewegung, Gedanke, sind offenbar in einer höheren Kraft gegründet, die noch lange nicht damit erschöpft ist. Sie muß unendlich vortrefflicher seyn, als diese oder jene Wirkung; und so kann es auch eine Art des Genusses für sie geben, der nicht allein alle Begriffe übersteigt, sondern völlig a u s s e r dem Begriffe liegt. Daß wir uns nichts davon denken können, hebt die Möglichkeit nicht auf. (HPJM, 82f., Sperrdruck i.O.)

In Jacobis Darstellung argumentiert Lessing gegen einen mit Willen und Verstand ausgestatteten personalen Gott, indem er auf eine „höhere Kraft" verweist, deren Eigenschaften und Vermögen durch die menschliche Vorstellungskraft bzw. mit Hilfe von Verstandeskategorien nicht erfasst werden können. In diesem Zusammenhang greift er auf den Genussbegriff zurück, wobei nicht näher ausgeführt wird, was unter „Genuss" hier zu verstehen ist. Man könnte vermuten, dass es sich um eine alle Bestimmungen und Vermögen übergreifende Form der Affektion oder Selbst-Affektion handelt. Definitorisch gibt es hier jedenfalls ein Problem: Da das Genießen der „höheren Kraft", also der nicht-personalen Gottheit, „außerhalb" des Begrifflichen angesiedelt ist, können wir uns davon – wie Lessing selbst formuliert – eben „nichts denken".

Dass wir hier an eine Grenze des Philosophierens stoßen, auf ein Jenseits des Denkbaren, von dem gleichwohl gesprochen wird, benennt Mendelssohn in seiner Antwort auf Jacobis Brief. Er bezeichnet das betreffende Zitat als einen von Lessings „Luftsprüngen, mit welchen er Miene machte, gleichsam über sich selbst hinauszuspringen, und eben deßwegen nicht von der Stelle kam." (HPJM, 115) Über etwas nachzudenken, das jenseits des Begreifens liegt, erscheint ihm gänzlich widersinnig: „Eine Frage, die ich nicht begreife, kann ich auch nicht beantworten; ist für mich so gut, als keine Frage. Es ist mir niemals eingefallen, auf meine eigenen Schultern steigen zu wollen, um freyere Aussichten zu haben." (Ebd.) Mit dieser Formulierung benennt er die Vorstellung eines Genießens außerhalb des Begriffes als Versuch einer paradoxen Überschreitung der dem Menschen gesetzten Erkenntnisgrenzen.

Nun ist es genau dieses jeden-Begriff-Übersteigende, das Herder motivierte, den bei Jacobi durch Lessing formulierten Gedanken weiterzuspinnen. In der 1787 erstmals publizierten Dialogschrift *Gott. Einige Gespräche* lässt er den Spinozafreund Theophron behaupten, er kenne zu diesem alle Begriffe übersteigenden Genießen eben doch einen „reellen Begriff": das Dasein. In Theophrons Worten:

„Das Dasein ist vortrefflicher als jede seiner Wirkungen: es gibt einen Genuß, der einzelne Begriffe nicht nur übersteigt, sondern mit ihnen auch gar nicht auszumessen ist: denn die Vorstellungskraft ist nur *Eine* seiner Kräfte, der viele andre Kräfte gehorchen."[9]

Wie beim genauen Lesen erkennbar wird, kommentieren die Diskutanten in Herders Text zwar explizit die oben zitierte Aussage Lessings, wechseln aber die Bezugsebene. Hier ist nicht von einem Genießen als einem Vermögen einer „höheren Kraft" die Rede, sondern von einem Genuss, den das Dasein verschafft – und zwar dem am Dasein partizipierenden Menschen. Um dies zu behaupten, muss Herder Lessings Aussage allerdings leicht modifizieren – indem er, könnte man sagen, ein wenig mit Präpositionen spielt: „,[Das Dasein] gibt wirklich eine Art des Genusses, der nicht nur alle Begriffe übersteigt, sondern auch (zwar nicht *außer*, aber) *über* und *vor* jedem Begriffe liegt,' weil jeder Begriff ihn voraussetzt und auf ihm ruht."[10] Wie der andere Gesprächspartner, Philolaus, weitergehend formuliert, ist dieses *über* und *vor* jedem Begriff liegende Genießen nicht so sehr ein Zustand oder Vermögen Gottes, sondern mit der Existenz Gottes gleichgesetzt: „In Gottes Dasein trifts auf die eminenteste Weise zu, was Leßing von dieser höhern Kraft, die über alles Denken gehen soll, ahnet. Seine Existenz ist der Urgrund aller Wirklichkeit, der Inbegriff aller Kräfte, ein Genuß, der über alle Begriffe geht – " Gleichwohl, so ergänzt Theophron, liege dieser Genuss nicht *außer* allem Begriff. Denn die „höchste Kraft" müsse „sich selbst kennen".[11] Aus einem jenseits der Grenzen menschlicher Erkenntnismöglichkeiten Liegenden macht Herder etwas jeder Erkenntnis Vorgelagertes, ihr Zugrundeliegendes. Wie wir später sehen werden, holt Herder damit Gott wieder in die Sphäre des Begreifbaren hinein.

Die hier zitierten Passagen werfen in Bezug auf den Genussbegriff einige Fragen auf: einmal die nach dem Genießen als einer Eigenschaft, einem Vermögen oder einer Wirkung Gottes, die begrifflich nicht fassbar ist, ja außerhalb jeder Begrifflichkeit angesiedelt ist. Zweitens die Frage danach, ob über einen solchen Genuss überhaupt sinnvoll gesprochen oder nachgedacht werden kann. Und drittens das Problem der begrifflichen Fassbarkeit Gottes überhaupt – gestellt als Frage sowohl nach dem Genießen Gottes als auch nach dem Gott-Genießen.

Was uns neben der Entwirrung dieser Probleme im Folgenden beschäftigen wird, ist die übergeordnete Frage danach, wie sich der Einsatz der Worte Genuss und Genießen im Kontext des Pantheismusstreits erklären lässt. Um dies näher

---

9 Johann Gottfried Herder: Gott. Einige Gespräche (1787). In: Ders.: *Werke* 4 1994, S. 679–794, hier S. 743f.
10 Ebd., S. 743, kursiv i. O.
11 Ebd., S. 744.

bestimmen zu können, muss berücksichtigt werden, welcher Platz dem „Genießen" in den Reflexionen und Debatten der Aufklärung (II.), insbesondere der Erkenntnistheorie (III.) zukommt.

II Einsätze des Genussbegriffs im achtzehnten Jahrhundert

Das achtzehnte Jahrhundert verzeichnet eine Konjunktur des Genussbegriffs in verschiedenen Diskursbereichen:[12] abgesehen von der Philosophie etwa in der textuellen Ausgestaltung einer bürgerlichen Kultur der Geselligkeit in der anakreontischen Lyrik – bei Hagedorn, Uz, Gleim oder Dreyer–,[13] und in pietistischen Texten, zum Beispiel von Arnold, Tersteegen oder Zinzendorf.[14] Gleichwohl kann man nicht behaupten, dass er in einem dieser Kontexte ein relevanter Schlüsselbegriff wäre, dergestalt, dass er es zu einer Konzeptualisierung gebracht hätte.

---

12 Die Forschung hat dazu bisher nur Spärliches vorgelegt. Wenn Hans Robert Jauß 1982 feststellte, dass die Begriffsgeschichte des Genießens noch ihrer wissenschaftlichen Aufarbeitung harre, so trifft dies bis heute zu (vgl. Hans Robert Jauß: *Ästhetische Erfahrung und literarische Hermeneutik*. Frankfurt/M. 1982, S. 72). Die für das achtzehnte Jahrhundert ergiebigste Auseinandersetzung findet sich in einem Beitrag Wolfgang Binders, der 1973 im *Archiv für Begriffsgeschichte* erschienen ist und den emphatischen Genussbegriff des Sturm und Drang in den Mittelpunkt rückt: Wolfgang Binder: „Genuß" in Dichtung und Philosophie des 17. und 18. Jahrhunderts. In: *Archiv für Begriffsgeschichte* 17 (1973), S. 66–92. Spätere Überblicksartikel greifen in ihrer Darstellung stark auf Binder zurück, vgl. Art. „Genuß". In: *Historisches Wörterbuch der Philosophie*. Bd. 3: G–H. Hg. Joachim Ritter. Darmstadt 1974, Sp. 315–322 sowie Cordula Hufnagel: Art. „Genuß/Vergnügen". In: *Ästhetische Grundbegriffe*. Bd. 2: Dekadent–Grotesk. Hg. Karlheinz Barck. Stuttgart und Weimar 2001, S. 709–730.
13 Vgl. z. B. die in der Anthologie *Lauter Lust, wohin das Auge gafft. Deutsche Poeten in der Manier Anakreons*. Hg. Bernd Jentzsch. Leipzig 1971 abgedruckten Gedichte, insbes. Das Dörfchen. Mai 1771 (Gottfried August Bürger, S. 18–20), Die Sommerlaube (Johann Peter Uz, S. 38) und folgende drei Gedichte von Johannes Matthias Dreyer: Der Mädchenfreund (S. 41f.), Ein Strohkranzlied (S. 42–44) sowie Ein Weiser (S. 63). Eine weitere Quelle einschlägiger anakreontischer Gedichte, in denen vielfach der Genussbegriff auftaucht, ist der Band *Dichtung des Rokoko*. Hg. Alfred Anger. Tübingen 1969.
14 Vgl. insbes. *Gottfried Arnolds Wahre Abbildung des Inwendigen Christenthums* (1709). Leipzig ³1733, bes. Buch III, oder Gottfried Arnold: *Theologia experimentalis* (1714), Frankfurt/M. 1715. Zudem Gerhard Tersteegen: *Geistliches Blumen-Gärtlein Inniger Seelen* (1729). Biel ⁴1766 sowie *Geistliche Gedichte des Grafen von Zinzendorf mit einer Lebensskizze und des Verfassers Bildniß*, Stuttgart und Tübingen 1845, zum Beispiel die Gedichte Preis der Liebe Jesu (1730, S. 94f.), Die Seligkeit des neuen Bundes (1731, S. 98) oder Tischlied (1741, S. 153).

Die Verwendung erwächst aus dem gewöhnlichen Sprachgebrauch und versteht sich jeweils von selbst.

Dabei ist aber zu berücksichtigen, dass das Verb „genießen" im achtzehnten Jahrhundert vielfach anders verwendet wird als heute. Versteht man darunter gegenwärtig das lustvolle Auskosten einer Sache, steht bis in die Spätaufklärung hinein der Aspekt der einverleibenden Aneignung im Vordergrund.[15] Häufig wird „genießen" synonym zu „essen" gebraucht (Residuen dieses Bedeutungsaspekts finden sich heute noch in Ausdrücken wie „Genussmittel" oder „genießbar/ungenießbar"). Das Genießen im Sinne von Einverleibung ist im achtzehnten Jahrhundert häufig mit der Vorstellung verknüpft, dass seine Kultivierung möglich sei und es eine Hierarchie verschiedener Genussarten gebe.[16] Es liegt nahe, dass diese Konstellation in Texten, die mit Kulinarik oder Sexualität befasst sind, prominent aufzufinden ist.

Etwas anders verhält es sich mit der Verwendung des Begriffs in Texten aus dem Umfeld des Pietismus. Hier steht das Genießen in der Tradition einer Trope, die sich ausgehend von Augustinus über die Mystik herschreibt: der *fruitio dei* (Gottesgenuss), die eine Ausprägung der *unio mystica* darstellt.[17] Beide Bedeutungs- bzw. Verwendungsvarianten fließen in die Aufklärungsphilosophie ein und sind mit dem Übermäßigen und Grenzüberschreitenden befasst: die diätetische in Bezug auf das Zu-viel des leiblichen Genießens; die mystische im Hinblick auf die Entgrenzung des Subjekts in der Gotteserfahrung.

Was die nähere zeitliche Textumgebung des Pantheismusstreits betrifft, so steht die Einbindung des Genussbegriffs in die Philosophie nicht isoliert da. Es gibt in der Spätaufklärung einige philosophische Schlüsseltexte, in denen er eine

---

15 Im Adelung wird „genießen" folgendermaßen definiert: „An den Wirkungen des Gutes Theil nehmen, Nutzen davon haben" (Art. „Genießen". In: Johann Christoph Adelung: *Grammatisch-kritisches Wörterbuch der hochdeutschen Mundart* (1811). Bd. 2: F – L, Sp. 565 – 567, hier Sp. 565). Das *Deutsche Wörterbuch* weist „eine nutznieszung aller art, besonders in gemeinschaft" als Ursprungsbedeutung aus (Art. „genieszen". In: *Deutsches Wörterbuch von Jacob Grimm und Wilhelm Grimm*. Bd. 4, Abt. 1, Teil 2: Gefoppe – Getreibs. Bearb. Rudolf Hildebrand und Hermann Wunderlich. Leipzig 1897, Sp. 3454 – 3467, hier Sp. 3455). Die Bedeutung, die im Erscheinungszeitraum des DWB im Vordergrund stand, war der Verzehr von Speis und Trank, mit bereits deutlichem Akzent auf der diesen begleitenden Lust (vgl. ebd., Sp. 3461).
16 Vgl. exemplarisch Friedrich von Hagedorn: An die heutigen Encratiten (1744). In: Ders.: *Gedichte*. Hg. Alfred Anger, Stuttgart 1968, S. 41 – 43 oder Johann Wolfgang Goethe: Der wahre Genuß (1767). In: Ders.: *Sämtliche Werke nach Epochen seines Schaffens*. Münchner Ausgabe. Bd. 1.1: Der junge Goethe 1757 – 1775. Hg. Gerhard Sauder. München 1985, S. 140 – 142.
17 Einen Überblick über die Rezeption der *fruitio dei*-Trope im achtzehnten Jahrhundert bietet Herman Nohl: Fruitio dei. In: *Die Sammlung. Zeitschrift für Kultur und Erziehung* 8.6 (1953), S. 273 – 278.

zentrale Rolle spielt. Dazu zählen neben mehreren Texten Herders auch Karl Philipp Moritz' *Über die bildende Nachahmung des Schönen* (1788), die *Philosophischen Briefe* (1786) des jungen Friedrich Schiller – insbesondere in Verbindung mit Christian Gottfried Körners Replik auf die *Theosophie des Julius* – sowie einige Oden Friedrich Gottlieb Klopstocks,[18] um nur die bekanntesten zu nennen. Eine besonders prominente Rolle spielt das Genießen im Werk Herders. Dass er in *Gott* die oben zitierte Stelle aus Jacobis Brief ins Visier nimmt, ausdeutet und umformuliert, ist nichts weniger als Zufall. Bereits in der ersten Fassung (1774) von *Vom Erkennen und Empfinden der menschlichen Seele* verwendet Herder den Genussbegriff, um eine Lösung für das Problem des *commercium mentis et corporis* anzubieten. Und in *Liebe und Selbstheit* (1781) erläutert er am Leitfaden des Genießens, wie der Gefahr von Destruktivität und Selbstauflösung in einem auf Anverwandlung abzielenden Weltverhältnis ethisch zu begegnen ist.

Herders Philosophie des Genießens wird in der Regel auf die Lektüre der Schriften Frans Hemsterhuis' zurückgeführt, ganz besonders dessen 1770 erschienene *Lettre sur les désirs*, in der die Vereinigung mit der Welt, nach der die Seele strebe, mit dem Begriff *jouissance* bezeichnet wird.[19] Allerdings ist *jouissance* bei Hemsterhuis ein schlechthin unerreichbares Ideal der vollkommenen Vergegenwärtigung eines Gegenstandes dergestalt, dass sich die Seele unendlich viele Ideen davon machen kann.[20] Die Sinne oder der Körper ermöglichen dies nicht etwa, sondern tauchen als Hindernis auf, das die vollständige Vereinigung verunmöglicht.[21]

Spürt man dem Genussbegriff in der Philosophie der Spätaufklärung nach, so ergeben sich deutliche Überschneidungen mit demjenigen Korpus an Texten, auf dessen Grundlage Dieter Henrich den Terminus „Vereinigungsphilosophie" prägte.[22] Als wichtigste Vertreter dieses „Nebenstrom[s] zu Empirismus und Metaphysik des achtzehnten Jahrhunderts"[23] werden Shaftesbury, Hemsterhuis,

---

18 Vgl. z. B. Friedrich Gottlieb Klopstock: Der Unterschied (1783/1798). In: Ders.: *Oden*. Hg. Horst Gronemeyer und Klaus Hurlebusch. Bd. I: Text. Berlin und New York 2010, S. 332–337.
19 Vgl. Marion Heinz: Genuß, Liebe und Erkenntnis. Zur frühen Hemsterhuis-Rezeption Herders. In: *Frans Hemsterhuis (1721–1790). Quellen, Philosophie und Rezeption. Symposia in Leiden und Münster zum 200. Todestag des niederländischen Philosophen*. Hg. Marcel F. Fresco, Loek Geeraedts und Klaus Hammacher. Münster und Hamburg 1995, S. 433–444.
20 Vgl. François Hemsterhuis: *Lettre sur les désirs*, Paris 1770, S. 50.
21 Folgen wir der Lektüre Klaus Hammachers, so liegt dies daran, dass Hemsterhuis in Bezug auf das Leib-Seele-Verhältnis konsequent an Descartes, also am Substanz-Dualismus, festhält. Vgl. Klaus Hammacher: Hemsterhuis und seine Rezeption in der deutschen Philosophie und Literatur des ausgehenden achtzehnten Jahrhunderts. In: *Frans Hemsterhuis* 1995, S. 405–432.
22 Dieter Henrich: Hegel und Hölderlin. In: Ders.: *Hegel im Kontext*. Frankfurt/M. 1971, S. 9–40.
23 Ebd., S. 13.

Herder, der junge Schiller und Hölderlin genannt. Von Letzterem führe ein Weg zu Hegel und seiner Dialektik.[24] Was die Vereinigungsphilosophie genau kennzeichnet, wird bei Henrich selbst nicht ausbuchstabiert – kleinster gemeinsamer Nenner der unter diesem Namen vereinigten Ansätze ist, dass sie ein Begehren oder Verlangen der Seele ins Zentrum stellen. Philosophiegeschichtlich liefert sie das Fundament für diejenige Tradition, die Kants ‚Zermalmung' der Metaphysik Denkmodelle entgegensetzt, die Ontologie und Theologie in neuer Weise miteinander zu vermitteln suchen.[25] Wie im Folgenden zu sehen sein wird, steht Kant als Bezugspunkt auch im Zentrum der Kontroverse zwischen Herder und Jacobi.

III „Genießen" in der Erkenntnistheorie

Ehe der Pantheismusstreit und die in ihm verhandelte Überschreitung der Erkenntnisgrenzen genauer beleuchtet wird, soll noch die Frage adressiert werden, welche Rolle der Begriff des Genießens in der zeitgenössischen Gnoseologie spielt. In der deutschsprachigen Erkenntnistheorie vor 1770 tritt er meines Wissens kaum – oder zumindest nicht besonders prominent – auf.[26] Anders verhält es sich mit den Texten desjenigen Philosophen, dessen Werk der Pantheismusstreit zum Gegenstand hat: Spinoza. Juan Vicente Cortés hat dem Begriff des Genießens bei Spinoza in einer jüngst erschienenen Studie nachgespürt, und zwar entlang der verschiedenen damit in Verbindung stehenden Termini *fruitio*, *gaudium*, *delectatio* und *obtinentia*.[27] Für unseren Zusammenhang erscheinen seine Hinweise

---

24 Vgl. a. Panajotis Kondylis: *Die Entstehung der Dialektik. Eine Analyse der geistigen Entwicklung von Hölderlin, Schelling und Hegel bis 1802*. Stuttgart 1979.
25 Vage bleibt aber insbesondere die weiträumigere Tradition, in die man die Vereinigungsphilosophie stellen könnte. Genannt wird gewöhnlich der Neuplatonismus, die pansophische Tradition oder ganz allgemein mystische Strömungen – in denen das vereinigende Entgrenzen selbstredend eine wichtige Rolle spielt. Dass hier die Vokabel „genießen" in zentraler Stellung vorkommt, erscheint einleuchtend. Hinzu kommt, wie erwähnt, dass es in der Mystik eine lange Vorstellungstradition des Gottesgenusses gibt.
26 Im Textkorpus der Leibniz-Wolffischen Schule dürfte der Terminus „Genießen" keine nennenswerte argumentative Funktion haben. In Leibniz' *Nouveaux essais* wird der Begriff *jouir* zwar benutzt, doch meist in der Bedeutung ‚eine Sache tatsächlich – und nicht nur potenziell – besitzen', ‚einer Sache habhaft sein' und ohne direkten Bezug zur Erkenntnisgewinnung. Auch bei Wolff und Baumgarten spielt er keine Schlüsselrolle für die Konzeptualisierung von Erkenntnisvorgängen.
27 Juan Vincente Cortés: *La notion de jouissance chez Spinoza. Essai de reconstruction conceptuelle*. Paris 2019.

auf zwei Texte besonders relevant: den *Tractatus de intellectus emendatione*[28] und die *Ethica* (beide 1677 in den *Opera posthuma* erschienen).[29]

Im *Tractatus de intellectus emendatione* wird das Fortschreiten zu wahrer Erkenntnis in eine Ethik der guten Lebensführung einbezogen. Der beschränkte und unvollständige Mensch gelange durch seine durch die Vernunft angeleitete Suche nach dem *summum bonum* zur Erkenntnis der Einbindung seines Geistes in eine ihn übersteigende Ordnung, an der er teilhat. Und diese Erkenntnis ist bei Spinoza Gegenstand des Genießens:

> [...] das höchste Gut aber ist, dahin zu gelangen, dass man mit andern Individuen, wenn es seyn kann, eine solche Natur geniesse. Was das aber für eine Natur sey, werden wir an seiner Stelle zeigen, dass sie nämlich die Erkenntniss der Einheit sey, welche der Geist mit der ganzen Natur hat.[30]

Auch in der *Ethik* wird mit genussassoziierten Verben (insbesondere *fruere* und *gaudere*) die Aneignung eines begehrten Gutes bezeichnet.[31] Im Unterschied zum *Tractatus de intellectus emendatione* wird hier nicht allein das geistige Genießen wahrer Erkenntnis als Teil einer guten Lebensführung profiliert,[32] sondern es wird

---

28 Entstanden wahrscheinlich 1661. Vgl. die Forschungskontroverse zur Datierung in: Wolfgang Bartuschat: Einleitung. In: Baruch de Spinoza: *Sämtliche Werke*. Bd. 5.1: Abhandlung über die Verbesserung des Verstandes. Lateinisch – Deutsch. Hg. u. Übers. Wolfgang Bartuschat. Hamburg 1993, S. VII–XXXVIII, hier S. VIIf.

29 Beide Texte waren den Protagonisten des Spinoza-Streits bekannt, in Herders *Gott* werden sie auch erwähnt bzw. zitiert. So gibt Theophron dem zunächst skeptischen Philolaus im ersten Dialog den *Tractatus* zu lesen (vgl. Herder, Gott [1787] 1994, S. 691–696). Zur Frage der Textbasis, auf der die Debatten um Spinoza und den Spinozismus beruhen, s. Manfred Lauermann und Maria-Brigitta Schröder: Textgrundlagen der deutschen Spinoza-Rezeption im 18. Jahrhundert. In: *Spinoza im Deutschland des 18. Jahrhunderts. Zur Erinnerung an Hans-Christian Lucas*. Hg. Eva Schürmann, Norbert Waszek und Frank Weinreich. Stuttgart 2002, S. 39–83.

30 Benedictus de Spinoza: Tractatus de intellectus emendatione. Abhandlung über die Berichtigung des Verstandes (1677). In: Ders.: *Opera: lateinisch und deutsch. Werke*. Bd. 2: Tractatus de intellectus emendatione. Ethica. Hg. Konrad Blumenstock. 4. Aufl. Darmstadt 1989, S. 1–83, hier S. 13. Im lateinischen Original: „[...] summum autem bonum est eò pervenire, ut ille cum aliis individuis, si fieri potest, tali naturâ fruatur. Quænam autem illa sit natura, ostendemus suo loco, nimirùm esse cognitionem unionis, quam mens com totâ Naturâ habet." (Ebd., S. 12).

31 Vgl. Cortés, *La notion de jouissance* (2019), S. 74–77.

32 „Es giebt daher kein vernünftiges Leben ohne Erkenntniss, und die Dinge sind nur in so fern gut, insofern sie den Menschen unterstützen, das Leben des Geistes zu geniessen, das als Erkenntniss definirt wird. Was hingegen aber den Menschen hindert, die Vernunft zu vervollkommnen und das vernünftige Leben zu geniessen, das allein nennen wir böse." (Benedictus de Spinoza: Ethica. Ethik (1677). In: Ders.: *Opera: lateinisch und deutsch. Werke*. Bd. 2 1989, S. 84–557, Teil IV, Anh. § 5, S. 489.) „Nulla igitur vita rationalis est sine intelligentiâ, et res eatenus

auch mit dem körperlichen Genießen – der Inkorporation einer begehrten Sache – enggeführt. So erwähnt Spinoza zum Beispiel, dass sich der Wunsch nach einer Speise nach erfolgter Sättigung in sein Gegenteil verkehrt, das kulinarische Genießen also auf die Affekttätigkeit zurückwirkt.[33] Eingebunden sind diese Überlegungen in Spinozas Theorie der Affekte, der in der *Ethik* ein breiter Raum gewährt wird. Das höchste Gut, das geistig genossen wird, ist jedenfalls auch hier die Erkenntnis Gottes.[34]

Bei Spinoza ist also ein Genussbegriff aufzufinden, der die Gewinnung von Erkenntnissen mit einer guten Lebensführung und in Ansätzen auch der körperlichen Einverleibung semantisch verknüpft. Da der tugendhafte Lebenswandel mit der fortschreitenden Tätigkeit des Verstandes verbunden ist, kulminiert der Prozess der ethisch-intellektuellen Verbesserung in der Erkenntnis Gottes, verstanden als Erkenntnis der Einbindung des menschlichen Geistes in die ihn übersteigende Ordnung der Natur.[35] Gerade Herders Genussbegriff lässt sich mit

---

tantùm bonæ sunt, quatenus hominem juvant, ut Mentis vitâ fruatur, quæ intelligentiâ definitur. Quæ autem contrà impediunt, quominùs homo rationem perficere, et rationali vitâ frui possit, eas solummodò malas esse dicimus." (Ebd., S. 488).
33 Vgl. ebd., Teil III, Anmerkung zum Lehrsatz 59, S. 348–351.
34 „Das höchste Gut des Geistes ist die Erkenntniss Gottes, und die höchste Tugend des Geistes ist, Gott zu erkennen." (Ebd., Teil IV, Lehrsatz 28, S. 421). „Summum Mentis bonum est Dei cognitio, et summa Mentis virtus Deum cognoscere." (Ebd., S. 420).
35 Vgl. hierzu folgende Passagen: „Das höchste, was der Geist erkennen kann, ist Gott d. h. [...] das schlechthin unendliche Seyende, ohne welches [...] nichts seyn noch begriffen werden kann; und demnach ist [...] das höchste Nützliche für den Geist oder [...] das höchste Gut die Erkenntniss Gottes. Ferner handelt der Geist nur insofern, inwiefern er erkennt [...], und nur insofern kann man [...] von ihm schlechthin sagen, dass er tugendhaft handle. Die Tugend des Geistes schlechthin ist daher das Erkennen. Das Höchste aber, was der Geist erkennen kann, ist Gott (wie wir eben bewiesen haben). Also ist die höchste Tugend des Geistes, Gott zu erkennen oder einzusehen." (Ebd., Teil IV, Beweis des Lehrsatzes 28, S. 421). „Summum, quod Mens intelligere potest, Deus est, hoc est, [...] Ens absolutè infinitum, et sine quo [...] nihil esse, neque concipi potest; adeóque [...] summum Mentis utile, sive [...] bonum est Dei cognitio. Deinde Mens, quatenus intelligit, eatenus tantùm agit, [...] et eatenus tantùm [...] potest absolutè dici, quòd ex virtute agit. Est igitur Mentis absoluta virtus intelligere. At summum, quod Mens intelligere potest, Deus est: (*ut jam jam demonstravimus*) Ergo Mentis summa virtus est Deum Intelligere, seu cognoscere." (Ebd., S. 420, kursiv i. O.). Im Beweis des Lehrsatzes 26 (Teil IV) wird erläutert, dass das Ziel jedes Strebens des Verstandes selbst nur im Erkennen bestehen kann (ebd., S. 418/419). Und in den Lehrsätzen 31 und 35 (Teil IV) wird das Gute mit der Übereinstimmung des nach der Leitung der Vernunft lebenden Menschen mit der Natur identifiziert (ebd., S. 422/423 und 428/429). Vgl. schließlich die Zusammenfassung all dieser Punkte in der Anmerkung zum Lehrsatz 36 (Teil IV) (ebd., S. 432/433).

den einschlägigen Stellen bei Spinoza gut in Verbindung bringen.[36] Gleichwohl ist die Analogiebeziehung zwischen dem geistigen und dem einverleibenden Genießen bei Spinoza wenig ausformuliert, sodass kaum davon ausgegangen werden kann, dass Spinoza die Hauptquelle für die philosophische Verwendung des Genussbegriffs in der Aufklärung – oder bei Herder – gewesen ist.

IV Salto Mortale des Denkens: „Genießen" im Spinozastreit

Wie zu erkennen ist, war das Einsatzspektrum des Genussbegriffs im achtzehnten Jahrhundert groß, was fraglos an dessen metaphorischer Anwendungsbreite liegt. Die Vorstellung der einverleibenden Aneignung lässt sich in ganz verschiedene Diskursfelder integrieren wie das diätetische, mystische und subjektphilosophische; bisweilen stellt sie auch Verbindungslinien zwischen ihnen her. Wie lässt sich nun vor diesem Hintergrund die Verwendung des Genussbegriffs im Pantheismusstreit verstehen?

Die oben skizzierte terminologische Konvergenz von „begreifen" und „genießen" ist in mehreren Texten, die dem Spinozastreit zugeordnet werden können, zu beobachten. Hinzuweisen ist hier insbesondere auf Goethes 1786 entstandene *Studie nach Spinoza*, wobei hier die Voraussetzung für ein begreifendes Genießen oder genießendes Begreifen in der Beschränkung der wahrgenommenen Gegenstände auf ein der Seele angemessenes Maß besteht:

> Seelen die eine innre Kraft haben sich auszubreiten fangen an zu ordnen um sich die Erkenntnis zu erleichtern fangen an zu fügen und zu verbinden um zum Genuß zu gelangen.
> Wir müssen also alle Existenz und Vollkommenheit in unsre Seele dergestalt beschränken daß sie unsrer Natur und unsrer Art zu denken und zu empfinden angemessen werden dann sagen wir erst daß wir eine Sache begreifen oder sie genießen.[37]

Hier klingt so etwas wie eine ordnende Synthesis empirischer Erkenntnisse an – wir werden ihr gleich noch einmal in Jacobis Bezug auf Kant begegnen –; allerdings denkt Goethe in diesem zu seinen Lebzeiten unveröffentlicht gebliebenen

---

36 Für einen ausgezeichneten Überblick über Herders Spinoza-Rezeption in *Gott* vgl. Robert S. Leventhal: ‚Eins und Alles': Herders Spinoza-Aneignung in *Gott, einige Gespräche*. In: *Publications of the English Goethe Society* 86.2 (2017), S. 67–89.
37 Johann Wolfgang Goethe: Studie nach Spinoza (1786). In: Ders.: *Sämtliche Werke nach Epochen seines Schaffens*. Münchner Ausgabe. Bd. 2.2: Erstes Weimarer Jahrzehnt 1775–1786. Hg. Hannelore Schlaffer, Hans J. Becker und Gerhard H. Müller. München 1987, S. 479–482, hier S. 481.

Text nicht über die Bedingung nach, unter der einzelne Eindrücke zu Begriffen organisiert werden können, sondern über die Verhältnisbestimmung zwischen dem unendlich und vollkommen gedachten Dasein und der beschränkten Einzelseele, die daran partizipiert, ohne es erfassen, ja ‚denken' zu können.[38]

In der Korrespondenz, die sich aufgrund des von Jacobi behaupteten Spinozismus Lessings entspann, entzündete sich die Debatte, wie erwähnt, an dem von (Jacobis) Lessing behaupteten Genießen der Gottheit, das „außer" dem Begriff, also jenseits der menschlichen Vorstellungskraft liege. Mendelssohn bemüht daraufhin das Bild des Auf-die-eigenen-Schultern-Steigens, um zu illustrieren, dass man nicht über etwas philosophieren kann, das jenseits des Denkbaren liegt. Jacobi lobt diese Kommentierung und bezieht sich auf die Terminologie Kants, um zu begründen, warum ein Genießen außerhalb des Begrifflichen widersprüchlich ist: „B e g r i f f wird hier [bei Jacobi, BG] in der weitesten Bedeutung, für transcendentale Apperception oder reines Bewußtseyn genommen. Ein Genuß, welcher ausser diesem Begriff läge, wäre ein Genuß ohne Genießen." (HPJM, 240, Sperrdruck i. O.)

In der *Kritik der reinen Vernunft* wird die transzendentale Apperzeption als die vor aller Erfahrung gegebene Einheit des Bewusstseins definiert, welche die Grundlage für die Verknüpfung des Mannigfaltigen zur Einheit des Begriffs und damit Bedingung jeder Erkenntnis ist.[39] Ein Genießen jenseits dieser apriorischen Bedingung jeder Erkenntnis wäre in der Tat etwas, das nicht nur jenseits des menschlich Fassbaren, sondern auch jenseits der Einheit des Subjekts läge. Also etwas, das ganz und gar unmöglich ist.

Herder wiederum weist das Genießen als Wirkung des Daseins aus, die jeder Erkenntnis vorausgeht und sie fundiert: „,[Das Dasein] gibt wirklich eine Art des Genusses, der nicht nur alle Begriffe übersteigt, sondern auch (zwar nicht *außer*, aber) *über* und *vor* jedem Begriffe liegt,' weil jeder Begriff ihn voraussetzt und auf ihm ruhet."[40]

Diese Stelle aus dem vierten (sog. „Lessing'schen") Gespräch aus *Gott* konfrontiert Jacobi mit einer Passage aus dem dritten Gespräch derselben Schrift, in

---

38 Vgl. ebd., S. 480.
39 „Nun können keine Erkenntnisse in uns statt finden, keine Verknüpfung und Einheit derselben unter einander, ohne diejenige Einheit des Bewußtseins, welche vor allen Datis der Anschauungen vorhergeht, und, worauf in Beziehung, alle Vorstellung von Gegenständen allein möglich ist. Dieses reine ursprüngliche, unwandelbare Bewußtsein will ich nun die t r a n s z e n d e n t a l e A p p e r z e p t i o n nennen." (Immanuel Kant: *Kritik der reinen Vernunft*. Nach der ersten und zweiten Originalausgabe. Hg. Jens Timmermann. Hamburg 2003 (= Philosophische Bibliothek Bd. 505), S. 215, Sperrdruck i. O.)
40 Herder, Gott (1787) 1994, S. 743, kursiv. i. O.

der Herder sein Sprachrohr Theophron formulieren lässt, dass „eine unendliche, ursprüngliche *Denkkraft*, der Urquell aller Gedanken [...] nach Spinoza Gott-wesentlich" sei.[41] Für Jacobi besteht hier ein Widerspruch, der ihn dazu bringt, Herder das Betreiben einer „dichterischen Philosophie" zuzuschreiben und damit die philosophische Dignität abzusprechen (HPJM, 238).[42] Denn entweder sei Gott Urquell aller Gedanken – oder aber die göttliche Vorstellungskraft sei nur *eine* der im Dasein gründenden Kräfte. Jacobi sagt also, Herder verwechsle oder vermische in unzulässiger Weise *natura naturans* und *natura naturata*, indem er zuerst jede Erscheinung der Natur als Wirkung der göttlichen Kraft behaupte, die Ordnung und Maß in das Wesen der Dinge einschreibe (drittes Gespräch), dann aber Gott in eine größere Ordnung und Harmonie – das Dasein – einbettet, ohne ihn als dessen Grund aufzufassen (viertes Gespräch).[43]

Marion Heinz hat gezeigt, dass Kants vorkritische Schrift *Der einzig mögliche Beweisgrund zu einer Demonstration des Daseins Gottes* (1763) als Folie des Streits zwischen Jacobi und Herder dient, auf die sich beide beziehen, die aber jeweils unterschiedlich gelesen wird. Gerade im Blick auf diese Schrift, so Heinz, könne der Vorwurf des Widerspruchs in Herders Denken entkräftet werden, denn Kant konzipiere hier das schlechterdings notwendige göttliche Wesen als Grund alles Möglichen, womit die „harmonische Zusammenstimmung der Naturdinge nicht auf göttlicher Willkür beruh[e], sondern in den Wesen der Dinge selbst grün-

---

[41] Ebd., S. 727, kursiv i. O. Der Kontext ist eine Diskussion über Spinozas Ablehnung des Systems der Endursachen und seiner damit vorgeblich verbundenen Aberkennung von „Verstand und Willen" der Gottheit (ebd., S. 724).

[42] Marion Heinz weist darauf hin, dass später Kant auf dieselbe Weise gegen Herder zu Felde gezogen sei. Vgl. Marion Heinz: Die Kontroverse zwischen Herder und Jacobi über Spinoza. In: *Friedrich Heinrich Jacobi. Ein Wendepunkt der geistigen Bildung der Zeit*. Hg. Walter Jaeschke und Birgit Sandkaulen. Hamburg 2004, S. 75–87, hier S. 83. Zu Kants vernichtender Herder-Kritik vgl. folgenden Aufsatz von Hans Adler, dem Nestor der Herder-Forschung: Ästhetische und anästhetische Wissenschaft. Kants Herder-Kritik als Dokument moderner Paradigmenkonkurrenz. In: *Deutsche Vierteljahresschrift für Literaturwissenschaft und Geistesgeschichte* 68/1 (1994), S. 66–76.

[43] In der Sprache der Mengenlehre handelt es sich um ein Beispiel für eine Russell'sche Antinomie, auch bekannt in der von Russell selbst popularisierten Variante des „Barbier-Paradoxons": „You can define the barber as ‚one who shaves all those, and those only, who do not shave themselves'. The question is, does the barber shave himself?" Der Widerspruch, schreibt Russell weiter, sei nicht schwer aufzulösen, da der Fehler bereits auf der Ebene der Voraussetzung liegt, die nur Unsinn, bloße Worthülse sei: „[...] the whole question of whether a class is or is not a member of itself is nonsense, i. e. that no class either is or is not a member of itself, and that it is not even true to say that, because the whole form of words is just a noise without meaning." (Bertrand Russell: The Philosophy of Logical Atomism (1918). In: *Russell's Logical Atomism*. Hg. David Pears. London 1972, S. 31–142, hier S. 120).

de[]".⁴⁴ Damit würden die Annahme einer notwendigen Einheit und Ordnung der Natur mit der Annahme göttlicher Weisheit in Einklang gebracht.⁴⁵

Wenn wir berücksichtigen, dass Herder – so verstanden – die Ontotheologie des vorkritischen Kant gegen dessen späteren transzendentalen Idealismus in Stellung bringt,⁴⁶ wird die philosophiegeschichtliche Bruchlinie, an der hier gestritten wird, fassbar. Herders Überlegungen sind, von einem bestimmten Gesichtspunkt betrachtet, tatsächlich widersprüchlich. In einem anderen Denk-Rahmen – den Herder seiner Lektüre Spinozas und seinem Unterricht beim frühen Kant verdankt – kann diesem Widerspruch durchaus Sinn zugeschrieben werden; was erkennbar werden lässt, dass hier sowohl der scharfen Grenzziehung zwischen Philosophie und Glauben, wie Jacobi sie fordert, als auch der transzendentallogischen Fundierung jeder Erfahrung durch Kants *Kritik der reinen Vernunft* die Stirn geboten wird.

Welche Funktion kommt nun aber dem Genießen in diesem Zusammenhang genau zu?

Es lassen sich hier, entlang der skizzierten Streitlinie zwischen unseren Diskutanten, zwei Beobachtungen oder vielmehr: Diagnosen formulieren – ausgehend von der eingangs zitierten Aussage Lessings über einen außerhalb jeden Begriffes angesiedelten Genuss des göttlichen Wesens. Für Herder gibt es kein den menschlichen Erkenntnismöglichkeiten grundsätzlich entzogenes Göttliches, sondern einen umfassenden Gesamtzusammenhang (das *Dasein*), das alles Existierende nach Gesetz und Ordnung miteinander ins Verhältnis setzt und sich mit Herders Gottesbegriff deckt. Die innige Teilhabe am so verstandenen Göttlichen, ja die Durchdringung von Menschlichem und Göttlichem nennt Herder „genießen", wie er auch in einem Brief an Jacobi vom 20. Dezember 1784 zum Ausdruck bringt:

> Gott ist freilich außer Dir und wirkt zu, in und durch alle Geschöpfe (den extramundanen Gott kenne ich nicht); aber was soll Dir der Gott, wenn er nicht in Dir ist und Du sein Dasein

---

44 Heinz, Die Kontroverse zwischen Herder und Jacobi über Spinoza (2004), S. 84.
45 Vgl. ebd., S. 85.
46 Vgl. ebd., S. 87. Diese Konstellation – dass Herder als ‚Kantianer von 1765' gegen den Kant der *Kritiken* argumentiere – wird in den frühen, die Sichtweisen und Lesarten lange Zeit orientierenden Zeugnissen der Herder-Rezeption zur Grundlage für Herders Zuordnung zur vorkritischen, also überholten Philosophie (z.B. in Rudolf Hayms Herder-Biographie in zwei Bänden, 1880/85). Vgl. Hans Dietrich Irmscher: Die Kontroverse zwischen Kant und Herder über die Methode der Geschichtsphilosophie. In: *„Weitstrahlsinniges" Denken. Studien zu Johann Gottfried Herder von Hans Dietrich Irmscher*. Hg. Marion Heinz und Violetta Stolz. Würzburg 2009, S. 295–334, hier S. 334.

auf unendlich innige Art fühlest und schmeckest und er sich selbst auch in Dir als in einem Organ seiner tausend Millionen Organe genießet! (HPJM, XCIV)

Dass dieser spirituelle Prozess seine Wurzeln im Körperlichen hat – hier durch das „Schmecken" angezeigt – lässt sich mit der bei Herder andernorts formulierten These verbinden, dass die Existenzgewissheit als zuerst leibliche Erfahrung das unhintergehbare Fundament jeder Erkenntnis sei. Das Genießen drückt einen Vollzugsmodus der Erkenntnisgewinnung aus, der es erlaubt, Leib und Seele im Gesamtzusammenhang einer göttlichen Ordnung zueinander in ein harmonisches Verhältnis zu bringen. Es fungiert hier wie auch in anderen Texten Herders als konzeptuelle Metapher, durch die die Vorstellung körperlicher Einverleibung zum Modell auch der intellektuellen Anverwandlung der Außenwelt sowie der Teilhabe am Göttlichen gemacht wird. Ein Bild, das die Leib-Seele-Grenze zu überspielen erlaubt – und auch die durch die kritische Philosophie gesetzten Erkenntnisgrenzen.

Jacobi reagiert darauf in zweifacher Weise. Zunächst weist er die Vorstellung eines Genusses außerhalb jeden Begriffs, wie erwähnt, mit der Terminologie Kants als sinnlos zurück. Ein solches Genießen könne es nach den Geboten der Logik nicht geben. Dann aber lässt er in seiner Replik auf Herder einen – diesmal gänzlich fiktiven – Lessing noch einmal begründen, warum er den Genuss des höchsten Wesens „ausser allen Begriff kühn hinauswerfen" musste, um dem Umstand Rechnung zu tragen, dass dem Gott Spinozas keine Attribute unmittelbar zugeschrieben werden könnten. Die Stelle ist auch in ihrem weiteren Wortlaut bemerkenswert:

> Darum mußte ich, wenn ich von dem Genusse dieses höchsten Wesens reden wollte, nicht nur diesen Genuß über allen Begriff erheben, sondern ausser allen Begriff kühn hinauswerfen. Mein scharfsinniger Freund Mendelssohn hatte Recht, dieses einen Sprung über sich selbst hinaus zu nennen. Es war ein Salto mortale, womit ich auf der Stelle einen Salto mortale beantwortete, und damit wieder neben den Mann [d.i. Jacobi, BG], mit welchem ich mich unterhielt, zu stehen kam. (HPJM, 244, Sperrdruck i.O.)

Jacobi stellt hier mit einem rhetorischen Kniff eine Übereinstimmung zwischen sich und Lessing in Opposition zu Herder her, indem er Lessing, entsprechend der Empfehlung Mendelssohns, dasselbe Kunststück vollziehen lässt wie er selbst: In der im ersten Brief an Mendelssohn geschilderten Diskussion mit Lessing hatte Jacobi seine eigene Position bezüglich der Erkenntnismöglichkeit Gottes mit einem „Salto mortale" (HPJM, 81) aus der Philosophie (in den Glauben) beschrieben. Der Ausdruck ist bezeichnend, denn was Jacobi meint, ist die Anerkennung dessen, dass sich die Endursachen, die Quelle allen Denkens und Handelns, nicht begrifflich erfassen oder erklären lassen (vgl. HPJM, 89f.). Gleichwohl gebe es sie – allerdings als Gegenstand nicht der Erkenntnis, sondern des Glaubens: „Wer nicht erklären will was unbegreiflich ist, sondern nur die Grenze wissen wo es anfängt, und nur erkennen, daß es da ist: von dem glaube ich, daß er den mehresten Raum für ächte menschliche Wahrheit in sich ausgewinne." (HPJM, 90) Mit seinem Salto mortale verlässt Jacobi also die Philosophie.

Wenn er Lessing dieselbe akrobatische Nummer in den Mund legt, ist damit nicht gesagt, dass dieser fiktive Lessing nun plötzlich Jacobis Meinung wäre. Was Jacobi vielmehr ausdrückt, ist, dass er sich im Disput mit Lessing doch zumindest hinsichtlich der Frage einig gewesen sei, wie Spinoza gelesen werden müsse. Herder hingegen, der in *Gott* behauptet, eine bei Spinoza angelegte, von diesem selbst aber nicht zu Ende gedachte Konsequenz auszuformulieren,[47] sitze einer Fehllektüre und inneren Widersprüchen auf.

Dies ist, möchte ich vorschlagen, eine Sprache, die die hier auf dem Spiel stehende philosophische Bruchlinie in ein Bild kleidet, indem sie auf ein Kunststück verweist, durch das der, der es vollführt, „über sich selbst hinauszuspringen" sucht, wie Mendelssohn das formuliert. Der Salto mortale bezeichnet die Grenze des Denkmöglichen, über die durch logische Volten nur gezeigt werden kann, dass sie keinen Schritt über den Ausgangspunkt hinaus erlaubt. Die Signatur des Genießens ist an dieser Stelle negativ und auch der leibliche Aspekt der Genussvokabel scheint in den Hintergrund zu treten: Das Genießen Gottes bezeichnet das *Unmögliche*.

Betrachtet man den Pantheismusstreit unter erkenntnistheoretischem Gesichtspunkt, so lässt sich der Disput als Verhandlung von Grenzen lesen: insbesondere der zwischen Mensch und Gott sowie der Grenzen möglicher Erkenntnis. In Herders durch seine Lesart Spinozas abgestütztem Denken verlieren diese Grenzen ihre trennende Kraft. Zu sagen, dass sie ‚überschritten' werden, wäre eigentlich falsch. Denn der Genussbegriff vermittelt zwischen dem vordem Getrennten in einer Weise, die die Grenze im Gesamtzusammenhang aufgehen und damit verschwinden lässt. Jacobi zieht den Begriff hingegen heran, um an ihm die logischen Widersprüche aufzuzeigen, die sich aus Herders Argumentation ergeben, und zwar dann, wenn die philosophischen Grundlegungen des kritischen Kant als epistemologischer (und logischer) Rahmen herangezogen werden. Vor diesem Hintergrund bestätigt der virtuose Salto mortale eine Grenze, über die der Denk-Artist niemals hinausgelangen kann – es sei denn, er verzichtet auf den Anspruch begrifflichen Erfassens und verlässt die Philosophie. Jacobi insistiert

---

[47] Theophron/Herder führt den Umstand, dass Spinoza Gott „Verstand und Willen" abspreche, darauf zurück, dass er noch zu stark dem Cartesianismus verhaftet sei. Spinozas eigene Grundannahmen würden dem entgegenstehen bzw. eine andere Auffassung nahelegen. Herder korrigiert also Spinoza mit Spinoza. Vgl. Herder, Gott (1787) 1994, S. 724–729.

auf einer tatsächlich bestehenden, nicht vom Subjekt gesetzten Grenze der Erkenntnis (vgl. HPJM, 90), deren Überschreitung im Rahmen der (kritischen) Philosophie nicht möglich ist. Ex-zessiv ist hier allenfalls die Sprache, die es erlaubt zu *sagen*, was sich nicht *denken* lässt.

IV Übermaß schreiben: Poetik und Poetologie

Sebastian Meixner
Die Ambivalenz des Überflusses: Anmerkungen zu Gottscheds Poetik

Ebenso „berühmt" wie „berüchtigt" ist Johann Christoph Gottsched spätestens ein Jahr nach seinem Tod, als Abraham Gotthelf Kästners *Betrachtungen über Gottscheds Charakter* von 1767 erscheinen.[1] Während Kästner im historisierenden Gestus auch Gottscheds Verdienste nicht unterschlägt, ist seine Bewertung bis heute noch von den Verwerfungen im Literaturstreit mit Zürich und dem von Lessing proklamierten negativen Bild geprägt. Um den Ruf der durch Gottsched fast metonymisch verkörperten aufklärerischen Regelpoetik ist es nicht weniger schlecht bestellt, obwohl die literaturwissenschaftliche Forschung seit mehr als 40 Jahren nicht müde wird, eine Revision und Aufwertung zu konstatieren.[2] Abseits der Briefedition schlägt sich diese aber kaum in einschlägigen Literaturgeschichten, Einführungen oder größeren Forschungsprojekten nieder.[3] Als einer

---

1 Abraham Gotthelf Kästner: Betrachtungen über Gottscheds Charakter. In: Ders.: *Vermischte Schriften*. Dritte verbesserte und sehr vermehrte Auflage. Altenburg 1783, S. 350–358, hier S. 350. Zur Einordnung Gottscheds vgl. Eric Achermann: Einleitung. Johann Christoph Gottsched – Philosophie, Poetik, Wissenschaft. In: *Johann Christoph Gottsched (1700–1766). Philosophie, Poetik und Wissenschaft*. Hg. Ders. In Zusammenarbeit mit Nadine Lenuweit und Vincenz Pieper. Berlin 2014, S. 13–23, hier S. 13–17. Für die kritischen Kommentare zu diesem Aufsatz und für die anhaltenden Diskussionen zu Gottsched danke ich Carolin Rocks sehr herzlich. 2022 erscheint ein von uns gemeinsam herausgegebenes Handbuch zu Gottsched: *Gottsched-Handbuch. Leben – Werk – Wirkung*. Hg. Sebastian Meixner und Carolin Rocks. Stuttgart 2022.
2 Vgl. exemplarisch: Christoph Siegrist: Poetik und Ästhetik von Gottsched bis Baumgarten. In: *Hansers Sozialgeschichte der deutschen Literatur*. Bd. 3: Deutsche Aufklärung bis zur Französischen Revolution. Hg. Rolf Grimminger. München 1980, S. 280–303 und S. 870–872, hier S. 280 und S. 870.
3 Trotz der durchaus intensivierten Forschung der letzten 40 Jahre bleiben auch neueste Literaturgeschichten, Überblicksdarstellungen und Einführungen einem älteren Gottsched-Bild verhaftet, was zum Teil sicher der Kürze geschuldet ist. Vgl. exemplarisch Silvio Vietta (Hg.): *Texte zur Poetik. Eine kommentierte Anthologie*. Darmstadt 2012, S. 98–100; Benedikt Jeßing: *Neuere deutsche Literaturgeschichte*. 2. Auflage. Tübingen 2014, S. 107; Stefan Neuhaus: *Grundriss der Neueren deutschsprachigen Literaturgeschichte*. Tübingen 2017, S. 23 f. Ein ähnliches Bild konstatieren sowohl der jüngst erschienene Sammelband (vgl. Leonie Süwolto und Hendrik Schlieper: Zur Einführung. Johann Christoph Gottscheds „Versuch einer Critischen Dichtkunst" im europäischen Kontext. In: *Johann Christoph Gottscheds „Versuch einer Critischen Dichtkunst" im europäischen Kontext*. Hg. Dies. Heidelberg 2020, S. 7–18, hier S. 7 f.) als auch Thomas Althaus: Kritische Dichtkunst – Optionen der Gottschedischen Dramentheorie. In: *Johann Christoph Gottsched* 2014, S. 221–240, bes. S. 221 f. Ein differenzierteres Gottsched-Bild als viele andere

der Texte, die trotzdem keine Literaturgeschichte des achtzehnten Jahrhunderts ignorieren kann, gilt Gottscheds Haupttext, der *Versuch einer Critischen Dichtkunst vor die Deutschen* von 1729 (vordatiert auf 1730). Bereits der eingangs erwähnte Kästner macht auf die enorme Bedeutung dieses Textes für die Poetik des mittleren achtzehnten Jahrhunderts aufmerksam und attestiert ihm im Zuge der über vier Auflagen anhaltend intensiven Rezeption als gewichtigsten Fehler, sein System im poetisch bewegten Zeitraum von 1729 bis 1751 nicht weiterentwickelt zu haben.[4] Dass Gottscheds Poetik auch fast 40 Jahre nach der ersten Auflage noch eine Rolle spielt, zeigt sich nicht zuletzt in Goethes *Aus meinem Leben. Dichtung und Wahrheit* (1811–1833).[5] Nachdem Goethe davon berichtet, wie er seine Kleidung und seine Sprache der Leipziger Mode nicht immer widerstandslos angepasst hat, kommt er im Zuge seiner Geschmacksbildung auch auf Gottsched zu sprechen:

> Das Gottschedische Gewässer hatte die deutsche Welt mit einer wahren Sündflut überschwemmt, welche sogar über die höchsten Berge hinaufzusteigen drohte. Bis sich eine solche Flut wieder verläuft, bis der Schlamm austrocknet, dazu gehört viele Zeit, und da es der nachäffenden Poeten in jeder Epoche eine Unzahl gibt; so brachte die Nachahmung des Seichten, Wäßrigen einen solchen Wust hervor, von dem gegenwärtig kaum ein Begriff mehr geblieben ist. (MA 16, 278)

Dieses Zitat wird öfter als Beleg für Goethes kritische Haltung zu Gottsched herangezogen. Goethe habe Letzterem den Vorwurf gemacht, einer verdünnten Literatur den Weg bereitet zu haben.[6] Dabei hat das Zitat auch eine andere Seite, die in der Rede von der Sintflut zum Ausdruck kommt. Verbunden mit der unver-

---

Einführungen bieten Rainer Baasner: *Einführung in die Literatur der Aufklärung*. Darmstadt 2006, S. 67f. sowie Achim Aurnhammer und Nicolas Detering: *Deutsche Literatur der Frühen Neuzeit. Humanismus, Barock, Frühaufklärung*. Tübingen 2019, bes. S. 311–316.
4 Vgl. Kästner, Betrachtungen 1783, S. 352.
5 Zieht man 1812 als Erscheinungsdatum des zweiten Bandes von Goethes Autobiographie heran, verdoppelt sich die Wirkmächtigkeit nochmals auf mehr als 80 Jahre. Die folgenden Zitate aus *Aus meinem Leben. Dichtung und Wahrheit* (1811–1833) werden aus der Münchner Ausgabe mit dem Kürzel ‚MA' im Text nachgewiesen (Johann Wolfgang Goethe: Aus meinem Leben. Dichtung und Wahrheit. In: Ders.: *Sämtliche Werke nach Epochen seines Schaffens. Münchner Ausgabe*. Bd. 16: Dichtung und Wahrheit. Hg. Peter Sprengel. München 2006, S. 7–832).
6 Vgl. Hans Otto Horch und Georg-Michael Schulz: *Das Wunderbare und die Poetik der Frühaufklärung. Gottsched und die Schweizer*. Darmstadt 1988, S. 1 f.; Aurnhammer und Detering, Literatur der Frühen Neuzeit 2019, S. 315. Vgl. auch allgemein zu Goethe und Gottsched den Kommentar von Peter Sprengel in der Münchner Ausgabe (MA 16, 963 und 967); zur Szene im Besonderen vgl. Thomas Küpper: *Das inszenierte Alter. Seniorität als literarisches Programm von 1750–1850*. Würzburg 2004, S. 25–31.

hohlen satirischen Charakterisierung Gottscheds als Ohrfeigen verteilenden „ansehnliche[n] Altvater" (MA 16, 292) und der pleonastisch auf die Horaz'sche Formel anspielenden Beurteilung der *Critischen Dichtkunst* als „brauchbar und belehrend" (MA 16, 285) wird deutlich, dass Gottsched in Goethes Augen immerhin eines geleistet hat: eine Neugründung der deutschen Literatur, die bis dahin „von auswärtigen Völkern überschwemmt" (MA 16, 282) war. Goethe metaphorisiert diese Neugründung dezidiert als Sintflut, wobei in den aus ihr folgenden kritischen Urteilen oft genug das Kind mit dem Bade ausgeschüttet worden sei. Das führt nicht zuletzt bei Goethe selbst zu einer „Geschmacks- und Urteilsungewißheit", ja zu veritabler „Verzweiflung" (MA 16, 280), was die eigenen literarischen Arbeiten und deren Wert in der nun geltenden kritischen Praktik angeht.

Die Überschwemmung liefert das Bildfeld einer ambivalenten literaturgeschichtlichen Metapher, die Goethe hier bewertend in Stellung bringt und die sich sowohl auf der Seite Gottscheds als auch auf derjenigen seiner Gegner findet. Und sie scheint als Gegenmittel nur die Zeit und noch mehr Wasser zu kennen, das den mittlerweile entstandenen „Wust" (MA 16, 278) abermals wegschwemmt. Diese Ambivalenz, die jeden „Maßstab des Urteils" (MA 16, 280) gerade im exzessiven Urteilen liquidiert, möchte ich für die folgende Analyse von Gottsched ernst nehmen und auf den Überfluss beziehen, der als konzeptuelles Äquivalent des von Goethe mit der Überschwemmung eröffneten Bildfelds fungiert. Gottsched mit Überfluss zu assoziieren scheint zunächst ausgesprochen kontraintuitiv: Sind es nicht eher die Regel und das Maß, die Gottsched umtreiben, und damit die Gegenteile des Überflusses? Entsprechend fokussiert Victoria Niehles für die zweite Hälfte des achtzehnten Jahrhunderts einschlägige Untersuchung zur *Poetik der Fülle* mit Bodmer und Breitinger die andere Seite des Zürcher Literaturstreits, wo der Überfluss vor allem in der Einbildungskraft sein Vermögen findet.[7] Der Überfluss bei Gottsched wäre in dieser Konstellation der Testfall für die Bestimmungen der Regelpoetik und für ihre Voraussetzungen. An welchen Stellen proliferieren ihre Kategorien und mit ihnen ihre argumentativen wie literarischen Verfahren?

Um diese Fragen zu erläutern, möchte ich die Rolle des Überflusses im System der *Critischen Dichtkunst* untersuchen. Denn wie Gottsched begründet, was Dichtung ist, welchen Regeln sie folgt und wie sie zu bewerten ist, hängt – das ist meine These – vom Überfluss ab. Dass dieser Überfluss als Herausforderung der Regelpoetik sich durch den gesamten Text zieht, hängt mit seiner Ambivalenz

---

[7] Vgl. Victoria Niehle: *Die Poetik der Fülle. Bewältigungsstrategien ästhetischer Überschüsse 1750 – 1810*. Göttingen 2018, S. 56 – 63.

zusammen, die sich im Ringen um die Grenzen einer regelhaften Poesie zeigt: Nachahmung und Wahrscheinlichkeit als die beiden Grundprinzipien werden in ihrer Herleitung und Anwendung im Wortsinn fließend – sowohl in den Kategorien ihrer Beurteilung (wie dem guten Geschmack) als auch in den konkreten Urteilen der unzähligen Beispiele. Diesen Zusammenhang von allgemeiner Regel und flexibler Interpretation fasse ich allerdings nicht als Defizit der Regelpoetik, sondern als ihre Grundlage. Der Überfluss als Figur des ‚Zuviel' wird damit zu einer Suchbewegung nach den Voraussetzungen von Gottscheds Theorie.

Im folgenden Beitrag werde ich zunächst meine Leitbegriffe erläutern (1) und anschließend die Makrostruktur der *Critischen Dichtkunst* skizzieren (2), um dann ihre umfangreichen Paratexte zu untersuchen (3). Darauf folgend analysiere ich das zentrale erste Kapitel, das im Ursprung und Wesen der Dichtkunst auf den Überfluss rekurriert (4), und das zentrale Vermögen des kritischen Urteils: den guten Geschmack (5). Abschließend komme ich zu den milesischen Fabeln und Romanen aus dem besonderen Teil der vierten Auflage, die einen Einblick in Gottscheds Praktik des kritischen Urteilens erlauben (6).

I Poetische Probleme: Überfluss und Maß

Überfluss ist ein poetologischer Begriff, der als Abundanz sein Profil in der Rhetorik erhält. Wie der entsprechende Eintrag im *Historischen Wörterbuch der Rhetorik* konstatiert, ist die Abundanz als rhetorischer Terminus notorisch unterbestimmt und grundsätzlich ambivalent: Sie wird sowohl als „schädliches Übermaß" wie als „gesunde Fülle" bewertet.[8] Mit der Fülle ist dabei bereits angedeutet, dass der Überfluss als ein Unterbegriff der *copia* konzipiert wird, wobei er sich von dieser als verminderter Subtyp unterscheidet. *Copia* ist zwar deutlicher bestimmt als der Überfluss, aber ebenfalls „semantisch vielschichtig", weil sie den materiellen Reichtum mit einem Machtaspekt verbindet.[9] Die *copia* bezeichnet nicht einfach eine Fülle – sei es materieller Reichtum, militärische Streitkräfte oder eine Fülle der Beredsamkeit –, sondern ein Verfügen über diese Fülle als Ressource. Als „‚Wortvorrat'" bildet die *copia verborum* im Gedächtnis ein „Reservoir disponibler Werkteile".[10] Der Überfluss verschiebt diesen Fokus

---

[8] Roland Bernecker: Art. „Abundanz". In: *Historisches Wörterbuch der Rhetorik*. Bd. 1. Hg. Gert Ueding. Tübingen 1992, Sp. 21–24, hier Sp. 22.
[9] Anita Traninger: *Copia/Kopie. Echoeffekte in der Frühen Neuzeit*. Hannover 2020, S. 16.
[10] Heinrich Lausberg: *Elemente der literarischen Rhetorik. Eine Einführung für Studierende der klassischen, romanischen, englischen und deutschen Philologie*. 10. Auflage. Ismaning 1990, § 99, S. 43.

von der Potentialität in die Aktualität, weil das tatsächliche Überfließen die Überschreitung des Maßes zur Überfülle mitdenkt. Verkürzt gesagt schöpft die *copia* aus dem eigentlich unproblematisch grenzenlosen Vollen, während im Überfluss die unerschöpfliche Quelle als ‚Zuviel' auf den Plan tritt. Der Überfluss in diesem Sinn übersteigt die Grenzen jeden Maßes, während die Fülle – zumindest bis ins letzte Drittel des achtzehnten Jahrhunderts – diese Grenze respektiert.[11] In Opposition zum Überfluss steht damit auch weniger der Mangel, der das Gegenteil von Fülle darstellt. Vielmehr ist das Maß oder das rechte Maß der Gegenbegriff des Überflusses.[12]

Während die *copia* auf die ersten drei Produktionsstadien der Rede – *inventio*, *dispositio* und *elocutio* – bezogen wird,[13] ist die *abundantia* vor allem mit der *elocutio* assoziiert. Als Stilqualität erschöpft sie das „inhaltliche[] Spektrum" des Redegegenstands wie sie auf den Hörer Bezug nimmt, dem das Verständnis im Sinne des *docere* erleichtert wird und der „erst aufgrund einer gewissen Breite der Darstellung" im Sinne des *movere* affektiv bewegt werden kann.[14] Quintilian setzt die Abundanz gar an den Beginn der rhetorischen Ausbildung. Denn weil er bei angehenden Rednern – eine Rednerin sehen die antiken Rhetoriken quasi nicht vor –[15] keine *copia*, keine Fülle an Worten und Dingen erwarten kann, ist die *abundantia* nicht nur erlaubt, sondern sogar geboten. Die für die ersten Übungen besser als der Mythos oder die Komödie geeignete Geschichtserzählung, „die um so kräftiger wirkt, je wahrheitsgetreuer sie ist",[16] tendiert nämlich entweder zum kargen Referat historiographischer Daten oder zur übermäßig ausgeschmückten Beschreibung:

> Beides ist fehlerhaft, schlimmer aber doch der Fehler, der aus der Armut [inopia] als der, der aus dem Reichtum [copia] entspringt; denn bei Knaben kann man eine vollkommene Rede

---

11 Vgl. Niehle, *Poetik der Fülle* 2018, S. 10.
12 Deshalb wird bei Adelung die Grenze des Überflusses im Eintrag zum „Überfließen" als das „gesetzte Ziel" definiert und mit dem „Rand des Gefäßes" und dem „Rand des Brunnens" konkretisiert (Johann Christoph Adelung: Art. „Überfliessen". In: Ders.: *Grammatisch-kritisches Wörterbuch der Hochdeutschen Mundart mit beständiger Vergleichung der übrigen Mundarten, besonders aber der Oberdeutschen*. Bd. 4. Zweyte, vermehrte und verbesserte Ausgabe. Leipzig 1801, Sp. 750. http://www.woerterbuchnetz.de/Adelung?lemma=$ed35$berfliessen [18. Dezember 2020]).
13 Vgl. Niehle, *Poetik der Fülle* 2018, S. 12–16.
14 Bernecker, „Abundanz" 1992, Sp. 22.
15 Vgl. Lily Tonger-Erk: *Actio. Körper und Geschlecht in der Rhetoriklehre*. Berlin und Boston 2012, S. 53–76.
16 „tanto robustior, quanto verior" (Quint. Inst. Or. II 4, 2). Zitiert nach: Marcus Fabius Quintilian: *Ausbildung des Redners. Zwölf Bücher. Lateinisch und deutsch*. Hg. und übers. Helmut Rahn. 5. Auflage. Darmstadt 2011.

weder fordern noch erwarten. Besser aber ist eine reiche Natur, ein großzügiger Ansatz und ein geistiger Schwung, der zuweilen auch mehr als das ausreichende Maß zu bieten hat. In dieser Altersstufe soll es mich an dem Schüler nie stören, wenn Überflüssiges erscheint. [...] Denn leicht ist das üppige Wachstum [ubertati] zu beschneiden, Unfruchtbarkeit aber läßt sich durch keine Mühe überwinden. Bei Knaben würde mir eine Naturanlage nur wenig Hoffnung erwecken, in der das Urteilen dem Gestaltungstalent vorauseilt. Der Rohstoff soll zunächst noch reichlicher [abundantiorem] vorhanden sein und sich weiter als nötig ergießen.[17]

Noch bevor also die Urteilskraft die Fülle im Hinblick auf eine effektive Rede maßvoll reguliert und die *electio verborum* und damit auch die Menge der Formulierungen begrenzt,[18] empfiehlt Quintilian den jungen Rednern mit Verweis auf Cicero, sich zunächst ohne jedes Maß in der *abundantia* zu üben, um das volle Potential der *amplificatio* auszuschöpfen: der Kunst, aus wenig viel zu machen. Die Verfahren der *amplificatio* konkretisieren also die *abundantia*.

Für die Rhetorik und Poetik des siebzehnten Jahrhunderts gilt bezogen auf den Überfluss ein entscheidender Widerspruch. Einerseits formulieren verschiedene Poetiken in der Nachfolge antiker Vorbilder ein Ideal, das stilistisch an Klarheit und Deutlichkeit orientiert ist, was den Überfluss zum Gegenspieler macht. Andererseits aber ist die literarische Praxis von der den Überfluss im Scharfsinn programmatisch setzenden *argutia*-Bewegung beeinflusst, wenn nicht gar dominiert.[19] Das wiederum wird die Kritik der Aufklärung im achtzehnten Jahrhundert als Ansatzpunkt nehmen, um kurzen Prozess mit dem nun als Schwulst verbrämten Überfluss zu machen.[20] Bis ins achtzehnte Jahrhundert aber sind die „rhetorisch geprägten Begriffsdimensionen der copia"[21] seit der Antike insbesondere durch die Vermittlung von Erasmus' *De copia verborum ac rerum* (1512) ununterbrochen tradiert. Dabei schlagen sie sich vor allem in den Verfahren der *amplificatio* als Elemente der *elocutio* nieder, die sich auch noch bei Gottsched in der zweiten Hälfte des ersten Teils der *Critischen Dichtkunst* wiederfinden.

---

17 Ebd. II 4, 4–7. Dabei verweist Quintilian auf Cicero, De or. 2, 88.
18 Vgl. ebd. X 1, 8; vgl. Christian Meierhofer: Die Fülle der Dinge. Überlegungen zum Zusammenspiel von copia und delectatio im frühneuzeitlichen Literatur- und Nachrichtendiskurs. In: *Daphnis* 44.3 (2016), S. 294–319, hier S. 300.
19 Vgl. Volker Kapp: Art. „Argutia-Bewegung". In: *Historisches Wörterbuch der Rhetorik.* Bd. 1. Hg. Gert Ueding. Tübingen 1992, Sp. 991–998, bes. Sp. 991f.
20 Vgl. Wilhelm Kühlmann: Aufklärung und Barock. Traditionsbruch – Rückgriff – Kontinuität. In: *Europäische Barock-Rezeption.* Bd. 1. Hg. Klaus Garber. Wiesbaden 1991, S. 187–214; George Bajeski: *„Praeceptor Germaniae". Johann Christoph Gottsched und die Entstehung des Frühklassizismus in Deutschland.* Frankfurt/M. 2015, S. 60–67.
21 Meierhofer, Fülle 2016, S. 302.

Die regulative Basis der *amplificatio* aber verändert sich im achtzehnten Jahrhundert grundlegend und mit ihr die Rolle des Überflusses. Der Überfluss akkumuliert nämlich nicht nur Gemeinplätze im Reservoir potentieller Wörter und Dinge des Redners, sondern er gefährdet stets die Rede durch die Aktualisierung des Reservoirs in zu vielen Details.[22] Die *modi dilatandi* und *modi variandi* – die Grundoperationen, mit denen die Rhetorik seit dem Mittelalter durch Amplifikation *abundantia* herstellt – führen zu einer unerschöpflichen Liste von rhetorischen Figuren, die bis ins siebzehnte Jahrhundert stetig erweitert wird.[23] Im achtzehnten Jahrhundert diskreditiert die Aufklärung diese Liste im Sinne eines falschen Überflusses als Schwulst und Manierismus und stellt auf ein Paradigma ästhetischen Reichtums um, das die Angemessenheit als Maß des Überflusses mit dem Geschmack neu kalibriert. Gottscheds *Critische Dichtkunst* ist ein Dokument dieses auf der Rhetorik basierenden Paradigmenwechsels.[24] Die Poetik zeigt aber bemerkenswerterweise in ihrer Neuorientierung der Literatur gegen den falschen Überfluss zugleich einen permanenten Bezug auf den Überfluss – sie wird ihn, mit anderen Worten, nicht los. Die Liste der rhetorischen Figuren findet sich in der zweiten Hälfte des allgemeinen Teils der *Critischen Dichtkunst*, ohne dort systematische Probleme zu verursachen. Entsprechend ist der Überfluss im achten Kapitel als Figur an die Hyperbel geknüpft, die üblicherweise über „die Regeln der Klugheit" (AW 6.1, 336)[25] hinausschießt, aber in der Ordnung der verblümten Redensarten ihren ungefährlichen Platz findet.[26] Gleichzeitig ist das Ringen um das rechte Maß der entscheidende Punkt der ersten Hälfte des allgemeinen Teils, wo sich die systematische Sprengkraft von Gottscheds *Critischer Dichtkunst* verbirgt.

---

22 Vgl. Lausberg, *Literarische Rhetorik* 1990, § 75, S. 36 f. und § 83, S. 38 f.
23 Vgl. Barbara Bauer: Art. „Amplificatio". In: *Historisches Wörterbuch der Rhetorik*. Bd. 1. Hg. Gert Ueding. Tübingen 1992, Sp. 445–471.
24 Vgl. Rüdiger Campe: *Affekt und Ausdruck. Zur Umwandlung der literarischen Rede im 17. und 18. Jahrhundert*. Tübingen 1990, bes. S. 81.
25 Sämtliche Zitate aus Gottscheds *Critischer Dichtkunst* folgen der Fassung in den *Ausgewählten Werken*. Sie werden im Fließtext mit dem Kürzel ‚AW' nachgewiesen (Johann Christoph Gottsched: Versuch einer Critischen Dichtkunst. In: Ders.: *Ausgewählte Werke*. Bd. 6.1–6.3. Hg. Joachim Birke und Brigitte Birke. Berlin und New York 1973; Bd. 6.4. Hg. Philipp M. Mitchell. Berlin und New York 1978).
26 Gleichwohl ist in diesem Kapitel eine relativ ausführliche Schwulstkritik zu finden, die die Menge und Vermischung von Redensarten anprangert (vgl. AW 6.1, 343–350).

II Überfluss in der Disposition: Die Struktur der *Critischen Dichtkunst*

Die Rolle des Überflusses zeigt sich noch vor der Betrachtung dieser systematisch innovativen ersten Hälfte des allgemeinen Teils bereits in der Disposition der gesamten *Critischen Dichtkunst,* die sich im Laufe der vier Auflagen von 1729 bis 1751 nicht fundamental verändert, auch wenn sich der poetische Diskurs in diesen Jahren grundlegend verschiebt. Steffen Martus weist in einer werkpolitischen Perspektive den Auflagen der *Critischen Dichtkunst* unterschiedliche Funktionen im aufklärerischen Literaturdiskurs zu. Während die erste Auflage von 1729 einen Paradigmenwechsel einläutet und die zweite Auflage von 1737 diesen Paradigmenwechsel nach ersten positiven Reaktionen noch beschleunigt, sei an der vierten Auflage von 1751 zu erkennen, dass sich Gottscheds Paradigma bereits überlebt habe.[27] Die dritte Auflage von 1742, die hier bezeichnenderweise keine Funktion erhält, ist für die *Ausgewählten Werke* die entscheidende: Denn erstens ersetzt Gottsched die von ihm selbst stammenden literarischen Beispiele der ersten beiden Auflagen durch fremde Beispiele bereits verstorbener Autoren; zweitens ist die dritte Auflage noch nicht in dem Maß von Gottscheds Auseinandersetzung mit Bodmer und Breitinger gezeichnet, wie es die vierte Auflage ist (vgl. AW 6.3, 174 f.). Drittens – so wäre hinzuzufügen – reflektiert die dritte Auflage ihre eigene Bedeutung, indem Gottsched beispielsweise ein *Register der vornehmsten Sachen* hinzufügt und damit sowohl eine diskontinuierliche Lektüre forciert als auch die Rezeption mit besonders hervorzuhebenden Begriffen steuert (vgl. AW 6.4, 295–321).

Wie bereits angedeutet, kennzeichnet eine auffällige Zweiteilung die Struktur der *Critischen Dichtkunst* in allen Auflagen. Nach diversen Widmungen, einer Ode, einem Vorbericht und einer ausführlich kommentierten Übersetzung von Horaz' *Ars Poetica* legt sie in einem ersten, allgemeinen Teil die theoretischen Grundlagen der Literaturbetrachtung. In zwölf Kapiteln führt sie vom „Ursprunge und Wachsthume der Poesie überhaupt" (AW 6.1, 115) über den „guten Geschmack[]" (AW 6.1, 169) hin zu den poetisch gewendeten rhetorischen Kategorien der *elocutio* in der zweiten Hälfte. Diese Anlage ist durchaus Programm. Zwar verabschiedet Gottsched nicht die rhetorischen Kategorien des Barocks, aber er stellt sie auf die Grundlage eines neuen Literaturbegriffs, der programmatisch nicht mehr an der

---

[27] Vgl. Steffen Martus: *Werkpolitik. Literaturgeschichte kritischer Kommunikation vom 17. bis ins 20. Jahrhundert mit Studien zu Klopstock, Tieck, Goethe und George.* Berlin und New York 2007, S. 116.

oratio ligata, der gebundenen Rede, orientiert ist. Literatur beziehungsweise Dichtung ist keine unabschließbare Liste rhetorischer Verfahren, sondern hat ein System. In der aristotelischen Nachahmung findet Gottsched ihre Basis, von der er Regeln ableitet und mit diesen Regeln Literatur wiederum interpretiert. Der Sprung von der Regel zur Interpretation versteht sich aber nicht von selbst und muss im Einzelfall begründet werden, was Gottsched in den einzelnen Kapiteln in unterschiedlicher Intensität tut.[28]

Dieser durch die Explikation am einzelnen Beispiel zu überbrückende Sprung zeigt sich bereits im Verhältnis der beiden Teile der Poetik. Denn im zweiten Teil, der bis zur dritten Auflage ebenfalls zwölf Kapitel umfasst, gibt die *Critische Dichtkunst* nach Gattungen gegliederte Beispiele vor dem Hintergrund der im ersten Teil exponierten Theorie. Hier weicht die vierte Auflage am stärksten von den vorherigen ab: Gottsched erweitert nicht nur die Gattungen massiv von zwölf auf 23 Kapitel und reagiert damit – wie Kristin Eichhorn jüngst zeigt – auf breite literarische Trends,[29] sondern ordnet sie auch chronologisch nach „Gedichte[n], die von den Alten schon erfunden worden" (AW 6.2, 413), und neueren Gattungen. Die Exempel, die noch einen beträchtlichen Umfang in der dritten Auflage eingenommen hatten, sind in der vierten Auflage zugunsten dieser massiven Kategorienerweiterung getilgt. Diese Erweiterung trägt dem schier unendlichen Wachstum der poetischen Gattungen Rechnung und entzündet auch erste Zweifel an der angeblichen Pedanterie von Gottscheds System. Denn es folgt keineswegs einem geschlossenen Gattungsmodell, das mit klaren Grenzen zwischen Epik und Drama operiert.[30] Vielmehr zeigt sich eine eigentümliche Spannung zwischen dem einigermaßen geschlossenen allgemeinen Teil mit einem unveränderlichen System und dem tendenziell offenen, historisch variablen besonderen Teil, der nicht etwa einzelne Gattungen per se disqualifiziert, sondern diese Gattungen zu ihren jeweiligen historischen Bedingungen auf die Möglichkeit regelkonformer und guter Literatur abklopft.

---

28 Zur öfter bemerkten daraus resultierenden theoretischen Inkonsistenz vgl. exemplarisch Martus, *Werkpolitik* 2007, S. 117; Sarah Ruth Lorenz: Shifting forms of mimesis in Johann Christoph Gottsched's „Dichtkunst". In: *The German Quarterly* 87.1 (2014), S. 86–107, hier S. 101.
29 Vgl. Kristin Eichhorn: Selektive Lektüren in der „Critischen Dichtkunst". Zur literaturpolitischen Dimension von Gottscheds Gattungssichtung. In: *Johann Christoph Gottscheds „Versuch einer Critischen Dichtkunst" im europäischen Kontext.* Hg. Leonie Süwolto und Hendrik Schlieper. Heidelberg 2020, S. 59–68, bes. S. 60.
30 Zu Gottscheds Platz im dyadischen Gattungsmodell der Zeit vgl. Hans-Henrik Krummacher: *Lyra. Studien zur Theorie und Geschichte der Lyrik vom 16. bis zum 19. Jahrhundert.* Berlin und Boston 2013, S. 98–107.

Diese enorme Erweiterung ist ein erster Hinweis auf den systematischen Platz, den der Überfluss in der Theorie einnimmt. Er zeigt sich erstens in Gottscheds proliferierenden Paratexten. Zweitens spielt er eine entscheidende Rolle bei der Definition von Literatur, vor allem im ersten Kapitel „Vom Ursprunge und Wachsthume der Poesie überhaupt". Drittens erscheint der Überfluss in Gottscheds Ursprungserzählungen der Literatur, die er mit ihrer ‚Wesensbestimmung' verknüpft. Viertens schließlich ist der Überfluss ein zentrales Konzept in den Kapiteln, die sich mit dem Poeten auseinandersetzen, vor allem im dritten Kapitel „Vom guten Geschmacke eines Poeten". Fünftens und letztens schließlich ist der Überfluss entscheidend für die Interpretation und Beurteilung der literarischen Beispiele, was ich exemplarisch am Kapitel zu den „milesischen Fabeln, Ritterbüchern und Romanen" (AW 6.2, 453) analysieren möchte.

III Proliferation der Paratexte: Widmung, Ode, Vorrede, Vorbericht, Horaz

Mit einer Widmung, einer Ode, einer von Auflage zu Auflage variierenden Vorrede, einem Vorbericht und einem ausführlich kommentierten Paralleldruck von Horaz' *Ars Poetica* ist die *Critische Dichtkunst* seit ihrer ersten Auflage aufwendig gerahmt. Bereits die Widmung ist aufschlussreich, weil sie die Literatur ausgerechnet am Lobgedicht misst, deren Regeln sie aufstellt. Die in der Forschung bislang nicht beachtete Ode nimmt dieses Lobgedicht auf, indem sie die drei Töchter von Gottscheds Gönner Manteuffel vor der Folie des Paris-Urteils lobt. Dabei findet eine folgenreiche Substitution des antiken Mythos samt Museninvokation von Euterpe statt. Denn anders als in der Antike sind Sachsen und Polen mit drei Grazien gesegnet, von denen jede „beglückt vereint", „[w]as die [antiken] Göttinnen [noch] einzeln ziert" (AW 6.1, 9: V. 55 f.). Das Urteil des Paris ist in dieser Neufassung also gar kein Urteil mehr, weil Schönheit und nun auch Tugend im Überfluss vorhanden sind. Die Schönheiten der Antike werden damit gleich doppelt überboten, indem zum einen die Eigenschaften von Aphrodite, Athene und Hera auf alle drei neuen Grazien in maximaler Form verteilt werden und ihnen darüber hinaus zum anderen noch Tugend attestiert wird. Gottscheds hyperbolisches Lob ist eine gezielte Überbietung des antiken Narrativs und als solches werkpolitisch nicht ohne Hintergedanken, wie in den letzten beiden Strophen deutlich wird. Denn in einer klimaktisch-anaphorischen *enumeratio* wird eine Reihe gebildet, an deren Ende Gottsched selbst und seine Dichtkunst stehen: „Beglückte Zeit! Beglückte Stadt! / Beglückter, wer Erlaubniß hat, / Den neuen Pindus selbst zu hören!" (AW 6.1, 10: V. 91–93) Nicht zuletzt versetzt sich

Gottsched damit selbst in die Position des vorher als „[b]eglückte[n] Prinz"
(AW 6.1, 8: V. 38) apostrophierten Paris, indem er in der letzten Strophe die
Übergabe des vorliegenden Buches als Übergabe des Apfels inszeniert:

> Empfangt denn, witzerfüllte Drey!
> Dieß Buch, und setzt es jenen bey,
> Die Eurem Geiste Nahrung geben.
> Ihr liebt die Dichtkunst; schützt sie nun!
> So wird Apollo Euer Thun,
> Durch Kränze neuer Art, auf späte Zeit erheben.
> (AW 6.1, 10: V. 97–102)

Den neuen Musen von Sachsen, die sich die Ode hier erschreibt, wird damit Schutz und Vermittlung zur Aufgabe übertragen, indem sie die Dichtkunst in Gestalt des von Gottsched übereigneten Buches – der *Critischen Dichtkunst* – schützen. Entsprechend sind es auch keine alten Kränze der Tradition, die diese Musen mit Gottscheds Buch erwarten, sondern „Kränze neuer Art", die erst noch zu binden sein werden – nach dem dergestalt vorweggenommenen Sieg der *Critischen Dichtkunst*. Diesem Sieg geht gerade kein Urteil voraus, das Urteil wird als bereits gefälltes und einhelliges inszeniert und jede Auseinandersetzung – der trojanische Krieg winkt mit dem intertextuellen Zaunpfahl – vermieden, was angesichts des starken Kritikbegriffs als „Beurtheilungs-Kunst" (AW 6.2, 395) in der Vorrede zur ersten Auflage ein mindestens erstaunlicher Befund ist.[31] Statt also die größte Schönheit der Antike zu küren, wird in der Widmungsode das beste Buch besungen: die *Critische Dichtkunst*, die – anders als im antiken Prätext – keine fatalen Belohnungen wie die Verbindung mit Helena verteilt und Götter wie Menschen gegeneinander ausspielt, sondern die Belohnung in Form der „Kränze neuer Art" in sich trägt.

Während die Überbietungsgeste in der Widmungsode programmatisch ist, sind die verschiedenen Vorreden zurückhaltender. Dabei fällt neben der bereits angedeuteten Definition der Kritik in der Vorrede zur ersten Auflage auf, dass Gottsched die Rechtfertigung seiner Arbeit explizit narrativ ausgestaltet, indem er eine „kurtze Historie [s]einer Dicht-Kunst" (AW 6.2, 397) erzählt. In dieser Geschichte wird eine zentrale Kategorie in Szene gesetzt, die abermals Zweifel an der Rigidität in der Auslegung der noch folgenden poetischen Regeln sät. Denn bei den Diskussionen in der Deutschen Gesellschaft habe Gottsched die Erfahrung gemacht, die er an späterer Stelle mit dem Geschmack des Poeten auf den Begriff

---

31 Zur Rolle des Geschmacks für den hier formulierten Kritikbegriff vgl. Campe, *Affekt und Ausdruck* 1990, S. 7 f. und S. 64.

bringen wird: Er ist sich zwar seines Urteils sicher, kann es aber nicht „auf eine überzeugende Art [...] vertheidigen" (AW 6.2, 398). Mit anderen Worten: Gottscheds Urteil ist klar, aber undeutlich, sein Geschmack ist schon ausgebildet und funktionsfähig, die Normen seiner Urteilsbildung aber noch undeutlich, also nicht expliziert. Diese Undeutlichkeit wird wichtig für die Geburtsszene der *Critischen Dichtkunst*, die sich vornimmt, „alles aus dem Grunde zu untersuchen, und *wo möglich*, zu einer völligen Gewißheit zu kommen, was richtig oder unrichtig gedacht; schön, oder heßlich geschrieben; recht, oder unrecht, ausgeführet worden." (AW 6.2, 398, Herv. SM)[32] Ich möchte hier das „wo möglich" betonen: Die Kritik ist kein Geschäft, das mit der Entdeckung eines Grundsatzes abgeschlossen wäre. Vielmehr ist sie eine stets zu begründende Interpretation nach bestimmten, ableitbaren und anwendbaren Regeln. Darüber hinaus erweitert Gottsched in der Vorrede seinen Gegenstand massiv, indem er die Dichtkunst nicht auf metrische und gereimte Rede beschränkt. Ein relativ weiter Literaturbegriff trifft also bereits in dieser ersten Vorrede auf einen prozessualen Begriff der Kritik. Beides zusammen spricht zunächst nicht für ein besonders rigides System.

Damit nicht genug der Rahmungen: Ausgerechnet der von Gottsched als unsystematisch qualifizierte Horaz steht Pate für die *Critische Dichtkunst* und wird von Gottsched als erster Kritiker und gut anachronistisch als einer „der aufgeklärtesten Köpfe seiner Zeit" mit „einem gerechten Eifer für den guten Geschmack" (AW 6.1, 31) inszeniert.[33] Gottscheds Horaz soll also nicht nur eine „Richtschnur" zur Bewertung poetischer Produktionen bieten, sondern soll vielmehr den „guten Geschmack" (AW 6.1, 32) der Zeitgenossen ausbilden. Ich kann in diesem Rahmen nicht auf Gottscheds Übersetzungstheorie eingehen, sondern möchte lediglich auf eine zentrale Stelle hinweisen, in der moralische Didaxe und Nachahmung der Natur aufeinandertreffen. Sie findet sich direkt nach der berühmtesten Stelle der *Ars poetica*, die *prodesse* und *delectare* in Verbindung bringt und gibt einen Einblick in Gottscheds Kommentierungspraxis:

Was überflüßig ist[132] vergißt man gar zu leicht.
Die Fabel laute so, daß sie der Wahrheit gleicht,[133]

---

[132] Ueberflüßig. Horaz braucht das Gleichniß von einem Gefäße, in welches man mehr gießen

---

[32] Vgl. Steffen Martus: *Aufklärung. Das deutsche 18. Jahrhundert – ein Epochenbild*. 2. Auflage. Berlin 2015, S. 315 f.
[33] Vgl. Kurt Sier: Gottsched und die Antike. In: *Gottsched-Tag. Wissenschaftliche Veranstaltung zum 300. Geburtstag von Johann Christoph Gottsched am 17. Februar 2000 in der Alten Handelsbörse in Leipzig*. Hg. Kurt Nowak und Ludwig Stockinger. Stuttgart und Leipzig 2002, S. 89–110, hier S. 99–101.

will, als es fassen kann. Wie nun das übrige herunter fleußt, und also vergebens verschwendet ist; So sind auch die überflüßigen Lehren umsonst. Man giebt nicht mehr acht, wenn sie zu langweilig sind; und läßt sie zu einem Ohre hinein, zum andern aber heraus. Das lehrt uns: Die Sittenlehren in theatralischen Poesien müssen kurz gefasset seyn, und nicht über ein paar Zeilen austragen. Diese Lection gehört für die Poeten, die erbaulich schreiben wollen.

¹³³ Die Fabel. Diese Regel geht diejenigen an, die nur durch ihre Fabeln belustigen wollen. Die Wahrscheinlichkeit ist dasjenige, was sie vor allen Dingen beobachten sollen. Dichten ist keine Kunst: Aber so dichten, daß es noch einigermaßen gläublich herauskomme, und der Natur ähnlich sey; das ist dem Poeten ein Lob. (AW 6.1, 92)

Anhand des Überflusses lotet hier Horaz in Gottscheds Übersetzung das Verhältnis von *prodesse* und *delectare* aus; Gottsched legt in seinen Fußnoten nicht nur das Gleichnis aus, sondern fasst es in einen Lehrsatz, der die Kürze der zu vermittelnden Lehre in Form eines moralischen Satzes festlegt, wobei das menschliche Aufnahmevermögen zum Maßstab avanciert, das im Sinne der Effektivität nicht überschritten werden darf. Schon im darauffolgenden Satz kommt er darauf zu sprechen, wie die Fabel im Sinne von Plot ausgestaltet sein muss. Dabei pocht er auf die Wahrscheinlichkeit und die Nachahmung der Natur.[34] In dieser kurzen Stelle steckt damit der entscheidende Widerspruch, der Gottscheds gesamte *Critische Dichtkunst* prägen wird: den didaktischen Anspruch einer kurzen und klaren moralischen Lehre auf der einen und die zum Überfluss tendierende Nachahmung der Natur auf der anderen Seite. In Gottscheds kommentierenden Fußnoten zu Horaz und am Begriff des Überflusses verbirgt sich also bereits die Sprengkraft der Regelpoetik.

IV Vom Überfluss der Affekte zu den Funktionen der Dichtung

Im ersten Kapitel der *Critischen Dichtkunst* definiert Gottsched nicht nur die Dichtung, sondern erzählt eine Geschichte in mehreren Anläufen,[35] die vom Anfang der Literatur und ihrer exponentiellen Entwicklung berichtet und dabei so-

---

34 Zur Wahrscheinlichkeit bei Gottsched vgl. insbesondere Eric Achermann: Was Wunder? Gottscheds Modaltheorie von Fiktion. In: *Johann Christoph Gottsched* 2014, S. 147–181, hier S. 151–153.
35 Zu den verschiedenen narrativen Anläufen vgl. Andreas Härter: *Digressionen. Studien zum Verhältnis von Ordnung und Abweichung in Rhetorik und Poetik. Quintilian – Opitz – Gottsched – Friedrich Schlegel*. München 2000, S. 121–132.

wohl die Formen als auch die Funktionen von Literatur beschreibt.[36] Den Beginn und ‚Urgrund' der Poesie verortet Gottsched nicht in der Vermittlung moralischer Sätze, sondern in den menschlichen Affekten. Diese erste „Qvelle" (AW 6.1, 115) tendiert zum Überfluss, weil sie unerschöpflich ist. Selbst wenn die Menschen sich das Singen nicht vom „Geschrey[] [...] des wilden Gevögels" (AW 6.1, 116) abgeschaut haben, besteht die erste Funktion der Dichtung im Ausdruck tendenziell unendlich vieler Affekte, wie Gottsched selbst listet: „Seufzen, Aechzen, Dräuen, Klagen, Bitten, Schelten, Bewundern, Loben, u. s. w." (AW 6.1, 116) Das erste Regulativ dieser „natürlich ausgedrückten Leidenschaften" (ebd.) ist dabei weniger in der Nachahmung der Vögel, sondern mehr in den Effekten auf andere Menschen zu suchen. Zum lebhaften Ausdruck kommt also die Wirkung; ein Vortrag „auf eine bewegliche Art" (ebd.) ist auf „den gewünschten Endzweck" (AW 6.1, 117) bezogen schlicht effektiver. In diesen ersten Liedern sind „weder Sylbenmaaß noch Reime" (AW 6.1, 118) zu finden, weil noch die Melodie den Fluss des Singens reguliert.

Erst allmählich emanzipiert sich die Literatur in Gottscheds Narrativ vom direkten Affektausdruck und entwickelt verschiedene Gattungen mit jeweils strengeren Regeln, wobei die Entwicklung nicht ohne Rückschläge wie die „Reimsucht" (AW 6.1, 124) auskommt und kulturell variabel ist.[37] Noch vor dem Gotteslob oder einer moralischen Funktion betont Gottsched damit die Form des Gedichts (vgl. AW 6.1, 130 f.), wobei die verschiedenen sich ausdifferenzierenden Gattungen den historischen Lebensumständen entsprächen. So nimmt Gottsched an, dass der „Ueberfluß an Lebensmitteln" (AW 6.1, 133) in der arkadischen Landschaft das Schäfergedicht hervorbringt. Literatur hat zunächst keine andere Funktion als entsprechende Gemütszustände oder Lebensumstände auszudrücken und wechselseitig zu verstärken. Die Beispiele sprechen hier für sich:

> Ein Saufbruder machte den andern lustig; ein Betrübter lockte dem andern Thränen heraus; ein Liebhaber gewann das Herz seiner Geliebten; ein Lobsänger erweckte seinem Helden Beyfall und Bewunderung, und ein Spottvogel brachte durch seinen beißenden Scherz das Gelächter ganzer Gesellschaften zuwege. Die Sache ist leicht zu begreifen, weil sie in der Natur des Menschen ihren Grund hat, und noch täglich durch die Erfahrung bestätigt wird. (AW 6.1, 137)

---

36 In dieser Perspektive ist der Anspruch der *Critischen Dichtkunst* ein genuin literaturtheoretischer, der über die Formulierung von Regeln im strengen Sinne hinausgeht. Anders vgl. Rolf Baur: *Didaktik der Barockpoetik. Die deutschsprachigen Poetiken von Opitz bis Gottsched als Lehrbücher der „Poeterey"*. Heidelberg 1982, S. 9.

37 Zur Reimsucht vgl. Stephanie Blum: *Poetologische Lyrik der Frühaufklärung. Gattungsfragen, Diskurse, Genderaspekte*. Hannover 2018, S. 129–167, bes. S. 139–143.

Literatur ist hier also intersubjektiv teil- und damit übertragbarer Affektausdruck. Erst Schritt für Schritt avanciert die Literatur zur Vermittlung von moralischen Wahrheiten in Sittensprüchen, während die Sprichwörter noch durch Reim ihre Form betonen (vgl. AW 6.1, 124). Doch auch bei dieser ethischen Funktionalisierung wird Gottsched nicht müde, erst die literarische Form vor dem moralischen Inhalt zu akzentuieren: Die Schreibart, der Witz und die Einbildungskraft kommen vor dem Verstand und der Weisheit. Dass die „alten Poeten" zu „Weltweisen, Gottesgelehrten, Staatsmänner[n]" (AW 6.1, 138) stilisiert werden, verdanken sie zunächst der Form und dann dem Inhalt ihrer Texte. Erst der Überfluss an Affekten und an der dadurch entstehenden Formvielfalt führt also zu den verschiedenen Funktionen der Poesie. Homer dient Gottsched als paradigmatisches Beispiel für diese Ausweitung im Leistungsprofil des Poeten. Dabei weist er aber im Rekurs auf die *Querelle d'Homer* durchaus auf seine „Fehler" und „Mängel" (AW 6.1, 139) hin;[38] die Gattung, die im Gegensatz zu Homers Epos als erste eine uneingeschränkt positive Bewertung erhält, ist die antike Tragödie, die nicht mehr vor allem Affekte ausdrückt, sondern durch einen „Ueberfluß" an „lehrreichen Sprüchen" (AW 6.1, 140) gekennzeichnet ist.[39] Die Literatur hängt damit gleich mehrfach vom Überfluss ab: vom Überfluss der menschlichen Affekte, der in vielfältigen generischen Formen mündet und erst in dritter Instanz zum Überfluss an lehrreichen Sprüchen führt.

Erst an dieser Stelle, an der die Literatur nach Gottsched ihre genuine Funktion erhält, wird das Grundprinzip der Literatur nochmals wiederholt und variiert. Aristoteles' *mimesis*-Postulat setzt Gottsched in die Reihe von Nachahmung, Natur und Wahrscheinlichkeit.[40] Der Ort, an dem die Literatur diese Wahrscheinlichkeit zeige, sei die Fabel. Dabei wiederholt er die oben analysierte Stelle aus der *Ars poetica*, gerahmt von der rhetorischen Frage, wie Literatur wahrscheinlich sein könne, wenn sie nicht der Natur folge:

---

38 Vgl. Achermann, Was Wunder? 2014, S. 148 und S. 166–168; Peter K. Kapitza: *Ein bürgerlicher Krieg in der gelehrten Welt. Zur Geschichte der Querelle des Anciens et des Modernes in Deutschland.* München 1981, S. 27 u.ö.; Thomas Pago: *Gottsched und die Rezeption der Querelle des Anciens et des Modernes in Deutschland. Untersuchungen zur Bedeutung des Vorzugsstreits für die Dichtungstheorie der Aufklärung.* Frankfurt/M. u.a. 1989.
39 Zur Rolle der Tragödie in der *Critischen Dichtkunst* vgl. Althaus, Kritische Dichtkunst 2014.
40 Zur Aristoteles-Rezeption bei Gottsched vgl. Dirk Oschmann: Ästhetik und Anthropologie. Handlungskonzepte von Gottsched bis Hegel. In: *Jahrbuch der deutschen Schillergesellschaft* 55 (2011), S. 91–118, hier S. 92f.

> Die Fabel laute so, daß sie der Wahrheit gleicht,
> Und fordre nicht von uns, daß man ihr alles gläube:
> Man reiße nicht das Kind den Hexen aus dem Leibe,
> Wenn sie es schon verzehrt.
> Dichtk. v. 489. (AW 6.1, 141)

An dieser Stelle verschränken sich Gottscheds Argumente.[41] Denn während Horaz ansonsten eher als Referenz für das Maß der Poetik, den guten Geschmack und den Stil dient, wird er hier in Aristoteles' Nachahmungsbegriff integriert. Als Beispiel dient Lamia, eine antike Hexe, die Kinder raubt und auffrisst, wie Gottsched in der Horaz-Übersetzung mit einer Fußnote ausführt, wobei er Horaz unterstellt, dass dieser die zeitgenössische Literatur kritisiert, indem er annimmt, dass „ein damaliger Poet eine solche Hexe auf die Bühne gebracht [hat], und ihr das verzehrte Kind wieder aus dem Leibe reißen lassen." (AW 6.1, 92: F. 134) Aus Horaz' präsupponierter Kritik an seinen Zeitgenossen leitet Gottsched damit einen universellen Grundsatz ab, der das aristotelische Nachahmungspostulat an einen relativen Wahrheitsbegriff knüpft. Entsprechend fallen unter die so postulierte Nachahmung für Gottsched alle Gattungen; sie gilt selbst für die Historiographie und Prosaerzählungen. Mit der wahrheitsanalogen Nachahmung gründet Gottsched die Poetik auf ein universales Prinzip. Das erste Kapitel der *Critischen Dichtkunst* endet daraufhin nochmals mit einem Horaz-Zitat. Doch nun repetiert es nicht mehr die *Ars poetica*, sondern zitiert aus dem vierten Kapitel der *Saturae Sermones*, in dem das Redekriterium relativiert und auf den Poeten fokussiert wird. Nur wer Phantasie *(ingenium)* sowie göttliche Begeisterung *(mens divinior)* hat und in erhabenen Tönen singt *(os / magna sonaturum)*, der darf Poet genannt werden. Gottsched erzählt in seinem ersten Kapitel damit eine Geschichte, die vom Affekt über die Vielfalt literarischer Formen zunächst zur Wahrscheinlichkeit der Nachahmung führt. Im letzten Paragraphen des ersten Kapitels verdichten sich mit Aristoteles und Horaz nicht nur die antiken Bezüge für Gottsched, sondern er endet auch im abschließenden Horaz-Zitat mit einer Aufwertung des Poeten. Dem Profil dieses Poeten widmen sich die folgenden beiden Kapitel, der als „geschickter Nachahmer aller natürlichen Dinge" (AW 6.1, 147) zu gelten hat.

---

41 Die ausführlichste Interpretation dieser zentralen Passage hat Achermann mit einem Fokus auf das Wahrscheinliche vorgelegt. Vgl. Achermann, Was Wunder? 2014, bes. S. 151–153.

V Klar und undeutlich: Der gute Geschmack als Regulativ des Überflusses

Der Schritt von *poema* zu *poeta* – von der Dichtung zum Dichter – ist ein kleiner, aber entscheidender, wie Frauke Berndt für die mittlere Aufklärung erläutert hat.[42] Eine besondere Rolle für den Dichter spielt laut Gottsched der gute Geschmack, über den er neben Scharfsinnigkeit, Witz und Einbildungskraft (vgl. AW 6.1, 152) vor allem verfügen muss. Im Bund mit den „Kunstverständige[n]" (AW 6.1, 144) müssen die Dichter als Individuen den Geschmack besitzen und diesen als überindividuelle Kategorie verteidigen, was nur selten gelingt, wie Gottsched „an den Beyspielen der Griechen und Römer, ja der neuern Welschen und Franzosen" (ebd.) zu illustrieren meint. Die erste Brücke, die der Geschmack in der *Critischen Dichtkunst* also schlägt, ist diejenige zwischen kollektivem und individuellem Geschmack. Damit ist er das entscheidende Vermögen, um die zum Übermaß neigenden anderen Vermögen zu regulieren; er ist das Regulativ der Regelpoetik, weil er das Urteil fällt, ob es sich um nur scheinbare oder wahre Schönheit handelt, die aus der wirklichen Vollkommenheit entsteht (vgl. AW 6.1, 144 f.). Der Geschmack als Vermögen der „Beurtheilungskraft" (AW 6.1, 158) limitiert insbesondere die Einbildungskraft, der – im Phaeton-Vergleich inszeniert – die Pferde durchzugehen drohen. Der Geschmack kann aber noch mehr als die Urteilskraft, weil er klare Urteile zu fällen vermag, auch und gerade dann, wenn die Regeln dieser Urteile nur undeutlich sind.[43] Er ist damit das probate Mittel, um „unnöthige und überflüßige Bilder" (AW 6.1, 197) aus der poetischen Nachahmung zu verbannen. Der Geschmack ist in Gottscheds Theorietopologie darüber hinaus ein Moment, welches das anspruchsvolle Anforderungsprofil des Poeten aus dem zweiten Kapitel relativiert. Der dort charakterisierte Dichter soll nämlich universal gebildet sein – er „muß zum wenigsten von allem etwas wissen" (AW 6.1, 154) – und anthropologisch geübt sein – er braucht eine „gründliche Erkenntniß des Menschen" (AW 6.1, 156) –, wie er auch ethisch vorbildlich zu sein hat – er soll „ein ehrliches und tugendliebendes Gemühte haben" (AW 6.1, 159). Der Geschmack relativiert diese Maximalforderungen, indem er dem Urteil, das sich auf Bildung, anthropologische Kenntnisse und Ethos stützt, eine intuitive Seite beistellt, wie

---

[42] Vgl. Frauke Berndt: *Facing Poetry. Alexander Gottlieb Baumgarten's Theory of Literature*. Berlin und Boston 2020, S. 196 f.
[43] Giuriato hat auf die Diskrepanz zwischen rhetorischer und philosophischer Deutlichkeit in diesem Zusammenhang hingewiesen (vgl. Davide Giuriato: *„Klar und deutlich". Ästhetik des Kunstlosen im 18./19. Jahrhundert*. Freiburg 2015, S. 86–89).

Gottsched im dritten Kapitel darlegt."⁴⁴ Der Überfluss spielt in diesem Kapitel eine besondere Rolle, weil er an zwei Systemstellen erscheint, wie ich im Folgenden skizzieren möchte.

Zunächst leitet Gottsched in diesem zentralen Kapitel den Geschmack als anthropologische Metapher her und greift dabei als erstes auf den Geschmackssinn zurück, der die Differenz von klaren, aber undeutlichen Urteilen des Geschmacks expliziert. Während das sinnliche Geschmacksurteil ‚süß' oder ‚sauer' zwar klar ist, sind die Gründe für dieses Urteil oder gar die diesem zugrundeliegenden Begriffe undeutlich: „worinnen der saure Geschmack vom bittern, dieser vom herben, scharfen u. s. f. unterschieden sey, und woran wir einen vor dem andern erkennen?" (AW 6.1, 171) Das Urteil ist also klar, die verschiedenen Urteile sind diskret, weil Geschmäcker verschieden sind. Der Geschmackssinn dient Gottsched darüber hinaus zur Einführung des „verderbten Geschmack[s]" (ebd.). Der Geschmack ist entsprechend zwar sinnlich, aber manipulierbar, weil er durch Krankheit oder falsche Gewohnheit verdorben werden kann.

Der Analogieschluss zum metaphorischen Geschmack ist damit nicht weit. Doch im Gegensatz zum Geschmackssinn gründet das ästhetische Urteil des Geschmacks auf noch zu explizierenden Regeln, die wiederum „ihren Grund in der unveränderlichen Natur der Dinge selbst" (AW 6.1, 174) haben. Diese unveränderliche Natur ist nicht in allen Wissensbereichen transparent und dort hat der Geschmack seinen Platz: „In solchen Wissenschaften aber, wo das deutliche und undeutliche, erwiesene und unerwiesene noch vermischt ist, da pflegt man auch wohl noch vom Geschmacke zu reden." (AW 6.1, 172) Während laut Gottsched in der Theologie, dem Naturrecht und der Medizin der Geschmack noch eingesetzt werden muss, braucht es ihn in der Arithmetik, Geometrie und Astronomie nicht mehr, weil dort keine undeutlichen und unerwiesenen Sätze mehr zu finden seien. Der gute, d. h. der richtig urteilende Geschmack hält einer Überprüfung seines intuitiven Urteils indes auch in den unsicheren Wissensgebieten gemäß der „Regeln der Vollkommenheit" (AW 6.1, 176) stand. Das leitende Beispiel für Gottsched ist das Urteil über einen architektonischen Entwurf, der den Regeln der Proportion zu folgen hat. Selbst ein mit diesen Regeln nicht vertrauter Bauherr könne bei der Beurteilung des Entwurfs auf seinen Geschmack vertrauen, obwohl es nur einem „geübten mathematischen Kenner" (AW 6.1, 173) möglich ist, den Grund für dieses Geschmacksurteil anzugeben.

Damit hat der Geschmack also nicht nur einen Platz in den Wissensbereichen, die (noch) nicht mit hinreichend deutlichen und erwiesenen Kategorien operie-

---

44 Vgl. Wilhelm Amann: *„Die stille Arbeit des Geschmacks". Die Kategorie des Geschmacks in der Ästhetik Schillers und in den Debatten der Aufklärung.* Würzburg 1999, S. 254–256.

ren. Vielmehr wechselt er mit dem Beispiel auf die subjektive Seite: Aus der allgemeinen Entwicklungsgeschichte der Wissenschaften einer zunehmenden Verdrängung des Geschmacks durch die Urteilskraft wird eine individuelle Bildungsgeschichte des Geschmacks, die hier durch den mathematisch ungebildeten Bauherrn personifiziert wird. Gleichwohl gibt Gottsched zu bedenken, dass ein Geschmacksurteil falsch sein kann, wenn es „sich in solchen seinen Urtheilen betrüget" (AW 6.1, 174). Da die rationale Überprüfung des Geschmacksurteils nicht in jedem Fall so einfach ist wie bei der mathematischen Proportion und vom Geschmack selbst „nicht wohl Rechenschaft" (ebd.) zu fordern ist, deutet Gottsched bereits hier an, dass die Bildung des guten Geschmacks an erwiesenermaßen vernünftigen und schönen Dingen zu üben ist. Er gibt also gerade kein Beispiel für ein falsches Geschmacksurteil, sondern verschiebt – mit einem Rekurs auf Leibniz – die Argumentation auf die Geschmacks*bildung*. Trotz dieser aufwendigen sinnlichen Herleitung und Rahmung des Geschmacks weist er ihn entschieden dem Verstand zu und eben nicht dem Witz, der Einbildungskraft, dem Gedächtnis, der Vernunft oder gar den Sinnen.[45] Er definiert ihn als „auf die bloße Empfindung" gegründeten „urtheilende[n] Verstand" (AW 6.1, 175) und kann so den Lehrsatz formulieren: „D e r j e n i g e G e s c h m a c k i s t g u t, d e r m i t d e n R e g e l n ü b e r e i n k ö m m t, d i e v o n d e r V e r n u n f t, i n e i n e r A r t v o n S a c h e n, a l l b e r e i t f e s t g e s e t z e t w o r d e n." (AW 6.1, 176, gesperrt im Original) Der Geschmack ist also zwar Teil des Verstandes, ohne selber aber einem logischen Prinzip zu folgen.

Erst jetzt kommt Gottsched zum „guten Geschmack in der Poesie", der die „Schönheit eines Gedichtes, Gedankens oder Ausdruckes" (ebd.) beurteilt. In diesem kurzen Passus des elften Paragraphen erweitert Gottsched die Funktion des Geschmacks derart, dass er ihn nicht nur den Laien – wie dem mathematisch ungebildeten Bauherrn –, sondern auch den Experten zugesteht. Gottsched schwebt hier gerade kein Poet vor, der jedes ästhetische Produkt umständlich nach den Regeln der Kunst prüft, sondern jemand, der mit gutem Geschmack schnell und klar urteilt.[46] Der gute Geschmack ist entsprechend ein Vermögen, das

---

45 Zu den Implikationen dieser Zuordnung vgl. Gerard Raulet: Zur Vorgeschichte der Einbildungskraft. Abbild, Vorbild, Bildung und Einbildungskraft bei J. C. Gottsched. In: *Bilder der Philosophie. Reflexionen über das Bildliche und die Phantasie*. Hg. Richard Heinrich und Helmuth Vetter. Wien und München 1991, S. 91–126, bes. S. 108 und S. 116.
46 Gabler hält diese erst ab der dritten Auflage zugespitzte und ergänzte Passage für einen Fremdkörper in Gottscheds System von „disparate[m] Charakter" (Hans-Jürgen Gabler: *Geschmack und Gesellschaft. Rhetorische und sozialgeschichtliche Aspekte der frühaufklärerischen Geschmackskategorie*. Frankfurt/M. und Bern 1982, S. 276). Damit ignoriert er aber die nichtpropositionalen Elemente des undeutlichen Geschmacksurteils, die sich bereits in den ersten beiden

sich bei der Bewertung von Literatur sowohl an die Regelunkundigen als auch an die Regelkundigen richtet.[47] Für beide macht der gute Geschmack die Prüfung der Regeln überflüssig, sodass „ein jeder Poet", d.h. eben auch ein Regelkundiger, „von rechtswegen damit versehen seyn solle." (ebd.) Gottsched denkt mit dieser Forderung nach dem guten Geschmack also prinzipiell die Möglichkeit mit, dass propositionales Wissen in Form der durch ihn vermittelten Regeln nicht ausreicht.

Damit stellt sich die Frage nach der Geschmacksbildung, die Gottsched in mehreren Schritten erläutert. Nachdem er mit Shaftesbury eine Analogie zu Verstand, Witz und Geist zieht,[48] betont er, dass weder der gute noch der schlechte Geschmack angeboren sind. Denn „Kinder sind auch hier, wie Affen", (AW 6.1, 178) und für schlechten Geschmack ist schlechte Erziehung durch „Aeltern oder Wärterinnen" (ebd.) verantwortlich. Vor allem die „einfältigsten Weibspersonen" seien „die erste Quelle des übeln Geschmackes" (AW 6.1, 179). Das Mittel der Wahl, um den guten Geschmack zu bilden, ist dagegen der „Gebrauch der gesunden Vernunft" (AW 6.1, 180), womit weniger das Wissen, sondern mehr die Praktik betont wird, zumal die explizite Kenntnis der ästhetischen Regeln gerade keine Voraussetzung dieser Bildung ist: „Nicht alle, die den guten Geschmack haben wollen: sondern nur die, welche ihn wieder herstellen wollen, müssen die Regeln der freyen Künste einsehen, darinnen sie etwas verbessern wollen." (AW 6.1, 181) Die Geschmacksbildung kann nämlich auch indirekt durch Nachahmung erfolgen: „Poeten von gutem Geschmacke zu lesen" (AW 6.1, 182) genügt, um „unvermerkt eine Geschicklichkeit, wohl zu urtheilen" (ebd.), zu erlangen. Dieses Lernen durch möglichst viel Übung ist also dezidiert nicht von den Regeln und von poetischen oder philosophischen Begriffen abhängig; die Regeln müssen nicht eingesehen werden, denn auch so wird die Übung eine „zärtliche Empfindung" (AW 6.1, 183) auslösen, auf die sich dann der gute Geschmack verlassen

---

Auflagen finden, zugunsten einer umstandslosen Harmonisierung von Verstand und Geschmack. Zum Verhältnis von Geschmack und Regelkompetenz in eine ähnliche Richtung argumentierend vgl. Hans Freier: *Kritische Poetik. Legitimation und Kritik der Poesie in Gottscheds Dichtkunst.* Stuttgart 1973, S. 127–130. Differenzierter zu dieser Passage vgl. Amann, *Arbeit des Geschmacks* 1999, S. 263–265.

47 Er schließt also nicht nur die „Lücke zwischen Regelwissen und Regelanwendung" (Martus, *Werkpolitik* 2007, S. 123), sondern auch jene zwischen Experten und Laien.

48 Zu Shaftesbury und der Geschmacksdebatte vgl. Albert Meier: Von Paris über Leipzig nach Kopenhagen? Dystopien des Klassizismus bei Johann Christoph Gottsched und Johann Elias Schlegel. In: *Topographien der Antike in der literarischen Aufklärung.* Hg. Annika Hildebrandt, Charlotte Kurbjuhn und Steffen Martus. Bern u. a. 2015, S. 117–128, hier S. 119; Amann, *Arbeit des Geschmacks* 1999, S. 205–220, bes. S. 213–220; Lothar Jordan: Shaftesbury und die deutsche Literatur und Ästhetik des 18. Jahrhunderts. Ein Prolegomenon zur Linie Gottsched-Wieland. In: *Germanisch-romanische Monatsschrift* 44 (1994), S. 410–424, hier S. 414f.

kann, weil er „doch aus der bloßen Empfindung endlich recht urtheilen" (AW 6.1, 192) wird. Das ausgesprochen anspruchsvolle Leistungsprofil des universell gebildeten Dichters wird mit der Geschmacksbildung also signifikant relativiert. In diesem Lektüreprogramm markiert Gottsched keine Grenzen; so viel wie möglich, scheint hier die Devise, wobei auch die Erläuterung der Regelkonformität in diesem auf potentiell unmäßige Lektüre abonnierten Programm zweitrangig ist.[49]

Die Frage, ob der Geschmack relativ und abhängig von Nation und Zeit sei, ist ein Topos der zeitgenössischen Geschmacksdebatte.[50] Gegen diesen Relativismus argumentiert Gottsched energisch, weil er einen universellen Maßstab für die „Schönheit eines künstlichen Werkes" ansetzt: das „Muster der Natur" (AW 6.1, 183). Während die Wahrscheinlichkeit nämlich durchaus historisch verschieden bewertet werden könne, wie Gottsched bei Homer bemerkt (vgl. AW 6.2, 259), ist der Geschmack dagegen absolut. In der „Meßkunst" (AW 6.1, 184) und wiederum in der Architektur findet Gottsched seinen Bildspender, um als Grundlage für diese Absolutheit das „genaue Verhältniß, die Ordnung und richtige Abmessung aller Theile" (AW 6.1, 183) auf die Literatur und Rhetorik zu übertragen. Der gute Geschmack erkennt also eine schöne Nachahmung an, aber keine Moden. Um dieses Argument zu führen, blickt Gottsched in die Literaturgeschichte. Nachdem er die Antike – zwar mit Einschränkungen – als vorbildlich beschrieben hat und Opitz und Boileau zu ihren neuzeitlichen Erben kürt, geht er gegen Hoffmannswaldau und vor allem gegen Lohenstein vor: Neidhardt und seine Schüler in Schlesien etwa „stopften insgemein ihre Sachen auf gut Lohensteinisch, ja noch weit ärger, voller Gelehrsamkeit" (AW 6.1, 190). Hier wird der Überfluss also zum Programm des schlechten Geschmacks, der in „schwülstigen Gedichte[n]" sich einer „zusammengestoppelten Menge von Namen, und hochtrabender Ausdrückungen" (ebd.) bediene und auch zu viel Gelehrsamkeit einsetze.

Beim Einsatz des Überflusses ist folglich eine weitreichende Asymmetrie zu erkennen. Einerseits ist das Urteil des guten Geschmacks an rationalen Regeln überprüfbar und folgt in der wahrscheinlichen Nachahmung der Natur immer dem rechten Maß, gerade wenn es um stilistische Kategorien geht, sodass auch ein Zuviel an Gelehrsamkeit zu einem Fehler werden kann. Anderseits aber wird der gute Geschmack keineswegs nur propositional gebildet, obwohl Gottsched ihn dem Verstand zurechnet. Der Geschmack selbst folgt in seinen undeutlichen

---

49 Dass Gottsched hier die frühe Prägung unterschätzt und die Wirkung moralischer Didaxe in der Literatur überschätzt, folgert Amann ohne weitere Ausführung oder Begründung aus dieser Passage (vgl. Amann, *Arbeit des Geschmacks* 1999, S. 265).
50 Vgl. Angelika Wetterer: *Publikumsbezug und Wahrheitsanspruch. Der Widerspruch zwischen rhetorischem Ansatz und philosophischem Anspruch bei Gottsched und den Schweizern*. Tübingen 1981, S. 128 f.

Urteilen keinen Regeln. Darin besteht seine Gefahr im Schlechten, wenn der verdorbene Geschmack seine Fehlurteile fällt. Zugleich aber liegt hier auch sein Potential im Guten, weil er zudem denen zugänglich ist, welche die Regeln (noch) nicht kennen. Der gute Geschmack bildet sich darum auch nicht primär durch die Vermittlung von Regeln, sondern durch die Lektüre möglichst vieler vorbildlicher Texte. Der Geschmack wird von Gottsched als Basis seiner *Critischen Dichtkunst* und der ab dem vierten Kapitel ausgeführten Kriterien inszeniert. Was also dem guten, was dem schlechten Geschmack folgt, wird zur „Arbeit, die alle folgende[n] Capitel" (AW 6.1, 193) erst klären. Entsprechend vage bleibt hier noch der Maßstab der Bewertung: die innere Vollkommenheit; die Bildspender aus der Architektur und Musik sprechen aber als Minimalanforderung die Sprache von „Zahl, Maaß und Gewicht" (AW 6.1, 183) – Kriterien der Begrenzung also, die vor allem nicht überschritten werden dürfen, wie es im schwülstigen Stil geschieht. Garant dieser Grenze innerhalb der prinzipiell unendlichen poetischen Möglichkeiten und damit Regulativ des Überflusses ist der gute Geschmack als Vermögen, intuitiv und schnell, klar und undeutlich, aber stets richtig zu urteilen.

VI Der Geschmack des Überflusses: milesische Fabeln, Ritterbücher, Romane

Wie in der Forschung öfter bemerkt wurde, orientieren sich die nun folgenden Kriterien der Kapitel vier bis sechs vor allem an Aristoteles und Wolff.[51] Die Nachahmung, das Wunderbare und das Wahrscheinliche werden zu Kategorien, welche die Literatur regulieren und dabei den Überfluss begrenzen: das Zuviel an Details, das Zuviel an Wundern und das Zuviel an Unvernünftigem. Dabei bündeln die Fehler von Homer, Vergil, Ariost, Milton, Voltaire und Sophokles die meiste Energie, womit es Gottsched weniger um die abstrakte Konkretisierung von Regeln als um eine kritische Praktik geht, welche die Reichweite der Regeln konkret bestimmt.[52] In dieser kritischen Praktik ist Gottsched durchaus flexibel, wenn er etwa in der Fabel sprechende Tiere oder Pflanzen lizensiert. Diese stellen kein Problem dar, solange eine strukturell konsistente Wahrscheinlichkeit

---

[51] Vgl. Achermann, Was Wunder? 2014, bes. S. 150 f.; Althaus, Kritische Dichtkunst 2014, S. 222–226; Lorenz, Shifting forms 2014, S. 96–99. Zur Verbindung von Geschmack und Modallogik vgl. Till Dembeck: *Texte rahmen. Grenzregionen literarischer Werke im 18. Jahrhundert (Gottsched, Wieland, Moritz, Jean Paul)*. Berlin und New York 2007, S. 159–164.

[52] In unserem gemeinsamen Beitrag im Gottsched-Handbuch führen Carolin Rocks und ich diesen Aspekt aus.

innerhalb eines potentiell unwahrscheinlichen Rahmens gewahrt bleibt (vgl. AW 6.1, 256). Es geht also darum, auch im Wunderbaren ein „Maaß und Ziel" (AW 6.1, 237) zu wahren und nicht etwa darum, das Wunderbare pauschal zu verwerfen.[53] Wie sich das Geschmacksurteil also im Einzelnen ausnimmt, ist gerade bei der Bestimmung der Grenzen des Wahrscheinlichen äußerst flexibel, was sich nicht nur im ersten allgemeinen Teil der *Critischen Dichtkunst* zeigt, sondern vor allem im Zusammenspiel mit dem zweiten besonderen Teil. Das Kapitel, das in diesem Zusammenhang die Probe aufs Exempel bildet, dehnt die Begriffe von Wahrscheinlichkeit und Nachahmung vielleicht am weitesten und gibt dabei Aufschluss über den klaren, aber undeutlich operierenden Geschmack: das erst in der vierten Auflage eingefügte Kapitel fünf „Von milesischen Fabeln, Ritterbüchern und Romanen". Das Kapitel folgt in den ersten 17 Abschnitten Huets *Traité de l'origine des romans* (1670), wie der Kommentar vermerkt (vgl. AW 6.4, 208), und schlägt sich damit auf diejenige Seite der zeitgenössischen Romantheorie, die eine Kontinuität zwischen Antike und Neuzeit postuliert.[54]

Während Gottsched im allgemeinen Teil noch den Roman sowohl ethisch als auch poetisch disqualifiziert (vgl. AW 6.1, 221), in die Nähe der Ammenmärchen rückt (vgl. AW 6.1, 213) und damit just in das gefährliche Alter, in dem der Geschmack verdorben wird, antwortet die vierte Auflage auf den Aufstieg des Romans mit diesem Kapitel.[55] Gegliedert ist das Kapitel in fünf Teile: Erstens gibt Gottsched eine Gattungsdefinition, zweitens verfolgt er die Gattung in der Antike und leitet aus diesen Texten drittens erste Regeln für die Gattung ab. Viertens gibt er die weitere Gattungsgeschichte bis zum Barock wieder, um fünftens abermals mit nun erweiterten und aus den bisherigen Erläuterungen abgeleiteten Regeln zu enden, die als Bewertungsmaßstäbe künftiger Texte gelten sollen.

---

53 Vgl. Hendrik Schlieper: „Ich gedenke dieses trefflichen Buches mit Fleiß allhier". Cervantes' „Don Quijote", der Roman und das Wunderbare in Gottscheds „Critischer Dichtkunst". In: *Johann Christoph Gottscheds „Versuch einer Critischen Dichtkunst" im europäischen Kontext*. Hg. Leonie Süwolto und Hendrik Schlieper. Heidelberg 2020, S. 69–87, hier S. 76 f.
54 Vgl. Werner Krauss: Zur französischen Romantheorie des 18. Jahrhunderts. In: *Nachahmung und Illusion. Kolloquium Gießen Juni 1963. Vorlagen und Verhandlungen*. Hg. Hans Robert Jauß. 2. Auflage. München 1969, S. 60–71; 187–195, hier S. 65–67. Zur Huet-Rezeption vgl. Wilhelm Voßkamp: *Romantheorie in Deutschland. Von Martin Opitz bis Friedrich von Blanckenburg*. Stuttgart 1973, S. 72–95 und S. 147–151, bes. S. 93 f.
55 Zur literaturpolitischen Dimension dieser Erweiterung allgemein vgl. Martus, Werkpolitik 2007, S. 120 f.; am Beispiel der Fabel konkret vgl. Eichhorn, Selektive Lektüren 2020; zum Profil des Ritterromans und zur Rolle des wahrscheinlichen Wunderbaren im Romankapitel der *Critischen Dichtkunst* vgl. Schlieper, Der Roman und das Wunderbare 2020, bes. S. 72–75 und S. 81–87. Eine Poetik des Paratextes entdeckt Dembeck in den Relationen zwischen dem allgemeinen und dem besonderen Teil (vgl. Dembeck, *Texte rahmen* 2007, S. 64–83).

Nach einer spekulativen Herleitung aus den alttestamentarischen Büchern Esther, Judith und Tobias definiert Gottsched die milesischen Fabeln und Romane durch eine „verliebte Geschichte [...], die durch allerley geschickte Nebenfabeln wahrscheinlich gemacht, und erweitert wird." (AW 6.2, 453) Damit relativiert er die etwa im vierten Kapitel des allgemeinen Teils aufgestellte Regel, derzufolge Nebenhandlungen nur unter strikter Funktion für die Haupthandlung angezeigt sind (vgl. AW 6.1, 212). Nach der Definition gibt Gottsched einen kurzen historischen Abriss der Gattung, in der der Überfluss abermals signifikant ist, weil die milesische Fabel als Ausdruck der „im Ueberflusse" lebenden und darum „zu den Wollüsten geneigt[en]" Ionier auf die Bühne der Literaturgeschichte tritt (AW 6.2, 454). Dabei hat diese Form der Literatur als Ausdruck einer luxurierenden Lebensart nicht nur eine ethische, sondern vor allem eine politische Dimension. Denn nachdem die Perser über die Ionier militärisch siegen, unterstützen sie die Fortführung ihrer Lebensart, „damit sie keinen Aufstand von ihnen zu besorgen hätten" (ebd.), wobei der Überfluss sogar zum Mittel wird, sich benachbarte Völker – hier die Lydier – militärisch unterlegen zu machen. Literarische Raffinesse und politische Dekadenz gehen also eine Allianz ein, wobei die milesischen Texte „sehr frech und geil" (AW 6.2, 455) diese Raffinesse ins Extreme steigern und deshalb eponymisch für die Gattung stehen. In Homers *Odyssee* erkennt Gottsched exemplarisch die Struktur der verliebten Geschichte mit Nebenhandlungen, die stilbildend für die milesischen Fabeln der Antike wird. Sein Streifzug führt Gottsched über die verlorenen frühen Texte zu Heliodor und weiter zu Ovid, Vergil, Petron und Apuleius. Dabei betont er nicht nur die mit dem Roman verbundenen politischen Probleme, sondern mit „dem Verfalle der schönen Wissenschaften" (AW 6.2, 459) und den in der Kaiserzeit „wollüstiger" (AW 6.2, 460) werdenden Römern immer auch die negativen Aspekte der Gattung, die bis zu einem gewissen Grad als ethische und ästhetische Verfallserscheinung interpretiert werden. Dieser Durchgang durch die antiken Formen gibt einen Einblick in die Praktik der Kritik, die hier weniger auf Argumente oder auf durch Textbeispiele gestützte Interpretationen setzt, sondern mehr auf kurze, schnelle Urteile, die auf frühere Kritiken – wie etwa Huet oder Photius – zurückgreifen und dabei Partei für diese Bewertungen ergreifen. Dass Apuleius' Stil etwa „entsetzlich hart, wilde und gezwungen; kurz, recht africanisch" (AW 6.2, 461) sei, behauptet Gottsched, ohne das Argument zu erläutern oder an Beispielen zu belegen. Die im allgemeinen Teil formulierten Kriterien für einen guten Geschmack spielen darüber hinaus bei vielen dieser Urteile keine größere Rolle, wie hier der Fokus auf den Stil andeutet. Entsprechend steht die Explikation der größtenteils negativen oder zumindest stark eingeschränkt positiven Bewertungen, die die *Critische Dichtkunst* vornimmt, nicht im Vordergrund; sie setzt Evidenz in weiten Teilen voraus, ohne sie nachvollziehbar herzustellen. Damit bildet sie das Geschmacksurteil praktisch ab, wenn sie die Grenzen des Wahrscheinlichen oder des guten Stils absteckt: sie urteilt klar, aber nicht immer deutlich.

Bevor er die Literaturgeschichte der Gattung weiterverfolgt, kommt Gottsched zum „Wesen" und den „Regeln einer rechten milesischen Fabel" (AW 6.2, 462), wobei er definitorisch die Regeln und die Basis der literaturgeschichtlichen Einordnungen verdeutlicht. Neben der Wahrscheinlichkeit, die sich abermals nicht etwa an einem sprechenden Esel stört, ist besonders die „Einheit der Handlung" (AW 6.2, 463) für Gottsched wichtig. Diese wird – wie bereits in der Definition – aber sehr weit ausgelegt; „eine doppelte Handlung" (ebd.) ist genauso wenig ein Problem wie verschiedene Nebenhandlungen, solange die Bezüge zwischen den Handlungssträngen Konsistenz erzeugen.

Anschließend stellt Gottsched die weitere Gattungsgeschichte nach „dem Verfalle des guten Geschmackes und der Wissenschaften" (AW 6.2, 466) mit Blick auf den Untergang des römischen Reiches dar und fokussiert den deutschen Ritterroman, um schließlich die Romane des Barocks zu kritisieren. In weiten Teilen ähnelt der gattungsgeschichtliche Überblick einem Katalog, was Gottsched auch reflektiert (vgl. AW 6.2, 475). Diesen Katalog bündelt er in einer globalen Kritik, die sich – wie schon bei Apuleius – weniger auf die aufgestellten Regeln der Wahrscheinlichkeit, sondern abermals auch auf ihre „schwülstige[] und unrichtige[] Schreibart" (ebd.) bezieht. Statt selbst eine Kritik der einzelnen Romane zu geben, erläutert Gottsched abschließend die Regeln der Gattung, damit die Leser „selbst von den vorkommenden Romanen urtheilen können" (ebd.). Er fordert erstens wahrscheinliche Personen, zweitens eine fokussierte Ordnung der Handlung *in medias res*, die nicht an den Lebensdaten der Hauptfigur orientiert ist und alles chronologisch erzählt. Drittens soll sich ein guter Roman auf die Haupthandlung konzentrieren und dabei viertens eine historische Schreibart wählen, die Gottsched gegen einen „schwülstig[en] und hochtrabend[en]" (AW 6.2, 477) Stil abgrenzt. Schließlich betont Gottsched die ethische Dimension des Romans, indem er fordert, „daß ein guter Roman auch den Sitten keinen Schaden thun muß" (ebd.). Das vierte und fünfte Kriterium inszeniert er als Totschlagargumente, wobei gerade die ethische Mangelhaftigkeit „unzählich vielen Romanen [...] de[n] Stab" (ebd.) bricht. Regeln und Ordnung sind also in der kritischen Praktik dieses Kapitels nicht die Leitkriterien der Argumentation, auch wenn sich mit Wahrheit und Moral am Schluss der Kreis schließt, wie Voßkamp bemerkt.[56] Stattdessen stellt das Kapitel mit Geschmacksurteilen vor allem der Schreibart die vielen Defizite und die wenigen Verdienste der Romane dar, wobei nicht die gesamte Gattung disqualifiziert wird. Ein guter Roman in der

---

56 Vgl. Voßkamp, *Romantheorie* 1973, S. 151.

Nachfolge milesischer Fabeln und Ritterromane ist möglich, er ist – wie etwa Lohensteins *Arminius*, Pluches *Séthos*[57] oder Ramsays *Cyrus* – nur so selten und angesichts der Gattungstradition so ambitioniert, dass ihn Gottsched schlicht für ein Projekt der Zukunft hält.

VII Fazit

Der Überfluss ist im Spannungsfeld von Fülle, Mangel und Maß ein Testfall für Gottscheds Regelpoetik. Denn mit der Abundanz verschärfen sich die Bemühungen um die Explikation der Regeln genauso wie die konkrete Auslegung. Das Ringen um das rechte Maß ist nämlich ein Grundproblem der Poetik, das sich in der Frühaufklärung auf rhetorischer Basis spezifisch stellt. Für Gottsched ist der Überfluss auf fünf Ebenen virulent. In der Makrostruktur der *Critischen Dichtkunst* zeigt sich mit der massiven Erweiterung eine stabile begriffliche Basis, die an entscheidenden Stellen – wie dem guten Geschmack oder der Wahrscheinlichkeit – modifiziert und ausgeweitet wird. Auf dieser Basis der ersten Hälfte des allgemeinen Teils kann die Poetik sowohl die rhetorischen Verfahren in dessen zweiter Hälfte als auch die unerschöpflichen generischen Formen des besonderen Teils integrieren, der in der vierten Auflage entschieden proliferiert. Auf einer zweiten Ebene ist der Überfluss bei der paratextuellen Rahmung wichtig. Er ist das Mittel in der Widmungsode, um die Antike programmatisch zu überbieten, und die Voraussetzung für die inszenierte Übereignung der Poetik. Die Vorrede zur ersten Auflage setzt mit dem Geschmacksurteil das Bedürfnis nach expliziten Regeln in Szene und kombiniert dabei einen weiten Literaturbegriff mit einem prozessualen Konzept von Kritik, deren Regeln erst noch erläutert werden müssen. In der umfangreich kommentierten Horaz-Übersetzung schließlich wird der funktionale Literaturbegriff zwischen *prodesse* und *delectare* anhand des Überflusses konturiert. Auf einer dritten Ebene wird dieser Überfluss in Gottscheds Narrative vom Ursprung und Wachstum der Literatur integriert, indem der Überfluss an Affekten den Reichtum und die Vielfalt literarischer Gattungen begründet. Dabei setzt die *Critische Dichtkunst* die affektive Funktion der Literatur vor ihre ethische und begrenzt die Rolle der Sentenz auf die Tragödie ebenfalls anhand des Überflusses. Auf einer vierten Ebene spielt der Überfluss eine Rolle beim entscheidenden Vermögen, das diesen reguliert: dem guten Geschmack.

---

[57] Der Kommentar vermerkt, dass der Roman – *Séthos, Histoire ou vie tirée des monumens anecdotes de l'ancienne Égypte* – nicht wie Gottsched hier schreibt von Noël-Antoine Pluche stammt, sondern von Jean Terrasson (vgl. AW 6.4, 220).

Dieser setzt dem Überfluss das Maß, aber auch dem enorm anspruchsvollen Profil des *poeta doctus*. Mit klaren, aber undeutlichen Urteilen muss die Poetik nicht auf verdeutlichten Regeln basieren. Darüber hinaus wird der Überfluss in der Geschmacksbildung eingesetzt, indem gerade in der tendenziell unbegrenzten Lektüre vorbildlicher Texte die Regeln auch ohne Explikation vermittelt werden. Das Beispiel der milesischen Fabeln und Romane führt auf eine fünfte Ebene, welche die kritische Praktik der *Critischen Dichtkunst* beleuchtet. Diese Praktik funktioniert nur zum Teil deduktiv; sie stützt sich auf frühere Urteile und verfährt im Rahmen eines gattungsgeschichtlichen Abrisses, indem sie klar und undeutlich urteilt. Insofern die Regeln der Gattung erst am Ende erläutert werden, um künftige Urteile zu fundieren, bildet das Kapitel das Geschmacksurteil strukturell ab genauso wie es verdeutlicht, dass auch Gattungen, die den Rahmen der Regelpoetik zu sprengen drohen, kritisch beurteilt werden können. In der Auslegung seiner Kategorien ist Gottsched also wesentlich flexibler, als es die Formulierungen seiner Urteile vermuten lassen. Moralische Didaxe ist damit gerade nicht zentral für die Basis der *Critischen Dichtkunst*; sie ist vielmehr um die Bestimmung des rechten Maßes bemüht, die nur über die Kategorie des Überflusses überhaupt zu verstehen ist.

Roman Kuhn
La poésie, chose très nécessaire. Voltaire und die Debatte über das rechte Maß (in) der Dichtung

‚Exzess' und ‚Übermaß' sind Zuschreibungen, die man in der Forschung zur französischen Klassik eher selten finden dürfte. Im Gegenteil ist es gerade der Ruf dieser Literatur, dass sie allenfalls ein Zuviel an Regelhaftigkeit aufweist und darüber hinaus – man denke nur an Spitzers „klassische Dämpfung" – auch sprachlich-rhetorisch nicht zu exzessiven Ausbrüchen neigt. Zwar leitet Spitzer seine Stiluntersuchung mit der Bemerkung ein, Racines Texte zeichneten sich dadurch aus, dass zwischen dem „Nüchtern-Gedämpfte[n]" und „Verstandesmäßig-Kühle[n]" immer wieder auch unvermutete poetische Ausbrüche zu finden seien, nach denen aber – und darauf kommt es Spitzer an – „rasch ein Löschhütchen von Verstandeskühle das sich schüchtern hervorwagende lyrische Sich-Ausschwelgen des Lesers niederdämpft."[1] Es soll an dieser Stelle nicht darum gehen, ob Spitzers Interpretation des Racine'schen Stils und das unterliegende Verständnis der Affektrhetorik angemessen ist,[2] sondern schlicht um die Feststellung, dass die Dichtung der Klassik ganz offensichtlich mit der Abwesenheit oder zumindest dem kontrollierten Niederhalten von allem Exzessiven im Ausdruck assoziiert wird. Die ältere französische Forschung pflichtet dem bei: So ist bei Peyre „le classicisme" als ein „art de limitation"[3] charakterisiert; er spricht mitunter analog zu Spitzer von einem „frein"[4] im Stil und verbindet die Klassik schließlich gar mit einem französischen Nationalcharakter, der dem Exzess abgeneigt sei: „Si [...] nous voulions rechercher derrière l'esthétique les préoccupations chères au peuple de France, nous pourrions nous risquer à voir [...] ces qualités (d'aucuns diraient – ces affreux défauts) du peuple français: l'économie, la tempérance, la peur de l'excès et la peur du risque."[5] Génetiots neuere, umfassende Studie zum Klassizismus ist in dieser Hinsicht wesentlich differen-

---
1 Leo Spitzer: Die klassische Dämpfung in Racines Stil (1928). In: Ders.: *Romanische Stil- und Literaturstudien*. Marburg 1931, S. 135–268, hier S. 135.
2 Vgl. dazu Klaus W. Hempfer: Spitzers ‚Klassische Dämpfung' – Ein ‚klassisches' Mißverständnis der Affektrhetorik. In: *Ethos und Form der Tragödie. Für Maria Moog-Grünewald zum 65. Geburtstag*. Hg. Niklas Bender, Max Grosse und Steffen Schneider. Heidelberg 2014, S. 315–336.
3 Henri Peyre: *Qu'est-ce que le classicisme*. Paris ²1965 (1933), S. 162.
4 Ebd., S. 144.
5 Ebd., S. 155.

zierter – aber auch er beendet seine Analyse mit einem Abschnitt zum „juste tempérament" des Stils der Epoche, die im Anschluss an das horazische Lob der *aurea mediocritas* eine „voie moyenne" suche zwischen den „excès inverses de l'enflure et de la bassesse."[6]

An eine solche vorsichtige Analyse können die folgenden Ausführungen anschließen, denn sie lässt sich auch so lesen, dass bei allen Ausgleichsbemühungen die jeweiligen ‚Exzesse' mitgeführt werden und zumindest potenziell realisiert oder poetologisch reflektiert und auch reklamiert werden können. Dabei wird sich einerseits zeigen, dass die damit verbundene poetologische Diskussion bis weit ins achtzehnte Jahrhundert fortgesetzt wird und namentlich bei Voltaire Widerhall findet. Andererseits wird augenfällig werden, wie sehr es auf die genaue Bestimmung des jeweiligen ‚Exzesses' ankommt: Denn dass sowohl „enflure" als auch „bassesse" zu vermeiden seien, dürfte wohl auf etliche Stilvorstellungen zutreffen und kaum exklusiv die französische Klassik bezeichnen. Es wird also darauf ankommen, auch *historisch* zu differenzieren, was genau unter ‚Exzess' und ‚Überschuss' gefasst wird und wo sich gegebenenfalls Verschiebungen feststellen lassen und Oppositionsverhältnisse neu oder anders ausgehandelt werden. Bevor also Voltaires Position in der Debatte um Maß und Exzess in der Dichtung – die, wie sich zeigen wird, mit der breiteren Luxus-Diskussion einerseits und der Shakespeare-Rezeption andererseits verschränkt ist –[7] bestimmt werden kann, ist ein Blick auf einige poetologische Stellungnahmen des siebzehnten Jahrhunderts nötig.

I Klassischer Überschuss: *Étonnement* und *merveilleux*

Betrachtet man einige zentrale poetologische Texte der französischen Klassik näher, stellt man schnell fest, dass die Auseinandersetzung mit Exzess und Übermaß – oder auch nur Überschuss – in verschiedener Hinsicht durchaus eine zentrale Rolle spielt. Dies beginnt bereits mit dem ökonomischen Argument, mit dem die Entwicklung und Existenz der Dichtung und insbesondere der öffentlichkeitswirksamsten Form der Dichtung, des Theaters, überhaupt begründet

---

6 Alain Génetiot: *Le Classicisme*. Paris 2005, S. 461.
7 Vgl. zur Luxus-Diskussion einführend etwa Pierre Rétat: Luxe. In: *Dix-huitième siècle* 26 (1994), S. 79–88; Christine Weder und Maximilian Bergengruen: Moderner Luxus. Einleitung. In: *Luxus. Die Ambivalenz des Überflüssigen in der Moderne*. Hg. Christine Weder und Maximilian Bergengruen. Göttingen 2011, S. 7–31.

wird. So ist beispielsweise in d'Aubignacs *Pratique du théâtre* die Rede von einer Repräsentationsfunktion des Theaters, die zwar formal hinter der didaktischen Funktion anstehe, aber nicht zu vernachlässigen sei, gerade weil sie sich etwas ‚eigentlich Überflüssiges' leiste und so indirekt die ökonomische Potenz des Staates markiere:

> Aussi, quelles marques plus sensibles, & plus generales pourroit-on donner de la grandeur d'un Etat, que ces illustres divertissemens? C'est par là que durant la paix on fait paroître qu'il a beaucoup de richesses superfluës, beaucoup d'hommes inutiles sans lui être à charge, beaucoup de jours exempts des occupations necessaires à l'entretien d'un si grand Corps [...].[8]

Bereits hier begegnet man also der Entgegensetzung von Notwendigem und Überflüssigem, die in der späteren Luxusdiskussion (und insbesondere in Voltaires *Mondain*) eine zentrale Rolle spielen wird – und auch hier bereits mit der charakteristischen paradoxalen Verschränkung, denn der Hinweis auf das ‚eigentlich Überflüssige' soll genau eines beweisen, so die Kapitelüberschrift: „la Necessité des Spectacles". Ein Staat, hat er einmal die „qualitez necessaires" ausgebildet, gebe darüber hinaus „joie" und „contentement" an seine Untertanen weiter – und ein Staatsmann kröne sein politisches Werk durch „plaisirs publics".[9] Die Deutlichkeit, mit der d'Aubignac den, wenn man so will, spektakulären Wert der Wissenschaften, der fremden Eroberungen, des Theaters und sonstiger Errungenschaften des Staates vor deren ‚Nutzwert' einordnet, ist frappierend. Die nachgeschobene Erklärung, dass das Theater selbstverständlich eine didaktisch-moralische Funktion habe,[10] wirkt angesichts der Feier des Übermaßes beinahe blass.

Noch an einer weiteren, zentraleren Stelle kommt der Überschuss bzw. der Exzess in der klassizistischen Dichtungstheorie ins Spiel. Denkt man beim *merveilleux*, dem Wunderbaren, nicht sofort an den (heidnischen oder christlichen) Götterapparat, sondern zunächst an ein *merveilleux* des Stils oder ein *merveilleux* im Handlungsverlauf,[11] dann geht es auch hier um ein Überschießen über das

---

8 François Hédelin, Abbé d'Aubignac: *La Pratique du théâtre und andere Schriften zur* Doctrine Classique. Hg. Hans-Jörg Neuschäfer. München 1971, S. 2.
9 Ebd. Man erkennt leicht das Echo der Kulturpolitik Richelieus, die d'Aubignacs Text selbst bekanntermaßen erst angeregt hat und die dieser Konzeption zugrunde liegt, vgl. die Einleitung des Herausgebers in d'Aubignac: *La Pratique du théâtre* 1971, S. IX, Déborah Blocker: *Instituer un „art". Politiques du théâtre dans la France du premier XVIIe siècle*. Paris 2009, S. 109–184.
10 Vgl. d'Aubignac: La Pratique du théâtre 1971, S. 3–6.
11 Vgl. Georges Forestier: Le merveilleux sans merveilleux. In: *XVIIe siècle* 46 (1994), S. 95–103. Forestier zeichnet nach, wie die spätere *Querelle du merveilleux* frühere Begriffsverwendungen,

Gewöhnliche, Erwartbare, das erst über Erstaunen (*étonnement*) Bewunderung (*admiration*) auslöst. So definiert das *Dictionnaire de l'Académie* (1694) das Adjektiv „merveilleux" als Äquivalent zu „admirable, surprenant, étonnant" und setzt für die Dichtung hinzu: „Cette partie de la fable qui cause de l'admiration. *Le merveilleux doit estre joint au vray semblable*".[12] An dieser Minimaldefinition sind drei Aspekte bemerkenswert: Zunächst die Gleichordnung von *admiration*, *surprise* und *étonnement* (hierauf ist sogleich zurückzukommen), sodann die Tatsache, dass am Ausgang des siebzehnten Jahrhunderts, nachdem die sogenannte *Querelle du merveilleux* die Diskussion bereits auf die Frage nach einem christlichen oder paganen Götterapparat verengt hatte, ganz ohne einen Bezug auf diese Auseinandersetzung allgemein jegliche Elemente der *histoire*, die überraschen, als *merveilleux* ausgewiesen werden, und schließlich, drittens, die geforderte Verbindung von Wunderbarem und Wahrscheinlichem. Letztere schränkt zwar die Möglichkeit, Wunderbares in den Handlungsverlauf einzuweben, stark ein, aber beide Forderungen bleiben bestehen und werden aufeinander bezogen, wie bereits Bray feststellt: „Si la vraisemblance est la condition à laquelle doit satisfaire la poésie pour intéresser, le merveilleux est cela même qui excite l'intérêt. [...] C'est dire qu'il est une partie absolument indispensable à la poésie."[13] Einerseits muss sich also der Überschuss über das ‚Normale', Vorhersehbare der Forderung nach Wahrscheinlichkeit unterordnen – was andererseits aber keineswegs heißt, dass er damit seinen exzessiven, überschießenden Charakter verlöre. Davon zeugt auch die bereits angesprochene Verbindung von *merveilleux*, *étonnement* und *surprise:* Anders als in der späteren Verengung auf den Götterapparat, dessen Verwendung beispielsweise im Epos (sei er nun christlicher oder heidnischer Provenienz) gerade nicht überraschend ist, ist das *merveilleux*, das etwa Chapelain auf die Entwicklung der *histoire* bezieht, explizit an die Überraschung des Zuschauers gebunden. In der Verschränkung von *merveilleux* und *vraisemblance* (und *bienséance*) bedingen sich beide Aspekte gegenseitig: Charaktere müssen wahrscheinlich und konsistent gezeichnet werden und erst wenn dies der Fall ist, sich aber dennoch etwas Unerwartetes ereignet, entsteht das Wunderbare, das keineswegs aus erratischem, zufälligem Verhalten resultieren kann, sondern nur aus der Verbindung von erwartetem Verhalten und unerwartetem Ausgang.

---

die einerseits auf eine Vermittlung von *vraisemblance* und überraschendem *merveilleux* auf der Ebene der *histoire* abzielen (Chapelain) oder direkt den Stil betreffen (Rapin), überlagert.

12 *Le Dictionnaire de l'Académie françoise*, Paris 1694, Bd. 2, S. 46 (s.v. „Merveilleux").
13 René Bray: *La formation de la doctrine classique en France*. Paris 1974 (1927), S. 231. Vgl. zum Verhältnis der beiden Forderungen allgemein auch Nathalie Kremer: La belle alliance du merveilleux et du vraisemblable dans la théorie classique. In: *La beauté du merveilleux*. Hg. Aurélie Gaillard und Jean-René Valette. Bordeaux 2011, S. 249–263.

Wahrscheinlichkeit und *bienséance* sind also notwendige Bedingung für das Wunderbare: „Ce qui fait desirer une si exacte observation de ces loix est qu'il n'y a point d'autre voye pour produire le Merveilleux, qui ravit l'ame d'estonnement & de plaisir, & qui est le parfait moyen dont la Poësie se sert pour etre utile."[14] Auch hier erscheint die didaktische Funktion der Dichtung als ein beinahe blasses Anhängsel gegenüber dem durch Staunen induzierten Genuss.

Davon, dass eine solche Poetik des Staunens sich im Laufe des siebzehnten Jahrhunderts keineswegs verliert, auch wenn sich eine leichte begriffliche Verschiebung andeutet und nun nicht mehr die *histoire*, sondern der Stil im Vordergrund steht, zeugen Boileaus Überlegungen zum Erhabenen im Vorwort zu seiner Übersetzung des *Traité du sublime* des Pseudo-Longinos. Das Erhabene wird bereits im Untertitel der Schrift als „merveilleux dans le discours"[15] bezeichnet und, ganz analog zu Chapelain, mit einer Reihe von Überwältigungsmetaphern bestimmt: „cet extraordinaire et ce merveilleux qui frape dans le discours, et qui fait qu'un ouvrage enleve, ravit, transporte."[16] Zugleich aber grenzt Boileau das Erhabene in diesem Sinne auch von einer anderen Art des Exzesses ab, demjenigen der modernen Dichter nämlich, die ihre Texte mit Bombast ausschmücken: diese „débauches et [...] excès des Poëtes modernes"[17] verhinderten die Wirkung des Erhabenen, da sie gerade nicht überraschend wirkten. Worauf Boileau also hinaus will, ist eine Art paradoxer Effekt von Überfülle und Exzess im Schlichten, Bescheidenen und zunächst Unauffälligen.[18]

---

14 Jean Chapelain: *Les sentimens de l'Académie Françoise sur la tragi-comédie du Cid*. Paris 1638, S. 35 f.
15 Nicolas Boileau: Traité du sublime. In: *Œuvres complètes*. Hg. Françoise Escal, Paris 1966, S. 331–440, hier S. 338.
16 Ebd. Die Verbindung des *sublime* mit einem Effekt der Überraschung wird in der Folge deutlich: „Il faut donc entendre par Sublime dans Longin, l'Extraordinaire, le Suprenant, et comme je l'ai traduit, le Merveilleux dans le discours."
17 Ebd, S. 337.
18 Vgl. Nicholas Cronk: *The Classical Sublime: French Neoclassicism and the Language of Literature*. Charlottesville 2002, S. 101–103. Es kann an dieser Stelle nicht darauf eingegangen werden, dass Boileaus Bestimmung des Erhabenen in seinem Vorwort zu Longinus' *Traité* insofern ein poetologisches Problem aufwirft, als sie in Spannung zum *aptum*-Prinzip steht; vgl. Franz Penzenstadler: *Romantische Lyrik und klassizistische Tradition. Ode und Elegie in der französischen Romantik*. Stuttgart 2000, S. 99, Anm. 41. Hier, wie schon bei Chapelains Forderung nach einer Verbindung von *merveilleux* und *vraisemblance*, scheint erneut die Rolle des Überraschenden, Ungewöhnlichen zentral, die sich mit dem *aptum*-Prinzip nur schwer vereinbaren lässt, die aber dennoch darauf angewiesen ist, dass dieses nicht gänzlich außer Kraft gesetzt wird: Während das *merveilleux* gerade aus der überraschenden Wendung wahrscheinlichen Verhaltens resultiert, so ist die Wirkung des *sublime* darauf zurückzuführen, dass die vorgeschriebene, adäquate Relation von Stil und Sache für einen überraschenden Moment suspendiert wird – während sie grund-

In beiden Fällen, bei Chapelain und bei Boileau, mit Bezug auf die *histoire* wie mit Bezug auf den Stil, geht es beim *merveilleux* um einen gewissermaßen kontrollierten Exzess, oder genauer: um einen Überschuss, der erst als solcher erscheint, weil seine Grenzen umso strenger gesetzt sind. Darüber hinaus arbeiten Boileau und auch Chapelain gleichermaßen die überwältigende, überraschende Wirkung dieser paradoxen Konstellation mit keineswegs zurückhaltendem Vokabular heraus: „étonnement", „ravir".

Dass dies keine nebensächliche Begriffsverwendung ist, zeigt der Vergleich mit einem weiteren Text aus der Mitte des Jahrhunderts, der die hinter dem Begriffspaar „admiration" und „étonnement" verborgene alte Opposition von *admiratio* und *stupor* explizit macht[19] und letzteren Affekt explizit als schädlich ausweist. Descartes' Text *Les passions de l'âme* greift im Kapitel LXXIII, das dem *étonnement* gewidmet ist, auf das vorangegangene Kapitel zur *admiration* zurück, um die beiden Affekte voneinander abzugrenzen:

> Et cette surprise a tant de pouvoir, pour faire que les esprits, qui sont dans les cavitez du cerveau, y prenent leur cours vers le lieu où est l'impression de l'objet qu'on admire, qu'elle les y pousse quelquefois tous, & fait qu'ils sont tellement occupez à conserver cette impression, qu'il n'y en a aucuns qui passent de la dans les muscles [...]: ce qui fait que tout le corps demeure immobile comme une statuë, & qu'on ne peut apercevoir de l'objet que la première face qui s'est présentée, ny par consequent en acquerir une plus particuliere connoissance. C'est cela qu'on nomme communement estre estonné; & l'Estonnement est un exces d'admiration, qui ne peut jamais estre que mauvais.[20]

Vielleicht zeigt sich in der Berufung auf das *merveilleux* und die fundamentale Bedeutung des *étonnement* damit auch ein zentraler Unterschied zwischen der Rationalität, auf die sich die klassische Dichtungstheorie immer wieder beruft, und derjenigen Art von Rationalität, wie sie bei Descartes entworfen wird.[21] In

---

sätzlich weiterhin gilt (sonst wäre die Durchbrechung nicht überraschend). Boileaus Betonung des Überraschungseffekts findet sich unmittelbar in der Gegenüberstellung von *sublime* und *style sublime*: „Une chose peut estre dans le stile Sublime, et n'estre pourtant pas Sublime, c'est-à-dire n'avoir rien d'extraordinaire ni de surprenant"; Boileau: Traité du sublime 1966, S. 338.
19 Vgl. zur Begriffs- und Ideengeschichte, in der diese Opposition immer wieder neu ausgehandelt wurde: Stefan Matuschek: *Über das Staunen. Eine ideengeschichtliche Analyse*. Tübingen 1991. Vgl. auch Claus Zittel: Spielräume des Staunens bei Descartes. In: *Staunen als Grenzphänomen*. Hg. Nicola Gess et al. München 2017, S. 41–65, hier S. 44–45.
20 René Descartes: *Les passions de l'âme*, Paris 1649, S. 99 f.
21 Vgl. allgemein bereits Gustave Lanson: L'influence de la philosophie cartésienne sur la littérature française. In: *Revue de Métaphysique et de Morale* 4 (1896), S. 517–550, insbes. S. 534 f. Vgl. Annie Becq: *Genèse de l'esthétique française. De la raison classique à l'imagination créatrice (1680–1814)*. Paris 1994, S. 41 f. Dies heißt freilich nicht, dass in der Diskussion um das *merveilleux* in ästhetischer Hinsicht nicht auch auf Descartes Bezug genommen werden kann. Für

jedem Fall bleibt auffällig, dass die poetologische Diskussion den *étonnement*-Begriff, den Descartes nur als schädlichen *excès d'admiration* fasst, ins Positive wendet.

Während die eine Art des Exzesses, die der *étonnement*-Begriff beschreibt, also als distinktive Qualität der Dichtung verstanden werden kann, so finden sich zugleich immer wieder Warnungen vor einer anderen Art des Exzesses, die Boileau im Vorwort zur Longin-Übersetzung bereits andeutet. Eine ausführliche Kritik am pompösen Stil und der Verfälschung formuliert Boileau in seiner neunten Versepistel. Unter der Devise „rien n'est beau que le vrai"[22] findet sich zunächst eine Kritik eines bemüht geistreichen Langweilers:

> Il s'est fait de sa joye une loy necessaire,
> Et ne déplaist enfin que pour vouloir trop plaire.
> La simplicité plaist sans étude et sans art.[23]

Erneut begegnet hier die Paarung von Notwendigem und *joie*, nur dass hier die Wertung anders ausfällt als bei d'Aubignac: Während dort das eigentlich Überflüssige gleichsam nebenbei zum Notwendigen wird, so soll es hier forciert zum Notwendigen erkoren werden – und scheitert gerade deshalb: Der Überschuss („trop") wird zum Überdruss, weil der Kontrast fehlt. Schließlich mündet diese Feststellung in eine Kritik der luxuriösen Verweichlichung unter Berufung auf einen früheren Zustand der Einfachheit:

> Jadis l'Homme vivoit au travail occupé;
> Et ne trompant jamais, n'estoit jamais trompé. [...]
> Aucun Rheteur encore arrangeant le discours,
> N'avoit d'un art menteur enseigné les détours.
> Mais si-tost qu'aux Humains faciles à séduire,
> L'Abondance eut donné le loisir de se nuire,
> La Molesse amena la fausse Vanité. [...]
> L'or éclata par tout sur les riches habits.
> On polit l'émeraude, on tailla le rubis; [...]
> Tout ne fut plus que fard, qu'erreur, que tromperie.[24]

---

einen manifesten intertextuellen Bezug im kunsttheoretischen Diskurs der Zeit vgl. Rogier Gerrits: Grasping the „merveilleux" at the Académie Royale de Peinture et de Sculpture. In: *Working Paper des SFB 980 Episteme in Bewegung* (in Vorbereitung).

22 Boileau: Epistre IX. In: *Œuvres complètes*. Hg. Françoise Escal. Paris 1966, S. 133–137, hier S. 134.
23 Ebd., S. 135.
24 Ebd., S. 135 f.

Die topischen Verweise auf Gold und Edelsteine lassen es aussehen, als entstamme der Text einzig der Luxus-Kritik und -Satire,[25] und machen beinahe vergessen, dass es sich um einen vorrangig auf die Dichtung bezogenen Text handelt. Hier, wie schon in den oben zitierten Eingangsversen, dürfte die poetologische Essenz der Kritik an der *abondance* darin liegen, dass der unbeschränkte Überfluss, die Allgegenwärtigkeit („par tout", „tout ne fut que") den Genuss nicht erzeugt, sondern verhindert: Es handelt sich um quantitative Redundanz und nicht um qualitative Exzellenz.

Bevor sich von hier aus nun endlich auch die Verbindung mit Voltaires poetologischer Position ergibt, sei kurz zusammengefasst: Obwohl verbreitete Positionen zur Klassik diese gegen jegliche Art von Exzess abzugrenzen versuchen, lassen sich in den poetologischen Überlegungen zentraler Vertreter klassischer Positionen immer wieder Aspekte ausmachen, die zu einer Differenzierung auffordern. Es scheint keineswegs so, dass alles Exzessive, Überschießende *a priori* ausgeschlossen wird, sondern der relationale Charakter des Exzesses wird in beide Richtungen ausgespielt. Daher kann das Exzessive, Überflüssige einmal als Rechtfertigung für die Nützlichkeit des Theaters und für die eigene Qualität des dichterischen Stils fungieren, der *mehr* zu leisten vermag als jegliche andere Rede, während andererseits der Exzess, wenn er *zu viel* Raum einnimmt, redundant wird und gerade das Gegenteil bewirkt.

II Positiver Überschuss: Voltaires *Mondain* und die Apologie der Dichtung

Während in Boileaus Versepistel die unmittelbare Verbindung von Luxuskritik und Poetologie auf der Hand liegt, so ist der Zusammenhang von Luxus-Thematik und Dichtung in Voltaires Satire *Le Mondain* auf den ersten Blick nicht leicht zu erkennen. Und dennoch lässt sich der Text, bezieht man diverse Intertexte und zeitgenössische Diskussionen ein, auch als „a defence of [...] the pleasure of poetry"[26] lesen, wie Nicholas Cronk überzeugend dargestellt hat. Im Vergleich der beiden Texte zeigt sich, dass auch Boileaus Versepistel zu den Intertexten gehört,

---

25 Vgl. zur Tradition dieser Satiren Ulrich Schulz-Buschhaus: Voltaires *Le Mondain* oder die Satire der Satire. In: *Frühaufklärung*. Hg. Sebastian Neumeister. München 1994, S. 425–467.
26 Nicholas Cronk: The Epicurean Spirit: Champagne and the Defence of Poetry in Voltaire's *Le Mondain*. In: *Studies on Voltaire and the Eighteenth Century* 371 (1999), S. 53–80, hier S. 75.

die Voltaire im *Mondain* unmittelbar aufgreift.[27] Allerdings sind hier die Vorzeichen umgekehrt: Während bei Boileau eine Kritik am Pomp und der rhetorischen Verlockung zugunsten einer „simplicité sans art" geübt wird, findet sich bei Voltaire unter dem Stichwort des Luxuriösen eine Verteidigung der Dichtung, die auch die topische Rede von einer noch unberührten, unverdorbenen Vergangenheit umwendet:[28]

> Regrettera qui veut le bon vieux temps, [...]
> Moi, je rends grâce à la nature sage,
> Qui, pour mon bien, m'a fait naître en cet âge [...]
> J'aime le luxe, et même la mollesse,
> Tous les plaisirs, les arts de toute espèce,
> La propreté, le goût, les ornements, [...]
>
> Il est bien doux pour mon cœur très immonde,
> De voir ici l'abondance à la ronde,
> Mère des arts et des heureux travaux,

---

[27] Dies soll keineswegs heißen, dass die an anderer Stelle genannten Intertexte und insbesondere Fénelons Télémaque nicht ebenso relevant (und vielleicht relevanter) wären. Es zeigt sich in der vielfachen intertextuellen Anschlussmöglichkeit vielmehr, dass Voltaire auf einen breiten Diskurs über den Luxus zurückgreifen kann. Für die Relevanz des Boileau'schen Intertexts spricht nicht zuletzt die spezifisch poetologische Ausrichtung, die sich auch im Mondain wiederfindet. Vgl. zu den übrigen Intertexten: Haydn Mason: Voltaire's Poems on Luxury. In: *Studies in the French Eighteenth Century: Presented to John Lough by Colleagues, Pupils and Friends*. Hg. D. J. Mossop, G.E. Rodmell und D.B. Wilson. Durham 1978, S. 108–122, hier S. 118f.; Cronk: The Epicurean Spirit 1999, S. 65–68; vgl. allg. zur zeitsatirischen Struktur, die diesen Intertexten zu Grunde liegt und die Voltaire umkehrt: Schulz-Buschhaus: Voltaires Le Mondain oder die Satire der Satire 1994.

[28] Eine ganz ähnliche Umwendung findet sich bereits bei Mandeville, dessen *Fable of the Bees* mit einer analogen Absage an ein goldenes Zeitalter endet: „they that would revive / A Golden Age, must be as free, / For Acorns, as for Honesty". In seinem Vorwort zur Bienenfabel formuliert Mandeville dies allerdings noch vergleichsweise vorsichtig und apologetisch: „For the main design of the Fable [...] is to shew the Impossibility of enjoying all the most elegant Comforts of Life that are to be met with in an industrious, wealthy and powerful Nation, and at the same time be bless'd with all the Virtue and Innocence that can be wish'd for in a Golden Age"; Bernard Mandeville: *The Fable of the Bees: Or, Private Vices, Publick Benefits*, London 1714, S. 20 und Vorwort (unpag.). Bei Mandeville besteht das Argument also darin, dass sich tugendhaftes goldenes Zeitalter und luxuriöser Reichtum ausschließen, bei Voltaire wird dies dahingehend verschärft, dass die angebliche Tugend des goldenen Zeitalters als solche kritisiert wird und als Scheintugend entlarvt wird, die schlicht aus der Unmöglichkeit des Lasters resultiert: „Est-ce vertu? C'était pure ignorance"; Voltaire: Le Mondain. Hg. Haydn T. Mason. In: *Œuvres complètes de Voltaire*. Hg. Theodore Bestermann et al. Bd. 16. Oxford 2003, S. 269–313, hier S. 297; Verweise auf diese Ausgabe im Folgenden unter der Sigle *OCV*.

> Nous apporter de sa source féconde,
> Et des besoins et des plaisirs nouveaux.²⁹

Zusammen mit dem wohl bekanntesten Vers des *Mondain*, „Le superflu, chose très nécessaire"³⁰, finden sich hier all die Versatzstücke und Schlagworte des Diskurses, wie er bei Boileau begegnet, und auch der Verweis auf das Gold fehlt nicht („L'or de la terre, et les trésors de l'onde, / [...] Tout sert au luxe, aux plaisirs de ce monde"³¹). Der intertextuelle Bezug auf Boileau ist damit ein weiterer Hinweis darauf, dass *Le Mondain* auch als poetologisches Statement zu lesen ist, wenn er die Dichtung auch nicht explizit nennt, sondern nur unter die „arts de toute espèce" subsumiert. Einen weiteren Hinweis liefert ein etwa 35 Jahre später entstandener Text, wenn Voltaire in seiner *Épître au roi de la Chine* den berühmtesten Vers des *Mondain* quasi wörtlich aufgreift und explizit auf die Dichtung bezieht: „L'art de la poésie à l'homme est nécessaire".³² Zugleich wird bereits in diesem kurzen Ausschnitt mehr als deutlich, dass Voltaire das argumentative und bildliche Arsenal der Boileau'schen Epistel aufgreift, das Argument aber umdreht. Waren bei Boileau *abondance* und *mollesse* Ursache und Folge einer Dekadenzerscheinung, die ursprüngliche Genügsamkeit und Wahrheitsliebe zerstört, ist bei Voltaire das Gegenteil der Fall. Die *abondance* ist in Voltaires „hymn to hedonism"³³ vielmehr Mutter aller Künste und gelungenen Werke sowie Ursache für die unermüdliche Erschaffung neuer *plaisirs* und neuer Bedürfnisse. Luxus – und

---

29 Voltaire: Le Mondain 2003, S. 295.
30 Ebd., S. 296.
31 Ebd.
32 Voltaire: Épître au roi de la Chine sur son recueil de vers qu'il a fait imprimer. Hg. Basil Guy und John R. Iverson. In: *OCV*, Bd. 71C, 2013, S. 347–410, hier S. 372. Für die Verbindung zwischen den Versen aus der *Épître* und dem *Mondain* spricht auch die Tatsache, dass das jeweilige Reimwort identisch (und ungewöhnlich) ist: „Le superflu, chose très nécessaire, / A réuni l'un et l'autre hémisphère." „Je vois avec plaisir que sur notre hémisphère / L'art de la poésie à l'homme est nécessaire". Dieses Reimwort wird am Ende noch einmal aufgegriffen, wenn die *Épître* zu einem Schluss (sieht man von dem späteren Fassungen angefügten satirischen Verspaar auf den französischen Finanzminister ab) kommt, der dem *Mondain* auch inhaltlich nahe steht, wobei nun allerdings eine ironische Distanz mitschwingt: „Nous autres cependant, au bout de l'hémisphère, / Nous, des Welches grossiers postérité légère, / Livrons-nous en riant, dans le sein des loisirs, / A nos frivolités que nous nommons plaisirs" (Ebd. S. 381). Vielleicht ist es kein Zufall, dass sich eine solche Häufung von intertextuellen Bezügen ausgerechnet in einem Text, der die französische Metrik und deren Reimzwang thematisiert, um Reimwörter herum gruppieren lässt. Auf die explizite Thematisierung der Rolle von Reim und Metrik für die französische Dichtung in der *Épître* ist noch zurückzukommen.
33 Mason: Voltaire's Poems on Luxury 1978, S. 110.

sogar *mollesse* –³⁴ sind nicht Dekadenzerscheinungen, sondern notwendige Bedingung für Dichtung und Voraussetzung für deren Genuss. Voltaire greift damit auch das ökonomische Argument auf, das sich bereits bei d'Aubignac findet, und überträgt es von vorrangig institutionellen auf eminent ästhetische Fragen: Hier steht nicht länger die spektakuläre Repräsentationsfunktion im Mittelpunkt, sondern die *abondance* ist Voraussetzung für individuellen Genuss.

Die Umkehrung einer Luxus-Kritik, wie sie sich etwa bei Boileau findet, ist vor dem Hintergrund historischer Veränderungen zu situieren: Voltaire wendet sich nicht gegen einen überbordenden Stil seiner Zeitgenossen, sondern, im Nachgang der *Querelle du vers*, gegen Angriffe auf die Versdichtung im Allgemeinen und die vergleichsweise strengen französischen Metrik- und Reimvorschriften im Besonderen.³⁵ Dies zeigt sich etwa in der Auseinandersetzung mit Houdar de la Motte, der es gewagt hatte, einen *Ödipus* in Prosa zwar nicht auf die Bühne zu bringen, aber immerhin zu veröffentlichen. Während die Argumente für eine Prosatragödie, die La Motte in einem *Discours* zu seinem Stück ausführt,³⁶ vergleichsweise vorsichtig ausfallen, so ist Voltaires Gegenangriff in seiner aggressiven Überzeichnung der gegnerischen Position bemerkenswert.³⁷ Es ist letztlich ein topisches Argument, das Voltaire an die erste Stelle seiner Verteidigung der Dichtung setzt, wenn er schließt, dass es die überwundene Schwierigkeit ist, die *difficulté vaincue*, die für den Genuss notwendig sei:³⁸ „Quiconque se borne à vaincre une difficulté pour le mérite seul de la vaincre, est un fou; mais celui qui tire du fond de ces obstacles mêmes des beautés qui plaisent à tout le monde, est un homme

---

34 Man wird betonen müssen, dass gerade die Verteidigung der *mollesse* – des Laschen, Weichen oder gar Verweichlichten – durchaus (und sicherlich mehr als die Verteidigung des Luxus) noch Irritations- und Konfliktpotential bereithielt. Dies auch, weil im Zusammenhang mit *mollesse* der Gender-Aspekt noch deutlicher ist als bei der Luxus-Kritik im Allgemeinen, ist die *mollesse* doch immer schon mit Effemination und Verlust von Virilität verbunden (man denke nur an die falsche, aber wirkmächtige Etymologie, die *mulier* von *mollitia* herleiten will). Vgl. für eine Einordnung des zeitgenössischen *mollesse*-Diskurses und seine Aufnahme in Voltaires *Henriade*, die sicherlich auch aufgrund der generischen Implikationen des (Helden-)Epos deutlich anders ausfällt als im *Mondain*, Daniel Maira: Paix amollissante et guerre virile dans *La Henriade* de Voltaire. In: *La guerre et la paix dans la poésie épique en France (1500–1800)*. Hg. Roman Kuhn und Daniel Melde. Stuttgart 2020, S. 219–236.
35 Zur *Querelle du Vers* vgl. Georges Lote: *Histoire du vers français*, Bd. VII, Aix-en-Provence 1992, S. 79–146.
36 Vgl. Antoine Houdar de La Motte: Quatrième Discours à l'occasion de la tragédie d'Oedipe. In: *Œuvres de Monsieur Houdar de la Motte*. Paris 1754, S. 377–420.
37 Vgl. zu den Details der Auseinandersetzung Roman Kuhn: Recycling Ödipus. Voltaires *Œdipe* im Kontext von klassizistischer Tragödienästhetik und *Querelle des Anciens et des Modernes*. In: *Zeitschrift für französische Sprache und Literatur* 128 (2018), S. 30–60.
38 Vgl. Cronk: The Epicurean Spirit 1999, S. 76.

très sage et presque unique."³⁹ Dieses Argument ist dem ökonomischen Argument in der *Défense du Mondain* verwandt und stellt damit einmal mehr einen Zusammenhang her zwischen den Argumenten, welche die Dichtung, und jenen, welche die Luxusapologie betreffen: Wie der Kaffee, das Porzellan, das Silber und die Edelsteine, so ist auch die Dichtung notwendigerweise ein Resultat von Arbeit – und zwar von Arbeit, die nicht dem Erwerb des unmittelbar Lebensnotwendigen gewidmet ist, sondern von ‚überschüssiger' Arbeit, deren Produkte gerade deshalb besonderen Genuss verschaffen, weil sie nur schwer zu erreichen sind.

Eben das Argument der überwundenen Schwierigkeit findet sich auch in der *Épître au roi de la Chine:*

> Les vers sont en effet la musique de l'âme.
> O toi que sur le trône un feu céleste enflamme,
> Dis-moi, si ce grand art dont nous sommes épris,
> Est aussi difficile à Pékin qu'à Paris.
> Ton peuple est-il soumis à cette loi si dure
> Qui veut qu'avec six pieds d'une égale mesure,
> De deux alexandrins côte à côte marchant,
> L'un serve pour la rime, et l'autre pour le sens?
> Si bien que sans rien perdre, en bravant cet usage,
> On pourrait retrancher la moitié d'un ouvrage.⁴⁰

Man könnte meinen, hier werde eine Kritik des Reimzwangs und der strengen Metrik formuliert. Im weiteren Kontext der Argumentation der *Épître* und im intertextuellen Zusammenhang wird freilich deutlich, dass das Gegenteil der Fall ist: Zwar stellen Reim und Metrik (insbesondere des Alexandriners) eine besondere Schwierigkeit dar – aber gerade deshalb sind sie (erneut der paradoxen Logik des *superflu* folgend) notwendig. Die ironische Reimkritik schließt dabei unmittelbar erneut an Boileau an, der in seiner zweiten Satire eine ganz ähnliche Kritik formuliert hatte,⁴¹ auch dort freilich ohne in der Konsequenz die Abschaffung des Reims zu fordern – im Gegenteil. In Voltaires *Épître* ist die Verteidigung des Reims verbunden mit einer Zeitkritik, die den gegenwärtigen Stand der französischen

---

39 Voltaire: *Œdipe*. Hg. David Jory. In: *OCV*, Bd. 1 A, S. 15–284, hier S. 281 (Vorwort zur Ausgabe 1730).
40 Voltaire: Épître au roi de la Chine 2013, S. 372.
41 „Mais mon esprit tremblant sur le choix de ses mots, / N'en dira jamais un, s'il ne tombe à propos, / Et ne sçauroit souffrir, qu'une phrase insipide / Vienne à la fin d'un vers remplir la place vuide"; Boileau: Satire II. In: *Œuvres complètes*. Hg. Françoise Escal. Paris 1966, S. 17–19, hier S. 18.

(Dicht-)Kunst überaus pessimistisch einschätzt und ihn explizit der Zeit Boileaus entgegensetzt:

> Nous ne les [i. e. les vers] aimons plus; notre goût s'est usé:
> Boileau craint de son siècle au nôtre est méprisé:
> Le tragique étonné de sa métamorphose,
> Fatigué de rimer va ne pleurer qu'en prose.
> De Molière oublié le sel s'est affadi.[42]

Während also der Vergleich der beiden satirischen Texte Voltaires noch deutlicher nahelegt, dass auch *Le Mondain* als poetologischer Text gelesen werden kann, so ist doch auffällig, dass beiden Texten eine gegensätzliche Zeitstruktur unterliegt: Die *Épître* beklagt eine Dekadenz gegenüber der unmittelbar vorangegangenen Zeit (sie steht damit in engem Zusammenhang mit der Verssatire *Les deux siècles*, die im selben Zeitraum entstand)[43], während im *Mondain* eine moralische Rechtfertigung des Fortschritts zu finden ist. Die Apologie des Luxus begreift diesen nämlich ganz explizit als Zeichen des Fortschritts, der auf einen primitiven Zustand folgt und der keineswegs ein Abfallen von früherer moralischer Integrität darstellt, sondern schlicht eine logische und rationale Folge sei. „Quel idiot, s'il avait eu pour lors / Quelque bon lit, aurait couché dehors?"[44]

Le Mondain lässt sich also durchaus als „Satire zweiten Grads" lesen, die die übliche satirische Struktur einer Zeitkritik durch Verweis auf einen früheren Idealzustand umkehrt und „Legitimation von Entwicklung, ‚Fortschritt' und Geschichte" betreiben will. Daraus folgt aber keineswegs, wie der Vergleich mit dem entgegengesetzten Verfahren in der *Épître* zeigt, dass dieses Modell allgemein „für den Geist der Frühaufklärung konstitutiv"[45] ist. Es ist vielmehr zu differenzieren zwischen einer poetologischen Argumentation, die gerade nicht einseitig auf Fortschritt setzt, sondern die Dichtung des siebzehnten Jahrhunderts als überzeitliches Ideal etablieren will, und einer moralisch-philosophischen (andernorts auch: wissenschaftlichen) Argumentation, die dezidiert den Fortschritt lobt. Die interessantesten Aspekte der Luxusapologie des *Mondain* resultieren

---

42 Voltaire: Épître au roi de la Chine 2013, S. 376. Es mag ein Zufall sein, dass die Namen Boileau und Molière hier innerhalb von nur vier Versen gemeinsam fallen – denkbar wäre aber auch, dass sich dahinter eine intertextuelle Markierung verbirgt, denn Boileaus zweite Satire mit ihrer Thematisierung des Reims, auf die sich Voltaire hier bezieht, ist an Molière adressiert.
43 Vgl. Voltaire: Les deux siècles. Hg. John R. Iverson. In: *OCV*, Bd. 72, 2011, S. 325–352.
44 Voltaire: Le Mondain 2003, S. 297. Vgl. analog: Voltaire: Questions sur l'Encyclopédie (s.v. „Luxe"). Hg. Nicholas Cronk und Christiane Mervaud. In: *OCV*, Bd. 42B, 2012, S. 122 f.
45 Schulz-Buschhaus: Voltaires *Le Mondain* oder die Satire der Satire 1994, alle Zitate S. 443.

gerade daraus, dass hier ein Lob des Fortschritts in ein- und demselben Text auf ein Lob der Dichtung trifft, die gegen rezente Angriffe verteidigt werden soll.[46]

III Negativer Überschuss: Voltaires Shakespeare-Kritik und die geschichtsphilosophische Stellung der Dichtung

Dass die poetologische Argumentation allerdings ebenfalls ein geschichtsphilosophisches Fundament besitzt, das Fortschritt nicht grundsätzlich ausschließt oder ablehnt, zeigt sich an Voltaires Shakespeare-Kritik,[47] die sich wiederum direkt an die Luxusapologie anschließen lässt. Boileau hatte das Bild von Smaragden und Rubinen noch als Bild für rhetorische Verstellung und redundanten Pomp gedient. Bei Voltaire wiederum taucht dasselbe Bild erstaunlich häufig in Kommentaren zu Shakespeare auf – aber nicht als Kritik an überbordender, falscher Raffinesse, sondern, im Gegenteil, als Kritik an Rohheit und Mangel an Eleganz. Shakespeare erscheint hier als ungeschliffener Diamant, als Goldnugget, der aber noch vom Schlamm seiner Zeit bedeckt sei – tatsächlich tritt das Bild vom Diamanten Shakespeare so gut wie immer zugleich mit dem Bild des *fange du siècle* auf:[48] Shakespeare ist einer von jenen „génies qui ont *brillé* au milieu des ténèbres de leur siècle. Ils tenaient de ce siècle où ils vécurent, toute la *fange* dont ils étaient couverts; ils ne devaient qu'à eux-mêmes l'état qu'il répandirent sur cette *fange*."[49] Sein Werk sei gekennzeichnet von „traits sublimes", die „*brillent* de temps en temps comme des *diamants* répandus sur de la *fange*"[50]. Voltaire selbst sei der erste gewesen, „qui tirai un peu d'*or* de la *fange* où le génie de Shakespeare

---

46 Vgl. Cronk: The Epicurean Spirit 1999, S. 76.
47 Vgl. zur Shakespeare-Rezeption mit einem Seitenblick auf Voltaire auch den Beitrag von Claudia Olk in diesem Band.
48 Eine ähnliche Opposition findet sich mitunter im Vergleich zwischen Racine und Corneille; vgl. David Williams: Of Diamonds and Dunghills: Voltaires Defence of the French Classical Canon. In: *Comparative Criticism* 1 (1979), S. 73–90, hier S. 84f.
49 Voltaire: Lettre de Monsieur de Voltaire à Messieurs de l'Académie française. Hg. Haydn Mason. In: *OCV*, Bd. 78 A, 2010, S. 1–53, hier S. 49 (meine Herv.).
50 Voltaire: Commentaires sur Corneille (Jules César). Hg. David Williams. In: *OCV*, Bd. 54, 1974, S. 230 (meine Herv.).

avait été plongé par son siècle"[51]. Und schließlich ist mit Bezug auf den berühmten Monolog Hamlets die Rede von einem „*diamant* brut, qui a des taches. Si on le polissait, il perdrait de son poids."[52] Bei aller Kontextabhängigkeit der Rezeptionsaussagen Voltaires mit Bezug auf Shakespeare[53] ist dieser Aspekt der Argumentation über eine ganze Reihe von Texten hinweg erstaunlich konstant. Hinter dem Bild des morastigen Zeitalters und des ungeschliffenen Diamanten Shakespeare verbirgt sich eine geschichtsphilosophische These, die wiederum zur Luxuskritik im *Mondain* zurückführt. Sowohl das im Bild des ungeschliffenen Diamanten enthaltene Lob Shakespeares als auch die zugleich damit verbundene Kritik funktionieren analog zur Entwicklungsdynamik, die im *Mondain* dargestellt wird: Shakespeare wird als eine Art Naturereignis begriffen, das die noch völlig unausgebildete englische Bühne ergriffen habe und gegen das man sich nicht habe wehren können – und warum hätte man sich wehren sollen? Im Vergleich zum Stand des Theaters vor Shakespeare wäre dies derselben Idiotie gleichgekommen, wie sie im *Mondain* mit dem Bild desjenigen, der angesichts komfortabler Betten lieber auf dem Boden nächtigt, verspottet wird. Shakespeare trete in einem Moment auf, in dem die Kunst des Theaters sich noch in den Kinderschuhen befunden habe, und daher sei es nur folgerichtig, dass er bei seinen Zeitgenossen Erfolg gehabt habe. Im entwicklungslogischen Bild der Kindheit, das im *Mondain* ebenso begegnet wie in den Kommentaren zu Shakespeare, wird deutlich, dass es in beiden Fällen um die Überwindung eines primitiven Ausgangszustands geht. Im *Mondain* („Quand la nature était dans son enfance"[54]) ist er gerade nicht Zustand der Unschuld, sondern der Depravation, ebenso wie

---

[51] Voltaire: Lettre de Monsieur de Voltaire à l'Académie française (Vorwort zur Tragödie *Irène*). Hg. Perry Gethner. In *OCV*, Bd. 78 A, 2010, S. 97–119, hier S. 112 (meine Herv.). Diese *Lettre*, die als Widmungsvorwort zur Tragödie *Irène* erschien, liefert zugleich einen weiteren, gewichtigen Hinweis auf den Zusammenhang zwischen dem Lob der Poesie im *Mondain* und der Shakespeare-Kritik. Hatte Voltaire nämlich im *Mondain* Fénelons *Télémaque* als Muster für eine rückwärtsgewandte Moralsatire kritisiert (vgl. Schulz-Buschhaus: Voltaires *Le Mondain* oder die Satire der Satire 1994) und nebenbei dessen Prosa („J'admire fort votre style flatteur, / Et votre prose, encor qu'un peu traînante"; Voltaire: Le Mondain 2003, S. 302f.) implizit dem Luxus der Dichtung entgegengesetzt (vgl. Cronk: The Epicurean Spirit 1999, S. 72–76), so wird die Prosa Fénelons ausgerechnet in der *Lettre*, die vorrangig die Shakespeare-Kritik wiederholt, zum Thema: „Fénelon […] forma sa prose élégante sur la poésie de Racine, ne pouvant l'imiter en vers: car les vers sont une langue qu'il est donné à très peu d'esprits de posséder"; Voltaire: Lettre à l'Académie française (*Irène*) 2010, S. 101.
[52] Voltaire: Appel à toutes les nations de l'Europe, des jugements d'un écrivain anglais. Hg. David Williams. In: *OCV*, Bd. 51B, 2013, S. 19–100, hier S. 71 (meine Herv.).
[53] Vgl. Klaus W. Hempfer: Shakespeare, Voltaire, Baretti und die Kontextabhängigkeit von Rezeptionsaussagen. In: *Zeitschrift für französische Sprache und Literatur* 94 (1984), S. 227–245.
[54] Voltaire: Le Mondain 2003, S. 296.

Shakespeares Erfolg nur auf die Infantilität des Theaters seiner Zeit zurückzuführen sei: „L'art était dans son enfance du temps d'Eschyle, comme à Londres du temps de Shakespear"[55]. Was allerdings nicht zu erklären sei, ist die Aussicht, dass er damit auch im achtzehnten Jahrhundert noch Erfolg haben könnte. Dies ist selbstverständlich der Horizont insbesondere der späteren Shakespeare-Kritik, die Voltaire formuliert – vor dem Hintergrund und dem Eindruck etwa der Shakespeare-Übersetzung und Edition Le Tourneurs.[56]

Diese Renaissance Shakespeares musste Voltaire angesichts der offensichtlichen Regelverstöße des Barden unerklärlich erscheinen, eben weil aus seiner Perspektive die Regeln der klassischen Dichtung, sind sie einmal entdeckt und begründet, als überhistorisch gültig, weil auf den gesunden Menschenverstand fundiert, erscheinen.[57] Auch hier greift das geschichtsphilosophische Argument des *Mondain*: Shakespeares Erfolg bei seinen Zeitgenossen ist nur logisch, weil er *plaisirs* bereithält, die es vor ihm nicht gab, dasselbe gelte aber für die Fortschritte der französischen Theaterdichtung im siebzehnten Jahrhundert. Wer angesichts der Dramen Racines weiterhin diejenigen Shakespeares sehen und lesen wolle, der, so könnte man den Gedanken in Analogie zum *Mondain* ausführen, hänge einer längst überholten Zeit nach.

Die Shakespeare-Kritik zeigt also, dass Voltaires Dichtungskonzeption durchaus auch ein geschichtsphilosophisches Fortschrittsmodell zu Grunde liegt, das sich in das Argumentationsmuster des *Mondain* fügt. Dieser Fortschritt ist allerdings, wie der Vergleich mit der Dekadenz-Kritik etwa in der *Épître au roi de la Chine* zeigt, in mancher Hinsicht abschließbar – und mit dem *Siècle de Louis XIV* auch *de facto* abgeschlossen.[58] Die Generierung neuer *plaisirs*, wie sie im *Mondain* gefordert wird, sei im Bereich der Dichtung zwingend an die Einhaltung der einmal etablierten Regeln gebunden, denn diese ermöglichen erst, dass Genuss

---

[55] Voltaire: Discours sur la tragédie à Milord Bolingbroke (Vorwort zur Tragödie *Brutus*). Hg. John Renwick. In: *OCV*, Bd. 5, 1998, S. 156–183, hier S. 171.

[56] Le Tourneurs Übersetzung Shakespeares erscheint ab 1776, vgl. zur Bedeutung dieser Übersetzung (die nicht die erste Übersetzung Shakespear'scher Dramen ins Französische war) und Voltaires unmittelbarer Reaktion die Einleitung des Herausgebers Haydn Mason zu Voltaire: Lettre de Monsieur de Voltaire à Messieurs de l'Académie française 2010, S. 4–6.

[57] Dies ist selbst ein Argument, das der klassischen Tradition entstammt: „[J]e dis que les Regles du Theatre ne sont pas fondées en autorité, mais en raison"; d'Aubignac: *La Pratique du théâtre* 1971, S. 20.

[58] Ein vergleichbares Argument findet sich im *Discours préliminaire* zur *Encyclopédie*; vgl. dazu Roman Kuhn: Zwei Epochen „machen", gleichzeitig? Überlegungen zur *entangled history* von Aufklärung und Klassizismus in Frankreich. In: *Epoche machen – Vermessung literarischen Wandels im „langen Mittelalter"*. Hg. Andreas Haarmann und Isabelle Muthmann. Berlin u. a. 2021, S. 161–182.

entsteht. Diese Regeln sind damit auch als vernünftige, rationale Regeln ausgewiesen, die nicht einfach durch weiteren Fortschritt ‚überholt' werden könnten. Sie sind zugleich, sei es was die Metrik angeht, sei es was *bienséance*, *vraisemblance* und die Einheiten betrifft, die Grundlage, auf der Genuss erst entstehen kann, wenn trotz der Beschränkung, die sie auferlegen, „un charme qui enchante tous les gens de goût"[59] erzeugt wird.

Shakespeares Verdienste seien gegenüber der regelgebundenen und deshalb eleganten Anmut Racines letztlich Zufallsfunde:[60] „*Shakespear* boasted a strong, fruitful Genius: He was natural and sublime, but had not so much as a single Spark of good Taste, or knew one Rule of the Drama"[61] heißt es bereits in den *Letters concerning the English nation;* an anderer Stelle ist die Rede von Shakespeares ungebändigter „force et [...] énergie"[62] und schließlich wird erneut auf die Kategorie des *sublime* rekurriert, um Shakespeares Dichtung zu würdigen:

> C'est pourtant dans ce même homme qu'on trouve des morceaux qui élèvent l'imagination et qui pénètrent le cœur. C'est la vérité, c'est la nature elle-même qui parle son propre langage sans aucun mélange de l'art. C'est du sublime, et l'auteur ne l'a point cherché.[63]

Das *sublime* wird hier, anders als bei Boileau, nicht so sehr als Effekt einer *scheinbar* kunstlosen Rhetorik gepriesen denn als tatsächlich kunstloser Ausdruck der Natur verstanden.[64] Es ist nicht ein Effekt eines gelungenen *celare artem*,[65] sondern die Natur spricht hier direkt und sorgt für die unmittelbare und

---

59 Voltaire: Lettre de Monsieur de Voltaire à Messieurs de l'Académie française 2010, S. 34. An dieser Stelle wird deutlich, dass Voltaire die „difficulté vaincue" keineswegs nur auf die Metrik bezieht, sondern auch auf die übrigen Regeln und hier insbesondere die „trois unités", „ces trois grandes lois [...] du bon sens"; alle Zitate ebd.
60 Der Begriff „élégance" fällt in der Auseinandersetzung um Shakespeare mehrfach, wenn gegen diesen die französische Dichtung und insbesondere Racine hochgehalten werden sollen. Vgl. Voltaire: Appel à toutes les nations de l'Europe 2013, S. 94.
61 Voltaire: *Letters Concerning the English Nation*. London 1733, S. 166.
62 Voltaire: Discours de M. de Voltaire à sa réception à l'Académie française. Prononcé le lundi 9 mai 1746. Hg. Karlis Racevskis. In: *OCV*, Bd. 30 A, 2003, S. 1–36, hier S. 26.
63 Voltaire: Questions sur l'Encyclopédie (s.v. „Art dramatique"). In: *OCV*, Bd. 39, 2008, S. 59 f.
64 Dies wird an anderer Stelle noch deutlicher: „Je dois dire que, parmi ces bizarres pièces, il en est plusieurs où l'on trouve de beaux traits pris dans la nature, et qui tiennent au sublime de l'art, quoiqu'il n'y ait aucun art chez lui"; Voltaire: Lettre de Monsieur de Voltaire à Messieurs de l'Académie française 2010, S. 48.
65 Zur Rolle des *celare artem* bei Longinus und Boileau vgl. Baldine Saint Girons: Le beau, le sublime et le merveilleux. La révolution burkienne. In: *La beauté du merveilleux*. Hg. Aurélie Gaillard und Jean-René Valette. Bordeaux 2011, S. 231–248, hier S. 236 f.

starke Wirkung – und zugleich ist diese Natürlichkeit der Grund für die Verletzung aller Regeln der Kunst und des Anstandes.

Schließlich kommt in der Shakespeare-Kritik auch die Position Voltaires zur Frage der Metrik und des Reims erneut zur Sprache. Der Blankvers ist dabei der Stein des Anstoßes,[66] denn mit der Shakespeare-Rezeption gewinnt die Frage nach der Notwendigkeit des Reims erneut an Relevanz. Indem Shakespeare eine ganz neue Wertschätzung erfährt, wird aus Sicht Voltaires nicht nur ein möglicher Präzedenzfall zur Verletzung der *bienséances* und der Theaterregeln geschaffen, sondern, über den Blankvers, zugleich einer für die Abschaffung des Reims. Er hält daher dagegen, indem er erneut die *difficulté vaincue* bemüht und vor dem Hintergrund der Shakespeare-Bewunderung Elizabeth Montagus Racine hochhält:

> Je dois ajouter à cet extrême mérite d'émouvoir pendant cinq actes, le mérite plus rare et moins senti de vaincre pendant cinq actes la difficulté de la rime et de la mesure, au point de ne pas laisser échapper une seule ligne, un seul mot qui sente la moindre gêne, quoiqu'on ait été continuellement gêné. [...] Mme Montagu compte pour rien cette difficulté surmontée. Mais, madame, oubliez-vous qu'il n'y a jamais eu sur la terre aucun art, aucun amusement même où le prix ne fût attaché à la difficulté?[67]

Und noch deutlicher bereits zuvor – ebenfalls mit Bezug auf Shakespeare:

> Si on s'avise de faire des tragédies en vers blancs, & de les jouer sur notre théâtre, la tragédie est perdue. Dès que vous ôtez la difficulté, vous ôtez le mérite.[68]

Kein Genuss ohne überwundene Schwierigkeit, kein Verdienst ohne Anstrengung, so die Quintessenz der Voltaire'schen Überlegungen zu Metrik und Reim und zur Dichtung im Allgemeinen.

---

[66] Dabei ist die Auseinandersetzung um den Blankvers in Frankreich eher eine rein theoretische, denn praktische Umsetzungen scheint es kaum gegeben zu haben – auch nicht in den Shakespeare-Übersetzungen. Angesichts der Tatsache, dass Voltaire einige Verse Shakespeares als reimlose Verse übersetzt (ebenso wie einige *versi sciolti* aus Maffeis *Merope*) und zur Veranschaulichung der Wirkung des Reims einige Verse Racines des Reims beraubt, kommt Lote zu dem ironischen Schluss, dass es wohl Voltaire gewesen sein dürfte, „qui a écrit, semble-t-il, le plus de vers blancs"; Lote: *Histoire du vers français* 1992, Bd. VII, S. 122.
[67] Voltaire: Lettre à l'Académie française (Irène) 2010, S. 110.
[68] Voltaire: Commentaires sur Corneille (Jules César) 1974, S. 175. Eine ähnliche Kritik des Blankverses findet sich auch in den *Questions sur l'Encyclopédie:* „Les vers blancs chez tous les peuples modernes ne sont que de la prose sans aucune mesure; elle n'est distinguée de la prose ordinaire que par un certain nombre de syllabes égales et monotones qu'on est convenu d'appeler vers [...]; les vers blancs sont nés de l'impuissance de vaincre la difficulté, et de l'envie d'avoir plus tôt fait"; Voltaire: Questions sur l'Encyclopédie (s.v. „Rime"). In: *OCV*, Bd. 43, 2013, S. 156.

Nimmt man diese Aussagen zusammen mit jenen, die Shakespeare als rohen Diamanten, als Naturgewalt, die aber zu barbarischen Ausbrüchen neigt, zeigen, dann ergibt sich ein umfassenderes Bild von der Art und Weise, wie Voltaires Verwendung der Kategorie des Luxus als (auch) dichtungstheoretischer Kategorie in anderen Diskussionszusammenhängen (und insbesondere der Shakespeare-Rezeption) weiterwirkt. Dies ist umso bemerkenswerter, als er dabei einerseits die französische Klassik als Richtwert setzt – auch für zukünftige und gegenwärtige Dichtung: „que les siècles à venir égalent le grand siècle de Louis XIV, et qu'ils ne dégénèrent pas en croyant le surpasser"[69] – und andererseits aber eine völlig andere Argumentationslinie etabliert, die etwa mit der Luxussatire Boileaus bricht. Aus den rudimentären Argumenten zum Zusammenhang von Luxus, Überschuss und Poesie, wie sie sich bei Boileau, aber auch bei d'Aubignac, Chapelain und anderen finden, formuliert Voltaire eine eigene Apologie der Dichtung, die sich eklektisch der Argumente der klassischen Tradition bedient, dabei aber dezidiert andere Akzente setzt. Dabei ließe sich durchaus argumentieren, dass er etwa d'Aubignacs Verteidigung des Theaters als Ausdruck der Produktivität eines Staatsgebildes aufgreift, dieses Argument aber sehr viel enger auf die Dichtung selbst umlegt: Nicht die Existenz von Theatern ist es, die den Unterschied macht, sondern die Existenz von Theatern, auf deren Bühnen Werke aufgeführt werden, die nicht nur Zeichen der *richesses superflues* sind, sondern selbst durch reichhaltigen Überschuss über die Begrenzung der Regeln (die sie dennoch einhalten) gekennzeichnet sind. Boileaus Luxus-Kritik wiederum und sein Lob des Erhabenen wird ebenfalls aufgegriffen, aber umgekehrt zu einer Kritik eines *sublime*, das außerhalb der Regeln und außerhalb des sittlich Zumut- und Darstellbaren stattfindet.

Hinzu kommt eine soziale Komponente, die das Lob der Poesie erneut in unmittelbaren Zusammenhang zur Luxusapologetik rückt. Während im *Mondain* der luxuriöse Tagesablauf eines wohlhabenden „honnête homme"[70] geschildert wird und auch noch in der *Défense du Mondain* auf den Unterschied zwischen *riche* und *pauvre* hingewiesen wird,[71] sei für den Erfolg Shakespeares auf der englischen Bühne die soziale Zusammensetzung der Zuschauer ausschlaggebend:

> Tous nos gens de lettres demandent comment en Angleterre les premiers de l'état [...] peuvent encore supporter tant d'irrégularités, et de bizarreries, si contraires au goût que l'Italie et la France ont introduit chez les nations policées [...]. Me trompé-je en remarquant que partout, et principalement dans les pays libres, le peuple gouverne les esprits supérieurs?

---

69 Voltaire: Lettre à l'Académie française (*Irène*) 2010, S. 114.
70 Voltaire: Le Mondain 2003, S. 299.
71 Vgl. Voltaire: Le Mondain (Défense du Mondain) 2003, S. 306.

> Partout les spectacles chargés d'événements incroyables plaisent au peuple [...] il y court en foule; il y entraîne longtemps la bonne compagnie [...].⁷²

Der Exzess, für den Shakespeare mit seinen zahlreichen Verletzungen der *bienséances* und der Theaterregeln steht, sei damit auch eine Gefahr für die einmal erreichte Stufe der Kultur, die für Voltaire nur in Absetzung von einer nach einfachen Effekten gierenden „populace" zu denken ist:

> Il y a des spectacles pour toutes les conditions humaines; la populace veut qu'on parle à ses yeux; et beaucoup d'hommes d'un rang supérieur sont peuple. Les âmes cultivées et sensibles veulent des tragédies, et des comédies. Cet art [i. e. l'art dramatique] commença en tout pays par les charrettes des Thespis, ensuite on eut ses Eschyle, et l'on se flatta bientôt d'avoir ses Sophocle et ses Euripide; après quoi tout dégénéra: c'est la marche de l'esprit humain.⁷³

IV Fazit

Voltaires Luxuskonzeption ist, wie ich zu zeigen versucht habe, auch eine dichtungstheoretische Kategorie und sie ist auf zweierlei Art mit der Frage von Überschuss und Exzess verbunden. Einerseits nämlich ist sie, mit der Betonung des Genusses, der aus der überwundenen *difficulté* resultiert, als Bollwerk gegen zeitgenössische Angriffe auf die Dichtung angelegt. Die Regeln der Dichtung und insbesondere die Regeln der Metrik seien keineswegs ein Hindernis bei der Vermittlung klarer, rational zugänglicher Inhalte, sondern unhintergehbare Bedingung für jeglichen literarischen Genuss. Andererseits aber sei eben dieser Genuss immer an einen raffinierten und eleganten, den Regeln der *bienséance* folgenden Geschmack gebunden, hinter den, ist er einmal erreicht, kein Zurückfallen erfolgen darf. Der Exzess, den Voltaire mit Bezug auf Shakespeare feststellt, ist damit das genaue Gegenteil eines positiv besetzten Luxus. Voltaires Luxus- und damit implizit auch seine Dichtungskonzeption ist eng an die Einhaltung von Regeln geknüpft: Ein Luxus ohne Beschränkung, ohne zu überwindende Schwierigkeit, ohne verausgabte Arbeit (und sei es die Arbeit anderer) ist in dieser Perspektive gerade kein Luxus, sondern leerer Exzess, der, zumindest für den an

---

72 Voltaire: Lettre de Monsieur de Voltaire à Messieurs de l'Académie française 2010, S. 50 f. Siehe auch, noch schärfer formuliert: „Hamlet; c'est une pièce grossière et barbare, qui ne serait pas supportée par la plus vile populace de la France et de l'Italie", Voltaire: Dissertation sur la tragédie ancienne et moderne (Vorwort zu Sémiramis). Hg. Robert Niklaus. In: *OCV*, Bd. 30A, 2003, S. 139–164, hier S. 160.
73 Voltaire: Questions sur l'Encyclopédie (s.v. „Art dramatique"). In: *OCV*, Bd. 39, 2008, S. 44.

der Perfektion der französischen Klassik geschulten Geschmack, auch keinen Genuss bedeuten könne: „aucun amusement même où le prix ne fût attaché à la difficulté"[74]. Voltaire Luxuskonzeption ist im Ästhetischen eine Waffe gegen zwei (aus seiner Sicht teilweise sich verbündende) Gegner: gegen einen befürchteten Rückfall hinter die disziplinierenden Regeln und Errungenschaften des *Grand siècle* und zugleich gegen eine „Entpoetisierung", wie sie von manchen Zeitgenossen zumindest angedeutet wurde. Luxus ist, wie auch die Dichtung, Überschuss in der Beschränkung – und damit notwendig an die Beschränkung gebunden: So wie es zum Luxus gehöre, dass er rar bleiben muss, ohne Gemeingut oder Überdruss zu werden, so müsse es auch zur Dichtung gehören, dass sie schwer zu erreichen ist, ohne in gemeinen, excessiven Effekt zu verfallen.[75] Ohne Maß (und das heißt auch: ohne Versmaß) fehlt der Maßstab für gelungenen Überschuss.

Die Suche nach dem richtigen Maß lässt mitunter auch kritische Stimmen mit Bezug auf die französische Klassik zu. Der Exzess an Grausamkeiten, Anzüglichkeiten, aber auch schlicht an fesselnder Handlung, der in Shakespeares Dramen zu finden sei, stehe einer französischen Theaterdichtung gegenüber, die mitunter eher ins Gegenteil verfalle, indem sie zu wenig Handlung, dafür aber „peut-être [...] trop de raffinement"[76] biete:

> Nous avons en France des tragédies estimées, qui sont plutôt des conversations qu'elles ne sont la représentation d'un événement. [...] Notre délicatesse excessive nous force quelquefois à mettre en récit ce que nous voudrions exposer aux yeux.[77]

Der Reichtum an Handlung, den Voltaire in Shakespeares Dramen sieht, ist also durchaus eine Anregung, die aber in den französischen Kontext – in den französischen Luxus – eingepasst werden müsse: Wenn ein „adroit mélange de l'action qui règne sur le théâtre de Londres [...] avec la sagesse, l'élégance, la noblesse, la décence du nôtre"[78] eine perfekte Dichtung kreieren könne, dann ist mit dieser Verbindung kein Bruch mit der französischen Tradition angestrebt, sondern es soll vielmehr eine klassische Denkfigur reaktualisiert werden. Wie das

---

74 S.o., Anm. 67.
75 Von hier aus ergibt sich auch eine Erklärung für die zumindest latente Diskrepanz zwischen der Luxus-Apologie des *Mondain* und dem Lob der Mäßigung, wie sie sich im vierten *Discours en vers sur l'homme* findet. Auch dort gilt, was für die poetologischen Überlegungen und die Rolle der *difficulté vaincue* gezeigt wurde: „Le travail est souvent le père du plaisir"; Voltaire: Discours en vers sur l'homme. Hg. Haydn T. Mason. In: *OCV*, Bd. 17, 1991, S. 389–535, hier S. 499.
76 Voltaire: Commentaires sur Corneille (Jules César) 1974, S. 231.
77 Voltaire: Discours sur la tragédie à Milord Bolingbroke 1998, S. 164.
78 Voltaire: Commentaires sur Corneille (Jules César) 1974, S. 231.

merveilleux Chapelains an die *vraisemblance* gebunden ist, wie Boileaus *sublime* daran geknüpft ist, dass das *aptum*-Prinzip im Grunde weiter gilt, so ist auch Voltaires Idee einer handlungsreichen Tragödie an das Fortbestehen der Begrenzungen eben dieser Handlungsmöglichkeiten (und ihrer diskursiven Vermittlung) gebunden. Am deutlichsten wird diese angestrebte Versöhnung zweier gegenläufiger Tendenzen, die einmal mehr den Zusammenhang von Shakespearekritik und Luxusapologie verdeutlicht, in Voltaires Notizen, die in den späteren *Discours sur la tragédie à Milord Bolingbroke* und damit in die unmittelbare Auseinandersetzung mit Shakespeare einfließen: „We want action"[79] heißt es dort – und kurz darauf findet sich eine Zeile, die im Lichte der zentralen Verse des *Mondain* und der *Épître au roi de la Chine* gelesen, einen tieferen Sinn ergibt: „Poetry, necessary, [...] to us."[80]

---

[79] Voltaire: Cambridge Notebook. Hg. Theodore Bestermann. In: *OCV*, Bd. 81, 1968, S. 70–111, hier S. 104.
[80] Ebd, S. 105. (Auslassung i.O.).

Claudia Olk
‚Beyond too much' – Shakespeare'sche Exzesse auf deutschen Bühnen des achtzehnten Jahrhunderts

„It is a familiar fact that no Englishman read German literature in the eighteenth century. One sufficient reason was that there was no German literature to read." Dies beobachtet der eminente viktorianische Literat und Kritiker Leslie Stephen, Vater Virginia Woolfs und Begründer des *Dictionary of National Biography* in seinem Essay *The importation of German*.[1] Die Versuche einzelner Romantiker wie Coleridge, Shelley und später Carlyle, sich der deutschen Literatur zu nähern, illustrieren, so resümiert Stephen, die grundsätzliche Schwierigkeit der Engländer, etwas außerhalb ihrer insularen Welt Befindliches wahrzunehmen: „The history of the early explorers is, I think, curious, if only as illustrating the difficulty of persuading the Englishman to recognise the existence of anything beyond his insular world, and perhaps the later history would show how difficult it is afterwards to induce him to turn his knowledge to any account."[2]

Diesem Mangel an deutscher Literatur in England, wie Stephen ihn feststellt, entspricht auf deutscher Seite im achtzehnten Jahrhundert eine nahezu exzessive Aneignung englischer Literatur, insbesondere der Werke Shakespeares, die Christian Dietrich Grabbe in seinem gleichnamigen Traktat als *Shakspearo-Manie* (1827) beschreibt, wo er u. a. zu dem Schluss kommt:

> Der Deutsche glaubt sich so wenig originell, daß Originalität bei ihm einen gesuchten Einfuhrartikel bildet. Die Engländer lieferten damals wie jetzt auch hier die Hauptware. Mit Begierde wurde alles, was shakspearisch [sic] war, aufgegriffen, Shakspeares Werke erschienen in Übersetzungen und auf der Bühne, und ohne Zweifel zum Heil der im einseitigen Streben befangenen Zeit.[3]

Auf beiden Seiten des Ärmelkanals wurde Shakespeare, wie diese beiden Stimmen aus dem frühen neunzehnten Jahrhundert nahelegen, als Artikel in einem Import-Export-Geschäft betrachtet, und in der Tat wurden seine Werke seit der

---
1 Leslie Stephen: The importation of German. In: Ders.: *Notes of a Biographer* (1898), Cambridge 2012, S. 39.
2 Ebd., S. 75.
3 Christian Dietrich Grabbe: Über die Shakspearo-Manie. In: *Shakespeare Rezeption: Die Diskussion um Shakespeare in Deutschland II: Ausgewählte Texte von 1793–1827*. Hg. Hansjürgen Blinn. Berlin 1988, S. 207–228, hier S. 209.

Mitte des achtzehnten Jahrhunderts zu einem vielumkämpften Terrain in den politischen und ästhetischen Beziehungen zwischen europäischen Ländern, insbesondere England, Deutschland und Frankreich. In seiner *Lettre à l'Academie Française* (1776–1777) sowie an anderen Stellen diagnostiziert Voltaire, dass eine wachsende Bewunderung für Shakespeare, gar ein sich ausbreitender Shakespeare-Fanatismus zu einem Absinken kultureller Standards führe: „Quelques Français ont tâché d'avoir le même enthousiasme. Ils transportent chez nous une image de la divinité de Shakespear, comme quelques autres imitateurs ont érigé depuis peu à Paris un vaux-hall".[4] Nicht nur drohte aus Paris ein zweites Vergnügungsviertel à la Vauxhall zu werden, sondern eine exzessive Anglophilie wurde überdies sogar zu einer nationalen Frage stilisiert. Martine de Rougemont beschreibt die Shakespeare-Rezeption im französischen Theater des achtzehnten Jahrhunderts entsprechend als Staatsaffäre: „On peut laisser l'anglomanie régner dans le roman, genre mineur, mais le théâtre est une affaire d'Etat".[5]

In Deutschland verknüpfte sich die Rezeption der Werke Shakespeares zunehmend mit ästhetischen und philosophischen Überlegungen über die Bedeutsamkeit individueller Einbildungskraft, Originalität und des sinnlichen Empfindens für das künstlerische Schaffen. Im Folgenden möchte ich einigen Stationen der kritischen und theatralen Shakespeare-Rezeption in der zweiten Hälfte des achtzehnten Jahrhunderts nachgehen, die das Exzessive seiner Werke verhandeln. Damit verbunden werde ich die Reflexion des Exzesses in Shakespeares Dramen selbst betrachten, bevor ich abschließend, anhand von *King Lear*, exemplarisch auf poetische Verfahren und performative Realisationen des Exzesses eingehe.

Seit ca. 1750 wurde Shakespeare zu einer entscheidenden Größe in der deutschen Literatur- und Geistesgeschichte. Die Idee einer besonderen, deutschen Affinität zu Shakespeare, der häufig synonym mit seinen Werken, allen voran *Hamlet*, genannt wird, wurzelt in der nahezu beispiellosen Intensität und dem Enthusiasmus, mit dem seine Werke diskutiert, bewundert, kopiert und übersetzt wurden. Ausgelöst durch Wielands Übersetzung von 22 Dramen in den Jahren 1762–1766 entstand eine lebhafte Shakespeare-Debatte.[6] Schon die Aus-

---

[4] Voltaire: *Writings of 1776–1777. Œuvres complètes de Voltaire*. Hg. Nicholas Cronk und Janet Godden. Bd. 78 A. Oxford 2010, S. 24. Später heißt es: „Les Anglais copièrent ces divertissements grossiers et barbares: les ténèbres de l'ignorance couvraient l'Europe; tout le monde cherchait le plaisir, et on ne pouvait en trouver d'honnête" (S. 36 f.).
[5] Martine de Rougemont: Un rendez-vous manqué: Shakespeare et les Français au XVIIIème siècle. In: *Das Shakespeare-Bild in Europa zwischen Aufklärung und Romantik*. Hg. Roger Bauer, Michael de Graat und Jürgen Wertheimer. Frankfurt/M. 1988, S. 102–117, hier S. 104.
[6] Hertha Isaacsen: *Der junge Herder und Shakespeare*. Berlin 1930, S. 15.

gabe der ersten Bände entfachte eine heftige Diskussion um Fragen des Stils, der Dramenform und der Angemessenheit ihrer Inhalte. Einerseits konnten sich die klassizistischen Kritiker der ästhetischen Wirkung von Shakespeares Werken nicht entziehen, andererseits konnte die Vielzahl an ‚Regelverstößen' in seinen Dramen nur aus seiner Ignoranz oder gar offener Verachtung für diese erklärt werden. So wurde die Frage: Shakespeare ja oder nein, und wenn ja, wie? schnell zum Kriterium einer ‚richtigen' Auffassung vom zeitgenössischen Drama. Gleichzeitig mit der Verteidigung Shakespeares wurde somit der Kampf gegen Gottsched und die von ihm verfochtene Beibehaltung der Regeln wieder aufgenommen[7] – nicht nur von Gegnern der Wieland'schen Übersetzung, sondern auch von ihren Anhängern. Friedrich Nicolai bemerkte in seiner Rezensionszeitschrift *Allgemeine Deutsche Bibliothek* (1765) polemisch: „Von Rechtswegen sollte man einen Mann, wie Shakespear, gar nicht übersetzt haben".[8]

Übersetzungen wie die Wielands und später prominent diejenige Schlegels und Tiecks beruhen auf der in Teilen durch Edward Youngs *Conjectures on Original Composition* (1759) beeinflussten, idealistisch-enthusiasmierten Konzeption Shakespeares als Originalgenie, die sich in dem in Deutschland grassierenden ‚Hamlet-Fieber' manifestierte, welches sich seinerseits aus einem vorangegangenen ‚Werther-Fieber' speiste und sich in den zahlreichen kreativen Interaktionen mit Shakespeares Stücken in den Werken Goethes, Schillers und Kleists zeigte.

Roger Paulin spricht in Anlehnung an Harold Bloom vom Deutschland der 1770er Jahre als einer „‚Shakespeare-haunted' culture".[9] Der englische Romantiker William Wordsworth bemerkt in seinem *Essay supplementary to the Preface* von 1815: „The Germans only, of foreign nations, are approaching towards a knowledge and feeling of what he is. In some respects they have acquired a superiority over the fellow-countrymen of the Poet".[10] „Besser als die Engländer haben die Deutschen den Shakespear begriffen" bemerkt später ironisch auch

---

[7] Vgl. Johann Christoph Gottsched: *Versuch einer Critischen Dichtkunst vor die Deutschen*. Leipzig 1729 (datiert auf 1730).
[8] *Allgemeine Deutsche Bibliothek*. Hg. Friedrich Nicolai. Berlin und Stettin 1765, S. 300. Weiter heißt es: „Ohne Känntniß der englischen Sprache, der englischen Sitten, des englischen Humeurs, kann man an dem größten Theil seiner Werke wenig Geschmack finden; wer also das obige versteht, wird diesen trefflichen Schriftsteller englisch lesen, und wer es nicht versteht, sollte ihn billig gar nicht lesen."
[9] Roger Paulin: *The Critical Reception of Shakespeare in Germany: 1682–1914. Native Literature and Foreign Genius*. Hildesheim 2003, S. 1.
[10] William Wordsworth: Essay Supplementary to the Preface (1815). In: Ders.: *Wordsworth's Literary Criticism*. Hg. Warwick J. B. Owen. London 1974, S. 192–218, hier S. 199.

Heinrich Heine (1838) in *Shakspeares Mädchen und Frauen*.[11] James Joyces *Ulysses* rekurriert auf diesen Topos in der einflussreichen Tradition der deutschen Shakespeare-Rezeption und resümiert schlicht: „He was made in Germany".[12] Er beschreibt damit eine Weise der Neuerfindung und Appropriation Shakespeares, die auf der Hypothese beruht, dass es eine nie dagewesene und beinahe archaische Affinität zwischen Deutschland und Shakespeare gäbe, der anschließend durch die kanonische Schlegel-Tieck-Übersetzung naturalisiert sowie fest in den deutschen Kanon eingebettet wurde und rasch den Rang des dritten deutschen Klassikers neben Goethe und Schiller für sich beanspruchte. Dieser Traditionslinie sekundierte die Wucht des *Sturm und Drang* und, neben anderen, Gottfried Herders Überlegungen, die auf der Basis elaborierter linguistischer Observationen davon ausgingen, dass Shakespeare eigentlich ein Deutscher sei.[13] Auch August Wilhelm Schlegel schreibt am 11. Dezember 1797 an Ludwig Tieck: „Ich hoffe, Sie werden in Ihrer Schrift unter anderm beweisen, Shakspeare sey kein Engländer gewesen. Wie kam er nur unter die frostigen, stupiden Seelen auf dieser brutalen Insel? Freylich müssen sie damals noch mehr menschliches Gefühl und Dichtersinn gehabt haben, als jetzt."[14]

Im ersten Aufsatz des allerersten *Shakespeare Jahrbuchs* (1864), *Shakespeare in Deutschland*, führt August Koberstein Shakespeares erfolgreiche Akkulturation in Deutschland auf dessen „urgermanische [...] Natur" zurück, die ihn „innerlichst" mit dem deutschen Geist verknüpfe.[15] Dieser wachsende Shakespeare-Enthusiasmus verlief Hand in Hand mit einer Shakespeare-Apologetik, wie sie z. B. Gerstenberg in seinen *Briefe[n] über Merkwürdigkeiten der Litteratur* führte,[16] und würdigte die Wirksamkeit der Sprache Shakespeares für das Theater. Wenngleich Voltaire, wie Herder bemerkt, die „schönsten" Verse dichtet („wenn ich ein Franzose wäre", schreibt Herder in seinem Shakepeare-Aufsatz [1773],

---

11 Heinrich Heine: Shakespeares Mädchen und Frauen. In: Ders.: *Shakespeares Mädchen und Frauen und kleinere literaturkritische Schriften*. Historisch-kritische Ausgabe. Hg. Manfred Winfuhr. Bd. 10. Bearb. Jan-Christoph Hauschild. Hamburg 1993, S. 7–191, hier S. 18.
12 James Joyce: *Ulysses*. Hg. Jeri Johnson. Oxford 1993, S. 197.
13 Johann Gottfried Herder: Von deutscher Art und Kunst. In: Ders.: *Johann Gottfried Herder Werke in zehn Bänden*. Hg. Gunter E. Grimm. Bd. 2. Frankfurt/M. 1993, S. 443–562.
14 August Wilhelm Schlegel: Digitale Edition der Korrespondenz [Version-10–20]; https://august-wilhelm-schlegel.de/briefedigital/letters/view/1331?left=text&right=manuscript [11. Februar 2021].
15 August Koberstein: Shakespeare in Deutschland. In: *Shakespeare Jahrbuch* 1 (1864), S. 1–17, hier S. 3.
16 Im 14.–18. Brief fällt Gerstenberg ein vernichtendes Urteil über Wieland. Seine Kritik hingegen diente der weiteren Rechtfertigung Shakespeares. „Gerstenberg ist der erste große Apologet Shakespeares" (Wagner II, 114).

„würde ich verzweifeln, hinter Voltär einen Vers zu machen"), so seien diese doch keine „Theatervers[e]", die einem „tragischen Zweck" dienten.[17]

Die französische Shakespeare-Rezeption spielte eine entscheidende Rolle in der Verbreitung englischer Literatur über das Theater in Deutschland. Voltaires lebenslange Shakespearelektüre war durch viele Nuancen geprägt. In seinem *Appel à toutes les nations de l'Europe* (1761) hatte er Teile von Shakespeares Stücken, wie z. B. Hamlets Monolog „To be or not to be", als theatrales Rohmaterial gewürdigt: „un diamant brut, qui a des taches. Si on les polissait, il perdrait de son poids".[18] Gleichwohl lancierte er zahlreiche seiner berühmten Invektiven gegen Shakespeare, wie z. B. in seinem *Essai sur les mœurs, et l'esprit des nations*: „C'est dommage qu'il y ait beaucoup plus de barbarie encore que de génie dans les ouvrages de Shakespeare".[19] Deutsche Dichter setzten sich mit solchen Angriffen mitunter gelassen auseinander. Christoph Martin Wieland bezeichnet Voltaire als „Sophisten"[20] und nonchalant bemerkt auch Goethe in einem Brief an Oeser vom 14. Februar 1769: „Voltaire hat dem Schäkespeare keinen Tort thun können, kein kleinerer Geist wird einen größern überwinden".[21]

In der deutschen Kritik des achtzehnten Jahrhunderts wurde Shakespeare nicht nur zur Chiffre für bestimmte exzessive dramatische Verfahren, wie den Bruch mit der Regelpoetik, der Ständeklausel und der Gattungsreinheit, sondern zunehmend auch zu einem positiven oder negativen Bezugspunkt der allgemeinen Ästhetik sowie der Theaterpraxis.

Shakespeares Werke vermitteln vielen Lesern und Betrachtern bis in die Gegenwart ungebrochen den Eindruck kopiosen Reichtums an Themen, Ideen, Figuren und sprachlichen Möglichkeiten. Bereits der junge Herder betont gar das geschichtsphilosophische Ausmaß seiner Dramen: „Alle Shakespeareschen Stücke sind eigentlich Geschichte"[22]: „Geschichte *des menschlichen Geschlechts* [...]

---

[17] Johann Gottfried Herder: Shakespear. In: *Shakespeare-Rezeption: Die Diskussion um Shakespeare in Deutschland I: Ausgewählte Texte von 1741–1788*. Hg. Hansjürgen Blinn. Berlin 1982, S. 104–119, hier S. 108.
[18] Voltaire: Writings of 1760–1761 (II). In: Ders.: *Les Œuvres Completes de Voltaire*. Hg. Nicholas Cronk und Janet Godden. Bd. 51B. Oxford 2013, S. 71. Siehe z. B.: *Lettre à l'Académie Française* (1776–1777): „ce Shakespear si sauvage, si bas, si effréné et si absurde, avait des étincelles de génie" (Voltaire, Writings of 1776–1777 2010, S. 46.).
[19] Voltaire: Essai sur les mœurs et l'esprit des nations (V). In: Ders.: *Œuvres*, Bd. 25. Bearb. Henri Duranton. Oxford 2012, S. 293 f.
[20] Christoph Martin Wieland: Der Geist Shakespears (1773). In: *Shakespeare-Rezeption* Bd. 1, S. 119–122, hier S. 119.
[21] Johann Wolfgang Goethe: *Goethes Briefe und Briefe an Goethe 1. Briefe der Jahre 1764–1786*. Hg. Karl Robert Mandelkow. Bd. 1, München ³1988, S. 94.
[22] Herder: Shakespeare 1982, I.Z. 8,1.

‚*unendliches Drama* von *Szenen! Epopee* Gottes durch alle *Jahrtausende, Weltteile* und *Menschengeschlechte, tausendgestaltige Fabel* voll *eines großen Sinns!*'"[23]

Die weltweite Shakespeare-Rezeption, man könnte fast sagen, die Shakespeare-Industrie, verdankt sich bis heute dieses Überschusses, einer schier unerschöpflichen Unendlichkeit an Möglichkeiten der Interpretation und Darstellung. Verena Lobsien hat gezeigt, wie sich Shakespeares Ökonomien der Vermehrung, der Multiplikationen, des Verschwendens, aber auch des Reichtums und des wunderbaren Überflusses aus Sicht einer affektpoetischen und -ökonomischen Orientierung erschließen lassen.[24]

Meine Ausführungen gehen ebenso davon aus, dass Shakespeares Werke selbst die transgressiven Dynamiken des Überflusses wie des Überschreitens derjenigen Grenzen reflektieren, innerhalb derer sie operieren. Der Prolog zu *Henry V* spielt z. B. auf die materiale Begrenztheit der Bühne an, indem er sich dafür entschuldigt, eine so gewichtige Persönlichkeit wie Henry V. auf dieses „unworthy scaffold" zu bringen, (*H5*, Prol, 10)[25] oder indem er sich fragend an das Publikum wendet: „Can this cockpit hold / The vasty fields of France? Or may we cram / Within this wooden O the very casques / That did affright the air at Agincourt?" (*H5*, Prol, 11–14). Die ostentative Exposition der theatralen wie der repräsentativen Grenzen ist nicht nur eine *captatio benevolentiae* der Zuschauer, sondern zugleich ein Appell an die Überschreitung dieser Grenzen durch die Imagination, die die Mängel ausgleicht und den Eindruck des Gesehenen vervollkommnet: „Piece out our imperfections with your thoughts", (*H5*, Prol, 23) fordert der Prolog die Zuschauer auf.

Exzesse sind dem Theater immanent. Sie bedingen die Reflexion eigener Möglichkeiten und initiieren eine Logik der Selbstüberschreitung. Hierin liegt auch ihr aufklärerisches Potential. Sie verweisen auf ihre Möglichkeitsbedingungen und stellen gerade die in der Begrenztheit der Mittel wie der Worte liegende poetische Kraft der Kreation und imaginativen Transgression aus. Shakespeares Figuren konfigurieren in ihrem Ausgreifen in den Exzess kontinuierlich performative Grenzüberschreitungen. Die ersten Worte des liebeskranken Orsino in *Twelfth Night* lauten: „[i]f music be the food of love, play on; / Give me excess of

---

[23] Johann Gottfried Herder: Auch eine Philosophie der Geschichte zur Bildung der Menschheit. In: Ders. *Johann Gottfried Herder Werke in zehn Bänden.* Hg. Jürgen Brummack und Martin Bollacher. Bd 4, Frankfurt/M. 1994, S. 9–108, hier S. 82f.
[24] Verena O. Lobsien: *Shakespeares Exzess: Sympathie und Ökonomie.* Wiesbaden 2015, S. 162.
[25] William Shakespeare: *King Henry V.* Hg. Andrew Gurr [In: The New Cambridge Shakespeare]. Cambridge 2005. Im Folgenden werden die Werke Shakespeares als Siglen im Text zitiert.

it" (*TN* 1, 1, 1–2)²⁶, und Juliet in *Romeo and Juliet* erkennt: „[...] my true love is grown to such excess / I cannot sum up sum of half my wealth". (*RJ* 2, 6, 33 f.)²⁷ *King Lear*, auf das ich später eingehen werde, exponiert die selbstüberbietende Dynamik eines negativen Exzesses, wenn Goneril ihrem Vater Lear eine falsche Liebe vorspielt, die alle Kategorien des Möglichen sprengt: „Beyond all manner of so much I love you". (*KL* 1, 1, 56)²⁸

Das nicht mehr quantitativ Einholbare, ostentativ Überschüssige bildet einen Fluchtpunkt vieler Werke Shakespeares. Auch in der Wahl seiner Quellen scheint Shakespeare eine besondere Vorliebe für Stoffe gehegt zu haben, die die Grenzen des Möglichen und Vorstellbaren überschreiten: Das Übermaß an exotischem Luxus in *Antony and Cleopatra*, die beunruhigend ausagierten Verständnisse der Geschlechterrollen in *The Taming of the Shrew*, oder auch die Gewaltexzesse in *Titus Andronicus* sind hierfür nur einige augenfällige Beispiele.

Mit dem Werk Shakespeares als Reflexion des Exzesses wie auch als dessen performativer Vollzug sah sich im achtzehnten Jahrhundert nicht nur die normative Literaturkritik konfrontiert, sondern seine grenzüberschreitende Kraft prägte auch die theatergeschichtliche Entwicklung des Nationaltheaters als literarischem Theater. Es ist mithin ein Paradox, dass die Texte eines der am meisten glorifizierten Dichter in Deutschland wie auch in England am wenigsten in ihrer originalen Form toleriert wurden. Bei aller hymnischen Bewunderung für Shakespeare konnte man seine Stücke im Theater offenbar nicht ohne extensive Änderungen ertragen. Polemisch gewendet wurde Shakespeare als weder in der Lage erachtet, ein einheitliches Stück zu schreiben, noch zwischen den guten und gelungenen Teilen seiner Werke sowie deren allenfalls mediokren Passagen zu unterscheiden.

Die Adaptionen Shakespeare'scher Stücke für die deutschen Bühnen im achtzehnten Jahrhundert, wie auch die Adaptionen D'Avenants, Drydens, Tates und Cibbers in England, waren mithin weder vom Prinzip der Originaltreue geleitet, noch präsentierten sie einen wortwörtlichen Shakespeare, sondern sie boten den Umständen und dem Erwartungshorizont des Publikums angepasste, gezähmte und domestizierte Versionen seiner Texte. In seinem Vorwort zu *Troilus and Cressida* siedelt John Dryden Shakespeares Sprache auf einem vergleichs-

---

26 William Shakespeare: *Twelfth Night: Or What You Will*. Hg. Elizabeth Story Donno [In: The New Cambridge Shakespeare]. Cambridge 2004.
27 William Shakespeare: *Romeo and Juliet*. Hg. G. Blakemore Evans [In: The New Cambridge Shakespeare]. Cambridge 2003.
28 William Shakespeare: *The Tragedy of King Lear*. Hg. Jay L. Halio [In: The New Cambridge Shakespeare]. Cambridge 2005.

weise noch unterentwickelten Niveau an und beschreibt sie als in Teilen unverständlich:

> [T]he tongue in general is so much refin'd since *Shakespeare*'s time, that many of his words, and more of his Phrases, are scarce intelligible. And of those which we understand some are ungrammatical, others coarse; and his whole stile is so pester'd with Figurative expressions, that it is as affected as it is obscure.[29]

Diese Zähmung des widerspenstigen Barden legitimierte sich u. a. auf der Basis der Annahme, dass Originaltreue bedeuten würde, die Gunst der Zuschauer und Zuschauerinnen aufs Spiel zu setzen. Eine Ausnahme bildete Goethe, der am 29. November 1791, sieben Monate nachdem er Direktor des Theaters von Weimar geworden war, erstmals *Leben und Tod des Königs Johann* als unbearbeitetes Shakespeare-Stück auf die Bühne brachte.[30]

Zur gleichen Zeit arbeitete Goethe an *Wilhelm Meisters Lehrjahre*. Darin diskutiert Wilhelm, der Shakespeare in der Übersetzung Wielands kennengelernt hat, u. a. mit dem Theatermann Serlo darüber, ob und wie *Hamlet* für die Bühne bearbeitet werden könne, ohne das Original zu zerstückeln oder zu „verd[e]rben". Wilhelm legt widerwillig seine Überarbeitung vor, kürzt u. a. die Handlungsstränge um die Unruhen in Norwegen und stimmt mit Serlo darin überein, „daß, da das Stück nun einmal auf das deutsche Theater solle, dieser ernstere einfachere Hintergrund für unsre Vorstellungsart am besten passen werde".[31]

Der Überarbeitung Wilhelms nicht unähnlich versuchten andere deutsche Bühnenadaptionen, das Original durch ihre eigenen Versionen zu übertreffen und diese als besser geeignet für die zeitgenössischen Standards und den Geschmack auszuweisen. Franz Heufeld führte Regie in der ersten höchst erfolgreichen Hamlet-Aufführung am Wiener Hoftheater im Jahr 1773. Die Inszenierung beruhte auf Wielands Übersetzung und verfolgte das Ziel: „den Hamlet der geschlossenen

---

[29] John Dryden: John Dryden, from his adaptation of *Troilus and Cressida*, pre-April 1679. In: *Shakespeare: The Critical Heritage Volume 1: 1623–1692*. Hg. Brian Vickers. London/Boston 1974, S. 249 f.

[30] Lawrence Marsden Price: *Die Aufnahme Englischer Literatur in Deutschland 1500–1600*. München und Bern 1961, S. 272.

[31] Johann Wolfgang Goethe: Wilhelm Meisters Lehrjahre. Ein Roman. In: Ders.: *Sämtliche Werke nach Epochen seines Schaffens*. Hg. Karl Richter u. a. (Münchener Ausgabe), Bd. 5. Hg. Hans-Jürgen Schings. München 2006, S. 297.

Form, wie sie nach französischem Muster für das deutsche Theaterstück maßgebend war, anzunähern".[32] Im Vorwort zur Textausgabe heißt es:

> Wem dieses große Originalgenie des englischen Theaters bekannt ist, der wird wissen, wie wenig ratsam es sey, Stücke von ihm auf die deutsche Schaubühne zu bringen, ohne sie durchaus überarbeitet zu haben. Herr Heyfeld verdient Dank, daß er sich die Mühe geben wollen, ein für England gutes Stück in ein brauchbares für Deutschland zu verwandeln.[33]

Für Heufelds Hamlet bedeutete dies, dass die Liste der *dramatis personae* drastisch gekürzt wurde und die Inszenierung unter anderem ohne Fortinbras, Laertes, Rosencrantz, Osric und den Totengräber auskam. Ein für die deutschen Bühnen ‚brauchbarer' Hamlet implizierte mithin die Dispensierung der politischen Dimension des Stückes wie auch die seiner tragikomischen Selbstreflexivität. Heufelds Hamlet konzentrierte sich stattdessen auf das dänische Familiendrama. Er tauschte Shakespeares latinisierte Namen gegen solche aus, die er als adäquater für das dänische Ambiente betrachtete: Polonius wurde zu Oldenholm, Horatio zu Gustav, Barnardo, Marcellus und Francisco wurden Bernfield, Ellrich und Frenzow.[34] Ein besonderer Einschnitt bestand schließlich darin, dass Heufeld das Ende der Tragödie änderte, die in der Konsequenz nicht länger tragisch war. So gesteht in seiner Version Gertrude im Angesicht des Todes durch den vergifteten Wein, dass sie Claudius' Komplizin im Mord am alten König Hamlet war und bittet ihren Sohn um Verzeihung. Hamlet selbst, der seine Mutter Gottes Gerichtsspruch überlässt, bleibt am Leben, während seine Opponenten ausnahmslos vernichtet werden. Im direkten Gegensatz zu Shakespeares *Hamlet*, das in einem Blutbad endet, werden in Heufelds Dänemark Recht und Ordnung wie auch eine poetische Gerechtigkeit restauriert. Wie Heufelds „Pionierleistung" der Adaption zeigt,[35] waren Shakespeares Werke für die deutsche Kritik und das deutsche Theater des achtzehnten Jahrhunderts zu viel, zu beunruhigend, zu kompliziert, zu verwirrend und bedrohlich, wenn nicht gar zu schockierend, blutrünstig und grausam. Kurzum: unbrauchbar.

---

32 Neue Schauspiele, aufgeführt in den kais. königl. Theatern zu Wien (1773). Bd. 7. Hg. Anton Löwen. Preßburg und Leipzig 1773. Zitiert nach Alexander von Weilen: *Hamlet auf der deutschen Bühne bis zur Gegenwart*. Berlin 2018 [1908]. S. 11–21, hier S. 14.
33 Ebd., S. 16.
34 Julius Bobinger: Entwicklungstendenzen deutscher Shakespeare-Bearbeitungen im 18. Jahrhundert. In: *Großbritannien und Deutschland. Europäische Aspekte der politisch-kulturellen Beziehungen beider Länder in Geschichte und Gegenwart*, Festschrift für John W. P. Bourke. Hg. Ortwin Kuhn. München 1974, S. 334–346, hier S. 337.
35 Renata Häublein: *Die Entdeckung Shakespeares auf der deutschen Bühne des 18. Jahrhunderts: Adaption und Wirkung der Vermittlung auf dem Theater*. Tübingen 2005, S. 71.

Lessing spielt im „17. Literaturbrief" auf diese Kontroversen an, wenn er Shakespeare attestiert, „das Große, das Schreckliche" zu verkörpern.[36] ‚Unbrauchbar', „inutile" ist auch ein Terminus, den Voltaire in seiner Diskussion des *Hamlet* verwendet, in der er den kurzen Rapport des Wächters Francisco an Hamlet in den Blick nimmt: „Not a mouse stirring": – „Je vous dirai qu'il n'y a ni harmonie ni vérité intéressante dans ce quolibet d'un soldat: *Je n'ai pas entendu une souris trotter.* [...] cet événement est très inutile à la tragédie d'*Hamlet*".[37] Gleichwohl schien es auch, dass Shakespeares Stücke ihre Regisseure, Schauspieler, Kritiker und Zuschauer nicht trotz ihrer exzessiven Qualitäten begeisterten, sondern gerade wegen dieser. Sie verbreiteten Schrecken und Faszination zugleich.

Zwar ist die Geschichte der deutschen Ästhetik im achtzehnten Jahrhundert mit und über Shakespeare noch nicht geschrieben worden, dennoch waren die Aufnahme und Adaption seiner Werke Teil der Entwicklungen moderner Vorstellungen von Subjektivität, Autorschaft, Genie und Originalität. Darin war es gerade das Exzessive, Verschwenderische und Überbordende seiner Werke, das dazu beitrug, das Selbstverständnis einer deutschen Dramatik neu zu justieren sowie die daraus hervorgehenden schauspielerischen Möglichkeiten zu erproben. Einigen Autoren, wie z. B. Christian Felix Weiße, lieferte Shakespeare Quellenmaterial, aus dem der Dramatiker seine eigenen Kreationen generieren konnte, wie z. B. *Romeo und Julie* (1776). Andere nahmen Shakespeares Stücke zum Ausgangspunkt, um Versionen davon zu produzieren, die zwar zuschauerfreundlicher waren, aber die Grundstruktur des Originalstücks beibehielten.

So war es insbesondere Friedrich Ludwig Schröder, der als Schauspieler, Dramatiker und Regisseur eine eminente Rolle in der Adaption von Shakespeares Werken für die deutschen Bühnen spielte.[38] Schröder war der umtriebige Direktor des aufstrebenden Hamburger Theaters, in dem er von 1776 bis 1779 acht Shakespearestücke inszenierte, die er selbst bearbeitet und in Teilen neu geschrieben hatte.[39] Schröder hatte Heufelds Inszenierung des *Hamlet* in Wien gesehen und es war u. a. dieser Erfolg, der ihn dazu motivierte, Shakespeare für die Hamburger Bühnen zu bearbeiten. Hamburg wurde neben Weimar und Berlin

---

36 Gotthold Ephraim Lessing: Briefe, die neueste Litteratur betreffend. In: Ders.: *Werke und Briefe in 12 Bänden*. Hg. Wilfried Barner et. al. (Frankfurter Ausgabe) Bd. 4: Werke 1758–1759. Hg. Gunter E. Grimm. Frankfurt/M. 1997, S. 453–778, hier S. 500.
37 Voltaire, *Writings of 1776–1777* 2010, S. 45.
38 Zu Schröders Spielstil und seinen Hamlet-Bearbeitungen siehe detailliert Häublein: *Die Entdeckung Shakespeares* 2005, S. 56–93.
39 *Hamlet, Othello, Der Kaufmann von Venedig, Maß für Maß, Richard II, Heinrich IV, König Lear, Macbeth.*

sowie zuvor Biberach, wo 1761 unter Wielands Regie die erste deutschsprachige Aufführung von *The Tempest* unter dem Titel *Der erstaunliche Schiffbruch oder die Verzauberte Insel* stattfand,[40] zu einem wichtigen Standort der Shakespeare-Inszenierungen im achtzehnten Jahrhundert.

Die Hafenstadt Hamburg unterhielt intensive Handelsbeziehungen zu London und beheimatete z. B. eine britische Kolonie, die ein wachsendes Interesse an der englischen Kultur auf vielen Ebenen der Hamburger Kaufmannsgesellschaft förderte. Anglophile Hamburger Bürger reisten nach London und sahen dort Theateraufführungen mit dem berühmten David Garrick.[41] Renata Häublein untersucht die deutsch-britischen Verbindungen in Bezug auf die Herausbildung eines „Hamburger Spielstils".[42] Lessing spricht 1767 in der *Hamburgischen Dramaturgie* von Garrick als dem „Proteus in seiner Kunst".[43] Dessen Wandlungsfähigkeit erzeuge einen naturalistischen Eindruck, indem Stil und Inhalt zusammenfallen und die Zuschauer die Kunst der Darstellung nicht mehr als solche wahrnehmen. Georg Christoph Lichtenbergs Briefe aus England, die viele detaillierte Beobachtungen über Garricks Schauspielstil und seine Rollen in Shakespeares Dramen enthalten, gelangen zu ähnlichen Schlüssen. Lichtenberg zeigt sich u. a. beeindruckt von Garricks unnachahmlicher naturalistischer Bühnenpräsenz, wenn er notiert: „[E]r geht und bewegt sich unter den übrigen Schauspielern, wie der Mensch unter Marionetten".[44]

Auch Diderot und Voltaire erkannten Garricks Talent und bewunderten seine Schauspielkunst. Am 10. Oktober 1763 schreibt David Garrick, unterwegs auf seiner ‚Grand Tour', an seinen Bruder: „I have had a most warm invitation from *Voltaire*, whom I shall take in my return; tho I am rather angry with him for saying in his last thing, that tho Shakespear is surprising, there is more *Barbarism* than *Genius* in his Works – O the damn'd fellow! – but I'll see him."[45] Ein Jahr später schreibt er an Voltaire (Nov, 10, 1764):

---

40 Der Text gilt leider als verloren.
41 Georg Christoph Lichtenbergs *Briefe aus England* (1776–) verzeichnen detaillierte Beobachtungen über Garricks Schauspielkunst und seinen Rollen in Shakespeares Dramen.
42 Häublein, *Die Entdeckung Shakespeares* 2005, S. 57. Siehe auch: Erika Fischer-Lichte: Entwicklungen einer neuen Schauspielkunst. In: *Schauspielkunst im 18. Jahrhundert. Grundlagen, Praxis, Autoren*. Hg. Wolfgang F. Bende. Stuttgart 1992, S. 51–70, hier S. 57.
43 Gotthold Ephraim Lessing: Hamburgische Dramaturgie. In: Ders.: *Werke* Bd. 6 (1985), S. 181–694, hier S. 220 (7. Stück).
44 Georg Christoph Lichtenberg: Briefe aus England. In: *Georg Christoph Lichtenberg's Vermischte Schriften*. Bd. 3. Göttingen 1844, S. 197–268, hier S. 208. Vl. auch S. 203: „[M]an will immer in ihm den wirksamen Theil des Ganzen, und den täuschenden Nachahmer der Natur finden".
45 David Garrick: *The Letters of David Garrick*. Hg. David M. Little und George M. Kahrl. Bd. 1. London 1963, S. 389 (Letter 318).

> I should have paid my respects at Ferney long before this time. but a violent bilious fever most unluckily seiz'd me upon the road & confin'd me to my bed five Weeks at Munich [...] & could I have been the means of bringing our Shakespeare into some favour with Mr Voltaire I should have been happy indeed! No enthusiastick Missionary who had converted the Emperor of China to his religion would have been prouder than I, could I have reconcil'd the first Genius of Europe to our Dramatic faith.[46]

Das Treffen sollte jedoch nicht stattfinden. Voltaire starb im Mai 1778, und Garrick überlebte ihn um nur acht Monate.[47]

Deutschlands Missionar in der Sache Shakespeares war Schröder, der zunehmend den Ruf eines deutschen Garricks erlangte,[48] und der sich, wie sein berühmter Zeitgenosse, der neuen schauspielerischen Möglichkeiten der Rollengestaltung, in denen Shakespeares tragische Helden über konventionelle Charakterdarstellungen hinausgingen, deutlich bewusst war. Seine suggestiven Verkörperungen Shakespeare'scher Helden waren so glaubhaft, dass die *Berliner Literatur- und Theaterzeitung* 1779 unter dem Eindruck von Schröders Darbietung des *Macbeth* kommentierte: „Auch nicht auf ein paar Stunden will man sich in den Geist des Jahrhunderts versetzen, in dem Shakespeare dichtete."[49] Gemessen an einem aufgeklärten Geschmack wurde Schottland als Schauplatz des *Macbeth* synonym zu einem barbarischen und blutrünstigen Elisabethanischen England gesehen.

In seiner Biographie Schröders bemerkt Meyer, „daß die Wiener Darstellerin der Goneril nie wieder veranlaßt werden konnte, diese Rolle zu übernehmen, nachdem Schröder den Fluch ‚Muß sie aber gebären' mit gewaltigem Nachdruck und ‚unübertrefflicher Kunst' über sie hatte niederprasseln lassen".[50] Noch exzessiver war die Wirkung der Premiere des *Othello* in Hamburg 1777, über die Schütze in seiner zeitgenössischen Hamburger Theatergeschichte berichtet:

> Ohnmachten über Ohnmachten erfolgten während der Graussszenen dieser ersten Vorstellung. Die Logenthüren klappten auf und zu, man gieng davon oder ward nothfalls davon

---

46 Ebd., Bd. 2, S. 428 (Letter 340).
47 Vanessa Cunningham: *Shakespeare and Garrick*. New York 2008, S. 157. Garrick starb am 20. Januar 1779 in London.
48 Christian Gaehde: *David Garrick als Shakespeare-Darsteller und seine Bedeutung für die heutige deutsche Schauspielkunst*. Berlin 1904, S. 116; S. 120; S. 131.
49 E. L. Stahl: *Shakespeare und das deutsche Theater: Wanderung und Wandlung seines Werkes in dreiundeinhalb Jahrhunderten*. Stuttgart 1947, S. 103; Karl S. Guthke: Shakespeare im Urteil der deutschen Theaterkritik des 18. Jahrhunderts. In: *Shakespeare Jahrbuch* [Deutsche Shakespeare Gesellschaft West] (1967), S. 37–69, hier S. 44.
50 Friedrich Ludwig Wilhelm Meyer: *Beitrag zur Kunde des Menschen und Künstlers Schröder*. Bd. 1. Hamburg 1811, S. 342.

getragen, und (beglaubten Nachrichten zu Folge) war die frühzeitige misglückte Niederkunft dieser und jener namhaften Hamburgerin Folge der Ansicht und Anhörung des übertragischen Trauerspiels.[51]

Der Gewaltrausch, dem Othello am Ende der Tragödie erliegt, sein eigener sowie der ebenso überflüssige Tod der unschuldigen Desdemona übertroffen vom vermeintlichen Sieg des diabolischen Iago markieren die Tragödie für Teile des zeitgenössischen Hamburger Publikums als ein Zuviel des Tragischen gleichsam – als übertragisch. Berührte *King Lear* Fragen nationaler Souveränität und war auch aus diesem Grund politisch nicht opportun, so ging *Othello* mit seinen Gewaltszenen im bürgerlichen Schlafzimmer entschieden zu weit.

Rezensionen wie diese zwangen Schröder dazu, Konzessionen an den Publikumsgeschmack zu machen, seine Aufführungen abzumildern und Shakespeares Text weiter zu verändern. So präsentierte er in einem zweiten Anlauf einen *Othello*, in dem Desdemonas Unschuld rechtzeitig entdeckt wurde und Othello und Desdemona schließlich glücklich vereint am Leben blieben. Hier zeigt sich erneut: Das letzte Urteil nicht darüber, was Shakespeare geschrieben hat, sondern was er geschrieben haben sollte, lag beim Publikum. Lessing beschreibt im 12. Stück der *Hamburgischen Dramaturgie* diese Rezeptionshaltung in Bezug auf die Komödie:

> [I]ndes sind wir Deutschen es sehr wohl zufrieden, daß die Handlung nicht reicher und verwickelter ist. Die englische Manier in diesem Punkte, zerstreut und ermüdet uns; wir lieben einen einfältigen Plan, der sich auf einmal übersehen läßt. So wie die Engländer die französischen Stücke mit Episoden erst vollpropfen müssen, wenn sie auf ihrer Bühne gefallen sollen; so müßten wir die englischen Stücke von ihren Episoden erst entladen, wenn wir unsere Bühne glücklich damit bereichern wollten.[52]

Folgt man überdies der von Lessing kritisierten, aber u. a. von Wolff vertretenen Auffassung, die Vorstellung einer poetischen Gerechtigkeit sei moralisch nützlich und müsse auf dem Theater in der Bestrafung der Laster und der Belohnung der Tugenden nachgeahmt werden,[53] so lässt der dahinterstehende metaphysische

---

51 J. F. Schütze: *Hamburgische Theater-Geschichte*. Hamburg 1794, S. 454.
52 Lessing, Hamburgische Dramaturgie 1985, S. 244 f. (12. Stück).
53 Wolff beschreibt die Nützlichkeit der poetischen Gerechtigkeit auf dem Theater: „[S]o sind Comödien und Tragödien sehr dienlich zur Besserung des Menschen, wenn die Tugenden und Laster nach ihrer wahren Beschaffenheit vorgestellet werden, absonderlich aber darauf gesehen wird, daß man zeiget, wie die freudigen Begebenheiten aus der Tugend, hingegen die Trauer-Fälle aus den Lastern kommen, indem es doch endlich bey aller Lenckung des Willens darauf ankommet, daß man den Erfolg der Handlungen vorher siehet." Christian Wolff: *Vernüngftige Gedancken von dem Gesellschaftlichen Leben der Menschen Und insonderheit Dem gemeinen Wesen*

wie anthropologische Optimismus das Tragische eigentlich nicht mehr zu. Der Erwartungshorizont des Publikums speist sich demzufolge aus bürgerlich-empfindsamen Wertmodellen, die ihre fiktive Erfolgsdemonstration auf dem Theater suchen.

Die Shakespeare-Adaptionen der zweiten Hälfte des achtzehnten Jahrhunderts und ihre Rezeptionsgeschichte verdeutlichen diese Ambivalenzen der Aufklärung wie auch die spätaufklärerischen Legitimations- und Begründungsprobleme einer bürgerlichen Moral und ihres Anspruchs an die Kunst. Sie verweisen zudem auf die Unvereinbarkeit einer didaktisch- moralisierenden Dramatik mit einer genieästhetischen Produktionskonzeption.

Galten *Macbeth* und *Othello* sowie auch *Hamlet* als das Maß des Tragischen auf schockierende Weise übersteigend, so ist die vierte der von A.C. Bradley untersuchten „Great Tragedies"[54], *King Lear*, das Stück, dem der Exzess sowohl im Sinne von Übersteigerung als auch Verschwendung strukturell immanent ist.

King Lear (1608) zeigt wie kaum ein anderes Drama diese Dimension der Katastrophe auf, die diejenigen anderer Tragöden übersteigt, indem es den Referenzbereich einer übergeordneten Ordnung zwar intermittierend aufscheinen lässt, diesen aber bis hin zu seiner Suspension unterminiert.[55] Viele und z.T. illustre Leser des Dramas bemerken diese hyperbolische Struktur. Samuel Johnson erachtet Szenen wie die Blendung Gloucesters als „an act too horrid to be endured in dramatic exhibition" und gesteht: „I was many years ago so shocked by Cordelia's death that I know not whether I ever endured to read again the last scenes of the play till I undertook to revise them as an editor".[56] Charles Lamb (1812), orientiert an zeitgenössischen Geschmacksurteilen, resümiert schlicht: „Lear is essentially impossible to be represented on a stage".[57]

Zu Beförderung der Glückseeligkeit des menschlichen Geschlechtes, den Liebhabern der Wahrheit mitgetheilet von Christian Wolffen. Frankfurt und Leipzig 1732, S. 275f. (§ 328)
54 A.C. Bradley, Shakespearean Tragedy. London 1904.
55 Nicholas Brooke beschreibt das Ende des Dramas entsprechend: „My notion – I can do no more than hint it here – is that the play insists on our adjusting to a state of universal disorder, of looking hard at *that*. But while there is no order, nor any wish for one, there are *values*, good as well as evil; but they can have no reference beyond themselves, no ultimate sanctions – they are quite superfluous, in fact. It is the very superfluity which alone is encouraging: without superfluity there would be no hope, only clear sight which is, at once, both necessary and impossible: ‚She's dead as earth'". Nicholas Brooke: The Ending of King Lear (1964). In: King Lear. *Critical Essays*. Hg. Kenneth Muir. New York 1984, S. 219–221, hier S. 220.
56 Samuel Johnson: Notes from The Plays of William Shakespeare (1765). In: King Lear. *Critical Essays* 1984, S. 1–4, hier S. 2f.
57 Charles Lamb: On the Tragedies of Shakespeare, Considered with Reference to Their Fitness for Stage Representation (1812). In: ebd., S. 5f., hier S. 6.

King Lear verweigert sich einer aufklärerischen Lösung. Das Stück spielt in seiner transgressiven Dynamik des Ausgreifens in das Undarstellbare mit dieser Unmöglichkeit der Repräsentation und verlangt seinen Figuren wie seinem Publikum ein kontinuierliches Überschreiten von Grenzen ab – begonnen mit Lears narzisstisch-indigniertem, aber ansonsten unmotiviertem Verstoß der einzigen Tochter, die ihn wirklich liebt. Dramatische Ironie wird überstrapaziert, wenn Lear und Gloucester ihr Vertrauen zielsicher in die falschen Personen setzen. Gewaltexzesse und Wahn reduzieren Figuren wie Lear und Gloucester schließlich bis hin zur Schwundstufe der Humanität: Lear wird zu einem „ruined piece of nature"; (*KL* 4, 5, 130) Regan verstößt den blinden Gloucester mit den Worten: „let him smell / His way to Dover". (*KL* 3, 7, 92f.) Alle Register der Arbitrarität werden schließlich gezogen, wenn am Ende des Stückes jegliche Gerechtigkeit oder auch nur der Vorschein einer versöhnenden Perspektive ausbleiben und sich das Publikum in vollendeter Sinnlosigkeit gleichsam dem Nichts ausgeliefert sieht: „All's cheerless, dark, and deadly". (*KL* 5, 3, 264) Für Nicholas Brooke liegt die Größe des Stücks gerade in seiner vollständigen Negation: „The greatness of *King Lear* is in the perfect completeness of its negation, and in the superb energy with which it is enforced. Action and reaction are equal and opposite: that very energy, the sense of life in the presentation of death, is the source of all this impulse to affirm".[58]

Die Logik des strukturellen Exzesses wird bereits in den ersten Szenen des Stückes eingeführt, in denen der alternde Lear sich entschließt, sein Reich aufzuteilen, um ‚unbelastet dem Tod entgegen zu kriechen'.[59] Er initiiert einen Wettstreit unter seinen drei Töchtern, die er auffordert, ihm in ihren Worten die Größe ihrer Liebe zu beweisen. In dieser Versteigerung des Erbes an die emotional Meistbietende etabliert Lear von Anfang an einen kategorischen Komparativ. Die Diskrepanz zwischen Rhetorik und Realität nimmt er dabei bewusst in Kauf. Indem Lear in dieser von ihm inszenierten Situation von seinen Töchtern eine öffentliche Zuneigungsbekundung verlangt, verletzt er das Protokoll des zeremoniellen Akts der Einsetzung seiner Nachfolge. Der König entzieht seinen Nachfolgerinnen durch sein Ansinnen ihre Würde, vermischt ein intimes Familienritual mit einer öffentlichen Handlung und löst die Zeremonie schließlich im Zorn auf.

Die Töchter Goneril und Regan spielen dennoch nach den Regeln Lears und versuchen einander in ihren Liebesbekundungen zu übertreffen. Gonerils Rede

---

58 Brooke, The Ending of *King Lear* (1964) 1984, S. 220.
59 „To shake all cares and business from our age, / Conferring them on younger strengths while we / Unburdened crawl toward death". (*KL* 1, 1, 34–36)

demonstriert dieses Ausgreifen in das Unmögliche, das mit und in der Sprache deren Grenzen übersteigt:

> GONERIL
> Sir, I do love you more than word can wield the matter,
> Dearer than eyesight, space, and liberty;
> Beyond what can be valued, rich or rare,
> No less than life, with grace, health, beauty, honour;
> As much as child e'er loved, or father found;
> A love that makes breath poor, and speech unable;
> Beyond all manner of so much I love you. (*KL* 1,1,50–56)

Goneril inszeniert eine Liebesbekundung, die ihr die Sprache verschlägt, diese als unfähig exponiert, ihrem exzessiven Gefühl Ausdruck zu verleihen. Der zweimalige Rekurs auf ein ‚beyond', ein jenseits aller Werte, jenseits allen Zuviels, betont das transgressive Moment der Sprache hin zum Unsagbaren und Unaussprechlichen. Zugleich evoziert ihre Rede in sinisterer Weise jedoch all jene Werte, die im Stück sukzessive verloren werden: das Augenlicht Gloucesters, Freiheit, Würde, Gesundheit und Ehre.

Cordelia, die dritte Tochter, entzieht sich bekanntlich der Inszenierung. Ihr Motto „[l]ove, and be silent" (*KL* 1, 1, 57) vollzieht dieses Unaussprechliche hingegen performativ, ebenso ist ihre Antwort eine Negation:

> CORDELIA Nothing, my lord.
> LEAR Nothing?
> CORDELIA Nothing.
> LEAR Nothing will come of nothing, speak again. (*KL* 1, 1, 82–85)

In Cordelias Nichts werden jene ontologischen, metaphysischen, ethischen und politischen Setzungen, die Lears Herrschaft begründen, *als* solche Setzungen sichtbar. Das Denken des Nichts stellt ihre normative Geltung zur Disposition.

Lears freiwillige Abdankung steht im Widerspruch zu den Prinzipien der englischen Monarchie zu Shakespeares Zeit, denen zufolge der König heilig ist. Lears Plan, sein Königreich zu teilen, invertiert die Vereinigung Englands, Schottlands und Wales', die im Jahr 1603, kurz vor Entstehung des Stücks, unter dem absolutistischen König James I. herbeigeführt wurde. Dieser Umstand verschafft einem Stück, das vor dem König gespielt werden sollte, eine besondere Brisanz. Lears Reichsteilung bricht nicht nur mit höfischem Dekorum und elementaren kulturellen Verhaltensregeln, sondern sie initiiert den in der weiteren Handlung des Stückes vollzogenen negativen Exzess. Darin verlaufen Reduktion und Expansion invers: Es vergrößert sich das ‚Immer Weniger', bis der Tod Cordelias am Ende als exzessive Steigerung der Bedeutungslosigkeit erscheint.[60] Das Stück ist zu Ende, aber nichts ist gut.

King Lear wurde am 17. Juli 1778 von Schröder in Hamburg aufgeführt. Bestätigt durch seine Erfolge mit *Hamlet* und dem *Kaufmann von Venedig* sah sich der nicht zuletzt auf kommerziellen Erfolg bedachte Regisseur erneut gezwungen, Lear dem anvisierten Publikumsgeschmack anzupassen. Diesen Änderungen fielen auch die ersten Szenen zum Opfer. Anstatt sie zu zeigen, lässt Schröder den verbannten Kent von der Reichsteilung berichten und ändert damit den gesamten Charakter der Tragödie. Goethe pflichtet ihm bei:

> Schröder hielt sich ganz allein ans Wirksame, [...] er hatte doch recht, denn in dieser Szene erscheint Lear so absurd, daß man seinen Töchtern in der Folge nicht ganz Unrecht geben kann. Der Alte jammert einen, aber Mitleid hat man nicht mit ihm und Mitleid wollte Schröder erregen, so wie Abscheu gegen die zwar unnatürlichen aber doch nicht durchaus zu scheltenden Töchter.[61]

Das Irrationale, Ambivalente und Absurde der Szene wurde zugunsten einer auf ihre affektive Wirkung bedachten Inszenierung getilgt. Was von Shakespeare übrig blieb, war eine Reduktion der Handlung ohne moralisch möglicherweise anstößige Elemente und eine Vereinfachung des Stils, der z. B. in den Narrenreden seiner erotischen Anspielungen entledigt wurde.

Das ‚Wirksame‘ konzentriert sich auf Episoden der Rührung und nicht auf solche des Schreckens. Schockierende Szenen wie die Blendung Gloucesters oder der Tod Oswalds werden nicht auf der Bühne gezeigt. Die Leichen der beiden Schwestern werden nicht auf die Bühne getragen und Schröder änderte das Ende der Tragödie grundlegend. Lear stirbt, aber Cordelia überlebt nach einer Ohnmacht, die als solche bereits für das Publikum beunruhigend wirkte. Durch diesen *coup de théâtre* ihrer Wiederauferstehung wird zumindest in Ansätzen eine poetische Gerechtigkeit vermittelt, eine hermeneutische Entschädigung gewährt, ohne die die Welt des Stücks die Zuschauer, so das mögliche Kalkül Schröders und vieler seiner Vorgänger, vollkommen hoffnungslos hinterließe.

Shakespeares Exzesse im Positiven wie im Negativen waren den konventionellen Erwartungen des Publikums wie einer teleologisch-hierarchischen Bildungskonzeption unerträglich: Johannes Friedrich Schink, ein Kritiker Schröders,

---

60 Lobsien spricht von einer „paradoxen Vergrößerung des Immer Weniger". Lobsien, *Shakespeares Exzess* 2015, S. 295.
61 Johann Wolfgang Goethe: Shakespear und kein Ende! In: *Sämtliche Werke nach Epochen seines Schaffens* (Münchner Ausgabe), Bd. 11.2: *Divan Jahre: 1814–1819*. Hg. Johannes John et al. München 1998, S. 173–186, hier S. 184 f.

kommt zu dem Schluss, dass Shakespeares „Schauspiele, wie sie da liegen, doch schlechterdings nichts für die Zuschauer eines gebildetern Zeitalters" seien. [62]

Schröder gab seinem Publikum, was es wollte. Wie bereits Garricks Stil wurden Schröders Darstellungen Shakespeare'scher Heldinnen und Helden für ihre Natürlichkeit und die Humanität, mit der sie die Figuren versahen, bewundert. Diese schauspieltechnische Neudefinition und Wiederentdeckung der ‚Natur' als ästhetischer Kategorie kann mithin als Effekt des Umgangs mit Shakespeares Exzessen auf den deutschen Bühnen im letzten Drittel des achtzehnten Jahrhunderts betrachtet werden. Für Goethe war Shakespeare der „Epitomator der Natur",[63] für Herder ihr „Dollmetscher [...] in all' ihren Zungen".[64]

Für die deutschen Shakespeare-Bearbeitungen für das Theater waren es die Prozesse der Domestizierung Shakespeares in den vielen Adaptionen seiner Stücke und die damit einhergehende Naturalisierung seiner Figuren in einem Schauspielstil, der sich von deklamatorischen Verfahren löste, die dazu beitrugen, ihn von einem anti-Klassiker zu einem Klassiker zu machen, wenn auch wider Willen.

---

[62] Johann Friedrich Schink: *Dramaturgische Monate Schwerin*. Bd. 1. Schwerin 1790, S. 152.
[63] Goethe, Shakespear und kein Ende! 1998, S. 183.
[64] Herder, Shakespear 1982, S. 111.

Kurzbiographien

Martin Bäumel, Assistant Professor, German Studies an der Wesleyan University. Forschungsschwerpunkte: Lyrik; Ästhetik; Literatur und Erkenntnis; Literatur und Gesellschaft. Publikationen (u. a.): *Cognitio poetica – Rational and Sensate Cognition in Hagedorn's Poetry.* In: *For a New Enlightenment,* hg. Hans Adler und Rüdiger Campe (= *The Germanic Review: Literature, Culture & Theory* 95 [2020]), S. 182–197; Polit-Poesie. Brockes' Gelegenheitsgedichte (1709–1721). In: *Brockes-Lektüren. Ästhetik – Religion – Politik,* hg. Mark-Georg Dehrmann und Friederike Felicitas Günther, Bern 2020 (= Publikationen zur Zeitschrift für Germanistik 32), S. 147–166; *inseparabile nexu conjunctim* – Ordnung der Welt in Brockes' *Irdischem Vergnügen in Gott.* In: *Deutsche Vierteljahrsschrift für Literaturwissenschaft und Geistesgeschichte* 90/3 (2016), S. 339–376.

Bernadette Grubner, Dr., Wissenschaftliche Mitarbeiterin am Institut für Deutsche und Niederländische Philologie der Freien Universität Berlin. Forschungsschwerpunkte: Literatur und Philosophie der deutschen Aufklärung, DDR-Literatur, Literatur und Psychoanalyse. Publikationen (u. a.): *Analogiespiele. Klassik und Romantik in den Dramen von Peter Hacks,* Bielefeld 2016; Kultureller Narzissmus. Zur Figur ursprünglicher Selbstbezogenheit in den Kulturtheorien Sigmund Freuds und Norbert Elias'. In: *KulturPoetik* 2 (2017), S. 159–184; *Braucht der Feminismus das Denken der sexuellen Differenz?* hg. zus. mit Barbara Grubner (= aep informationen 2/2019), Innsbruck 2019.

Roman Kuhn, Dr., Wissenschaftlicher Mitarbeiter Romanische Philologie an der Freien Universität Berlin, Forschungsgruppe „Diskursivierungen von Neuem. Tradition und Novation in Texten und Bildern des Mittelalters und der Frühen Neuzeit". Forschungsschwerpunkte: Literatur der französischen Aufklärung, Fiktionstheorie, Paratextualität. Publikationen (u. a.): *Wahre Geschichten, frei erfunden. Verhandlungen und Markierungen von Fiktion im Peritext,* Berlin und Boston 2018; *La Guerre et la paix dans la poésie épique en France (1500–1800),* hg. zus. mit Daniel Melde, Stuttgart 2020; Voltaire et la construction d'un canon creux du classicisme. In: *Revue Voltaire* 21 (2021).

Niklaus Largier, Professor of German and Comparative Literature an der University of California, Berkeley. Gastprofessuren in Harvard, Princeton und Konstanz. Forschungsschwerpunkte: Mittelalterliche Deutsche Literatur, Deutsche Mystik, Literatur und Religion, Fantasie und Emotionen in ihrer historischen Entwicklung. Publikationen (u. a.): *Meister Eckhart. Werke* (Hg.), Frankfurt/M. 1993; *Lob der Peitsche. Eine Kulturgeschichte der Erregung,* München 2001; *Die Kunst des Begehrens. Dekadenz, Sinnlichkeit und Askese,* München 2007; *Spekulative Sinnlichkeit. Kontemplation und Spekulation im Mittelalter,* Zürich 2018.

Sebastian Meixner, Dr., Neuere deutsche Literaturwissenschaft an der Universität Zürich. Forschungsschwerpunkte: Narratologie, Rhetorik, Wissenspoetik, Johann Wolfgang Goethe, Ästhetik und Ökonomie. Publikationen (u. a.): *Narratologie und Epistemologie. Studien zu Goethes frühen Erzählungen,* Berlin und Boston 2019; *Ambivalenz in Sprache, Literatur und Kunst,* hg. zus. mit Matthias Bauer und Frauke Berndt, Würzburg 2019.

Raphael J. Müller, M. A., Neuere deutsche Literaturwissenschaft an der Universität Lausanne und Mitarbeiter (Doktorand) im SNF-Forschungsprojekt *Luxus und Moderne*. Forschungsschwerpunkte: Literatur des 19. und 20. Jahrhunderts; Literatur und Ökonomie; Thomas Mann; Literary Animal Studies; Literatur und Musiktheater.

Claudia Olk, Prof. Dr., Anglistik, Allgemeine und Vergleichende Literaturwissenschaft an der LMU München. Direktorin der Shakespeare-Forschungsbibliothek. Forschungsschwerpunkte: Frühe Neuzeit, Shakespeare, Ästhetik und Poetik der Moderne. Publikationen (u. a.): *Reisen und Erzählen. Zur Entwicklung von Fiktionalität in Narrativen Reisedarstellungen des Spätmittelalters und der Renaissance,* Trier 1999; *Vollkommenheit. Ästhetische Perfektion in Antike, Mittelalter und Früher Neuzeit,* hg. zus. mit Verena Lobsien, Berlin und Boston 2010; *Virginia Woolf and Quentin Bell. The Charleston Bulletin Supplements,* Chicago und London 2013; *Virginia Woolf and the Aesthetics of Vision,* Berlin und Boston 2014; *Nobelpreisträgerinnen,* hg. zus. mit Susanne Zepp, Berlin und Boston 2019; *Shakespeare and Beckett – Restless Echoes,* Cambridge 2022.

Sebastian Schönbeck, Dr., Neuere Deutsche Literatur und Allgemeine und Vergleichende Literaturwissenschaft an der Universität Bielefeld. Forschungsschwerpunkte: Aufklärung und Romantik, Gattungen, Charakterisierung und Stereotypisierung, Engagierte Literatur und Theorie. Publikationen: *Unarten. Kleist und das Gesetz der Gattung,* hg. zus. mit Andrea Allerkamp und Matthias Preuss, Bielefeld 2019; *Die Fabeltiere der Aufklärung. Naturgeschichte und Poetik von Gottsched bis Lessing,* Stuttgart 2020; *Ding und Bild in der Europäischen Romantik,* hg. zus. mit Jakob C. Heller und Erik Martin, Berlin und Boston 2021.

Johanna Schumm, Dr., Akademische Rätin am Institut für Allgemeine und Vergleichende Literaturwissenschaft der LMU München. Forschungsschwerpunkte: Literatur und Theorie des europäischen, insbesondere des spanischsprachigen Barock; das Bekenntnis als literarische Form; Lyrikgeschichte und -übersetzung; Witz und Fülle als ästhetische, literarische und epistemische Figuren. Publikationen: *Confessio, Confessiones, Circonfession. Zum literarischen Bekenntnis bei Augustinus und Derrida,* Paderborn 2013; *Graciáns Künste,* hg. zus. mit Giulia Radaelli, Berlin 2015.

Ruth Signer, Dr. des., Postdoc-Mitarbeiterin im SNF-Forschungsprojekt *Luxus und Moderne* und Chargée de cours für Neuere deutsche Literaturwissenschaft an der Universität Genf. Forschungsschwerpunkte: Literatur und Luxus; Aufklärung; Literatur und Ökonomie; Kulturtheorie; Kritische Theorie; Poststrukturalismus; Literatur um 1968; „Neue Subjektivität"; Autofiktion. Publikationen (u. a.): „Wir wollen mit Ihnen in keinen Dialog treten." Publikums-Vorstellungen in Peter Handkes ‚Publikumsbeschimpfung'. In: *Theatrale Revolten,* hg. Agnes Hoffmann und Annette Kappeler, Basel 2018, S. 147–162; zus. mit Hubert Thüring: Roland Barthes: Von der Semiologie zur Lust am Text. In: *Grundthemen der Literaturwissenschaft: Poetik und Poetizität,* hg. Ralf Simon, Berlin 2018, S. 329–341; *Neue Subjektivität. Paradoxe Subjekte denken und erzählen in den 1970er Jahren* (im Erscheinen).

Alice Stašková, Prof. Dr., Neuere deutsche Literaturwissenschaft an der Friedrich-Schiller-Universität Jena. Forschungsschwerpunkte: Aufklärung, deutsche und französische Moderne, Stiltheorie und Rhetorik, Literatur und Musik. Publikationen (u. a.): *Nächte der Aufklärung. Studien zu Voyage au bout de la nuit von L.-F. Céline und Die Schlafwandler von H. Broch,* Tübingen

2008; *Friedrich Schillers philosophischer Stil. Logik – Rhetorik – Ästhetik,* Paderborn 2021; *Sentenz in der Literatur. Perspektiven auf das 18. Jahrhundert,* hg. zus. mit Simon Zeisberg, Göttingen 2014; *Klang – Ton – Wort: akustische Dimensionen im Schaffen Marcel Beyers,* hg. zus. mit Sven Lüder, Berlin 2021.

Peter Wittemann, M. A., Neuere deutsche Literaturwissenschaft an der Universität Genf und Mitarbeiter (Doktorand) im SNF-Forschungsprojekt *Luxus und Moderne.* Forschungsschwerpunkte: Literatur des 18. und 19. Jahrhunderts; Profil der Aufklärungsliteratur; Literatur und Wissen; Literatur und Anthropologie; Rhetorik und Poetik. Publikation: *Auszeiten. Temporale Ökonomien des Luxus in Literatur und Kultur der Moderne,* hg. zus. mit Ruth Signer und Christine Weder (= Luxus und Moderne 1), Berlin und Boston 2022.

Carsten Zelle, Dr. phil., emeritierter Professor für Neuere Deutsche Literaturwissenschaft, insbesondere Literaturtheorie und Rhetorik am Germanistischen Institut der Ruhr-Universität Bochum. Forschungsschwerpunkte: Ästhetik, Rhetorik, Literaturtheorie, literarische Anthropologie, Antikenrezeption, Literatur und Wissen, Germanistik- und Komparatistikgeschichte. Publikationen (u. a.): *„Angenehmes Grauen",* Hamburg 1987; *Die Doppelte Ästhetik der Moderne,* Stuttgart und Weimar 1995; *„Vernünftige Ärzte"* (Hg.), Tübingen 2001; *Krankheit schreiben,* hg. zus. mit Yvonne Wübben, Göttingen 2013; zuletzt: *Die Causes célèbres des 19. Jahrhunderts in Frankreich und Deutschland,* hg. zus. mit Rudolf Behrens, Wiesbaden 2020. Herausgeber der Reihe „Bochumer Quellen und Forschungen zum 18. Jahrhundert", Hannover, und langjähriger Herausgeber (bis 2019) der Zeitschrift „Das achtzehnte Jahrhundert", Göttingen.

Register

Erfasst wurden alle im Fließtext und in den Anmerkungen erwähnten historischen Personen.

Addison, Joseph   51, 53
Aldrovandi, Ulisse   177
Apuleius   240 f.
Argens, Jean-Baptiste de Boyer, Marquis de   87, 91, 93, 96, 102
Ariost   238
Aristoteles   7, 15 f., 20, 24, 32 f., 36, 154, 167, 225, 231 f., 238
Arnold, Gottfried   202
Asselijn, Jan   1, 5
Aubignac et de Meymac, François Hédelin, Abbé de   247, 251, 255, 260, 263
Augustinus   203

Bacon, Francis   168, 170
Basedow, Johann Bernhard   53
Battus, Jacobus   61 f.
Baudelaire, Charles   87–89
Baumgarten, Alexander Gottlieb   20, 64, 73, 83, 95 f., 122–128, 137, 143, 152, 160–162, 205, 217, 233
Berkeley, George   41, 70
Bodmer, Johann Jakob   90, 94 f., 159, 219, 224
Boileau, Nicolas   2, 237, 249–258, 261, 263, 266
Bonnet, Charles   116–118
Bouhours, Dominique   143 f., 152–154, 159, 161
Bourdieu, Pierre   182, 193–196
Breitinger, Johann Jakob   90, 95, 159, 219, 224
Brockes, Barthold Heinrich   79, 164
Brown, John   22
Brunel, Antoine de   153
Buffon, Georges-Louis Leclerc de   2, 163–165, 169, 173–180
Bürger, Gottfried August   120, 133, 202

Carlyle, Thomas   267
Cassirer, Ernst   194

Chapelain, Jean   248–250, 263, 266
Cibber, Colley   273
Cicero, Marcus Tullius   222
Coleridge, Samuel Taylor   267
Corneille, Pierre   101, 156, 258, 262, 265

Davenant, William   273
De la Motte, Antoine Houdar   255
Deleuze, Gilles   150
Derrida, Jacques   150 f., 163–167, 178–180
Descartes, René   9, 40 f., 53, 73, 124, 143–148, 151–153, 157, 162, 165, 167–169, 175, 178, 180, 204, 213, 250 f.
Diderot, Denis   7, 169, 181, 187, 277
Dieze, Johann Andreas   156
Dreyer, Johannes Matthias   202
Dryden, John   273 f.

Erasmus von Rotterdam   222

Feder, Johann Heinrich Georg   117
Fénelon, François   253, 259
Feuchtersleben, Ernst Freiherr von   37
Fielding, Henry   64 f., 69–71, 80
Flögel, Karl Friedrich   157
Florin, Franz Philipp   42 f.
Fragonard, Jean-Honoré   48
Francke, August Hermann   99
Freud, Sigmund   158, 162
Friedrich II. von Preußen   130–132

Garrick, David   277 f., 284
Gleim, Johann Wilhelm Ludwig   6, 8, 74, 78, 87, 94–96, 99, 119 f., 125, 127, 130 f., 133–135, 137, 202
Goethe, Johann Wolfgang von   1, 7, 10, 15, 18, 21–24, 26–38, 60, 75, 97, 139, 198, 203, 208, 218 f., 269–271, 274, 283 f.
Gonson, John   66
Gotter, Friedrich Wilhelm   6

Gottsched, Johann Christoph 11, 95, 143, 158–161, 217–243, 269
Grabbe, Christian Dietrich 267
Gracián, Baltasar 9, 124, 143–162

Hagedorn, Friedrich von 59–62, 72, 74, 78f., 124, 139, 202f.
Haller, Albrecht von 2, 64, 74f., 77–79, 163–165, 169–173, 176, 178–180
Hartmann, Eduard von 16
Hegel, Georg Friedrich Wilhelm 205
Heine, Heinrich 270
Heliodor 240
Helwing, Georg Andreas 61
Hemsterhuis, Frans 204
Herder, Johann Gottfried 204–213, 270–272, 284
Heufeld, Franz 274–276
Hippokrates 17f., 77
Hoffmann, Friedrich 6, 17–22, 36, 74
Hoffmann von Hoffmannswaldau, Christian 44–52, 58, 237
Hogarth, William 61, 64, 69–71, 77, 79
Holbach, Paul-Henry Thiry de 102, 109f., 115f.
Hölderlin, Friedrich 205
Homer 231, 237f., 240
Horaz 23, 34, 78, 132, 219, 224, 226, 228f., 232, 242, 246
Horn, Philipp Samuel 59,
Huet, Pierre-Daniel 239f.
Hufeland, Christoph Wilhelm 7, 17–19, 21–28, 38, 62, 72
Hume, David 41
Hunold, Christian Friedrich 47, 49–52, 58
Huygens, Christian 171

Jacobi, Friedrich Heinrich 198–200, 204f., 208–214
Jekyll, Joseph 66
Johnson, Samuel 3, 280
Joyce, James 270

Kant, Immanuel 16, 34, 84, 87–89, 95, 97, 160, 189, 205, 208–213
Karsch, Anna Louisa 9, 119–121, 129–138
Kästner, Abraham Gotthelf 217f.

Kleist, Heinrich von 269
Klettenberg, Susanna Katharina von 85, 97
Klopstock, Friedrich Gottlieb 35f., 94, 204
Körner, Christian Gottfried 204
Krüger, Johann Gottlob 17, 19, 36, 73–76, 78

La Fontaine, Jean de 5
La Houssaye, Nicolas Amelot de 143f., 152–154
La Mettrie, Julien Offray de 91
La Rochefoucauld, François de 11, 16
Lamb, Charles 280
Lange, Samuel Gotthold 54, 74
Lavater, Johann Caspar 72
Le Tourneur, Pierre 260
Leibniz, Gottfried Wilhelm 169, 205, 235
Lessing, Gotthold Ephraim 16, 198–201, 209, 211–213, 217, 276f., 279
Lichtenberg, Georg Christoph 277
Linné, Carl von 164, 172–174, 177, 179
Locke, John 41
Lohenstein, Daniel Casper 90, 160, 237, 242
Longinos 249, 251, 261
Lope de Vega 154f.
Ludwig XIV. 153, 263
Lukrez 91, 93f.
Luther, Martin 97

Maffei, Scipione 262
Mairet, Jean 156
Maitland, William 61, 65f.
Mallet, Edmé-François 2f.
Mandeville, Bernard de 7, 67, 187, 189, 253
Manteuffel, Ernst Christoph von 226
Marlowe, Christopher 69
Marmontel, Jean-François 29, 165
Martial 60
Meier, Georg Friedrich 54, 74, 122–125
Meister, Leonhard 97
Mendelssohn, Moses 119, 131f., 199f., 209, 212f.
Mercier, Louis Sébastien 109
Meyer, Friedrich Ludwig Wilhelm 278
Michaelis, Johann David 63
Molière 257

Montagu, Elizabeth   262
Montaigne, Michel de   165–168, 172f., 178–180
Montesquieu, Charles-Louis de Secondat, Baron de   109
Moritz, Karl Philipp   204

Napoleon Bonaparte   29
Neidhardt, Johann Georg   160, 237
Newton, Isaac   171
Nicolai, Ernst August   73
Nicolai, Friedrich   269
Novalis, Georg Philipp Friedrich von Hardenberg   8, 83, 97–99

Oeser, Adam Friedrich   271
Opitz, Martin   237
Ovid   240

Petron   240
Photius   240
Platner, Ernst   72
Plato   15
Pluche, Noël-Antoine   242
Pope, Alexander   175f.
Pufendorf, Samuel   158

Quintilian   221f.

Racine, Jean   245, 258–262
Ramsay, Andrew Michael   242
Rapin, René   248
Richelieu, Armand-Jean du Plessis, 1er Duc de   247
Robespierre, Maximilien de   110–112
Rousseau, Jean-Jacques   113, 181–196
Rush, Benjamin   62
Russell, Bertrand   210

Sade, Donatien Alphonse François de   3, 8, 91, 101–118
Saint-Just, Louis Antoine Léon de   111
Saint-Lambert, Jean-François de   187–189
Sauter, Johann Leonhard   153
Schiller, Friedrich   1, 24, 26f., 29, 34, 37f., 197, 204f., 269f.
Schink, Johannes Friedrich   283f.

Schlegel, August Wilhelm   269f.
Schleiermacher, Friedrich   113
Schröder, Friedrich Ludwig   276, 278f., 283f.
Schütze, Johann Friedrich   278f.
Shaftesbury, Anthony Ashley Cooper, 3rd Earl of   7, 204, 236
Shakespeare, William   246, 258–284
Shaw, Peter   6
Shelley, Percy Bysshe   267
Smith, Adam   50
Sophokles   238
Spener, Philipp Jacob   99
Spinoza, Baruch de   199–200, 205–213
Stahl, Georg Ernst   73
Steele, Richard   51, 53
Stephen, Leslie   267
Stolle, Gottlieb   47
Sulzer, Johann Georg   119f., 144f.
Süßmilch, Johann Peter   60–63, 65, 79

Tate, Nahum   273
Terrasson, Jean   242
Tersteegen, Gerhard   202
Thomasius, Christian   143, 153, 157f., 161
Thukydides   69
Tieck, Ludwig   269f.
Toussaint, François-Vincent   93
Trotter, Thomas   62

Unzer, Johann August   59, 63, 73, 75–80
Uz, Johann Peter   202

Velázquez, Luis José   156
Vergil   238, 240
Voltaire, François-Marie Arouet   6f., 11, 41, 101, 181f., 187, 238, 245f., 252–266, 268, 270f., 276–278

Waser, Johann Heinrich   94f.
Weiße, Christian Felix   276
Wieland, Christoph Martin   7, 268–271, 274, 277
Wilhelm von Oranien   64
Wilson, Thomas   64, 66–71
Wolff, Christian   124, 169, 205, 238, 279
Woodward, Josiah   66

Woolf, Virginia 267
Wordsworth, William 269

Young, Edward 269

Zedler, Johann Heinrich 2f., 39f., 42, 47, 62, 106, 122, 124
Zimmermann, Johann Georg 75
Zinzendorf, Nikolaus Ludwig von 97f., 202

www.ingramcontent.com/pod-product-compliance
Lightning Source LLC
Chambersburg PA
CBHW050517170426
43201CB00013B/1985